Moesson

Robert D. Kaplan

Moesson

De Indische Oceaan en
de toekomstige wereldmachten

Vertaald door
Margreet de Boer

Spectrum

Uitgeverij Unieboek | Het Spectrum bv, Houten – Antwerpen

Spectrum maakt deel uit van Uitgeverij Unieboek | Het Spectrum bv,
Postbus 97
3990 DB Houten

© 2010 Robert D. Kaplan
© 2011 Nederlandstalige uitgave: Uitgeverij Unieboek | Het Spectrum bv,
Houten – Antwerpen
Eerste druk januari 2011
Tweede druk februari 2011
Oorspronkelijke uitgave: Random House, Inc.

Oorspronkelijke titel: *Monsoon. The Indian Ocean and the future of American power*
Vertaling: Margreet de Boer
Redactie en register: Ewout van der Hoog
Omslagontwerp: Studio Jan de Boer
Opmaak: Elgraphic bv, Schiedam
Illustraties binnenwerk: © 2010 Kaarten: David Lindroth, Inc.

ISBN 978 90 491 0463 4
NUR 686

www.unieboekspectrum.nl

Voor Grenville Byford

Het machtsevenwicht tussen de beschavingen [...] verschuift langzaam maar zeker, waarbij het Westen ten opzichte van andere beschavingen aan macht zal blijven verliezen.

– Samuel P. Huntington
Botsende beschavingen. Cultuur en conflict in de 21e eeuw

Inhoud

Voorwoord: het kustgebied van Eurazië

De kaart van Europa stond centraal in de 20e eeuw: toen de lange Europese oorlog, die duurde van 1914 tot 1989, en de nasleep daarvan zich afspeelde op de slagvelden van Vlaanderen, Omaha Beach, rond de Berlijnse Muur en in Kosovo, was Europa bepalend voor de wereldgeschiedenis. Zeker, ook elders deden zich belangrijke ontwikkelingen en gebeurtenissen voor. Maar de mondiale verhoudingen, van het einde van het kolonialisme tot het duel tussen de Verenigde Staten en de Sovjet-Unie, hadden alles met Europa te maken.

Naar mijn overtuiging zal de kaart van de wereld van de Indische Oceaan, die zich van de Hoorn van Afrika via het Arabisch schiereiland, de Iraanse hoogvlakte en het Indiase subcontinent helemaal tot aan Indonesië uitstrekt, net zo belangrijk voor de huidige eeuw worden als de kaart van Europa voor de vorige. De nog jonge eeuw, die hopelijk minder gewelddadig zal worden dan de vorige, zal mogelijk evenzeer worden geassocieerd met geografische namen. De gespannen dialoog tussen de westerse en islamitische beschaving, essentiële brandstoffenroutes en de rustige, maar schijnbaar onstuitbare opmars van India en China kunnen worden gelokaliseerd in landen aan de Euraziatische kust – het middeleeuwse handelsgebied van de islam waarmee ook China altijd contacten had. Alles bij elkaar opgeteld is het eindresultaat van de Amerikaanse preoccupatie met Irak en Afghanistan namelijk dat de eeuw van Azië versneld is aangebroken, niet alleen in de alom bekende economische zin, maar ook in militair opzicht.

De afgelopen jaren zijn de Amerikanen door de smerige oorlogen op het land uit het oog verloren hoe belangrijk zeeën en kusten zijn.

Aangezien het meeste goederenvervoer via zee gaat en de meeste mensen in kustgebieden wonen, zullen de militaire en economische activiteiten zich ook in de toekomst vermoedelijk daar centreren. In die gebieden krijgen ook internationale kwesties als bevolkingsgroei, klimaatverandering, stijging van de zeespiegel, drinkwatertekort en – als gevolg van dit alles – politiek extremisme een concreet gezicht. Het 'Azië van de moesson', zoals de Britse historicus C.R. Boxer de wereld rond de Indische Oceaan tot aan de westelijke Stille Oceaan noemde, zal demografisch en strategisch centraal staan in de 21e eeuw.[1]

Vijfhonderd jaar geleden trotseerde Vasco da Gama storm en scheurbuik om Afrika te ronden en over de Indische Oceaan naar India te zeilen. De 16e-eeuwse Portugese dichter Luiz Vaz de Camões schrijft over deze mijlpaal:

Dit is het land waarnaar u heeft gezocht,
Hier rijst India voor u op…[2]

Met de aankomst van Da Gama in India nam de opmars van het Westen in Azië een aanvang. De Portugese suprematie overzee werd overgenomen door achtereenvolgens Holland, Frankrijk, Groot-Brittannië en de Verenigde Staten. Maar nu China en India rivaliseren om havens aan en toevoerroutes naar de zuidkust van Eurazië en de dominantie van de Amerikaanse marine onzeker wordt door de economische crisis en de kosten van de landoorlogen, is het heel goed denkbaar dat de vijfhonderd jaar oude overmacht van het Westen langzaam ten einde loopt.

Deze geleidelijke omslag in de machtsverhoudingen had voor de landen aan de beide delen van de Indische Oceaan, de Arabische Zee en de Golf van Bengalen, niet op een turbulenter moment kunnen komen: ten noorden van de Arabische Zee ligt Pakistan, ten noorden van de Golf van Bengalen Birma. Deze dichtbevolkte landen zijn niet alleen allebei zeer explosief, maar hebben ook een spilfunctie in de regio. Dat politieke analisten ze zelden in dezelfde categorie plaatsen, is onterecht. En dan is er natuurlijk de politieke toekomst van alle islamitische landen aan de Indische Oceaan, van Somalië tot Indonesië. Behalve door hun ligging aan deze wateren worden veel van deze staten gekenmerkt door zwakke instellingen, slechte infrastructuur en een jonge bevolking die gevoelig is voor extremisme. Toch hebben zij de toekomst, meer dan het vergrijzende Westen.

Zoals de Belgische historicus Charles Verlinden ooit opmerkte, liggen aan de Indische Oceaan 'maar liefst 37 landen, die een derde van de wereldbevolking vertegenwoordigen'. De oceaan beslaat ook meer dan tachtig breedtegraden en ruim honderd lengtegraden.[3] Ik hoef maar enkele plaatsen rond de oceaan te bezoeken om te zien hoe de zaken er daar momenteel voorstaan – om zo een beter beeld te krijgen van het hele gebied en te laten zien hoe de ontwikkelingen op de grond verlopen zonder supermacht.

Het gebied van de Indische Oceaan is niet alleen een stimulerend gegeven, maar ook een idee. Ik ging erheen om een aanschouwelijk inzicht te krijgen in de islam, in de samenhang tussen de islam en de internationale energiepolitiek én in het belang van de marine in deze multipolaire regio. Met deze reis wilde ik de nieuwsberichten over Irak en Afghanistan achter me laten om een gelaagder beeld van de situatie te kunnen geven. Bovendien wilde ik laten zien dat de mondialisering al veel ouder is dan we vaak denken en ook in deze landen haar eigen tradities en kenmerken heeft – waardoor zij iets vanzelfsprekends krijgt.

In dit boek zal ik eerst een algemeen strategisch overzicht van de regio geven. Vervolgens beschrijf ik een aantal plaatsen en landen aan de kust. Mijn belangrijkste referentiepunt is Oman, vanwaaruit ik kort inga op de middeleeuwse geschiedenis van de oceaan en op de erfenis van de eerste westerse koloniale macht, Portugal. In Oman sta ik ook stil bij de verhouding tussen de zee en de woestijn, die tot verschillende politieke systemen leiden. In volgende hoofdstukken richt ik me op de grote zeehavens die door China worden aangelegd in gebieden waar een sterk separatisme leeft (in Pakistan) of grote etnische spanningen bestaan (op Sri Lanka). In Bangladesh schrijf ik over de samenhang tussen klimaatverandering, extreme armoede en moslimextremisme. In India schets ik hoe hindoeradicalisme door de dynamische economische en sociale ontwikkelingen getemperd wordt. In Birma concentreer ik me op de strijd tussen India en China over invloed in dit verwoeste en grondstofrijke land en de uitdaging die dat vormt voor westerse landen als de Verenigde Staten. In Indonesië onderzoek ik de relatie tussen democratie en de islam. In dit land is deze godsdienst veel flexibeler en opener dan in Pakistan en Bangladesh, zoals zij trouwens overal waar ik kom alleen goed te begrijpen valt tegen de achtergrond van de (historische) omstandigheden in het land zelf. In de laatste hoofdstukken ten slotte schilder ik de expansie op zee van China, ten oosten van de Indische Oceaan, en neem ik de lezer mee naar Zanzibar, in het westen van de oceaan, om een beeld te geven van de modernisering in Afrika. En overal leg ik de nadruk op de veranderingen die de nieuwe eeuw vormgeven, waarbij ik duidelijk wil maken dat die in veel gevallen moeizaam verlopen, niet door één probleem – religieus, economisch, politiek of ecologisch – maar doordat op de desbetreffende plek verschillende problemen met elkaar verweven zijn.

Ik heb dit boek *Moesson* genoemd omdat de internationale handel, eenwording en vooruitgang honderden jaren lang geheel en al hebben gedreven op de wisselende wind van de moesson. De moesson is bovendien een natuurverschijnsel dat door zijn turbulentie goed duidelijk maakt hoe belangrijk het klimaat is voor de enorme massa's mensen die onder hachelijke omstandigheden in landen als Bangladesh en Indonesië leven. In onze kleiner wordende wereld moet ook in het Westen het besef groeien waar de moesson, in de brede betekenis van het woord, voor staat en welke invloed die op allerlei aspecten van het leven heeft. Dat besef is zelfs essentieel omdat de Indische Oceaan weleens bepalend zou kunnen worden voor de macht die het Westen, en in het bijzonder de VS, in de toekomst nog kunnen hebben.

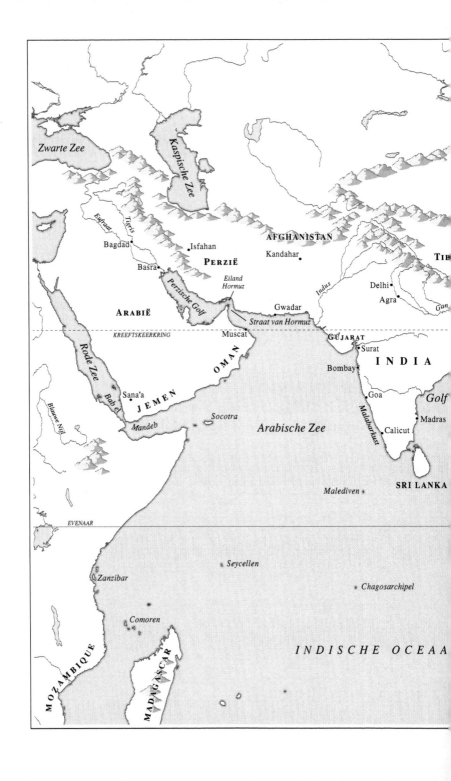

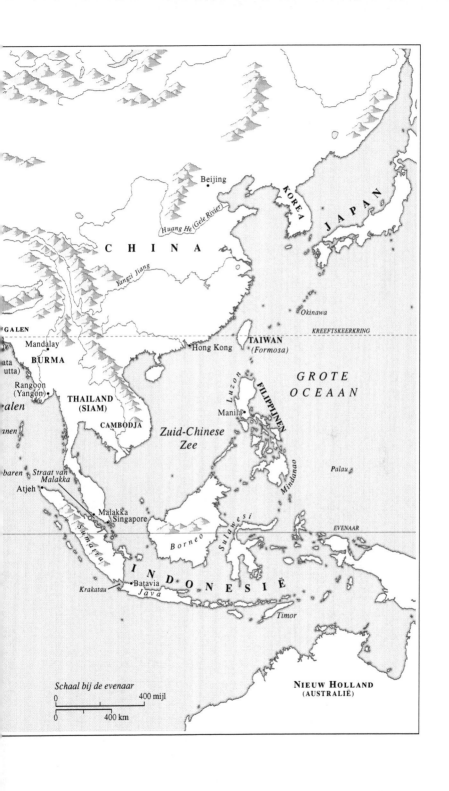

1

China expandeert verticaal, India horizontaal

Al Bahr al Hindi, zo noemden de Arabieren de oceaan in hun oude maritieme verdragen. De Indische Oceaan en de rivieren die erin uitkomen dragen het stempel van de grote bekeringsgolf waarmee de islam vanaf zijn basis bij de Rode Zee helemaal tot aan India spoelde en ook Indonesië en Maleisië bereikte. Wie de geschiedenis van deze godsdienst wil leren kennen, moet dus de kaart van de Indische Oceaan bekijken. Die omvat, van west naar oost, de Rode Zee, de Arabische Zee, de Golf van Bengalen, de Javazee en de Zuid-Chinese Zee. Heden ten dage liggen hier de door geweld en honger geteisterde landen van de Hoorn van Afrika, de geopolitieke uitdagingen van Irak en Iran, het door fundamentalisme verscheurde Pakistan, het economisch opbloeiende India en zijn wankele buren Sri Lanka en Bangladesh, het despotische Birma (waarover een machtsstrijd tussen China en India dreigt) en Thailand, waardoorheen ergens in deze eeuw wellicht een kanaal zal komen dat mede door China en Japan wordt gefinancierd en het machtsevenwicht in Azië in hun voordeel verandert. En dat is nog maar een van de vele projecten, waaronder bruggen en pijpleidingen, die worden gepland om de Indische Oceaan te verbinden met het westelijke deel van de Stille Oceaan.

Op de westkust van de Indische Oceaan liggen de kwetsbare nieuwe democratieën van Oost-Afrika en het chaotische Somalië; aan de oostkust ruim 6000 km verderop ligt het zich ontwikkelende, postfundamentalistische Indonesië, dat de grootste moslimbevolking ter wereld heeft. Niets belichaamt het karakter van onze wereld zonder grenzen, met de rivaliteit tussen beschavingen enerzijds en het intense, onuitgesproken verlangen naar eenheid anderzijds, beter dan de kaart van de Indische Oceaan.

De geschiedenis laat op het water geen sporen na, geen echte boodschap, zoals je die wel ziet op het land. Toch maakt al het verkeer over deze zeeën de Indische Oceaan tot 'een symbool van de eenheid van de menselijke soort', om met Sugata Bose, hoogleraar geschiedenis aan Harvard, te spreken.[1] De overzeese handel tussen Indiërs en Chinezen, Arabieren en Perzen schiep banden tussen de volkeren over de oceaan heen, banden die eeuwenlang werden versterkt door de moesson en, waar het de Arabieren, Perzen en andere moslims betreft, door de *hadj*, de bedevaart naar Mekka.[2] Dit is werkelijk een internationale zee: anders dan bij de Atlantische en Stille Oceaan zien we op deze kusten een hele hoop landen die behoren tot de zich snel ontwikkelende voormalige 'derde wereld', maar geen supermacht.[3] Dit is dan ook het kwart van de wereld waar je je – na de Koude Oorlog en het vertrek van de Amerikanen uit Irak en Afghanistan – de door Fareed Zakaria voorziene 'post-Amerikaanse' wereld het beste kunt voorstellen.[4] Al wordt het nog maar door weinigen beseft, de fascinatie voor het gebied 'ten oosten van Suez' die spreekt uit Rudyard Kiplings gedicht 'Mandalay', dat begint in het Birmese Moulmein aan de Golf van Bengalen, is meer dan ooit van toepassing.

Op militaire kaarten uit de Koude Oorlog wordt de Noordelijke IJszee benadrukt, vanwege de ligging van de Sovjet-Unie en haar belangrijkste havens. En sinds ex-president George W. Bush de 'oorlog tegen het terrorisme' uitriep, gaat alle aandacht uit naar het Midden-Oosten in de brede zin van het woord. De geopolitieke wereldkaart is echter voortdurend in beweging. Crises kunnen overal optreden: ook de opwarmende Noordelijke IJszee kan een twistappel worden. Maar omdat je je nu eenmaal niet met de hele globe tegelijk kunt bezighouden, kun je maar beter de kaart voor ogen houden waarop zowel de meeste internationale conflictgebieden te vinden zijn, alsook het hele complex van terrorisme, olie- en gasstromen, en milieurampen zoals de tsunami van 2004. Net zoals uitdrukkingen – de 'Koude Oorlog' of 'de botsing der beschavingen' – positieve of negatieve gedachten oproepen, zo doen kaarten dat ook. De juiste kaart verschaft een ruimtelijk inzicht in de wereldpolitiek waaruit je toekomstige trends kunt afleiden. De financiële en technologische ontwikkelingen mogen nog zo bevorderlijk zijn voor het idee van mondialisering, we zijn nog steeds afhankelijk van de geografie, zoals de kunstmatigheid van landen als Irak en Pakistan laat zien.

Vooral de Amerikanen hebben door de ligging van hun land amper weet van de Indische Oceaan. Zij zijn gericht op de Atlantische en de Stille Oceaan, een oriëntatie die nog werd versterkt door de Tweede Wereldoorlog en de Koude Oorlog. Ook de ogen van nazi-Duitsland, het Japanse keizerrijk, de Sovjet-Unie, Korea en communistisch China waren op die oceanen gericht. Het eenzijdige blikveld is terug te zien in de cartografie. Doordat bij de mercatorprojectie het westelijk halfrond vaak in het midden wordt geplaatst, komt de Indische Oceaan op wereldkaarten even zo vaak in twee delen aan de uiteinden terecht. Toch gaat vrijwel het hele boek waarin Marco Polo aan het eind van de 13e eeuw vertelde over zijn reizen, die hem van Java en Sumatra naar Aden en Dhofar brachten, over deze oceaan. Hier ook ligt de hele boog van de islam, die begint ten oosten van de Sahara en eindigt op de Indonesische archipel, zodat de strijd tegen terrorisme en anarchie (waar ook de piraterij onder valt) vooral wordt gestreden in en rond de tropische wateren tussen het Suezkanaal en Zuidoost-Azië. Een kaart van de kustgebieden aan de Indische Oceaan, met daarop Somalië, Jemen, Saoedi-Arabië, Irak, Iran en Pakistan, is ook een kaart van het netwerk Al-Qaida en van allerlei groepen die hasjiesj en andere contrabande smokkelen. En Iran bevoorraadde Hamas overzee via de Perzische Golf naar Soedan, en daarna over land via Egypte.

Hier ook liggen de voornaamste routes van de olietankers en de zeeëngtes die essentieel zijn voor het internationale goederenvervoer: de Bab el Mandeb, de Straat van Hormuz en de Straat van Malakka. Veertig procent van alle tankers met ruwe olie passeert de Straat van Hormuz aan de ene kant van de oceaan en vijftig procent van de wereldwijde handelsvloot vaart door de Straat van Malakka aan de andere kant. Daarmee is de Indische Oceaan de drukste en belangrijkste internationale verkeersader ter wereld.

Omdat schepen meer goederen tegen een lagere prijs kunnen vervoeren zijn zeeroutes altijd belangrijker geweest dan landroutes, zoals Felipe Fernández-Armesto van de Tufts University opmerkt.[5] Zo was in de Middeleeuwen en de vroegmoderne tijd de overzeese zijderoute van Venetië naar Japan even belangrijk als de eigenlijke zijderoute door Centraal-Azië. 'Wie over Malakka heerst, heeft Venetië bij de keel,' luidde het gezegde.[6] Een ander gezegde was, dat als de wereld een ei zou zijn, Hormuz de dooier was.[7]

Ook in deze tijd van vliegtuigen en supersnelle informatiestromen gaat nog steeds negentig procent van het internationale goederenvervoer en twee derde van het olietransport over zee. De mondialisering staat of valt uiteindelijk bij de scheepscontainers en de helft daarvan passeert de Indische Oceaan. Bovendien zijn de landen aan deze wereldzee, tussen het Midden-Oosten en de Stille Oceaan, goed voor zeventig procent van het wereldwijde vervoer van aardolieproducten.[8] De tankerroutes van de Perzische Golf naar Zuid- en Oost-Azië raken verstopt nu honderden miljoenen Indiërs en Chinezen tot de middenklasse toetreden en de olieconsumptie navenant stijgt. De wereldwijde vraag naar brandstoffen neemt tot 2030 toe met vijftig procent en nagenoeg de helft van die vraag zal uit India en China komen.[9] India, dat binnenkort de vierde energieverbruiker wordt – na de VS, China en Japan – haalt ruim negentig procent van zijn energie uit olie, en weldra zal negentig procent daarvan via de Arabische Zee aangevoerd worden uit de Perzische Golf.[*]

In de komende vijftien jaar zal India zelfs de derde plaats van Japan overnemen en met de VS en China tot de drie grootste netto-olie-importeurs gaan behoren.[10] En om te voorzien in de behoeften van de dan grootste bevolking ter wereld, zal de Indiase vraag naar steenkool uit Mozambique, in het zuidwesten van de Indische Oceaan, ook drastisch stijgen en zich voegen bij de huidige import van steenkool uit andere landen aan die oceaan, zoals Zuid-Afrika, Indonesië en Australië. Daarnaast zullen schepen enorme hoeveelheden vloeibaar aardgas uit zuidelijk Afrika naar India brengen, boven op het gas dat het nu al importeert uit Qatar, Maleisië en Indonesië. Misschien dat ook Afrika dan iets minder arm zal worden: niet zozeer door de ontwikkelingshulp uit het Westen als wel door de handel met de rijkere delen van de voormalige derde wereld.

En dan is er China. De vraag naar ruwe olie in dat land is tussen

---

[*] 57 procent van de oliereserves bevindt zich in de landen aan de Perzische Golf.

1995 en 2005 verdubbeld en zal de komende twintig jaar nog eens over de kop gaan. Geschat wordt dat het land in 2020 7,3 miljoen barrels ruwe olie per dag zal importeren: de helft van de geplande productie van Saoedi-Arabië.* Dat ruim 85 procent van die olie via de Indische Oceaan en de Straat van Malakka moet, verklaart waarom China niet alleen uitkijkt naar andere vaarroutes naar de Stille Oceaan, maar ook naar aanvoer over land vanuit Centraal-Azië, Pakistan en Birma.[11] Door de gezamenlijke consumptie van olie uit de Perzische Golf van China, Japan en Zuid-Korea passeren nu al de helft van alle olietankers en bijna een kwart van de wereldwijde handel de Straat van Malakka.[12]

'Van alle oceanen heeft de Indische Oceaan het meeste belang bij strategische stabiliteit,' aldus defensiedeskundige Thomas P.M. Barnett. 'Tot de kernmachten die oorlogsschepen in de Indische Oceaan hebben, behoren de Verenigde Staten, het Verenigd Koninkrijk, Frankrijk, Rusland, China, India, Pakistan en Israël.'[13]

In het gebied van de Indische Oceaan grijpen allerlei rivaliteiten in elkaar. Die tussen de VS en China in de Stille Oceaan verbinden zich met zowel de regionale rivaliteit tussen China en India als met de Amerikaanse strijd tegen het moslimterrorisme in het Midden-Oosten, die ook de poging tot het indammen van Iran inhoudt. Amerikaanse marineschepen die Irak of Afghanistan bombardeerden, deden dat in veel gevallen vanaf de Indische Oceaan. De Amerikaanse luchtmacht observeert Irak en Afghanistan vanaf bases in de Perzische Golf en het eiland Diego Garcia, dat precies midden in de oceaan ligt. Een eventuele Amerikaanse aanval op Iran zal worden gelan-

---

* In januari 2004 sloot de China Petrochemical Corporation een contract met Saoedi-Arabië voor onderzoek naar en winning van aardgas in een gebied van 40 vierkante km in het zogeheten Empty Quarter, in het zuiden van het land. Omdat China door het gebruik van fossiele brandstoffen met toenemende luchtvervuiling te kampen heeft, zoekt het zijn heil bij het schonere aardgas. Geoffrey Kemp, 'The East Move West', *National Interest*, zomer 2006. Niettemin groeit de olieconsumptie in China zeven keer zo snel als in de VS. Mohan Malik, *Energy Flows and Maritime Rivalries in the Indian Ocean Region*, Honolulu, Asia-Pacific Center for Security Studies, 2008.

ceerd vanaf de Indische Oceaan, en daar ook zullen de naschokken voor de olietransporten worden gevoeld. Hetzelfde geldt voor de reactie op een eventuele opstand in Saoedi-Arabië of in het overbevolkte en naar water snakkende kruitvat Jemen, waar 22 miljoen mensen wonen en 80 miljoen vuurwapens zijn.

De nieuwe strategie die de Amerikaanse marine in oktober 2007 bekendmaakte in het Naval War College in Newport, Rhode Island, behelst expliciet en impliciet het streven naar een langdurige vooruitgeschoven positie in de Indische en daarmee verbonden westelijke Stille Oceaan, maar minder in de Atlantische Oceaan. Ook in de 'Vision and Strategy'-verklaring van juni 2008 van het Amerikaanse korps mariniers, die de periode tot 2025 beslaat, wordt met zoveel woorden gesteld dat de meeste conflicten en spanningen zich zullen voordoen in de Indische Oceaan en de randzeeën ervan. Behalve naar behoud van hun dominante positie in de Stille Oceaan streven de VS evident ook naar een positie van overmacht in zuidelijk Azië. Dat duidt op een historisch keerpunt: weg van de Noord-Atlantische Oceaan en Europa. Als de Amerikanen de 'grote zandbak' van het Midden-Oosten niet onder controle krijgen, dan willen zij ten minste, zoals militair analist Ralph Peters schrijft, de poorten van en naar de zandbak – de straten van Hormuz en Bab el Mandeb – proberen te beheersen: de zeeëngtes waar ook India en China hun aanwezigheid zullen versterken.

Om de status van grootmacht te krijgen en de aanvoer van brandstoffen veilig te stellen moeten India en China 'hun aandacht van het land verleggen naar de zee,' aldus James R. Holmes en Toshi Yoshihara, beiden hoofddocent aan het Amerikaanse Naval War College. Ondertussen, zo schrijven ze ook, 'is het twijfelachtig of het Amerikaanse primaat op de wereldzeeën houdbaar is'. En dat terwijl de globalisering mede daaraan te danken was omdat deze zo lang borg stond voor de veiligheid van het overzeese handelsverkeer dat die een vanzelfsprekendheid werd.[14] Als we nu een tijdperk betreden waarin niet langer één, maar meerdere landen de wereldzeeën overheersen, dan zal die grotere dynamiek en instabiliteit vooral zichtbaar worden in het gebied van de Indische Oceaan.

Waar China zijn invloed verticaal wil uitbreiden, dus naar het zuiden, naar de warme wateren van de Indische Oceaan, vergroot India zijn invloed horizontaal: het richt zich oost- en westwaarts, naar de grenzen van Brits India uit de victoriaanse tijd, dus parallel aan de Indische Oceaan. De Chinese president Hu Jintao heeft naar verluidt geklaagd over de kwetsbare bereikbaarheid van China via zee. Hij had het over het 'Malakka-dilemma', dat wil zeggen over de noodzaak om voor de olie-import minder afhankelijk te worden van de smalle en dus kwetsbare Straat van Malakka.[15] Dit is een oude angst: in 1511 werd het China van de Mingdynastie ontwricht door de verovering van Malakka door de Portugezen. In de 21e eeuw zou China's antwoord op dit dilemma kunnen zijn dat het de brandstoffen via havens aan de Indische Oceaan en daarna met pijpleidingen naar het midden van het land vervoert: niet alle tankers hoeven dan nog door deze straat om hun bestemming te bereiken. Het is een van de redenen waarom China zo hecht aan herstel van de eenheid met Taiwan: op maritiem gebied kan het zich dan meer op de Indische Oceaan concentreren.[16]

De zogeheten parelkettingstrategie voor de Indische Oceaan van de Chinese strijdkrachten omvat de aanleg van een grote haven en luisterpost bij de Pakistaanse havenstad Gwadar aan de Arabische Zee, vanwaar China het scheepsverkeer door de Straat van Hormuz in de gaten kan houden. Een andere Pakistaanse havenstad die het zou kunnen gaan gebruiken is Pasni, 120 km ten oosten van Gwadar en daarmee verbonden met een nieuwe snelweg. Bij Hambantota aan de Sri-Lankese zuidkust lijken de Chinezen voor hun schepen het moderne equivalent van een steenkoolstation te bouwen. Voorts leggen Chinese bedrijven een containerhaven aan bij de havenstad Chittagong aan de Golf van Bengalen in Bangladesh, waarvan wellicht ook de Chinese marine gebruik zal kunnen maken. Ook in Birma, waar de heersende junta miljarden dollars steun van China krijgt, is het land bijzonder actief: het bouwt en vernieuwt commerciële en marinehavens; het legt wegen, waterwegen en pijpleidingen aan van de Golf van Bengalen naar de Chinese provincie Yunnan; en het beschikt over bewakingsfaciliteiten op de Coco-eilanden diep in de Golf van Bengalen.[17] Sommige van deze havens liggen dichter bij steden in Midden- en West-China dan die steden bij Beijing en Shanghai. Met zulke havens aan de Indische Oceaan en weg- en spoorverbindingen van noord naar zuid zou het Chinese binnenland zich economisch veel sterker kunnen ontplooien. Dat China naar het zuiden en westen reikt bewijst ook de welhaast onvoorstelbare spoorweg die het hoopt te bouwen om het uiterste westen van het land – via een aantal van de hoogste bergen ter wereld – te verbinden met de koperproducerende Afghaanse regio ten zuiden van Kaboel.

De Chinese activiteiten in deze regio moeten natuurlijk uiterst voorzichtig beoordeeld worden. In feite zijn de plannen van Beijing ten aanzien van de Indische Oceaan nog zo onduidelijk dat je ze zo verschillend kunt interpreteren. Niet iedereen in Washington gelooft in de parelkettingstrategie. Openlijke bases vallen niet te rijmen met het niet-hegemoniale, welwillende beeld dat China van zichzelf heeft. De Chinezen zijn zelden uit op echte controle; zo maakt bijvoorbeeld het havenbedrijf van Singapore zich op om de havenfaciliteiten in Gwadar de komende decennia te gaan leiden zonder dat China zich ermee bemoeit. (Waarbij moet worden aangetekend dat, zoals een Singaporese ambtenaar tegen me zei, het kleine Singapore geen bedreiging vormt voor China.) En omdat veel pijpleidingen die beginnen bij havens aan de Indische Oceaan door momenteel politiek instabiel gebied lopen, maakt China niet altijd evenveel haast met zijn plannen. Zo heeft het een miljardenplan voor een olieraffinaderij aan de kust bij Gwadar deels om veiligheidsredenen in de ijskast gezet. Toch kun je gezien de geografie en China's historische banden met de Indische Oceaan, waarover later meer, niet ontkennen dat er iets aan de hand is. Het gaat niet zozeer om de havenprojecten op zich, want die zijn allemaal ingegeven door plaatselijke moderniseringsplannen en houden slechts in tweede instantie verband met China. Wel interessant is dat de Chinezen kennelijk toegang willen hebben tot diepzeehavens in bevriende landen aan de zuidkust van Eurazië. Beijing heeft met veel financiële hulp en diplomatieke tegemoetkomingen zijn aanwezigheid langs de vaarroutes in de Indische Oceaan vergroot. En het bewaken van die routes vormt in kringen van Chinese machthebbers een belangrijk argument voor een marinevloot voor de open zee.[18] De echte les die we hiervan kunnen leren is dat de wereld van nu wordt gekenmerkt door subtiliteit. En de Indische Oceaan vormt daarvan een saillant voorbeeld. Werden er in de Koude Oorlog en de eeuwen daarvoor versterkte militaire bases gebouwd, nu zullen civiele faciliteiten ook een militair doel dienen, en dat veeleer impliciet dan expliciet. En of zo'n voorziening als basis kan worden gebruikt, zal geheel afhangen van de gezondheid van de bilaterale relaties in kwestie.

Ook de huidige aandacht voor de historische figuur Zheng He, een aandacht die rijkelijk van bovenaf wordt gefinancierd, bewijst dat China op de lange termijn ambities heeft ten aanzien van de Indische Oceaan – uit machtsoverwegingen en om zijn tankers en koopvaardijvloot te beschermen. Onder de 15e-eeuwse Mingdynastie bevoer deze ontdekkingsreiziger en admiraal de zeeën tussen China en Zuidoost-Azië, Ceylon, de Perzische Golf en de Hoorn van Afrika. Zheng He, een moslim van Mongoolse afkomst die als kind gevangen was genomen en gecastreerd om in de Verboden Stad te dienen, werkte zich op en kreeg uiteindelijk een vloot onder zich van honderden schepen met een bemanning van wel dertigduizend man – onder wie artsen, tolken en astrologen. Daarmee zeilde hij naar het Midden-Oosten om handel te drijven, geld en goederen te vorderen en uit machtsvertoon.[19] Door de ontdekkingsreiziger zo in de schijnwerpers te zetten, zegt China in feite dat deze zeeën altijd al tot zijn invloedssfeer behoorden.

Op hetzelfde moment dat China zich laat gelden, probeert India in de hele regio, van het Midden-Oosten tot Zuidoost-Azië, meer invloed te krijgen. Het eerste buitenlandse bezoek dat admiraal Sureesh Mehta als chefstaf van de marine aflegde, ging naar de Golflanden, waar de handel met India een sterke toename te zien geeft. En met een economische *boom* in India groeit automatisch ook de handel met Iran en het zich herstellende Irak. Neem India en Iran, twee landen aan de kust waarvan het ene zuidelijk Azië domineert en het andere het Midden-Oosten. De Amerikanen plegen deze landen niet in dezelfde categorie te plaatsen, maar in strategische zin zijn ze wel degelijk even belangrijk. Net als Afghanistan vormt Iran voor India een strategische basis in de rug van Pakistan en het beschouwt Iran ook als toekomstig brandstoffenleverancier. In 2005 sloten beide landen een verdrag volgens hetwelk Iran India gedurende 25 jaar 7,5 miljoen ton vloeibaar gas per jaar zal leveren.[20] Het miljardenverdrag is weliswaar nog niet geheel geratificeerd, maar de deal zal vermoedelijk over niet al te lange tijd vordering maken. Ook is er gesproken over een pijpleiding van Iran via Pakistan naar India, een project dat een grote stap voorwaarts zou kunnen zijn voor de betrekkingen tussen India en Pakistan en bovendien het Midden-Oosten via land zou verbinden met Zuid-Azië. India heeft Iran tevens geholpen bij de modernisering van de haven van Chah Bahar aan de Arabische Zee. Dat is weer een extra reden waarom het de VS niet zal lukken om Iran te isoleren. De Amerikanen hebben lange tijd macht gehad dankzij de verdeeldheid binnen Eurazië, waardoor landen hun steun nodig hadden om hun belangen te realiseren. Maar nu in dit werelddeel de trend naar meer integratie heeft ingezet, worden zij tot op zekere hoogte uitgeschakeld.

Vaak wordt vergeten dat India al eeuwenlang nauwe economische en culturele banden heeft met Perzië en de Arabische landen aan de Perzische Golf. In de lidstaten van de Samenwerkingsraad van de Golf werken zo'n 3,5 miljoen Indiërs, die jaarlijks 4 miljard dollar naar hun familie thuis sturen. De huidige versterking van de Indiase marine in de Indische Oceaan heeft veel te maken met de vernedering in 1990-1991, toen het land tijdens de Golfcrisis niet in staat was om zijn burgers uit Irak en Koeweit te evacueren.[21]

Tegelijkertijd versterkt India de militaire en economische banden met oosterbuur Birma. Het democratische India kan zich niet de luxe veroorloven om het autoritaire regime aldaar de les te lezen omdat Birma rijk is aan grondstoffen en bovendien geheel door China zou kunnen worden overgenomen als India zijn handen van het land aftrekt. New Delhi hoopt met een web van wegen en pijpleidingen van west naar oost ooit een zachte suprematie te verwerven over het voormalige India van de Raj, dat ook Pakistan, Bangladesh en Birma omvatte.

De Indiaas-Chinese concurrentie zal zich als gevolg van hun steeds verder overlappende commerciële en politieke belangen echter meer op maritiem gebied afspelen dan op het land. 'We kunnen niet langer accepteren dat de Indische Oceaan alleen een oceaan van de Indiërs is,' zo verklaarde Zhao Nanqi als hoofd van de logistieke afdeling van de generale staf van de Chinese marine.[22] Deze waarschuwing heeft vooral betrekking op de Golf van Bengalen, die voor beide landen heel belangrijk is omdat Birma eraan ligt en vanwege de Andamanen- en Nicobarenarchipel bij de ingang van de Straat van

Malakka, die in Indiase handen zijn. Omgekeerd echter kan de af-hankelijkheid van dezelfde zeeroutes ook tot een alliantie tussen de twee landen leiden, die zich onder bepaalde omstandigheden weer impliciet tegen de VS kan keren. Met andere woorden, de verschui-vingen in de internationale machtsverhoudingen zullen zich mani-festeren in het gebied van de Indische Oceaan. Samen met het aan-grenzende Nabije Oosten en Centraal-Azië vormt dit het gebied voor het nieuwe Grote Spel in de geopolitiek.

In de Koude Oorlog werd in studies over Azië een kunstmatige tweedeling aangebracht waarbij het Midden-Oosten, het Indiase subcontinent en de landen aan de Stille Oceaan aparte entiteiten wa-ren. Maar nu de landen in het werelddeel door handels-, energie- en veiligheidsverdragen onderling meer verweven raken, herrijst het beeld van Azië als het organische geheel dat het in een verder verle-den was – en dat is te zien op kaarten van de Indische Oceaan.

Op zulke kaarten, waarop de kunstmatige opdeling verdwijnt, staat zelfs het diep landinwaarts gelegen Centraal-Azië. Terwijl de Chinezen een diepzeehaven aanleggen bij Gwadar, in het Pakistaanse Beloetsji-stan, moderniseert India, zoals eerder gezegd, samen met de Russen en Iraniërs de haven van de stad Chah Bahar in het Iraanse Beloetsjistan. De stad ligt 160 km ten westen van Gwadar aan de Golf van Oman en vormt nu al een belangrijke basis van de Iraanse marine. (Ook de nieu-we weg tussen Chah Bahar en de provincie Nimruz in Zuidwest-Af-ghanistan is mede dankzij India tot stand gekomen.) Wellicht dat de havens van Gwadar en Chah Bahar – die aan vaarroutes niet ver van de Golf liggen en waartussen vermoedelijk een felle concurrentie zal ont-staan – op een dag via toevoerwegen en pijpleidingen verbonden zul-len zijn met het olie- en aardgasrijke Azerbeidzjan, Turkmenistan en andere voormalige Sovjet-republieken in het hart van het Euraziati-sche gebied. En Afghanistan is in potentie nu al niet meer van Pakistan afhankelijk voor toegang tot de zee dankzij de met Indiase hulp ge-bouwde weg tussen de ringweg van Afghanistan en Iraanse havenste-den. Volgens S. Frederick Starr, Centraal-Aziëdeskundige aan de John Hopkins School of Advanced International Studies in Washington, hangt de politieke toekomst van Centraal-Azië mede af van de toegang van deze landen tot de Indische Oceaan. Zeker is dat India Iran deels zo interessant vindt omdat het als doorvoerland voor aardgas uit Centraal-Azië kan dienen. En dan is er ook nog het voorstel om Indiase en Pakistaanse havens aan te wijzen als 'evacuatiehavens' voor olie uit het gebied rond de Kaspische Zee.[23] In dat geval zou zelfs het lot van landen die zo ver van de Indische Oceaan liggen als Kazachstan en Georgië (landen die brandstoffen winnen dan wel als doorvoerland ervan fungeren) met deze oceaan verbonden zijn.

Afghanistan is in dit opzicht buitengewoon belangrijk. Het is niet ondenkbaar dat het aardgas van het Turkmeense Dauletabad-veld ooit door dat land naar steden en havens in Pakistan en India stroomt, naast andere pijpleidingen van Centraal-Azië naar het subcontinent, een route waar Afghanistan precies middenop ligt. Dat land moet dan ook niet alleen gestabiliseerd worden om de Taliban en Al-Qaida eronder te krijgen. Het gaat ook om zowel de toekomstige welvaart van heel zuidelijk Eurazië als om het verbeteren van de betrekkingen tussen India en Pakistan doordat zij brandstoffenroutes delen.

Het punt is dat in Azië en Afrika de bevolking blijft groeien en welvarender wordt. En met de groeiende middenklasse neemt ook het goederen- en brandstoffenverkeer in alle richtingen en zowel via land als overzee toe, wat weer tot allerlei nieuwe organisaties en allianties zal leiden. Daarom ook is de Indische Oceaan van de 21e eeuw niet te vergelijken met de noordelijke Atlantische Oceaan van de 20e eeuw. De kaart daarvan toonde slechs één gevaar en één concept: de Sovjet-Unie. Het doel van de VS was simpel: verdedig West-Europa tegen het Rode Leger en sluit de Russische marine op in de wateren van de poolstreek. Omdat de dreiging helder was en de Amerikanen de baas waren, was de Noord-Atlantische Verdragsorganisatie (NAVO) ontegenzeglijk het succesvolste bondgenootschap ooit. Je kunt natuurlijk denken aan eenzelfde soort verdragsorganisatie van de Indische Oceaan, bestaande uit Zuid-Afrika, Oman, India, Pakistan, Singapore en Australië, waarbij Pakistan en India ruziën zoals Turkije en Griekenland dat in de NAVO doen. Dan ga je echter voorbij aan datgene waar het cartografische beeld van de Indische Oceaan nu juist voor staat.

Ook al vormt het een historische en culturele eenheid, het gebied van de Indische Oceaan heeft strategisch, net als de wereld die wij erven, niet één centrum: het heeft er vele. De Hoorn van Afrika, de Perzische Golf, de Golf van Bengalen enzovoorts kennen allemaal hun eigen spanningen, met verschillende spelers. En daarbovenop komen de algemene gevaren van terrorisme, natuurrampen, nucleaire proliferatie en anarchie. Alle allianties in dit gebied zullen net als de huidige NAVO losser en minder op één doelwit gericht zijn dan die tijdens de Koude Oorlog. En zelfs als er een multinationale marine komt, zal die niet zoveel kunnen uitrichten: gegeven de omvang van de oceaan – die zeven tijdzones en bijna de helft van de wereld beslaat – en de relatieve traagheid van schepen, is het nauwelijks mogelijk om op tijd bij een crisisgebied te zijn. Zoals de lezer zich misschien nog zal herinneren konden de VS vooral zo snel hulp bieden in het door de tsunami geteisterde kustgebied van Indonesië omdat zij toevallig een groep vliegdekschepen in de buurt hadden. Was die groep van de *USS Abraham Lincoln* bij Korea geweest, waar ze naartoe op weg was, dan hadden de Amerikanen minder adequaat op de ramp kunnen reageren. Het idee van één grote alliantie getuigt derhalve van een achterhaalde kijk op de wereld.

Veel productiever is het om te denken aan een waaier van regionale en ideologische bondgenootschappen tussen landen die aan verschillende delen van de oceaan liggen. Daar zijn al eerste aanzetten van te zien. In samenwerking met de VS hebben Thailand, Singapore en Indonesië hun marine ingezet tegen de piraterij in de Straat van Malakka. En ondanks de gezamenlijke oefening van het Indiase en Chinese leger bij de Zuid-Chinese stad Kunming, deed India ook mee met de marine-oefening van de VS, Japan, Australië en Singapore – allemaal democratische landen – bij Malabar in Zuidwest-India ter afschrikking van Chinese plannen met de oceaan. Ook bij de Hoorn van Afrika is sprake van samenwerking: daar patrouilleren Amerikaanse, Canadese, Franse, Nederlandse, Britse, Pakistaanse en Australische marineschepen permanent tegen de piraterij aldaar.

John Morgan, vice-admiraal en ex-plaatsvervangend chef operaties van de Amerikaanse marine, vergeleek het strategische systeem in de Indische Oceaan met het taxisysteem in New York. Er is geen coördinator – geen Verenigde Naties of NAVO – en de veiligheid wordt door marktmechanismen bepaald. Coalities zullen worden gevormd daar waar vaarroutes moeten worden beveiligd, zoals er in de theaterwijk voor en na de voorstellingen meer taxi's verschijnen.

Geen land domineert, al bezit de Amerikaanse marine in stilte nog steeds de hegemonie op de wereldzeeën. Stel je een wereld voor, zo zei een Australische commodore tegen me, met verschillende allianties voor verschillende scenario's die gebruik kunnen maken van gedecentraliseerde, door de Amerikanen geleverde zeebases als spinnen in een web. Op die bases in zee, die in veel gevallen op booreilanden lijken en overal tussen de Hoorn van Afrika en de Indonesische archipel verspreid liggen, kunnen dan fregatten en torpedojagers van deze landen 'inpluggen' en aan de slag gaan.

Met de grootste en snelst inzetbare krijgsmacht ter wereld zullen de Amerikanen nog onmisbaar blijven, ook wanneer Washington zelf een meer bescheiden politieke rol speelt en voorheen arme landen opbloeien en elkaar versterken. We leven tenslotte in een wereld waarin Vietnamezen onderdelen maken van grondstoffen uit Indonesië, die dan worden voorzien van software uit Singapore en dit alles gefinancierd door de Verenigde Arabische Emiraten. Dat proces vereist veiligheid op zee, een veiligheid waarvoor de Amerikanen in samenwerking met diverse maritieme coalities borg staan. Het gebied van de Indische Oceaan kent weliswaar niet één allesoverheersende dreiging – zoals de Sovjet-Unie die vormde voor het Atlantisch gebied – of één grote uitdaging, zoals die van het opkomende China in de Stille Oceaan – maar het vormt beslist wel een geglobaliseerd geheel op kleine schaal.

Toch zal in die geglobaliseerde microkosmos, waarin landen met duizenden draden met elkaar verbonden zijn, het nationalisme niet verdwijnen. 'Niemand in Azië wil soevereiniteit afstaan,' schrijft de buitenlandredacteur van *The Australian*, Greg Sheridan. 'De Aziatische politici hebben harde leerscholen te midden van harde buren achter de rug. Ze hebben waardering voor onbuigzame macht; de positie van de Amerikanen is hier veel sterker dan waar ook ter wereld.'[24]

Met andere woorden, we moeten niet denken dat men hier geheel vertrouwt op de Verenigde Naties, die alleen al vanwege het feit dat Frankrijk wel en India niet in de Veiligheidsraad zit hoe dan ook niet meer geheel van deze tijd zijn. Na de tsunami in december 2004 stuurden India, Japan, de VS en Australië schepen naar de getroffen delen van Indonesië en Sri Lanka zonder overleg vooraf met de VN.[25] De hele overlappende constellatie van pijpleidingen, landroutes en scheepsroutes zal eerder tot een politiek van machtsevenwicht à la

Metternich leiden dan tot kantiaans postnationalisme. In het gebied van de Indische Oceaan komt een niet-westerse wereld op waarin een verbluffende onderlinge afhankelijkheid samengaat met vurig verdedigde soevereiniteit en waar de groei van de strijdkrachten gelijk op gaat met die van de economie. Om Martin Walker, voorzitter van A.T. Kearneys Gobal Business Policy Council, te citeren:

De energie en het geld uit het Midden-Oosten, de grondstoffen en nog niet aangeboorde voedselpotenties in Afrika en de goederen, diensten, investeringen en markten van India en China leveren vermoedelijk meer op dan een voor alle partijen voordelige samenwerking. Handel brengt welvaart en wie welvarend is kan ook invloed en macht kopen. Zoals de eerste Europese grootmachten opkwamen rond de Middellandse Zee, totdat andere landen rijker en machtiger werden doordat er meer handel werd gedreven via de Atlantische en daarna ook de Stille Oceaan, zo lijkt het er nu sterk op dat de landen aan de Indische Oceaan op hun beurt invloed en ambities zullen ontwikkelen.[26]

En zo heeft deze oceaan weer de centrale positie in de wereld gekregen die hij in de Oudheid en Middeleeuwen bezat. Laten we om deze geschiedenis te bestuderen en de oceaan stukje bij beetje te leren kennen, beginnen bij Oman.

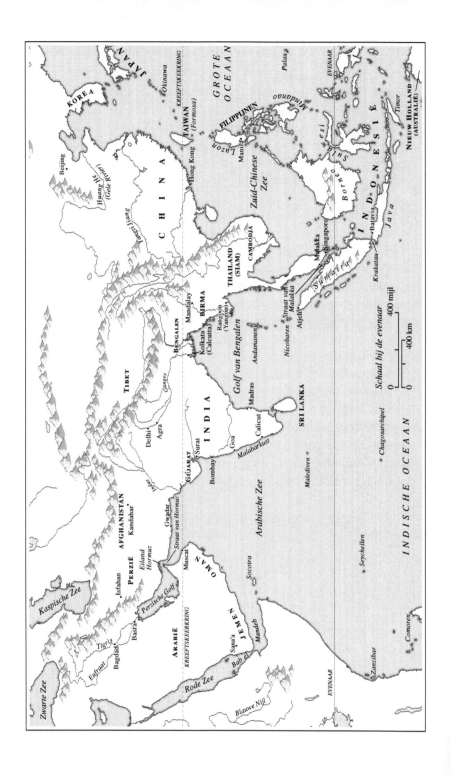

2

Oman is overal

De vrijwel onbewoonde zuidkust van het Arabisch schiereiland bestaat uit een vulkanische vlakte die wordt afgewisseld met loodrecht omhoog rijzende rotsformaties van dolomiet, kalksteen en schalie. Honderden kilometers lang rijgen brede stranden zich in hun ongerepte schoonheid aaneen. Dit stukje aarde lijkt werkelijk nooit door mensenhanden aangeraakt. En doordat ook de golven, hoe schitterend ook, niet verbonden zijn met historische herinneringen, lijkt de turkooizen zee op alle tropische wateren. Maar de wind vertelt een verhaal. Op de moessonwinden, die over de hele Indische Oceaan ten noorden van de evenaar waaien, kun je de klok gelijkzetten. Vanaf april komt de wind zes maanden lang uit het noorden of noordoosten en in oktober draait hij naar het zuiden of zuidwesten. Met als gevolg dat zeilschepen al vanaf de Oudheid in betrekkelijk korte tijd lange afstanden konden afleggen en de zeelieden zeker wisten dat zij, hoewel misschien pas maanden later, even snel weer terug konden.*

Natuurlijk was het niet altijd zo simpel. 'De noordoostmoesson is even zacht, droog en verkoelend als de permanente passaatwind [...], maar die uit het zuidwesten brengt een hoop slecht weer,' om met de Australische kapitein en reiziger Alan Villiers te spreken, die

---

* De moesson is zo betrouwbaar dat het uitblijven ervan een historische gebeurtenis was: toen in 1630 de regen in delen van India – Gujarat, de Deccan-hoogvlakte en de Coromandelkust – uitbleef, vielen er miljoenen doden door de droogte. John Keay, *The Honourable Company: A History of the English East Indian Company*, Londen, HarperCollins, 1991, p. 115-116.

de Indische Oceaan als zijn broekzak kende. Door dat noodweer waren schepen in bepaalde delen van de oceaan soms in béide richtingen aangewezen op de noordoostmoesson. De Arabische, Perzische en Indiase *dhows** hadden daar evenwel geen problemen mee: met hun grote latijnzeilen konden die wel tot 55, 60 graden tegen de lichte noordoostenwind in zeilen, dat wil zeggen ze konden er recht tegenin.† Omdat zij zo amper onderdeden voor het moderne zeiljacht, mag dat een grote technische prestatie worden genoemd. Het belang ervan was dat zeilschepen vanuit Zuid-Arabië in een rechte lijn naar de Malabarkust van Zuidwest-India konden varen, zelfs als ze dan, zoals zeelieden dat noemen, 'aan de wind moesten zeilen'.

Dat de wind uit het zuidwesten stormachtig kon zijn, maakte de ontdekking van de regelmaat van de moessonwinden niet minder belangrijk. Dankzij die kennis konden zeelieden hun reizen zo plannen dat ze niet al te vaak tegen de wind in hoefden te zeilen.¹ Met als gevolg dat de landen rond de Indische Oceaan het stoomschip niet of althans veel minder nodig hadden voor een zeeverbinding dan de gebieden rond de beide andere oceanen. Dat de wind in zo'n groot gebied twee keer per jaar draait is tamelijk uniek. Ook elders verandert de wind van kracht en richting met de seizoenen, maar de regelmaat is nergens zo groot als in het moessongebied. En de andere belangrijke oceaanwinden, de noord- en zuidoostelijke passaatwinden in de tropen en de westenwind op de hogere breedtegraden, duren net als de windstilte bij de evenaar het hele jaar.

Het is dus zeer goed denkbaar dat de kunst van het zeilen op open water voor het eerst werd beoefend vanaf de zuidkust van het Arabisch schiereiland, waar de nachten worden verlicht door sterren, vis

---

* De kleinere *dhow*, die voor het vissen wordt gebruikt, wordt een *mashua* genoemd, een benaming die uit India stamt; de grotere *dhow*, gebruikt voor vervoer van goederen en mensen, heet een *jahazi*, een Perzisch woord.
† Alan Villiers, *Monsoon Seas: The Story of the Indian Ocean*, New York, McGraw-Hill, 1952, p. 3, 6, 56-57. In de Golf van Bengalen, waarvan de oostelijke kust deels onbereikbaar was tijdens de noord-oostelijke moesson, was de windsituatie nog ingewikkelder. Zie Sinnappah Arasaratnam, *Maritime India in the Seventeenth Century*, New Delhi, Oxford University Press, 1994, p. 4.

in overvloed is en rivieren praktisch afwezig zijn.[2] Vanaf die kust konden schepen niet alleen Oost-Afrika, maar ook India opmerkelijk snel bereiken. Ja, dankzij de wind vormde de wereld tussen de Hoorn van Afrika en de Indonesische archipel ruim zesduizend km verderop – met al haar woestijnen, landbouwgebieden en havens – gedurende een groot deel van de geschiedenis een kleine, hechte gemeenschap. En dat betekent ook dat er al vroeg handel werd gedreven.

Ik ben in Dhofar, de provincie van Oman die ongeveer halverwege de zuidkust van het Arabisch schiereiland aan de grens met Jemen ligt. Het landschap lijkt op een abstract doek van oceaan en rotsen, volkomen kaal in de droge wintermaanden, op een eenzame wierookboom na. Als ik het stukje bast dat ik van de stam heb gesneden verpulver, is het even alsof ik in een oosters-orthodoxe kerk sta. Ver voor de komst van het christendom echter werd er al wierook (*lubban* in het Arabisch) gebrand om kleding te verfrissen, mensen te zegenen, insecten op afstand te houden en allerlei ziektes te behandelen. Stukjes van deze hars werden in drinkwater opgelost als versterkend middel, vooral voor de nieren; ook werd geloofd dat wierook de weerstand verhoogde en boze geesten verdreef. In de Oudheid werd bij lijkverbrandingen de lucht ermee gezoet en farao's werden ermee gebalsemd. Wierookhars werd gevonden in de tombe van Toetanchamon in Luxor en we weten dat ook in de joodse tempel in Jeruzalem wierook lag opgeslagen in een speciaal, door priesters bewaakt vertrek.

Als essentieel product voor het leven in Rome, Egypte, Perzië en Syrië was wierook in de Oudheid wat olie in de moderne tijd is: handelswaar die de basis vormt van scheepsroutes. Dhofar en het naburige Jemen exporteerden drieduizend ton wierook per jaar naar delen van het Romeinse Rijk aan de Middellandse Zee.[3] Met wierook geladen zeilschepen voeren achter elkaar en verzekerd van een gunstige moessonwind naar het zuidwesten, naar de ingang van de Rode Zee, in de richting van Egypte of Rome, of oostwaarts naar Perzië en India. Wanneer de wind maanden later draaide, zeilden ze terug naar de havens in Dhofar of Jemen, beladen met ivoor en struisvogelveren uit Afrika of diamanten, saffieren, lapis lazuli en peper uit India. De tribale koninkrijken aan de kusten van Arabië – Saba, Hadramaut en

Himyar – werden rijk van de overzeese handel. Tot circa 100 v.Chr. vormde de nu zo onherbergzame kust de spil in de handel tussen Oost en West. Voordat het rechtstreekse scheepsverkeer tussen Egypte en India op gang kwam, kwamen Grieken, Perzen en Afrikanen naar de alhier gelegen Arabische havens om handel te drijven.[4]

De zomermoesson uit het zuiden, die hier de *khareef* wordt genoemd, zal regen brengen en de steenwoestijn in West-Oman in een groene oase veranderen. Maar doordat het klimaat in de Oudheid vochtiger was, was er toentertijd zelfs zoveel drinkwater dat er steden konden ontstaan, die dankzij de handelscontacten een rijke cultuur ontwikkelden. Op mijn tocht langs de kust kom ik langs een stenen hut waar een Arabier, gekleed in een *dishdasha* en met een geborduurd mutsje op het hoofd, volgens Indiaas masala-recept thee voor me zet: met melk, kruiden en heel veel suiker. Eerder al had ik in een eethuisje kokosnoot met kerriepoeder gegeten en een soep die op smaak was gebracht met chilipeper en sojasaus. Doordat een zeilschip sneller bij de monding van de Indus dan bij die van de Eufraat is, hebben de Arabieren hier in hun dagelijks leven veel Indiase en Chinese gebruiken overgenomen.

Ik bezoek de ruïnes van Sumhuram, de oude havenstad in Dhofar die dankzij de wierookhandel tussen de 4e eeuw voor en de 4e eeuw na Chr. een van de rijkste steden ter wereld was. In een inscriptie op de tempel van koningin Hatsjepsoet in Luxor wordt de hier geproduceerde witte wierooksoort Al Horjari vermeld. Deze wierook, die tot in China beroemd was en ook door Marco Polo wordt genoemd in het boek over zijn reizen, stond bekend als de beste ter wereld.[5]

De Chinese stad Quanzhou importeerde op een gegeven moment jaarlijks bijna vierhonderd pond wierook uit Al-Baleed, dat niet ver van Sumhuram aan de kust van Dhofar lag. Binnen de oude muren van deze havenstad bevinden zich veel restanten van ruim vijftig middeleeuwse moskeeën, waardoor ik me ook een goede voorstelling kan maken van Sumhuram. De stad, waarvan de geschiedenis teruggaat tot 2000 v.Chr., kreeg in 1285 bezoek van Marco Polo. De eveneens beroemde Marokkaanse reiziger Ibn Batoeta bezocht de stad tweemaal: in 1329 en in 1349. Beiden kwamen en vertrokken via zee. Ook de Chinese admiraal Zheng He kwam hier twee keer: na met zijn 'schatschepen' de hele Indische Oceaan overgevaren te zijn, meerde hij in 1421 en exact tien jaar later nogmaals aan in Al-Baheed, waar hij met open armen werd ontvangen.* Honderden jaren eerder al, aan het eind van de 10e eeuw, omschreef de in Jeruzalem geboren Arabische geograaf Al-Muqaddasi de havens van Oman en Jemen als de 'vestibule' van China; de Rode Zee stond in zijn tijd zelfs bekend als de Chinese Zee.[6] Van hun kant voeren Omani's uit Dhofar en andere delen van Zuid-Arabië al vanaf halverwege de 8e eeuw naar China. Later zouden van het Arabisch schiereiland afkomstige Arabieren op Noordwest-Sumatra, dus helemaal aan de andere kant van de oceaan, de haven Banda Atjeh bouwen als de 'Poort naar Mekka'.[7] Je mag dus rustig van een kleine wereld spreken.

'Oman is overal, in China, India, Singapore en Zanzibar,' aldus de regeringsambtenaar Abdulrahman Al-Salimi in de Omaanse hoofdstad Muscat. Hij ontvangt mij met rozenwater, dadels, kleverige *halwa* en bittere, naar kardemom geurende koffie die uit een koperen kan wordt geschonken. Boven zijn *dishdasha* draagt hij een witte tulband. De minister van Religieuze Schatten, die ik ook ontmoet, draagt een met juwelen versierde dolk (*khanjar*) voor zijn buik. In dit land wordt bewust een naar buiten gerichte cultuur uitgedragen, een identiteit die hoort bij een zeevarende natie. Met deze in de loop van duizenden jaren ontstane mentaliteit keren de Omani's zich niet van de buitenwereld af, maar zoeken er juist contact mee. Dit land laat zien dat de mondialisering het best gedijt als die gestoeld is op een sterk zelfbewustzijn dat de destructieve commerciële krachten kan weerstaan. Dingen die op het eerste gezicht als middeleeuws kunnen overkomen, blijken uitstekend bij de moderne wereld te passen.

De rit van Dhofar naar Muscat voert twaalf uur lang over een volkomen platte grind- en lavawoestijn die grenst aan het 'Empty Quarter' van Saoedi-Arabië.[†] Het grootste deel van de geschiedenis zou deze reis naar het noordoosten via zee zijn gemaakt. De Omani's kunnen qua zeevaart in veel opzichten als de ultieme Arabieren wor-

---

* 'Schatschepen' waren oorlogsschepen met klein-kaliber geweren, bommen en raketten aan boord.

† Het volkomen kale, waterloze binnenland van Oman was ook een reden waarom de Omani's zich op de zeevaart richtten.

den beschouwd. Ze waren eeuwenlang zo invloedrijk dat de hele Arabische Zee – het noordwestelijke kwart van de Indische Oceaan – ooit de Zee van Oman heette. Ofschoon de legendarische Sindbad de Zeeman zijn basis in het Iraakse Basra had, kwam hij volgens sommigen uit het Omaanse Sohar. De homerische tochten die Sindbad van de 8e tot in de 10e eeuw maakte, leren eens temeer dat deze enorme oceaan dankzij de wind en het zeiltalent van de middeleeuwse Arabieren en Perzen een 'kleine' oceaan was. Het koninkrijk Mihraj uit Sindbads eerste reis doet volgens kenners denken aan Borneo in de Zuid-Chinese Zee; de monsterlijke vogels uit zijn tweede reis zouden vogels bij Madagascar zijn; het Apeneiland uit de derde reis was volgens de 12e-eeuwse Arabische geograaf Idrisi het tussen Jemen en Somalië gelegen eiland Socotra; en bij het land van de kannibalen uit de vierde reis wordt gedacht aan de Andamanen in de Golf van Bengalen of zelfs aan het nog verder gelegen Sumatra.

Ook de man die het schip van Vasco da Gama in 1498 van Kenia naar India loodste, was mogelijkerwijze een beroemde zeevaarder uit Oman, te weten Ahmed ibn Majid, over wie later meer.[*] De Omani's domineerden de slavenhandel en koloniseerden tot in de 19e eeuw de Swahilikust in Oost-Afrika. De havenstad Gwadar aan de Arabische Zee in Beloetsjistan (Zuidwest-Pakistan) was tot 1958 in Omaanse handen. In Indonesië wonen veel Arabieren van Omaanse afkomst, wier voorvaderen hielpen bij het verspreiden van de islam in het Verre Oosten.

Omgekeerd tref je ook sporen van al deze landen aan in Oman. In de soeks van Muscat zie je een hoop nazaten van de hindoestanen die in de 19e eeuw vanuit Rajasthan of Hyderabad naar Oman gingen. De kleding van de vrouwen en de mutsjes van de mannen getuigen van invloeden uit Beloetsjistan en Zanzibar. De muziek en dans zijn aan dit Afrikaanse eiland ontleend. Chinees porselein is alomtegenwoordig. De bakkers zijn Jemenieten of Iraniërs. Veel zakenlieden komen uit Gujarat in Noordwest-India. Op oude Omaanse wapen-

---

[*] Hoewel veel geleerden het hierover eens zijn, bestaat er nog enige verwarring over de identiteit van Da Gama's loods. Volgens een deskundige kwam hij uit het Indiase Gujarat. Satish Chandra, *The Indian Ocean: Exploration in History, Commerce and Politics*, New Delhi, Sage, 1987, p. 18.

schilden zie je motieven die door India en de Zuid-Afrikaanse Zoe-
loes beïnvloed zijn. Het Arabisch dat in Oman wordt gesproken, zit
vol leenwoorden uit al die landen en gebieden, en menig Omani
spreekt Arabisch met een Swahili-accent. Kortom, in Oman en andere landen aan de Indische Oceaan voltrok de mondialisering zich al
in de Oudheid en de Middeleeuwen, veel eerder dus dan elders. Met
als gevolg dat er een buitengewoon veelzijdige cultuur ontstond.

In het Westen gelden de Arabieren als een woestijnvolk met de neiging
tot extremisme die dat soort volkeren aan zou kleven. Maar zoals de
wierookhandel en het hele verleden van Oman leren, waren zij ook
grote zeevaarders en kosmopolieten die de Indische Oceaan al duizenden jaren voor de komst van Vasco da Gama bevoeren. Als je de
hele periode van Arabisch expansionisme bekijkt, 'dan valt vooral één
ding op', zo stelt de Nederlands-Amerikaanse André Wink in zijn en-
cyclopedische werk *Al-Hind: The Making of the Indo-Islamic World*.
'Doordat de contacten op economisch, sociaal en cultureel gebied,
onder de hoede van de islam, [...] toenamen en steeds complexere patronen vormden, groeide en bloeide de internationale economie rond
de Indische Oceaan – met India in het centrum en het Midden-Oosten en China als de twee dynamische polen.'[8]
     De 'Saracenen', zoals de Britse geograaf Sir Halford Mackinder de
Arabieren honderd jaar geleden noemde, 'bouwden een imperium
op door de drie hun ter beschikking staande vervoermiddelen te benutten: de kameel en het paard enerzijds en het schip anderzijds. Op
verschillende momenten overheerste hun vloot de Middellandse Zee
tot aan Spanje en de Indische Oceaan tot aan Maleisië.'[9] De trapezi-
umvorm van het schiereiland heeft deze ontwikkeling bevorderd.
Het is aan drie kanten door water omringd. In het westen liggen de
Golf van Suez, de Rode Zee en de Bab el Mandeb (de 'Poort van Tranen'); aan de tweeduizend km lange zuidkust die ooit het vruchtbaarste en dichtstbevolkte deel van het schiereiland was (Jemen, Hadramaut en Dhofar) ligt de oceaan en aan de oostkust de Perzische
Golf. De Golf loopt tot de Iraakse rivier de Shatt el Arab, waarin de
Tigris uitmondt die weer naar Bagdad loopt. De hoofdstad van het
Abbasidische Kalifaat, dat bestond van de 8e eeuw tot de verwoesting
door de Mongolen in de 13e eeuw, was dus via de Indische Oceaan

verbonden met China. Want eeuwenlang waren verre landen gemakkelijker via zee te bereiken dan via onherbergzame woestijnen.

Gunstig voor de Arabische handel was ook de nabijheid van de Afrikaanse kust in het westen en het Iraanse Hoogland in het oosten. Doordat de Arabieren al in de Oudheid de kalme binnenzeeën aan weerskanten van het schiereiland, de Rode Zee en de Perzische Golf, overstaken, hadden zij sterke banden met twee klassieke stedelijke beschavingen: de Egyptische en de Perzische. Oorspronkelijk was Perzië het actiefst in de overzeese handel met landen in het oosten. In de 6e eeuw v.Chr. bestond er tussen de Achaemenidische dynastie in Perzië en de even succesvolle Maurya-dynastie in India al zoveel scheepsverkeer dat de Perzische koning Darius I 'een verkenning van de zeeën van Suez tot de Indus' gelastte.[10] Veel later, vlak voor de val van de Sassaniden door de komst van de islam, bereikten Perzische schepen vermoedelijk Chinese havens. Feit is dat in Chinese documenten uit de late 7e en uit de 8e eeuw Perzen worden genoemd als eigenaren van schepen in Kanton.[11] Perzië was onder de Sassaniden een belangrijke zeemacht geworden, maar vanaf die tijd viel het onderscheid tussen Perzen en Arabieren weg. De volkeren groeiden onder het eclectische Abbasidische Kalifaat in Bagdad zo naar elkaar toe dat hun zeelieden, die de Indische Oceaan van Afrika tot het Verre Oosten bevoeren, onder de algemene noemer 'moslims' vielen.

Als de oudste route over open water van de mensheid is de Perzische Golf terecht naar de Perzen genoemd. Schepen die niet op de moessonwind via de open oceaan van Oman naar Zuid-India wilden varen, konden via de Golf helemaal langs de kust van Sindh (Zuidoost-Pakistan) en Hind (India) zeilen zonder het zicht op land te verliezen. Zuid-India vormde namelijk de 'scharnier' tussen de twee grote bekkens van de Indische Oceaan, de Arabische Zee en de Golf van Bengalen.[12] Vanaf de kust van Zuid-India of Ceylon kon een zeilschip hoog aan de wind zeilend in één ruk door naar het Verre Oosten. Op die manier duurde de tocht van de Perzische Golf naar het Indonesische Sumatra 'slechts' zeventig dagen – dankzij de moesson lag het gemiddelde aantal knopen twee keer zo hoog als op de Middellandse Zee.[13] In de andere richting konden schepen relatief snel en gemakkelijk van Oman zuidwestwaarts naar Oost-Afrika varen. Vanaf 1200 na Chr. werd de Swahilikust onder de maritieme invloedssfeer van de islam gebracht, en eind 15e eeuw hadden moslimimmigranten uit Zuid-Arabië op zijn minst dertig steden op de Afrikaanse kust gebouwd.[14] Het was alsof elke bevolkingsgroep overal rond deze kust aanwezig was.

Zoals eerder gezegd vormden in de Oudheid de steden op de kust van Zuid-Arabië 'de pakhuizen voor al het goederenverkeer' tussen Afrika, Egypte en India, om de islamkenner George F. Hourani te citeren. De ambassadeurs die de Egyptische vorst Ptolemaeus II naar de Mauryaanse koningen Chandragupta en Asoka in India stuurde, reisden vermoedelijk via de Saba-havens, via Jemen dus. En dat gold ook voor de 'Indiase vrouwen, ossen en beelden die [Ptolemaeus] liet meevoeren in de overwinningsparade' in het jaar 271 of 270 v.Chr.[15] Volgens het Griekse document 'Periplus van de Erythreïsche Zee' (Rondvaart rond de Rode Zee), dat rond 50 na Chr. door een ware meester-zeezeiler werd geschreven, waren er destijds Arabische kooplieden actief in het Oost-Afrikaanse Somalië en bij de monding van de Indus (in het huidige Pakistan). De schijnbaar zo desolate zuidkust van het Arabisch schiereiland vormde dus ooit het centrum van de handel tussen de beschavingen en dat was geheel te danken aan de zeevaart.

De overwinning van de islam in de 7e eeuw bevorderde de overzeese handel. De islam biedt niet alleen gedragsregels voor sociale en economische relaties, maar is ook een 'draagbaar' geloof, om met historica Patricia Risso te spreken. De islam 'is niet gebonden aan een bepaalde plaats waar zich animistische geesten ophouden noch aan tempels die aan bepaalde goden zijn gewijd', zoals het hindoeïsme. Het geloof was dan ook bijzonder 'geschikt voor kooplieden die elders ingewikkelde transacties moesten sluiten'. Ook buiten het eigen land legden zij door het geloof gemakkelijk contact doordat ze met de vreemdelingen zaken als de koran, het gezamenlijke gebed, regels aangaande het gezinsleven en het verbod op het nuttigen van varkensvlees en alcohol deelden. De hadj fungeerde in de eerste eeuwen van zijn bestaan in feite ook als handelsbeurs: in Mekka kwamen islamitische kooplieden samen om zaken te doen. En doordat de islam zich tevens 'vermengde en samenleefde' met het hindoeïsme en boeddhisme, ontstond er een 'samenhang' in de wereld van de Indische Oceaan die zelfs het veel kleinere Middellandse Zeegebied – dat door de wind meer uiteengedreven dan samengebracht werd – niet altijd kende, zo schrijft de sociologe Janet L. Abu-Lughod.[16] De vele handelaren, die zich goed aan de nieuwe normen en gewoonten aanpasten, namen de islam via de zuidelijke zeeën mee naar Oost-Azië en Afrika.[17]

In Oost-Afrika kochten moslims slaven en ivoor in, in de Perzische Golf parels en goud, in India rijst en katoen en in China zijde, thee en porselein.[18] Het geloof vormde niet alleen een band tussen de islamitische handelaren in verre oorden aan de Indische Oceaan, maar de handel zorgde ook voor bekeerlingen. Pragmatisme heeft daarbij vast een rol gespeeld: een Afrikaanse of Aziatische koopman die moslim werd, kwam uiteraard in een goed blaadje te staan bij de Arabieren. In Birma, dat vanuit het westen door de Arabieren werd gepenetreerd, namen veel Arakanezen uit economische overwegingen een Arabische naam aan. Ook in India en overal elders bekeerden mensen zich onder invloed van Arabische handelaren. Zo ontstonden er moslimgemeenschappen van Mogadishu tot Malakka, dus van Somalië tot Maleisië. (De bekeringen verliepen heel anders dan bij het christendom: christelijke missionarissen hadden weinig met handel van doen en hun belangen gingen in sommige gevallen zelfs lijnrecht in tegen die van de Europese handelsmaatschappijen.)[19]

De Arabische expansie langs de Indische Oceaan werd behalve door de opkomst van de islam ook bevorderd door de opbloei van China. De mohammedaanse staat in Medina werd opgericht in 622; in China kwam de Tang-dynastie in 618 aan de macht. De Chinese keizer blies de bureaucratie nieuw leven in, vestigde een sterke centrale staat en stimuleerde bovendien op agressieve wijze de overzeese handel met landen aan de Indische Oceaan. Zo ontstond er eenzelfde situatie als in de Oudheid, toen het Romeinse Rijk het westelijk deel en de Han-dynastie het oostelijk deel van de Indische Oceaan beheerste. De Chinezen hadden voor de komst van de islam al handel gedreven met hindoeïstische en boeddhistische Indiërs, maar daarna ging hun voorkeur – onder druk van het Tang-bestuur – uit naar islamitische Indiërs, Arabieren en Perzen.[20] Die verandering luidde de eeuwenlange handelscontacten in tussen de middeleeuwse kalifaten (van de Omayyaden in Damascus en vooral de Abbasiden in Bagdad) enerzijds en de Tang-, Song- en Yuan-keizers anderzijds. Pas in de 15e eeuw, toen China zich voor buitenlanders afsloot en ook de commercie bemoeilijkte, kwam er de klad in de handel van de islamitische landen. Maar omdat de grote rijken aan weerszijden van de oceaan commercieel afhankelijk van elkaar bleven, heerste er over het algemeen vrede en vrijhandel.

De vraag naar wierook en naar luxegoederen als edele metalen en geneeskrachtige kruiden was de motor achter de handel tussen landen in Azië. Daarnaast leverde India rijst en katoen aan China en dat leverde in ruil daarvoor thee. Bij zijn aankomst in het Indiase Calicut was Vasco da Gama stomverbaasd over de overzeese handel die vanuit 'China naar de Nijl' kwam.[21] Bij de middeleeuwse mondialisering was het islamitische handelsstelsel net zo toonaangevend als het kapitalisme bij de huidige.

De moslims waren letterlijk overal. De islam was in de 7e eeuw nog maar een paar jaar oud, of de ontdekkingsreiziger Sa'ad ibn Abi Waqqas, die uit Ethiopië kwam gevaren, bouwde een moskee in de Chinese stad Quanzhou. Aan het begin van de 15e eeuw loodste een Indiase moslim de schatvloot van admiraal Zheng He van India naar Dhofar en vandaar naar Jemen. Vandaaruit maakte de admiraal, zelf ook een moslim, als eerste prominente Chinees de pelgrimstocht naar Mekka.[22]

Dat de moslims – van Arabische, Perzische of Indiase huize – het sterkst vertegenwoordigd waren op de Indische Oceaan, wil echter niet zeggen dat die van hen was. Handelaren uit alle landen en met alle geloofsovertuigingen deden hun voordeel met de unieke omstandigheden op de oceaan. Al voor de geboorte van de islam voeren Maleiers vanuit het huidige Maleisië en Indonesië over de hele oceaan naar Madagascar en Oost-Afrika om er kaneel en andere specerijen te verkopen.* Deze heidenen, die vanwege het drijflichaam op hun kano's Waqwaqs werden genoemd, konden dankzij de wind de

---

* Bij opgravingen in Kenia is Iraans aardewerk uit het Sassaniden-tijdperk in de late Oudheid gevonden, evenals Chinees Yueh-aardewerk. Ook dat laat zien dat schepen toen al grote afstanden aflegden. Charles Verlinden, 'The Indian Ocean: The Ancient Period and the Middle Ages', in Satish Chandra, *The Indian Ocean: Explorations in History, Commerce and Politics*, New Delhi, Sage, 1987, p. 50.

afstand van een kleine zesduizend km in ongeveer een maand afleggen.[23] Ook hindoes verspreidden hun rituelen, iconen en taal over de
kustgebieden van de oceaan. In heel Zuid- en Zuidoost-Azië werd
door Indiase kooplieden, in hoofdzaak hindoes, zo'n levendige handel gedreven, dat deze regio in de vroege Middeleeuwen 'de wereld
van het Sanskriet' ging vormen.[24] In deze hele periode en in de vroegmoderne tijd stond de Indiase Coromandelkust in nauw contact met
zowel Birma en Indonesië als met, in de andere richting, Perzië.

De Indische Oceaan vormde een web van handelsroutes. De lijnen
die in onze tijd de groeiende commerciële en culturele verbonden-
heid aangeven, komen min of meer met dat web overeen. Dat de Indische Oceaan grotendeels uit randzeeën bestaat – de Arabische Zee,
de Golf van Bengalen, enzovoorts – leidde er 'als van nature' toe dat er
'meerdere hegemoniale machten naast elkaar bestonden,' aldus Abu-
Lughod.[25] Met andere woorden: de oceaan was neutraal. Geen enkel
land had de oceaan in handen, en al helemaal geen Europees koninkrijk.

Zoals in de Middeleeuwen de westerse hegemonie nog in het verschiet lag, zo zal in komende decennia de Amerikaanse hegemonie
over de wereldzeeën – als de laatste fase van de overmacht van het
Westen – weleens langzamerhand tot het verleden kunnen gaan behoren.

3

Curzons grenzen

Vlak nadat Lord Curzon was thuisgekomen van zijn post als onderkoning van India, hield hij in 1907 de jaarlijkse Romanes Lecture in
Oxford. Hij koos voor het onderwerp 'grenzen', een onderwerp waar
hij veel ervaring mee had. Als jongeman had hij langs de buitengren-
zen van het Britse imperium in Azië gereisd en later was hij als diplomaat betrokken geweest bij het vaststellen van de grenzen van dat
rijk in Turkestan.[1] Curzon had het over alle soorten natuurlijke
grenzen: zeeën, woestijnen, bergen, rivieren en wouden; en over alle
soorten grenzen van menselijke makelij: muren en vestingwerken,
lange, rechte lijnen op een kaart, grensgebieden, bufferstaten, pro-
tectoraten, achterlanden en invloedssferen. De zee noemde hij de
meest 'onverzettelijke' en 'effectieve' grens, met op de tweede plaats
de woestijn. Dat Engeland, Amerika, Spanje, Cuba en de Filippijnen,
Napoleon, Egypte en de Nederlanders en Portugezen hun handelsposten aan de Aziatische kust uiteindelijk waren kwijtgeraakt, kwam
volgens hem doordat 'er zeeën tussen lagen'. Met betrekking tot de
woestijn merkte hij op dat China in het noordwesten door de Gobi-
woestijn werd beschermd, Bukhara en Samarkand 'verscholen liggen achter de zandheuvels van de Kara Kum', het Midden-Oosten
eeuwenlang min of meer van India was afgesneden door de 'brede
woestijnen' in Perzië en Turkestan, en dat zwart Afrika geïsoleerd
was van de rest van de mensheid door de Sahara in het noorden.[2]

Zeeën konden uiteraard bevaren worden en woestijnen konden
worden doorkruist met een kamelenkaravaan of spoorweg, en Curzon gaf daar vele voorbeelden van. Maar dat zeeën volkeren van elkaar scheiden is evident. Veel interessanter is dan ook de vraag hoe zij

beschavingen verbinden, zeker als het om zo'n strategische en druk-bevaren zee als de Indische Oceaan gaat. Hetzelfde geldt voor woestijnen. In weerwil van Curzons opvatting zijn woestijnen namelijk ook zonder spoorwegen meer dan alleen een natuurlijke barrière. Hun invloed op de geschiedenis van naties ligt ingewikkelder dan in het geval van oceanen. Per slot van rekening was de woestijn ten oosten van Mesopotamië niet het enige obstakel tussen het Midden-Oosten en het Indiase subcontinent. Nee, ook de verschillen in cultuur en taal of dialect, ontstaan door talloze factoren die niet allemaal van geografische aard waren, zaten de contacten in de weg. Bovendien is deze barrière nu ook weer niet zo ondoordringbaar: je kunt heel wat voorbeelden van volksverhuizingen door een Arabische of Perzische woestijn noemen. En het feit dat aan beide kanten van de Syrische woestijn, die tot op het Arabische schiereiland doorloopt, Arabisch wordt gesproken, bewijst dat in elk geval deze woestijn de volkeren niet scheidde. Daar zijn stammen en roversbendes doorheen getrokken die alle gebieden die ze passeerden, sterk hebben beinvloed.

De geschiedenis van Oman nu is zo interessant omdat dit land een microkosmos vormt van de wereld aan de westkust van de Indische Oceaan. Oman is net als andere kustgebieden aan of bij de Arabische Zee – Somalië, de Arabische emiraten, de Pakistaanse provincies Beloetsjistan en Sindh en de provincie Gujarat in Noordwest-India – een dynamisch doch smal strookje land dat tussen de zee en de woestijn zit ingeklemd, en dat door beide diepgaand is beïnvloed.

Oman is een soort eiland, zij het niet in letterlijke zin. Curzons stelling dat de zee een grotere barrière vormt dan de woestijn, gaat in dit geval niet op: in de geschiedenis van Oman was de woestijn de belangrijkste scheidslijn. Dankzij de voorspelbare wind werd dit land niet door duizenden kilometers water van andere landen gescheiden, maar er juist dichterbij gebracht, dichter dan bij de noorderburen die aan de overkant van de 1600 km brede woestijn woonden. Van de zee kwam het kosmopolitisme, van de woestijn het isolement en de tribale conflicten. Doordat Oman tweeduizend jaar lang een zeevarende natie is geweest, kan het net als Jemen, Egypte en Mesopotamië bogen op een eeuwenoude beschaving. Ook als land bestaat het al heel lang, in tegenstelling tot de Arabische emiraten. Die werden vooral opgericht vanwege hun ligging aan de verkeersroutes over de Indische Oceaan van de grootste zeemacht van de 19e eeuw, Groot-Brittannië. 'Nietige Arabische stamgebiedjes, ingesteld om de kaperij van slavenschepen in hun kustwateren te bestrijden,' zo noemde Curzon de Golflanden.[3] Evenmin wordt Oman geregeerd door een familie die pas in de 20e eeuw in het zadel kwam, zoals Saoedi-Arabië. Het koningshuis van de Al Bu Sa'ids in Oman was al aan de macht toen de Verenigde Staten nog niet eens bestonden. Die lange regeerperiode wil evenwel niet zeggen dat de sultans altijd even sterk waren. Door het verzet van woestijnstammen existeerde de Omaanse staat soms langdurig niet of nauwelijks, en dikwijls maakte Iran als de dichtstbijzijnde grootmacht dan de dienst uit. Dankzij de zee, de wind en de goede havens kon er een eerbiedwaardige staat ontstaan, die door de woestijn vaak bijna werd vernietigd.

Oman wordt wel het land van de vijfhonderd forten genoemd. Mijn weg door de woestijn, die vlak achter de kust begint en die door millennia van wind en seismische storingen even rauwe als schitterende vormen heeft gekregen, voert in feite van de ene Arabische *qasr* (fort) naar de andere. Alle deze forten zijn in hun mathematische eenvoud uniek en heersen over surrealistisch aandoende heuveltoppen en kale rotswanden. Maar het is de herhaling die veelzeggend is. Hoe mooi ze na de restauratie ook zijn ingericht – met tapijten, porselein, inheemse sieraden, oude schilderijen en prachtig traliewerk – hun aantal alleen al getuigt van de wetteloosheid die hier eeuwenlang heeft geheerst. Ooit vormde elk fort van steen en leem een afzonderlijke, op zichzelf staande gemeenschap waarvan alle leden, van de gouverneur tot de kinderen, in de *qasr* woonden. En daar stond ook letterlijk altijd de kokendhete en kleverige dadelsiroop klaar om door de smalle spleten naar mogelijke indringers gegooid te worden. Curzon had het dus mis: de woestijn was geen grote leegte die alleen door een spoorweg kon worden bedwongen, maar dunbevolkt met nomadische stammen die zich lieten gelden. In de woestijn echter konden geen steden ontstaan. En omdat de cultuur die voor politieke stabiliteit kan zorgen zonder steden geen wortel kan schieten, heerste er anarchie.

De bevrijdende invloed van de oceaan drong nooit echt door tot het chaotische binnenland. En hoe dieper en breder de woestijn, des te instabieler en gewelddadiger het hele land. Nergens in de wereld is dat beter te zien dan in de Afrikaanse Sahellanden en ook voor Oman ging de stelling eeuwenlang op.*

De vraag is dus hoe dit land na langdurige instabiliteit als gevolg van geweld uit de eigen woestijn, een stabiel en pro-westers land is geworden met een uitstekend getrainde marine die de cruciale Straat van Hormuz aan beide kanten bewaakt. En daarbij moet je je uiteraard ook afvragen of het land een nuttige les te bieden heeft voor de hele wereld van de Indische Oceaan.

De huidige stabiliteit in Oman is aan een aantal factoren te danken. Het land heeft slechts 3 miljoen inwoners en bezit behoorlijk wat olie en gas. Dankzij die combinatie konden er wegen en andere infrastructuur worden aangelegd die de rol van de centrale overheid versterkten. Daarin verschilt Oman van buurland Jemen. Dat land is even groot, maar telt 22 miljoen zielen en is veel bergachtiger. Hele stukken van Jemen zijn daardoor ook voor de overheid moeilijk toe-

---

* Omdat de relatie tussen geografie en politiek nooit zo direct is en bovendien vol tegenstrijdigheden zit, is voorzichtigheid geboden. In feite is het geen eenrichtingsverkeer, zeker niet als er grote rampen in het spel zijn. Zoals de omstandigheden op zee soms gevolgen hebben voor de woestijn in het binnenland, zo kan ook het omgekeerde het geval zijn. Zo voeren handelsschepen in de 13e eeuw van het Chinese Kanton naar Basra in Irak. Vandaar werden de goederen verscheept naar Bagdad, waar ze werden overgeladen om over land naar het Middellandse Zeegebied te worden vervoerd. De haven van Basra bood de middeleeuwse metropool van de Abbasidische kaliefen dus toegang tot de Perzische Golf en daarmee tot de Indische Oceaan en de vaarroute naar het hele Oosten. Maar nadat in 1258 de uit de woestijn afkomstige Mongolen het Abbasidische Bagdad hadden geplunderd, werd heel Irak en daarmee ook de Perzische Golf onveilig. Bijgevolg verlegde de handelsroute over de Indische Oceaan zich naar Oman en Jemen en vandaar naar de Rode Zee. Engseng Ho, hoogleraar antropologie aan Harvard, presentatie op de conferentie 'Port City States of the Indian Ocean', georganiseerd door Harvard University en Dubai, 9 en 10 februari 2008.

gankelijk en omdat bovendien geen enkele stam of geloofsovertui-
ging de overhand heeft gekregen, moeten regeringen vooral het wankele evenwicht tussen de stammen bewaren. De macht is er dan ook
eerder te weinig dan te sterk geconcentreerd: anders dan Oman
vormt Jemen nog steeds een onbeheersbaar geheel van tribale koninkrijkjes. Die situatie begon al in de Oudheid: de Wadi Hadramaut,
de honderdzestig km lange oase die tussen een grote woestijn en het
rotsplateau in Zuidoost-Jemen in ligt, was via karavaanroutes en havens altijd nauwer met India en Indonesië verbonden dan met andere delen van Jemen.*

De eenheid van Oman is ook te danken, niet aan westerse recepten
inzake democratie en technologie, maar aan de bijzonder subtiele
wijze waarop de absolute heerser een aantal feodale praktijken nieuw
leven heeft ingeblazen. Een blik op het Oman van sultan Qaboos bin
Sa'id volstaat om te zien dat de Amerikaanse vooruitgangsgedachte
voor het Midden-Oosten en de wereld als geheel niet klopt. Niet-
westerse landen kunnen zich op verschillende manieren ontwikkelen
en die manieren stroken niet altijd met de verlichtingsidealen van het
liberale Westen. Bovendien zie ik in Oman het idee bevestigd dat ik
op mijn reis rond de Indische Oceaan telkens krijg, namelijk dat personen het lot van een land evenzeer beïnvloeden als zeeën en woestijnen: ten goede of ten kwade. Sultan Qaboos heeft een unieke prestatie geleverd: hij heeft de twee werelden van Oman, die van de Indische
Oceaan en de woestijn, kunnen verzoenen. Dit vereist enige historische toelichting.

Oman is weliswaar een klein land – ruim 300 km van de zuidkust
tot de grens in het noorden – maar het was eeuwenlang instabiel omdat de officiële grens weinig betekende. In feite strekte het binnenland zich veel verder uit, tot in het huidige Saoedi-Arabië en daar nog
voorbij. Oman was waarschijnlijk het eerste land dat zich na de Saoe-
di's tot de islam bekeerde. Maar door zijn ligging aan de rand van de

---

* De *nizam* (prins) van Hyderabad, in Midden-India, wilde alleen lijf-
wachten die behoorden tot de Hadrami-stam. Elders heb ik uitvoerig over
Jemen geschreven. Zie Robert D. Kaplan, *Imperial Grunts: The American
Military on the Ground*, New York, Random House, 2005, hfst. 1; en Robert
D. Kaplan, 'A Tale of Two Colonies', *The Atlantic*, april 2003.

woestijn en de Indische Oceaan werd het ook een toevluchtsoord voor dissidenten. In het bijzonder de ibadieten, volgelingen van de kharidjitische leraar Abd Allah bin Ibad uit Basra, vestigden zich in Oman.

In de ogen van de kharidjieten (Arabisch voor 'degenen die eruit stappen') was het kalifaat in Damascus – het eerste kalifaat – religieus niet zuiver op de graat omdat het niet-moslims inzette voor het bestuur in veroverde landen. Deze dissidenten predikten de jihad tegen hun vijanden – moslims en niet-moslims – en waren 'de meeste radicale voorstanders van de onafhankelijkheid van de stammen,' aldus Bernard Lewis. Zij aanvaarden alleen gezag waarmee ze zelf hadden ingestemd en konden dat akkoord op ieder moment weer intrekken.[4] De kharidjitische ibadieten in Oman nu wilden dat de dynastieke Omayyaden-kaliefen werden vervangen door democratisch gekozen imams. Ze waren echter minder fanatiek dan andere kharidjieten: voor deze gelovigen was het doden van andere moslims verboden en de sekte was verdraagzaam jegens niet-ibadieten.[5] Vooral na de val van het Omayyaden-kalifaat in 750 werd Oman een broedplaats van ibaditische missionarissen. Het gevolg was tweeledig: het binnenland werd door het ibadisme verenigd, maar het democratische karakter van het imamaat leidde tot talloze bloedige vetes. Verdeeld door genealogische en politiek-godsdienstige kwesties vochten de circa tweehonderd stammen in de woestijn van Oman onophoudelijk met elkaar, ook toen het kustgebied floreerde door de overzeese handel.

Terwijl in de havens de goederen zich opstapelden, leden de woestijnstammen ook onder aanvallen uit het noorden.[6] De chaos werd door Iran, de grootmacht aan de andere kant van de Golf, aangegrepen voor een interventie om de rust te herstellen.* In 1749 werden de Perzen evenwel verdreven doordat de grondlegger van de huidige dynastie, Ahmad bin Sa'id Al Bu Sa'id, alle strijdende stammen achter zich had weten te verenigen. Maar daarna raakte Oman in verval. In

---

* De Perzische invloed in Oman gaat terug tot de Oudheid. Het *falaj*-irrigatiestelsel – een stelsel van tunnels, kleine dammen en waterreservoirs – werd in de 7e eeuw v.Chr. in Oman ingevoerd door Perzische kolonisten, die zich vestigden in het kader van de expansie van het rijk der Achaemeniden.

1829 verliet sultan Sa'id bin Sultan de hoofdstad Muscat om zich op Zanzibar te vestigen, een van de Oost-Afrikaanse koloniën die de Omani's aan de betrouwbare en snelle moessonwind te danken hadden. Dat Oman later een Brits protectoraat werd, kwam door de kwetsbaarheid van de machthebbers aan de kust. Die konden wel het ruwweg drieduizend km verderop gelegen Zanzibar besturen en hun vlag planten in de Oost-Afrikaanse havensteden Lamu en Mombassa, en zelfs diep in Afrika – maar ze waren niet bestand tegen de aanvallen van stammen uit het eigen binnenland.

Oman had nog meer problemen. Om te beginnen dwong de Britse marine het verbod af op de lucratieve slavenhandel, die in Oost-Afrika in Omaanse handen was.* Ten tweede raakten de Omaanse zeilschepen, die door de Europeanen zonder onderscheid dhows werden genoemd, verouderd door de komst van het stoomtijdperk.† En het Suez-kanaal verkortte de afstand tussen Europa en India zozeer dat Muscat en andere Omaanse steden als overslaghavens voor handel over de Indische Oceaan aan belang inboetten.

In 1913 begonnen religieuze kopstukken en stamhoofden uit het binnenland ook nog een opstand tegen Muscat. Zij eisten het herstel van het ibaditische imamaat, dat beter bij de islamitische waarden in de woestijn zou passen. Met Britse hulp versloeg het sultanaat aan de kust twee jaar later drieduizend strijders uit de woestijn. De onderhandelingen sleepten zich voort, waarbij de strijd zo af en toe weer oplaaide. Een tijdje werd het binnenland aan een economische blokkade onderworpen. In 1920 werd er een akkoord bereikt dat erop neerkwam dat de sultan en de iman zich niet meer met elkaars zaken zouden bemoeien. Zo werden Muscat en Oman – de kust en het bin-

---

* Gezegd moet worden dat de Omaanse slavenhouders doorgaans lang niet zo wreed waren als hun Europese collega's. Zij behandelden de Afrikaanse slaven niet als levende doden, maar namen hen vaak op in hun familie. De slaven werden gekleed en van een vrouw voorzien, conform de wetten van de islam.

† Dat was bijzonder bitter, gegeven het feit dat Oman eind 19e eeuw in het noorden van de Arabische Zee na Groot-Brittannië de tweede zeemacht was. Richard Hall, *Empires of the Monsoon: A History of the Indian Ocean and Its Invaders*, Londen, HarperCollins, 1996, p. 355.

nenland – de facto twee verschillende landen. De 35 jaar daarop heerste er vrede. Toen zorgden olievondsten in het binnenland voor een nieuwe botsing tussen de twee krachten, waarbij Saoedi-Arabië de stammen en de Groot-Brittannië de sultan steunde.[7] Sultan Sa'id bin Taimur won, maar dat bleek een pyrrusoverwinning te zijn. In de jaren zestig ontstond er in Dhofar een afscheidingsbeweging die door marxistische radicalen werd gekaapt. Op ongeveer hetzelfde moment trok de sultan zich terug uit de politiek, waardoor het land geïsoleerd raakte van de buitenwereld en stagneerde. De aloude spanningen tussen kust en binnenland, tussen sultanaat en imamaat, bleven bestaan. In deze jaren was Oman meer een geografisch begrip dan een land.

De basis voor echte onafhankelijkheid werd pas in juli 1970 gelegd, toen de reactionaire sultan Sa'id met Britse steun ten val werd gebracht door zijn zoon Qaboos. Het was een nagenoeg bloedeloze coup: de sultan werd bij een kort vuurgevecht in de voet geschoten en als banneling naar Londen gestuurd. Daarop bood de 29-jarige Qaboos de opstandige woestijnstammen in Dhofar algehele amnestie aan. Ook liet hij in hun woongebieden waterputten slaan, wegen aanleggen en bruggen bouwen. Voorts werden guerrillastrijders die zich overgaven na een hertraining door de Britten opgenomen in een ongeregelde eenheid van de strijdkrachten van Oman.[8] En tot slot organiseerde de jonge sultan een reeks bijeenkomsten om behalve de Dhofari's ook zijn eigen uitgebreide familie en stam voor zich te winnen. Hij bestreed de opstand kortom op de klassieke wijze en het werkte. In 1975 was de opstand in de woestijn voorbij en kon Oman zich ontwikkelen tot een moderne staat.

Qaboos begreep dat hij de anarchie alleen de baas kon worden als hij het vertrouwen van de clans en stammen won en daarop verder bouwde. Vooral in de woestijn draait alles om de stammen. Marxistische en liberale intellectuelen die landen naar communistisch of westers model willen inrichten, hebben te weinig oog voor de tradionele loyaliteiten die aan de basis leven, zo heeft de geschiedenis inmiddels geleerd. In zijn boek *De stad van God* waarschuwde de gelovige realist Augustinus al voor die fout. Stammen mogen dan niet ideaal zijn omdat ze niet door enig universeel verlangen maar door bloedverwantschap en etniciteit bijeengehouden worden, zo schreef hij, maar omdat ze voor sociale cohesie zorgen moeten zij toch als een positieve kracht worden gezien. Qaboos voelde dat intuïtief aan. Geïnspireerd door middeleeuwse tradities en uitgaande van ongelijksoortige tribale elementen – verdeeld tussen woestijn en *qazee* – timmerde hij een regeringsbestel in elkaar.

Sultan Qaboos staat nu aan het hoofd van een neomiddeleeuws systeem: hij heeft nog steeds de absolute macht, maar omdat hij regelmatig overleg voert met de stamhoofden zijn zijn besluiten zelden arbitrair. Zo herstelde hij de verbinding tussen het voormalige imamaat in het binnenland en het sultanaat aan de kust, die in het verleden zo lang verbroken is geweest. Qaboos houdt ook rekening met gevoeligheden. Toen nieuwlichters in de jaren zeventig de *dishdasha*, het lange, witte gewaad dat mannen in het land standaard droegen en dragen, voor westerse kleding inruilden, verklaarde hij de *dishdasha* min of meer verplicht. Een andere traditie die hij verdedigde was de bouwstijl. Door de culturele eenheid tussen de kust en de woestijn op zo'n elementair niveau te bewaren, bevorderde hij de natievorming.

Als leider in het Midden-Oosten is sultan Qaboos echt enig in zijn soort. Hij is inmiddels een magere man van in de zeventig, nog steeds ongehuwd en woont alleen, bijna als een kluizenaar. Hij straalt een zekere bestudeerde afstandelijkheid uit. Als liefhebber van westerse klassieke muziek speelt hij luit en orgel en componeert hij ook zelf. (Dankzij hem beschikt Oman over het enige geheel uit autochtone musici bestaande klassieke symfonieorkest in het Midden-Oosten.) Om zijn macht te institutionaliseren heeft hij goed functionerende ministeries opgebouwd, hij heeft de positie van vrouwen verbeterd, overal in het binnenland scholen gebouwd, zich ingespannen voor een beter milieu en de jacht verboden. Een westerse kenner van de Arabische wereld die een privé-audiëntie met hem had, stak als volgt de loftrompet van de aan Sandhurst afgestudeerde sultan. In het Midden-Oosten had hij nog nooit een leider ontmoet die 'zo goed geïnformeerd, diepzinnig, belezen en welbespraakt – zowel in het Arabisch als het Engels – is' als Qaboos. Hij is 'de enige in de regio met een echt universele kennis'. De sultan belichaamt kortom het kosmopolitisme dat in kustgebieden van de Indische Oceaan altijd is blijven bestaan.

Zoals een voormalige hoge Amerikaanse ambtenaar schrijft, getuigt Qaboos van eenzelfde brede strategische visie als Lee Kuan Yew, de grondlegger van het huidige Singapore. De wereld mag inderdaad blij zijn dat twee zulke verlichte en bekwame machthebbers decennialang de belangrijkste zeeëngtes in de Indische Oceaan hebben beheerst: de Straat van Hormuz in het westen en de Straat van Malakka in het oosten. Je gaat haast denken dat Oman, net als Lee's Singapore, eigenlijk te klein is voor zo'n begenadigd leider. Naar verluidt kan sultan Qaboos over het conflict tussen Israël en de Palestijnen vanuit beide perspectieven uitvoerig discussiëren en hij onderhield een goede werkrelatie met Iran, zelfs in de jaren dat hij toeliet dat de Amerikanen vanaf een basis in Oman de strijd tegen de Russen in Afghanistan en tegen Irak in Koeweit voerden. Later mocht Washington zelfs tijdelijk twintigduizend militairen in Oman legeren ter voorbereiding op de invasies in Afghanistan en Irak. In 1979 erkende Oman als enig Arabisch land het vredesakkoord tussen Sadats Egypte en Israël. Met al zijn talenten lijkt de sultan dan ook de ideale bemiddelaar tussen de Amerikanen en Arabieren in het Iraëlisch-Palestijnse conflict of tussen de VS en Iran. Dit temeer daar de olietankers gezien hun diepgang door dat deel van de Straat van Hormuz moeten dat binnen de Omaanse territoriale wateren valt, zodat het land dezelfde strategische belangen heeft als onder andere het Westen. Qaboos blijft echter trouw aan zijn relatief teruggetrokken levensstijl. Als een victoriaanse gentlemen op leeftijd, die het zoeken van de publiciteit als een teken van karakterzwakte zou zien, begraaft hij zich in zijn boeken en muziek.

Qaboos geeft weinig interviews en laat zich ook niet vaak in het openbaar zien. Er staan niet dagelijks foto's van hem in kranten waarop hij lintjes doorknipt zoals van dictators als Saddam Hoessein of Hosni Mubarak van Egypte. Je kunt daarom niet echt van een persoonsverheerlijking spreken. Maar het huidige Oman heeft wel iets onwerkelijks. De veiligheidsmaatregelen die je bijvoorbeeld in Saoedi-Arabië ziet, waar voor hotels en andere gebouwen bewakers en betonblokken staan, tref je hier nauwelijks aan. Vrijwel alle volwassenen zijn traditioneel gekleed, lachen vriendelijk en spreken louter positief over hun leider, en dat alleen als je ze ernaar vraagt. En begin je over democratie en vrijheid, dan is de tegenvraag steevast: 'Over welke vrijheid heb je het die wij niet hebben?' Als je bedenkt wat de

VS in Irak hebben laten zien, inclusief alle geweld, kun je het de Omani's niet kwalijk nemen dat ze de vraag sceptisch aanhoren.*

Amerikanen hebben over het algemeen een te legalistische opvatting van democratie, namelijk puur bestaande uit wetgeving en verkiezingen. Daarmee leggen ze wellicht te veel nadruk op het formele proces, een opvatting die de Amerikaanse macht weleens meer kwaad dan goed kan doen. In andere delen van de wereld, en in het bijzonder in het Midden-Oosten, wordt bij democratie gedacht aan het informele overleg tussen vorst en ingezetenen. Waar zouden de VS in deze regio zijn zonder figuren als de koningen van Oman, Jordanië en Marokko, om nog maar te zwijgen van andere ondemocratische machthebbers die niettemin antiwesterse extremisten bestrijden? Alleen al uit machtsbehoud moeten de Amerikanen behalve hun eigen geschiedenis ook die van andere volkeren begrijpen. Omdat hun land vooral voorspoed heeft gekend, geloven zij dat zaken als democratie, economische ontwikkeling en maatschappelijke hervormingen voortkomen uit dezelfde 'goede' bron.[9] Oman laat zien dat ook iets wat de Amerikanen als slecht beschouwen – de absolute monarchie – iets goeds kan opleveren.

Waar in het Westen democratie een doel op zichzelf is, wordt in het Midden-Oosten, waaronder Oman, naar rechtvaardigheid gestreefd door middel van geestelijk en tribaal gezag dat samenkomt in de persoon van de sultan. Bovendien denkt de bevolking van Oman: godzijdank hebben wij niet zo'n onaangenaam en repressief koningshuis als in Saoedi-Arabië, godzijdank leven wij niet in het Jeme-

---

* Oman kent geen politieke vrijheid, maar de mensenrechten worden er over het algemeen gerespecteerd. Getuige het *Human Rights Report* van het Amerikaanse ministerie van Buitenlandse Zaken van 2008 heeft in regeringszaken weliswaar de sultan het laatste woord, maar 'in oktober 2007 namen ongeveer 245.000 geregistreerde kiezers deel aan doorgaans vrije en eerlijke verkiezingen' voor de Majlis as-Shura. Het land kent ook geen vrijheid van pers, meningsuiting, vergadering en godsdienst. Toch worden de elementaire mensenrechten doorgaans gerespecteerd. Er waren geen gevallen bekend van willekeurige en onwettige moorden door de regering, noch van verdwijningen met een politieke reden. En het verbod op arbitraire arrestatie en detentie wordt door de regering 'doorgaans nageleefd'.

nitische wilde Westen, waar onder de gedeeltelijke democratie tribale anarchie heerst, en godzijdank zijn wij niet zo kunstmatig geworden als Dubai.

De rust in Oman is ook te danken aan het ibadisme, dat geen soennisme noch sjiisme is (en ook in streken in Noord- en Oost-Afrika wordt beleden). Hoewel de ibadieten in het verleden onderling verscheurd raakten door de democratische en anarchistische kant van hun geloof, kan hun geloof, net als een veelzijdige diamant, juist ook tot verzoening, het vermijden van conflict en zelfbeheersing leiden. Het ibadisme bevat kalmerende, boeddhistische elementen. Het is het tegendeel van jihadisme. In Oman is het handjevol dissidenten niet het land uitgezet, maar aangesteld bij de overheid. Samen met de *dishdasha*, de typische tulband, de met juwelen versierde dolk en de architectuur versterkt het ibadisme het gevoel van nationale eenheid.

Ook de bescheiden olievoorraad en een later ontdekte aardgasbel dragen bij aan de politieke en sociale stabiliteit van Oman. De sultan voert een conservatief fiscaal beleid: bij de begroting wordt uitgegaan van een olieprijs die veel lager ligt dan de prijs op de wereldmarkt, zodat er een enorm financieel overschot is ontstaan. Zelf leeft hij minder luxueus dan menige Amerikaanse CEO. De paleizen van de sultan stralen een bescheiden elegantie uit en Omaanse topfunctionarissen hebben geen vloten limousines en vliegtuigen tot hun beschikking. Hier wordt niet zo buitensporig met oliedollars gesmeten als in andere Golflanden.

De tact van de sultan, die spreekt uit zijn sobere regeringsstijl en zijn onwil om op het wereldtoneel naar voren te treden – in zijn soberheid lijkt hij veel meer op Scandinavische premiers dan op bombastische figuren als de Iraanse Ahmadinejad of de Venezolaanse Chávez – heeft wellicht ook te maken met een gevoel van kwetsbaarheid. Dat de ietwat onwerkelijke, gepolijste perfectie van Oman zo goed werkt, zou weleens kunnen komen doordat het land in de regio geen aandacht trekt.

De laatste tijd echter doemt er voor zijn bestuur een gevaar op dat moeilijk te beheersen is: de snelle veranderingen bedreigen het relatieve isolement van Oman. De helft van de bevolking is jonger dan 21 jaar en de popularisteit van westerse kleding, inclusief het honkbalpetje, neemt onder jongeren duidelijk toe. Bovendien dringt het veel gewaagdere ontwikkelingsmodel van Dubai het land binnen via de nieuwe wegen die zijn aangelegd tussen de havens van Dubai en Oman, omdat de verzekeringspremies voor vervoer over de Perzische Golf zijn verhoogd en het olietransport door de smalle Straat van Hormuz riskanter is geworden. En dat model mag in de regio nog zo vaak als te westers bekritiseerd worden, net als de hele mondialisering is het ook zeer verleidelijk. Met het oog op meer werkgelegenheid en economische diversificatie is het sultanaat nu de weg van het massatoerisme opgegaan. Aan de nog ongerepte kust verschijnen vakantievilla's voor Europeanen die de zorgvuldig bewaarde traditionele cultuur van Oman op den duur zullen beïnvloeden.

Deze veranderingen komen op een moment dat de sultan, die volgens bronnen aan diabetes lijdt, begin zeventig is en geen erfgenaam heeft. Gehoopt wordt dat zijn familie en de hele tribale bovenlaag het op een reeks *shura's* (vergaderingen) eens zullen kunnen worden over een goede opvolger. Niemand in Oman stelt algemene verkiezingen voor: de raadplegende vergaderingen worden democratisch genoeg gevonden. Het debat over het grote belang van personen in de massademocratie dat nu in Washington woedt, is op dit land niet erg van toepassing. Toch kan de democratie niet zomaar afgewezen worden. De alleenheerschappij die Oman kent, werkt alleen als er een even krachtdadige als verlichte leider aan het roer staat. Maar wat gebeurt er als de absolute macht in handen komt van een minder doortastende en wijze persoon? Dat kan tot rampen leiden. In niet-democratische landen als Oman gaat het vaak goed zolang de omstandigheden gunstig zijn. Maar als de voorspoed verdwijnt, kan de bevolking, en zeker het jongere deel, behoorlijk opstandig worden. Ik verblijf hier als gast van de regering en hoewel ik, zoals alle mij bekende Midden-Oostendeskundigen, onder de indruk ben van wat deze vrij onbekende maar uitstekende sultan heeft bereikt, maak ik me toch zorgen om Oman. Oman is een beetje te volmaakt. Via de media volg ik de betogingen van democraten in Iran en Birma en het herstel van de democratie in Bangladesh. De Arabische wereld heeft wat dit betreft een ellendige reputatie, maar volgens mij zal verdere economische vooruitgang ook hier uiteindelijk tot meer vrijheid leiden. De informatietechnologie en mondialisering van de cultuur maken dat onvermijdelijk. Hoe zal Oman met die druk omgaan? Het is niet ondenkbaar dat het land de komende decennia minder sereen zal zijn dan nu.

Volgens de regering echter draait alles om de relatie tussen de stamhoofden en de centrale overheid, zoals de minister van Religieuze Schatten, Abdullah bin Mohammed al Salmi, me uitlegt. Met andere woorden: door het ibaditische imamaat uit de woestijn te combineren met het sultanaat aan de kust voert het land een belangrijk democratisch experiment uit.

Niets symboliseert het huwelijk tussen plaatselijke traditie en de openheid van de zeevarende natie zozeer als de Grote Moskee van sultan Qaboos in Muscat, die in 2001 werd opgeleverd. Onder andere absolute heersers was zo'n bouwwerk algauw een monument geworden, niet van cultuur en godsdienst, maar van de almacht van de dictator. In plaats van eclecticisme zou het dan van megalomanie hebben getuigd.

Bekende voorbeelden van dat laatste zijn de moskee van Saddam Hussein in al-Mansour in Bagdad en het Huis van de Republiek van de Roemeense dictator Ceauşescu in Boekarest. Beide waren nog maar half voltooid toen de leiders vielen, beide waren architectonische gedrochten die door hun omvang alles in hun omgeving leken te verpletteren en zo in essentie fascistisch waren. De moskee van Quaboos is anders. Ook die is groot – het terrein beslaat zowat een vierkante km en de hoofdminaret is ruim honderd meter hoog – maar van welke kant je ook komt, het gebouw overdondert je niet. Het doet juist intiem aan en straalt tegelijkertijd een sierlijke monumentaliteit uit. Als je over de binnenplaatsen en onder de arcades door loopt, waarvan de zuilen de lichtheid van snelle lijnen op papier hebben, is het alsof je een esthetische droomreis maakt van Noord-Afrika naar het Indiase subcontinent, met een uitstapje naar Centraal-Azië en een zwaar accent op het Iraanse plateau. De spitse, hoge zuilen doen aan Irak denken, de versierde en gelaagde minaretten aan het oude Caïro, de mathematische patronen en geschilderde ramen aan Spanje en de Maghreb, de bewerkte houten plafonds aan Syrië, de keramische tegels aan moskeeën in zowel Oezbekistan als Hejaz in het westen van Saoedi-Arabië, de afwisselend witte en donkergrijze zuilengalerijen aan het mammelukse Egypte, de zandstenen muren aan India (waar

de stenen vandaan komen), en de handgeweven tapijten en bloem-
mozaïeken uiteraard aan Iran. Motieven uit het Griekse Byzantium,
het Safavidische Iran en het India van de Mogoel-keizers komen hier
samen, bijeengehouden door een koepel met vergulde decoraties die
doen denken aan het gewaagde abstracte modernisme van de 21e
eeuw. Dit bouwwerk verheerlijkt niet Oman, maar Omans plaats in
het culturele en kunstzinnige continuüm dat zich in beide richtingen
over duizenden kilometers uitstrekt. De leidende principes bij de architectuur zijn schoonheid en proportionaliteit, niet de legitimering
van de macht van de heerser/bouwer, van wie in het hele complex
maar een paar portretten hangen. Hoewel het een religieus gebouw is,
is de toonzetting er duidelijk een van insluiting. De wereld wordt verwelkomd. De moskee straalt de sfeer van de oceaan uit, niet die van de
woestijn.

Maar dezelfde oceaan die de heilzame economische en culturele eenheid schiep in de middeleeuwse wereld van de islam – een eenheid
waarvan sultan Qaboos een 21e-eeuwse realisatie is – is uiteraard ook
lang het toneel van strubbelingen en rivaliteit geweest. En ook nu
strijden grootmachten, waarvoor Oman alleen maar in belang kan
toenemen, hier om invloed.

Het Oman waarmee het vanaf het stoomtijdperk bergafwaarts
ging, herstelt zich nu weer dankzij de recente aanleg van container-
havens. Wanneer je door de woestijn van Dhofar naar Salalah rijdt,
zie je al vanuit de verte de reusachtige brugkranen van de haven op-
rijzen. De binnenstad van Salalah straalt met zijn grote markten en
vele eethuizen dezelfde broeierige, intieme sfeer uit als de Jemenitische steden aan de andere kant van de grens, maar de stad ontwikkelt
zich ook tot een belangrijke overslaghaven van A.P. Moller-Maersk,
een van de grootste containerbedrijven ter wereld.* Dezelfde ontwikkeling is te zien in Sohar, aan de andere kant van Oman. In de stad
waar ooit Sindbad de Zeeman en Ahmad ibn Majid woonden, wordt
nu een van de grootste nieuwe havens ter wereld aangelegd, compleet
met enorme haven- en industrieterreinen. Met het hele project is
ruim 12 miljard dollar gemoeid. Als alles gereed is kan Sohar contai-

---

*   Het Deense bedrijf is beter bekend onder de naam Maersk Sealand.

nerschepen met een diepgang van 18 meter ontvangen en bogen op petrochemische industrie, hoogovens en logistieke complexen.

Een blik op de kaart volstaat om te begrijpen waarom dit gebeurt. De Perzische Golf, 's werelds oliecentrum, wordt steeds drukker en gevaarlijker. Niet alleen een mogelijke oorlog tussen de VS en Iran vormt een risico, maar ook terroristische aanslagen op één of meerdere containerschepen of olietankers zijn denkbaar. Bovendien vormt de Golf niet langer alleen een levenslijn voor het Westen, maar ook voor India en China. Mocht de Golf ooit voor scheepvaart gesloten worden, dan worden nabijgelegen havens met spoorwegverbindingen en oliepijpleidingen pas echt belangrijk – havens dus als Sohar, dat net buiten de Straat van Hormuz ligt. Oman, een toonbeeld van stabiliteit, geldt dan ook als een alternatieve verbinding van de Golfregio met de buitenwereld. Al is het Dubai van de 21e eeuw de ware opvolger van het 19e-eeuwse Aden, doordat het binnen de Perzische Golf ligt, het is geografisch kwetsbaar. Bovendien is de stadstaat Dubai, die door oceanen overstekende containerschepen alleen via een omweg bereikt kan worden, meer een overslagcentrum voor de luchtvaart dan voor de zeevaart.[10] De in Dhofar gelegen havenstad Salalah kan er ondertussen op wijzen dat het midden op de zuidkust van het Arabisch schiereiland ligt en zowat halverwege het Indiase subcontinent en de Rode Zee: net als in de Oudheid dus ook de perfecte overslaghaven voor de 21e eeuw. Voor Salalah hoeven schepen geen omweg te maken en met zijn reparatiewerven, pakhuizen en faciliteiten om brandstof en vracht in te nemen trekt het meer dan vijftienhonderd schepen per jaar, waarmee de groei van de haveninkomsten al jaren in de dubbele cijfers loopt. De spoorlijnen en pijpleidingen die bij de havens eindigen, hebben de anarchie in de woestijn definitief bedwongen, waarmee de zee – die zelf eeuwenlang dankzij de moessonwinden bedwongen werd – uiteindelijk zegeviert.

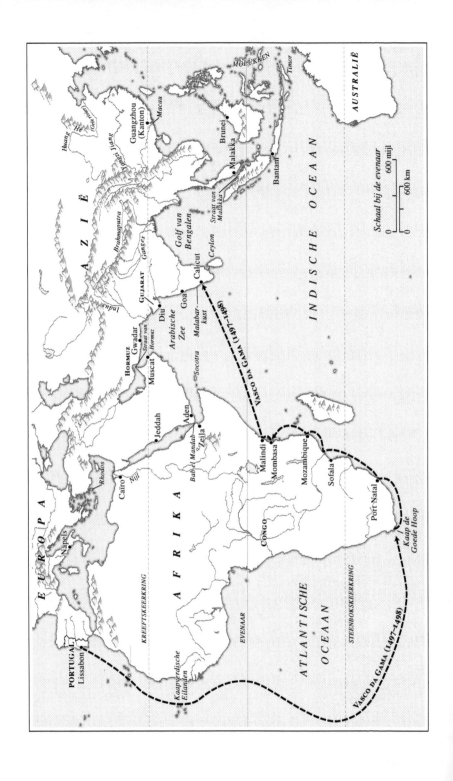

4

'De Indische landen'

Muscat ligt aan een aantal kabbelende, sprookjesachtige baaien. Pieren strekken zich uit in de zee, die in de avondschemering prachtig zilverblauw oplicht. De stad zelf ligt op grillige rotsen van een donkergrijze kleur die tot nadenken stemt en bestaat uit witte gebouwen met groene en gouden koepels in de Perzische of Mogoel-stijl. Geen moderne, met lelijke opschriften getooide wolkenkrabber bederft het uitzicht. India voelt heel dichtbij; het nabijgelegen Dubai echter, dat een glitterende wereldstad wil worden, lijkt aan de andere kant van de wereld te liggen.

Aan weerskanten van de hoofdbaai waaraan het oude Muscat ligt, rijzen rotspartijen op als gehoornde ruggen van reptielen waarop de verweerde forten Jalali en Mirani staan. Deze forten werden in 1587 en 1588 door de Portugezen gebouwd om de Golf te verdedigen tegen de Ottomaanse Turken. Het Al Alam-paleis van sultan Qaboos ligt er precies midden tussenin. De versterkingen domineren met hun simpele symmetrie de haven en roepen allerlei gedachten op. Met hun 'cyclopische' muren lijken zij op de Portugese forten in Hormuz, Malakka, Macao, Mozambique en vooral in Diu, op het schiereiland Kathiawar van de deelstaat Gujarat in Noordwest-India.[1] Met hun muren van haast een meter dik, van kantelen voorziene rondelen, ronde torens met wenteltrappen en spelonkachtige ruimtes en doolhoven zijn het bouwkundige hoogstandjes die het hele wonderbaarlijke verhaal van de Portugezen samenvatten. Niet alleen aan de kust van Oman staan Portugese ruïnes, maar langs vrijwel de hele Indische Oceaan.

In het begin van de moderne tijd was de Indische Oceaan een Portugese zee. Nog geen twintig jaar na de ontdekkingsreis van Vasco da Gama in 1498 waren de belangrijkste vaarroutes en handelscentra tussen Oost-Afrika en het huidige Indonesië in Portugese handen gekomen.[2] Portugal was niet de eerste vreemde mogendheid in deze contreien; verre van dat. Maar het was wel het eerste land dat de hele oceaan systematisch begon te exploiteren.

Al in de klassieke oudheid bevoeren Europeanen de Indische Oceaan. De oude Grieken zeilden naar Rhapta, dat ergens op de Oost-Afrikaanse kust ter hoogte van Zanzibar moet worden gelokaliseerd. Getuige de beschrijving in de *Geographia* van Ptolemaeus kenden zij ook Ceylon en voorts zeilden ze via de Golf van Bengalen naar de monding van de Ganges, niet ver van het huidige Kolkata (Calcutta).[3] In de 1e eeuw v.Chr. kende de Griekse zeeman Hippalus de moessonwinden al zo goed dat hij een rechtstreekse route van de Rode Zee naar India kon uitzetten, kennis die hij doorgaf aan de Romeinen.*

Ieder jaar, 'omstreeks de langste dag', zoals Edward Gibbon schrijft, voer een Romeinse handelsvloot op de moessonwind van Egypte naar Arabië en vandaar naar de Malabarkust van Zuidwest-India. In de winter zeilden de schepen op de dan gedraaide wind met hun lading zijde, edelstenen, hout, ivoor, exotische dieren en geurstoffen als wierook naar huis.[4] Mogelijkerwijze werd het christendom al voor de val van het Romeinse Rijk geïntroduceerd op de Malabarkust (die ook door Ptolemaeus is beschreven).[5] Archeologen hebben zelfs Romeinse amforen en munten gevonden op de nog verder gelegen Coromandelkust in het zuidoosten van India.[6]

---

* Hoewel niet geheel zeker is of hij echt heeft bestaan, wordt vermoed dat Hippalus een Egypische Griek was. Ook is niet duidelijk wanneer hij zijn ontdekking precies heeft gedaan. Het verloop van de moessonwinden kan al bekend geweest zijn sinds Nearchus, een officier van Alexander de Grote, die in 326 v.Chr. uit India terugzeilde naar het westen. Hourani, *Arab Seafaring*, p. 25; Donald B. Freeman, *The Straits of Malacca: Gateway or Gauntlet?* Montreal, McGill-Queen's University Press, 2003, p. 12; Charles Verlinden, 'The Indian Ocean: The Ancient Period and the Middle Ages', in: Satish Chandra, *The Indian Ocean: Explorations in History, Commerce and Politics*, New Delhi, Sage, 1987, p. 32.

Vijftienhonderd jaar later hadden de Ottomaanse Turken een basis in Jemen en in het Iraakse Basra aan de Perzische Golf. Vanuit Jemen konden zij de Rode Zee afsluiten voor de Portugezen, rivalen die ze tot in Oost-Afrika aanvielen. Maar hoewel de Turken een groot deel van de 16e eeuw de vaarroutes in het noorden van de Arabische Zee controleerden, konden ze geen solide aanwezigheid opbouwen in Arabië en rond de Perzische Golf, noch voet aan de grond krijgen in India. Dat de islamitische Turken die ambitie moesten opgeven, moet op het conto van de Portugezen worden geschreven.[7] Wat het Ottomaanse rijk evenwel ook parten speelde was dat dit in wezen een landmacht was. Hoewel het zeker niet blind was voor het belang van de Indische Oceaan – ja, het probeerde de Portugezen overal te bestrijden – kon het de campagnes in tropische wateren niet heel lang volhouden. De strijd tegen Venetië in de Middellandse Zee en tegen de Oostenrijkse Habsburgers in Midden-Europa vergde al zoveel dat Constantinopel, zo ver van de Indische Oceaan, er niet meer de middelen voor had. Op den duur werd de oceaan voor de Turken een bijzaak.[8]

De Portugese soldaten en zeelieden daarentegen maakten hun ambities in deze streken volop waar. In 1510 bezetten zij Goa op de westkust van India; in 1511 Malakka aan de Straat van Malakka, in 1515 Hormuz (vlak bij Muscat) aan de Perzische Golf en drie jaar later Colombo op Ceylon. Een luttele 23 jaar na het ronden van Kaap de Goede Hoop bereikten de Portugezen Java. De Europese forten die later in Azië zouden worden gebouwd, waren afgekeken van de Portugezen. In 1571 stonden er op de kusten van de hele Indische oceaan zo'n veertig Portugese forten en versterkingen als Jalali en Mirani. Die dienden als uitvalsbasis voor aanvallen op vrachtschepen in alle wateren, van de Levant, de Perzische Golf, de Arabische Zee en de Golf van Bengalen tot aan Oost-Azië. Zo veroverden de Portugezen een aantal belangrijke handelsroutes.[9] Hun kraken en galjoenen mochten in vergelijking met de schepen die in de 17e eeuw in de Middellandse Zee zouden verschijnen dan nog zo primitief zijn, met hun latijnzeilen en vierkant getuigde zeilen én met hun artillerie aan boord waren ze vergaand superieur aan de schepen die ze in de 16e eeuw in de Indische Oceaan tegenkwamen. De kleine galeischepen en eenmasters van Turkse, Egyptische of

Maleisische kaapvaarders, Chinese jonken of Arabische dhows konden kortom niet tegen de Portugese vaartuigen op.*

De overzeese veroveringen van Portugal waren het werk van geobsedeerde avonturiers. Op zoek naar rijkdom bezaten ze een heldenmoed die aan fanatisme grensde, een wreedheid die nog uit de Middeleeuwen stamde en een vurige liefde voor de Heilige Maagd. Geloof en hebzucht gingen samen. De Portugezen stalen, maar alleen van diegenen die ze zagen als godloochenaars. Gesterkt door hun vaste geloof doorstonden ze vele oceaanstormen en maandenlange tochten over woelige baren, de soldaten met honderden in het ruim gepropt, ziek van malaria en scheurbuik. Van de 5228 soldaten die tussen 1629 en 1634 uit Lissabon vertrokken, kwamen er slechts 2495 in India aan. De meesten stierven door ziekte, uitputting of schipbreuk.†
Het lijden van de Portugezen die van en naar India voeren was van een bijbelse dimensie.

De Indiase geleerde en staatsman K.M. Panikkar verklaart de Portugese veroveringszucht rond de Perzische Golf en in Zuid-Azië vooral uit godsdienstige motieven. De Portugezen wilden uit de 'kluisters van de Middellandse Zee breken' om 'de grote islamitische landmassa in het Midden-Oosten vanuit de flank aan te vallen,' schrijft hij.[10] Deze nuchtere strategische logica ging samen met een vurig katholicisme. Panikkar wijst erop dat de sfeer van de kruistochten op het Iberisch schiereiland een veel langer leven beschoren was dan in de rest van Europa. De islam was er niet een 'ver van mijn bed show', maar vlakbij: de islamitische koninkrijken bloeiden nog op de drempel van Portugal. 'De moslim was de vijand die overal bestreden moest worden.'[11] Die stelling verklaart beter dan wat ook waarom de Portugezen in de wereld van de Indische Oceaan zo wreed en gewelddadig tekeergingen. Ook de moordpartijen onder de lokale bevol-

---

* Het woord 'jonk' is afgeleid van het Zuidoost-Aziatische woord 'jong', een term die gebruikt werd voor het soort Chinese schepen dat in de 10e eeuw onder de Song-dynastie werd ontwikkeld.

† Een schip dat van Lissabon naar Goa in India voer, was doorgaans zes tot acht maanden non-stop op zee. A.J.R. Russell-Wood, *The Portuguese Empire, 1415-1808: A World on the Move*, Baltimore, Johns Hopkins University Press, 1992, p. 37, 58, 59, 73, 119, 219.

king werden met het geloof gerechtvaardigd, zoals de historicus van dit tijdperk, João de Barros, uitlegt:

De Moren [...] vallen buiten de wet van Jezus Christus, die de ware wet is die iedereen moet gehoorzamen op straffe van eeuwige verdoemenis in het hellevuur. Als de ziel daartoe veroordeeld is, waarom zou het lichaam dan het recht hebben om onder onze wetten te vallen?[12]

Je zou het Portugese optreden rond de Indische Oceaan zelfs de achtste kruistocht kunnen noemen. Waren de eerste zeven kruistochten gericht geweest op de Levant (de islamitische oostkust van de Middellandse Zee), het doelwit van deze reikte veel verder. Doel waren de vier grote rijken in dit werelddeel: het Ottomaanse Turkije, het Safavidische Iran, het India van de Mogoels en het China van de Mingkeizers. Drie van deze rijken waren islamitisch.[13]

De combinatie van geloofsijver en veroveringszucht zie je terug in de mythe van *Infante Henrique* of Hendrik de Zeevaarder. Die ontwikkelde, aldus Panikkar, 'op jeugdige leeftijd een militant christelijk mysticisme', dat met een 'diepe haat' jegens de islam gepaard ging. In 1415 organiseerde de toen 21-jarige prins Hendrik de succesvolle expeditie naar het Marokkaanse Ceuta – en daarmee de eerste Portugese aanval op de positie van de islam in Afrika. Omdat de moslims in het jaar 711 vanuit Ceuta het Iberisch schiereiland waren binnengedrongen, was de zege van grote symbolische betekenis. Daarna verloor Hendrik, aldus de mythe, zijn belangstelling voor beperkte acties en begon hij een groot plan te bedenken om de moslimwereld vanuit bases aan de Indische Oceaan aan te vallen. De strategie had als bijkomend voordeel dat dan ook de Arabische tussenhandel in specerijen uit het Oosten kon worden overgenomen. Zo raakte Hendrik geobsedeerd door India, een obsessie die weer leidde tot zijn interesse voor zeevaart en navigatie. Hij zou 'wiskundigen, cartografen, astronomen en Moorse gevangenen met kennis van verre eilanden' naar zijn kasteel en fort in Sagres hebben ontboden.[14] Op de kaap van Sagres, de zuidelijkste punt van Portugal en Europa die van drie kanten door de Atlantische Oceaan wordt bestormd, zouden de plannen zijn gemaakt om een andere oceaan te veroveren.

De Oxford-historicus Peter Edward Russell haalt in zijn boek *Prince Henry, 'the Navigator': A Life* het door Panikkar en anderen geschilderde beeld onderuit. Hendrik dacht bij India niet verder dan wat nu de Hoorn van Afrika wordt genoemd. Hij mocht dan een echte kruisvaarder zijn, hij kwam vermoedelijk niet op het idee om de moslimwereld in de rug aan te vallen, noch verschanste hij zich in Sagres om zich bezig te houden met cartografie en navigatie.[15] Toch bevat de mythe die na Hendriks dood ontstond net als alle mythes een kern van waarheid: ze getuigt van de ware motieven en verlangens van, in dit geval, het Portugese volk.

De Portugezen waren niet alleen uit op graan, goud en specerijen, maar wilden ook werkelijk de islam in de flank aanvallen, een wens die sterker werd na de verovering van het grieks-orthodoxe Constantinopel door de islamitische Turken in 1453.* Het is dus ironisch dat prins Hendrik niet de geschiedenis inging als de kruisvaarder die hij in feite was, maar als een vooruitstrevende figuur in het tijdperk van de ontdekkingsreizen, wiens school, die wellicht nooit heeft bestaan, het fundament legde voor de baanbrekende wereldreizen van Portugese zeelieden.

Hendrik de Zeevaarder overleed in 1460. Voortbouwend op de kennis opgedaan tijdens de prinselijke expedities langs de Marokkaanse en Mauritaanse kust, kon de Portugees Diego Cão in 1483 helemaal tot aan de Congo-rivier zeilen. Vijf jaar later werd het Afrikaanse continent gerond door een tot dan toe onbekende zeeman, Bartolomeu Dias genaamd, wiens schip zo het eerste Portugese schip op de Indische Oceaan was. Naar verluidt bedacht Dias de naam Kaap de Goede Hoop omdat hij hoopte er terug te komen en dan naar India te zeilen. Tijdens een andere reis verdronk hij echter bij een schipbreuk op de zuidelijke Atlantische Oceaan. Het was Vasco da Gama die in 1497 de Kaap met vier vierkantgetuigde schepen passeerde en langs de Afrikaanse Oostkust weer naar het

---

* Zoals Fernand Braudel heeft opgemerkt werden Egypte en Syrië pas na Da Gama's reis door de Turken bezet. De Portugese kruistocht tegen de islam werd dus niet alleen ingegeven door de wens om de Turken in de rug aan te vallen. Braudel, *La Méditerranée et le Monde Méditerranéen à l'époque de Philippe II*, dl. 2, p. 667-668 (in de Engelse vertaling).

noorden voer tot aan Malindi, in het huidige Kenia.

In Malindi trof hij een man die alle kennis in zich verenigde die de Arabieren in honderden jaren over de Indische Oceaan hadden verzameld – over de wind, stromingen en beste aanlegplaatsen. Dit was de in Oman geboren Ahmad ibn Majid, die Da Gama wel wilde helpen. Na vijftig jaar te hebben gevaren op de Indische Oceaan was hij daar thuis.* Hij kende de delta's van de Tigris en Indus, wist waar de zandbanken bij Mozambique lagen en waar je het beste kon aanmeren in India en aan beide kanten van de Rode Zee.[16] Omdat de Arabische wereld zo los en divers was, konden de Portugezen in het afgelegen Oost-Afrika met Arabieren samenwerken ondanks het feit dat zij die elders wilden bestrijden.

Of Majid zelf dan wel een door hem aanbevolen loods meevoer is onbekend, maar zeker is dat Da Gama met hulp van een Arabier in het voorjaar van 1498 in slechts 23 dagen van Kenia naar Calicut aan de Indiase Malabarkust zeilde, een spectaculair korte tijd dankzij de zuidwestmoesson.† (Ter vergelijking: de reis van Venetië naar het Heilige Land via de Middellandse Zee duurde eind 16e eeuw twee maanden.) Weliswaar kun je niet zeggen dat de Portugezen daarmee India 'ontdekten' – dat hadden de Grieken, Romeinen en Arabieren al veel eerder gedaan – maar zij herstelden wel het rechtstreekse contact tussen het land en Europa. En evenzo herontdekte Da Gama niet zozeer Azië voor de Europeanen, als wel de wind die hem daar had gebracht.

Een beter voorbeeld van kennisoverdracht tussen culturen die tot een 'ontdekking' leidt, is niet te bedenken. Tenslotte profiteerden de Portugezen niet alleen van Majids persoonlijke hulp: in meer algemene zin waren de Iberische zeelieden de beste cartografen van de

---

*   Niet alleen de Arabieren, maar ook de Indiërs hadden de Indische Oceaan van Oost-Afrika tot Borneo, voorbij de Straat van Malakka, allang geëxploreerd.

†   Ze kwamen op 20 mei aan. De terugreis nam vier maanden in beslag omdat ze toen tegen de wind in voeren. Bijna de helft van de bemanning kwam om en de overlevenden leden aan scheurbuik. Felipe Fernández-Armesto, *Hoe de wereld werd ontdekt: Geschiedenis van de ontdekkingstochten*, Utrecht, Spectrum, 2007, p. 206.

Middeleeuwen dankzij de kaarten en het astrolabium (de voorloper van de sextant) die ze hadden overgenomen van Arabieren en joden.*

Doordat zij als eerste Europeanen weer naar het Oosten voeren, was het hele herstel van het contact tussen Azië en Europa in feite aan de Portugezen te danken. Beide werelddelen hadden uiteraard allang contact via de zijderoute en andere karavaanroutes door Azië. Maar doordat de Mongolen in de 14e eeuw hun macht verloren en daarna ook het rijk van de Timurieden viel – om nog maar te zwijgen van de botsingen tussen het Ottomaanse Rijk en het kersverse Safavidische Perzië vanaf 1500 – nam de veiligheid van de routes over land af. En het relatieve gemak waarmee de Portugezen het Oosten via zee bereikten, was een voorbode voor de verdere afname van het belang van die landroutes.[17] Bovendien stonden hun veroveringen overzee aan het begin van een periode waarin Azië op een nog ongekende wijze werd meegesleept in conflicten tussen Europese landen. Voor het eerst werd de scheidslijn tussen de Europese, Indiase en Chinese geschiedenissen doorbroken:[18] je kon niet langer over het ene werelddeel schrijven zonder het andere erbij te betrekken.

Een van de meer specifieke gevolgen van het ronden van de Kaap was dat de Middellandse Zee aan belang inboette ten faveure van de veel grotere Indische Oceaan, die weer toegang gaf tot voor de Europeanen onbekende beschavingsgebieden.[19] Maar hoe groot de prestatie van Da Gama ook was, strikt genomen werd die pas echt belangrijk door de verbetenheid waarmee anderen er gebruik van maakten. Wij kunnen ons niet meer voorstellen wat het is om maanden achtereen op een schip te zitten waar na een tijd iedereen scheurbuik heeft. Het succes van de Portugezen had werkelijk meer met karakter dan met intellect te maken. Bovendien was het niet Da Gama die Portugal zijn overzeese gebiedsdelen rond de Indische Oceaan bezorgde. Dat deed een andere zeeman, Afonso d'Albuquerque, die zowel de visie,

---

* Het astrolabium is een dikke bronzen plaat met een draaiende wijzer waarmee de elevatie van bekende sterren kan worden berekend om de breedtegraad en tijd te bepalen. Het instrument werd in de 8e eeuw in Bagdad gebouwd door Mohammed ibn Ibrahim al-Fazari en werd door Ahmed ibn Majid gebruikt.

dat wil zeggen het intellect, als het doorzettingsvermogen bezat om iets nieuws op te bouwen.

D'Albuquerque voer niet lang na Da Gama om Afrika heen naar India. Daar nam hij het belangrijke besluit om niet-vijandige vorsten aan de Malabarkust te steunen. Hij begreep terstond dat een klein en ver land als het zijne de wereld van de Indische Oceaan nooit langdurig kon beheersen zonder dat Portugezen zich er vestigden en eigen machtsbases vormden. Het was niet genoeg dat ze de belangrijkste posities onderweg controleerden: Kaap de Goede Hoop en de Straten van Bab el Mandeb, Hormuz en Malakka. Nee, Portugal moest een eigen hoofdstad in India hebben. D'Albuquerque richtte die op in de staat Goa, ten zuiden van het huidige Mumbai, aan de Indiase westkust. Daar zou een grote handelspost, compleet met kathedralen en forten ontstaan. Om Goa te behouden en uit te breiden, en vanuit zijn onverzoenlijke haat jegens de moslims, sloot hij een bondgenoodschap met het hindoeïstische koninkrijk Vijayanagar. Tegelijkertijd liet hij alle Moren in Goa aan het zwaard rijgen; hoeveel D'Albuquerque ook heeft opgebouwd, hij moet niet geromantiseerd worden.

Als onderkoning of 'Caesar van het Oosten' veroverde hij Hormuz en bezette hij Malakka, vanwaaruit hij verkennings- en bezettingsexpedities uitzond naar het huidige Zuidoost-Azië. Om te verhinderen dat Arabieren via de Rode Zee naar India voeren, blokkeerde hij de Straat van Bab el Mandeb gedeeltelijk door een fort op het eiland Socotra te bouwen.[20] En met alle mogelijke middelen probeerde hij de hele Indische Oceaan vrij te maken van moslims. Als man van in de vijftig en ook nog ouder opereerde hij soms duizenden kilometers van enige thuisbasis en met hoogstens vierduizend zeelieden en een kleine vloot tot zijn beschikking.[21] Zo ontworstelde D'Albuquerque een zwak rijk aan de enorme oceaan. Op een voor onze tijd gepaste wijze zullen we nu een maritiem stelsel, losjes geleid door de Amerikanen en met steun van India en hopelijk China, voor dezelfde oceaan moeten realiseren.

Maar hoeveel de onderkoning ook deed, veel bleef bij het oude. Ook op het hoogtepunt van de Portugese macht in Azië veranderden de kustgebieden van de Indische Oceaan slechts geleidelijk aan. 'De inheemse koninkrijken en handelsstaten bleven dominant en grotendeels onaangetast door het optreden van Europeanen [...] op hun kusten,' schrijft Felipe Fernández-Armesto in zijn boek *Hoe de wereld werd ontdekt*.[22] Ook in Oman hadden de Portugezen alleen forten op de kust, niet in het binnenland. Dat laat onverlet dat zij, geheel conform hun strategie om de islam in te perken, de Rode Zee konden afsluiten voor schepen van moslims. Ook versloegen ze de mammelukse (Egyptische) vloot in de Arabische Zee.[23] Zo kwam de open zee in handen van christenen, maar bleef het grootste deel van de kustvaart en het hele binnenland het terrein van anderen.

Als eerste moderne imperium was het Portugese rijk niet het alleen het zwakste, maar ook het meest middeleeuwse wereldrijk. De zeelieden wrikten de deuren naar de rest van de wereld open, maar maakten daarbij ook enorm veel kapot. Hun ontdekking van het Oosten kwam feitelijk neer op een rooftocht die geleidelijk aan een einde maakte aan het eeuwenoude netwerk van vreedzame en wederzijds lucratieve maritieme handel tussen de Arabische en Perzische wereld enerzijds en het verre Oosten anderzijds. Dat China en Japan op een gegeven moment voor een vijandig isolement kozen, had veel te maken met hun bittere ervaringen met de Portugezen. Waarbij moet worden bedacht dat de nog met één been in de Middeleeuwen staande Portugezen niet verward mogen worden met het moderne Westen.

De Portugese soldaten waren bovendien gehard door de al bijna honderd jaar durende strijd om Marokko te veroveren. In het geval van Portugal ging de moderne beschavings- en bekeringsmissie hand in hand met de wreedheid uit de tijd van de inquisitie.[24] Omdat de zeelieden oosterlingen als heidenen zagen, konden ze zich zonder scrupules overgeven aan plundering en moord. Om de Britse historicus J.H. Plumb te citeren:

Zij slachtten de islamitische bemanning van geënterde dhows af. Sommigen hingen ze op aan de nok als schietschijf, van anderen hakten ze handen en voeten af; daarna stuurden zij een scheepslading met stoffelijke resten naar de lokale heerser, met de boodschap die voor de curry te gebruiken. Zij spaarden vrouwen noch kinderen. In de begintijd stalen ze even vaak als dat ze handelden. [...] De kinderen van Christus trokken een bloedig spoor bij de oprichting van hun kerken, missieposten en seminaries; de plundertocht was tenslotte een kruistocht. Hoe groot de beloning voor Da Gama [...] en de zijnen in deze wereld ook was, in het hiernamaals stond hun een nog grotere glorie te wachten.[25]

Het doel van Da Gama waren 'christenen en specerijen'. Zo laadde hij zijn schip voor de thuisreis vol met peper en bracht hij voor de Indiase kust een vrachtschip tot zinken met zevenhonderd pelgrims op weg naar Mekka aan boord.[26] In 1507 werd Muscat door D'Albuquerque en zijn mannen geplunderd en in brand gestoken. Portugese kaapvaarders bezetten delen van Ceylon en Birma en verkochten tienduizenden inwoners als slaven. Zowel dit soort geweld als de veroveringen die de Portugezen op hun naam schreven, kunnen eigenlijk alleen worden gepleegd door mensen met een heilig geloof in het eigen gelijk. Als 'twijfel onze moderne doornkroon' is, zoals T.E. Lawrence in *De zeven zuilen van wijsheid* schrijft, dan waren de Portugezen nog niet modern.[27] Ondanks momenten van vertwijfeling hadden zij toch 'de zekerheid dat God aan hun kant stond en dat Hij hen zou helpen en ook hielp in hun nood,' aldus de Brit C.R. Boxer. Dat idee was volgens hem bepalend, niet alleen voor de verovering van het Marokkaanse Ceuta in 1415, maar voor de hele 15e en 16e eeuw, toen de Portugezen zich een weg tastten langs de west- en oostkust van Afrika.[*]

De Portugezen zagen zichzelf als het uitverkoren volk dat het geloof moest verdedigen en gedroegen zich daarom net zo vurig en in sommige gevallen extreem als alle religieuze ijveraars.[28] Zo stak er achter hun spectaculaire veroveringen rond de Indische Oceaan ongeveer hetzelfde idee als achter de verovering van Noord-Afrika door de Arabieren negenhonderd jaar eerder. In het postnationalistische Westen is het niet overbodig om erop te wijzen dat het moreel nog steeds de sleutel is tot de militaire zege en dat niets zo goed is voor de weerbaarheid als geloof in het eigen gelijk, dat vaak weer voortvloeit

---

[*] Het negatieve beeld van de Portugezen dat Boxer geeft in zijn meesterwerk *The Portugese Seaborne Empire* is bekritiseerd door Holden Furber. Volgens hem werkten in het tijdperk van het zeilschip Europeanen en Aziaten nauw samen. Ashin Das Gupta en M.N. Pearson, red., *India and the Indian Ocean, 1500-1800*, Kolkata, Oxford University Press, 1987, p. 131.

uit godsdienst of nationalisme. Voor de Amerikanen vormt het geloof dat de Arabieren in de Middeleeuwen en de Portugezen aan het einde van dat tijdperk tot grootse daden aanzette, nog steeds een uitdaging. Hun macht zal mede afhangen van de vraag hoe ze hun vijanden met een fanatieker geloof dan van henzelf tegemoet zullen treden.

Portugal bestuurde zijn overzeese gebiedsdelen met militaire middelen. Anders dan Spanje in de Nieuwe Wereld, dat de veroverde delen van Mexico en Peru – in het begin althans – onder civiel gezag plaatste, stuurde Portugal vooral soldaten naar de westkust van India. 'Dit is een frontgebied,' schreef een franciscaner missionaris eind 16e eeuw vanuit de vooruitgeschoven post Goa.[29]

Het hele frontgebied – alles wat ten oosten van Kaap de Goede Hoop lag, van de Oost-Afrikaanse Swahilikust tot Timor in de Indonesische archipel – werd door de Portugezen 'India', of de *Estado da India* (staat van India) genoemd. Andere benamingen waren Indië of de Indische landen. Dat alles onder één noemer werd geplaatst kwam doordat deze wereld, zoals we hebben gezien, door de invloed van Arabische, Perzische en hindoeïstische handelaren al tot een zekere culturele eenheid was gesmeed, een eenheid die op een zeer tastbare wijze werd verkleind door de voorspelbare moessonwinden.

Blijft de vraag waarom de Portugezen dit kwart van de wereld zo snel onder controle konden krijgen. Het antwoord is dat het gebied van de Indische Oceaan weliswaar door klimatologische, culturele en commerciële factoren werd verenigd, maar in politiek opzicht geen enkele samenhang vertoonde. Op de kusten lagen kleine, zwakke landen, die vrij gemakkelijk door een ondernemende buitenstaander konden worden veroverd of beïnvloed. De zee verenigde, maar het binnenland zorgde, net als in Oman, niet zelden voor chaos.

Staatkundig gezien bestond de wereld van de Indische Oceaan in het begin van de 16e eeuw uit een ongehoord aantal staten, staatjes en volkeren. Het was een wereld van beheerste anarchie. Van west naar oost kwamen de Portugezen eerst bij de stadstaten op de Swahilikust, met als belangrijkste Kilwa, Mombassa, Malindi en Pate. In deze steden was Arabisch gemengd met Perzische klanken de 'internationale taal'. Wanneer ze dan verder noordwaarts naar Arabië voeren, kwamen ze bij Oman en een aantal andere landjes en stammen, sommige onafhankelijk, maar de meeste in handen van de mammelukken (tot de islam bekeerde slaven die vanaf de 13e tot in de 15e eeuw de macht hadden in Egypte, Syrië en Hejaz). Verder naar het oosten, aan de andere kant van de Perzische Golf, breidde het kersverse sjiitische en Safavidische Iran zich uit in het binnenland, alwaar het in botsing kwam met het soennitische Ottomaanse rijk, een conflict dat beide landen al snel zou uitputten. Daarna volgde dan het eigenlijke India, dat vlak voor de inval van de Turkse Mogoels uit Centraal-Azië nog tussen hindoes en moslims verdeeld was. In Noord-India lagen de islamitische koninkrijken Gujarat, Delhi en Bengalen. Ook op de meer zuidelijk gelegen Deccan-hoogvlakte lagen sultanaten, die elkaar en het hindoeïstische koninkrijk Vijayanagar bestreden (waarmee D'Albuquerque een alliantie sloot om Goa te kunnen vestigen). Daarnaast woonden er Arabieren en Perzen op de hele kust van India en Ceylon, dat weer verdeeld was tussen de boeddhistische Singalezen en de hindoeïstische Tamils.

Wat het huidige Zuidoost-Azië betreft: dat 'bestond uit een wirwar van elkaar vijandige landen waarvan we de vele wisselvalligheden van het lot zelfs in grote lijnen niet kunnen beschrijven,' zoals Boxer het formuleerde. Op het schiereiland Maleisië lagen de koninkrijken Patani, Singora en Ligor, die politiek onder Siamese (Thaise) invloed stonden, maar 'ook beïnvloed waren door culturele en commerciële banden met China'. Het vorstendom Malakka, het rijkste sultanaat op het schiereiland, had zich in de 14e eeuw tot de islam bekeerd, maar ook hindoeïstische handelaren waren welkom in de haven. Op de hoofdeilanden van de Indonesische archipel, direct ten zuiden van Malakka, heersten eveneens meerdere vorstendommen die doorlopend met elkaar in de clinch lagen. En China ten slotte had zich onder druk van Japanse piraten en Mongoolse nomaden min of meer teruggetrokken uit de Indische Oceaan, waarop het ooit, dankzij de eunuch-admiraal Zheng He, zo prominent aanwezig was geweest.[30]

Er heerste dus een machtsvacuüm in deze wereld. En net zoals de moslims in de 7e eeuw met groot gemak de toenmalige zwakke byzantijnse en berberse vorsten in Arabië en Noord-Afrika hadden weggevaagd, zo kregen de Portugezen greep op Azië doordat het China van de Mingdynastie, het Safavidische Perzië en het Ottomaanse Turkije verzwakt of afgeleid waren. Bovendien was politieke hegemonie over al deze gebieden zo goed als onmogelijk vanwege de moesson: hoe snel de communicatie ook kon verlopen, als de wind verkeerd stond, lag die maandenlang stil.[31] De Portugezen veroverden het Oosten dus niet zozeer, maar vulden het vooral door China nagelaten vacuüm op en luidden daarmee een nieuwe fase in de geschiedenis van de Indische Oceaan in.

De Portugezen waren in sommige opzichten fanatiek en onverdraagzaam, maar konden ook heel ruimdenkend zijn en dankzij die eigenschap heeft hun imperium ook iets positiefs opgeleverd.* De soldaten die van Lissabon naar de 'Indische landen' gingen, kregen op den duur gezelschap van diplomaten, kooplieden, natuurkenners en ambachtslieden. Dat waren over het algemeen goed opgeleide en nieuwsgierige mensen die de reis niet als een laatste redmiddel zagen. 'Een belangrijk aspect van de Portugese wereld was de grondige en veelzijdige informatievergaring,' aldus de Amerikaanse historicus A.J.R. Russell-Wood. Zoals het geval van Majid laat zien, gebruikten de Portugezen voor de langere afstanden over de Indische Oceaan Arabische loodsen, zoals zij voor de reizen van de Indiase Malabarkust naar Ceylon, Siam (Thailand) en de Indonesische eilanden de hulp inriepen van Arabieren, Gujarati's, Javanen of Maleisiërs. Zij namen ook inheemse soldaten in dienst en hadden grote belangstelling voor plaatselijke vaardigheden en kennis. Zo ontwikkelden Portugezen zich tot connaisseurs van Indiase objecten, in het bijzonder van meubels. 'Kennelijk was er niets van het menselijk doen en laten dat aan de scherpe ogen en oren van de Portugese ontdekkingsreizigers ontsnapte,' zoals Russell-Wood schrijft.[32] En al waren ze niet zelden wreed, bij andere gelegenheden, en met name in Afrika, meden zij het geweld zo veel mogelijk. Daar onderhandelden ze langdurig over de forten en handelsposten die ze wilden bouwen.[33] De Ameri-

---

* Volgens sommige historici gedroegen de Portugezen zich niet veel slechter dan de Nederlanders en de Engelsen; zij wijten het negatieve beeld van het Portugese kolonialisme aan Anglo-Amerikaanse arrogantie. Kenneth McPherson, *The Indian Ocean: A History of People and the Sea*, New Delhi, Oxford University Press, 1993, p. 267.

kanen zouden zelfs het nodige kunnen leren van de positieve kanten van hun optreden overzee. De vele katholieken in Azië en het feit dat er op onder andere Sri Lanka en de Molukken nog steeds Portugees wordt gesproken, laten zien dat ze grote invloed hadden op het Azië van de moesson.

Bedwelmd door de rijkdom lieten de Portugezen het goud door hun vingers glippen. De koloniale buit werd niet gebruikt voor het moderniseren van het vaderland. Portugal, dat tot in de 20e eeuw geen bourgeoisie kende, zou een verouderd en vervallen juweeltje blijven. Denk aan een arme bejaarde die in zijn jeugd fantastische avonturen heeft beleefd en alles heeft verspild. Denk aan de filosoof en dichter Fernando Pessoa die het winterse Lissabon een 'in lompen gehulde majesteit' noemde.[34] De Renaissance bloeide maar kort in Portugal. De conservatieve aard van de bevolking en de contrareformatie die overal in Europa werd opgelegd door de jezuïeten en de inquisitie, smoorden de verlichting in dit land ver achter de Pyreneeën. Ook het onderwijs in de koloniën was geheel in handen van de religieuze ordes die deel uitmaakten van de contrareformatie. Ondertussen hielden de moslims in hun vele toevluchtsoorden aan de tropische zeeën tussen de Levant en het Verre Oosten vast aan hun eigen geloof. Ze hadden domweg weinig te maken met de Portugezen, die later veel van hun gebieden aan de Indische Oceaan verloren aan de Nederlanders en de Engelsen.[35] De achtste kruistocht werd uiteindelijk een mislukking door zowel de binnenlandse realiteit in de Estado da India als door de godsdienstoorlogen in Europa, waardoor de christenen onderling verdeeld raakten.

Wat de Grieken en Romeinen deden voor de Middellandse Zee, deden de Portugezen voor de Indische Oceaan: ze gaven deze wateren, in het Europese denken althans, een literaire en historische eenheid. Wat dit betreft kun je *Os Lusiadas* (*De Lusiaden*) van Luiz Vaz de Camões vergelijken met de *Odyssee* van Homerus en de *Aeneïs* van Vergilius. Maar gaan de laatste twee mythologische heldendichten over gebeurtenissen in een ver en vaag verleden, het epos over de veroveringen rond de Indische Oceaan verhaalt van een specifieke historische gebeurtenis – Da Gama's reis naar India – die slechts tientallen jaren voor het schrijven had plaatsgevonden.

Misschien dat de Vasco da Gama van Camões daardoor levensechter is dan de representatieve personages Odysseus en Aeneas. Hij is geen romantische, geen tragische en zelfs geen interessante figuur. Da Gama's belangrijkste eigenschap was zoals gezegd zijn doorzettingsvermogen. Hij doorstond jaren van onzekerheid, eenzaamheid en fysieke ontberingen – verrot voedsel, 'afschuwelijke' scheurbuik op kolkende zeeën en bij zeegevechten kanonskogels die ledematen verbrijzelden – terwijl zijn gelijken in Lissabon een luxeleventje leidden.[36] 'Bang voor alles,' zoals het gedicht zegt, 'was hij op alles voorbereid.'[37] Midden in een storm, als 'de zee zich opent naar de gapende hel' kan 'de door twijfel en angst gekwelde' Da Gama niets anders doen dan God aanroepen:

Waarom, o God, verlaat U ons nu?
Wat hebben wij misdaan? Hoe hebben wij gezondigd
Bij deze dienst die we in Uw naam verrichten…

Terwijl hij dit gebed afstak gierde de wind,
Beukte als een kudde wilde stieren,
Geselde de storm tot nog grotere furie,
En huilde door het want;
Aan de bliksemschichten kwam geen eind…[38]

Hij en zijn metgezellen overleven de storm en bereiken India. Omdat de door Camões geschilderde avonturen vrijwel letterlijk zo gebeurd zijn, zou je het epos over de zonen van Lusus (de mythische schutspatroon van Portugal) op de grote, onbekende oceaan interessanter kunnen noemen dan de 'kust-omarmende' heldendichten uit de Griekse en Romeinse Oudheid.[39] Zoals Camões in zijn gedicht ook zelf vraagt: 'Durfden [Odysseus en Aeneas] scheep te gaan op de Echte Oceanen […] zagen zij een fractie' van wat Da Gama zag?[40] Er zijn niet veel odyssees geweest waarbij de zeelieden zo lang angst en gebrek leden als de Portugezen op de Indische Oceaan. Pas als er mensen naar andere planeten gaan, zullen ze vermoedelijk weer zo'n sterk gevoel hebben van geheel alleen te zijn in volstrekt onbekende, verre werelden.

In het gedicht vragen de zeelieden zich bij het zien van de mensenetende reus Adamastor, die bij Kaap de Goede Hoop (de 'Kaap van Stormen') de wacht houdt, af of ze niet te ver zijn gegaan. Toch varen zij door. Zo maakt de auteur van *De Lusiaden* de essentie duidelijk van de Portugese prestatie van eind 15e en 16e eeuw: het 'tot de mediterrane wereld beperkte blikveld' van het Westen ging nu 'de halve planeet omvatten', om wijlen de beroemde Britse classicus Maurice Bowra te citeren.[41]

Camões was de eerste grote Europese schrijver die de evenaar passeerde en in de tropen en de Oriënt verbleef. 'Op nooit in kaart gebrachte routes' waren de 'kwetsbare planken op verraderlijke zeeën' zijn enige bescherming.[42] Dat hij de Indische Oceaan goed kende, blijkt uit de intense en gedetailleerde beschrijvingen van de oceaan en de angst die deze kon oproepen:

Plotselinge, rampzalige onweersbuien
Bliksemflitsen zetten de dampkring in lichterlaaie,
Zwarte onheilspellende luchten, pikdonkere nachten
Oorverdovende donderslagen...[43]

Ook het Oosten, de kustgebieden van de Indische Oceaan dus die ook door Camões kortweg 'de Indische landen' worden genoemd, wordt door hem levendig beschreven. Hij vertelt over de zeilen van palmbladeren in Mozambique en de blote borsten en dolken van de eilandbewoners; over Malinde waar de mannen gehuld gaan in paarse kaftans en de koning een gouden halsband en fluwelen sandalen draagt. De volgende pleisterplaats is Dhofar, 'waar de populairste wierook met de heerlijkste geur vandaan komt'. Dan volgt Bahrein, het eiland in de Perzische Golf, waar 'de bodem van de oceaan/ bedekt is met parels zo mooi als het ochtendgloren'. Voorts schildert Camões de 'uitgestrekte gebouwen en aangename bosschages' van een Indiaas paleis en de geurige betelnoot, parfums en peperkorrels, de kardemom, hete peper en edelstenen, en de 'monsterlijke hindoegoden met hun felle kleuren en vele ledematen'. Ook beschrijft hij de zeeplanten bij de Maladiven, de sandelbomen op Timor en de Birmese mannen die 'tinkelende belletjes' aan hun genitaliën hebben.[44] Omdat de dichter in dezelfde plaatsen kwam als Da Gama, staat zijn epos vol met waargebeurde verhalen. Zijn verhaal over een feest in een paleis in Calicut doet denken aan de fantastische verhalen over het Azteekse Mexico van Bernal Díaz del Castillo, de kroniekschrijver van de expeditie van Cortés.

Camões werd in 1524 als zoon van Galicische ouders geboren. Hij groeide op in Coimbra, in Midden-Portugal, waar hij ook de beroemde oude universiteit bezocht. Daar was de Renaissance in elk geval zodanig doorgedrongen dat hij de Griekse en Latijnse literatuur las. 'Hoe grondig hij die bestudeerde wordt duidelijk als we bedenken dat hij zijn epos [vol met verwijzingen naar klassieke en andere literatuur] schreef in de forten van Afrika en Azië, waar geen boek te vinden was,' aldus de Britse historicus en Portugalkenner Edgar Prestage.[45]

Op Goede Vrijdag van het jaar 1544 viel Camões in een kerk in Lissabon als een blok voor de 13-jarige Caterina de Ataide, die hem uiteindelijk afwees. Hij raakte in een depressie en dacht aan zelfmoord. Misschien dat hij in deze periode ook duelleerde; hoe dan ook werd hij wegens onbetamelijk gedrag van het hof verbannen. Nadat hij zich in 1547 voor het leger had gemeld, diende hij twee jaar in Ceuta. Daar verloor hij bij een schermutseling met Marokkanen zijn rechteroog. Terug in Lissabon, waar de dames de spot dreven met zijn verminking, sloot hij zich aan bij een groepje jonge, ruige bohémiens, terwijl hij op een of ander functie hoopte, maar het hof wees hem af. Toen hij daarna in een straatgevecht een paleisdienaar verwondde, belandde hij achter de tralies. Hij kon zich vrijkopen door voor vijf jaar bij te tekenen voor het leger en werd zo naar India gestuurd. Gezien het feit dat van de vier schepen die dat jaar koers naar India zetten, alleen zijn schip aankwam, kwam dat ongeveer neer op de doodstraf.

In 1553, zes maanden na vertrek uit Lissabon, meerde zijn schip aan in Goa, het door D'Albuquerque opgerichte Portugese bolwerk dat inmiddels honderdduizend inwoners telde. Vandaaruit werd Camões op gevechtsmissies langs de kust gestuurd om hindoeïstische en islamitische vorsten tot de orde te roepen. Hij was ook soldaat op een oorlogsvloot die via de Arabische Zee de Rode Zee en de Perzische Golf opzeilde, om af te rekenen met de aldaar sinds mensenheugenis bestaande piraterij. Vervolgens nam hij deel aan hetzelfde soort missies bij de Hoorn van Afrika, in de Golf van Aden en bij de Oost-

Afrikaanse havenstad Mombassa. Na terugkeer in India werd hij weer eropuit gestuurd, ditmaal naar de Molukken en Macao in het oosten. Zijn leven leest als het verhaal over de ordehandhaving in de gloednieuwe Portugese gebiedsdelen rond de Indische Oceaan. Al deze ervaringen zijn samengebald in het laatste canto van *De Lusiaden*: die regels getuigen niet alleen van exotische avonturen, maar ook van een diep heimwee – de typische droefheid die door de Portugese zeelieden *saudade* wordt genoemd.

Camões moest zijn epos grotendeels herschrijven. In 1559 leed namelijk het schip waarmee hij gevankelijk van China naar India werd gevoerd, schipbreuk in de Mekongdelta in het huidige Cambodja. Hij bereikte zwemmend de kust, waarbij hij in plaats van zijn bezittingen een deel van het manuscript redde.

Waarom hij gevangen zat is onduidelijk; waarschijnlijk vanwege een intrige of overtreding in de roerige en gewelddadige soldatengemeenschap waar hij deel van uitmaakte. Hij wist via Malakka terug te komen naar Goa. Daar zat hij nog een tijdje vast, maar na zijn vrijlating vertrok hij met geleend geld naar Mozambique, alwaar hij nog eens twee jaar werd vastgehouden omdat hij zijn schuld niet kon terugbetalen. Hij moest zijn vrienden smeken om eten en kleding, en om geld voor de thuisreis. Het enige wat hij bij terugkeer in Portugal in 1570 na een afwezigheid van zeventien jaar bezat, was het voltooide manuscript van *De Lusiaden*. Na aankomst in Lissabon ging hij eerst naar het graf van zijn geliefde Caterina. Hij was en bleef een geobsedeerd man.

Hoewel Camões na publicatie van het epos in 1572 een klein koninklijk pensioen ontving, waren zijn problemen niet voorbij. Terwijl zijn gedicht één groot pleidooi was voor het herstel van de mentaliteit waarmee een wereld was veroverd, liep de door koning Sebastião geleide invasie in Marokko in 1578 uit op een verpletterende nederlaag. Twee jaar later overleed Camões aan de pest, eenzaam en ongehuwd. Zonder zelfs een laken om hem te bedekken werd hij in een geleende kist in een gemeenschappelijk graf begraven. Driehonderd jaar later werden zijn al dan niet vermeende resten overgebracht naar het Portugese pantheon: het weelderige Jerónimos-klooster in Belém, ten westen van Lissabon. Naast de door hem vereeuwigde Vasco da Gama en badend in het gele licht van de glas-in-loodramen liggen ze daar in een bewerkte tombe.

De Lusiaden heeft dezelfde gedreven stijl als het andere grote Iberische epos, *Don Quichotte*, dat in 1605 en 1615 in twee delen verscheen. En ook dat was de vrucht van een buitengewoon avontuurlijk en tragisch leven. Net als Camões meldde de Spanjaard Miguel de Cervantes zich voor het leger. In 1571 raakte hij bij de zeeslag van Lepanto voor de westkust van Griekenland verlamd aan zijn rechterarm. Vier jaar later werd hij op weg naar huis door Barbarijse piraten gevangengenomen en als slaaf verkocht. Uiteindelijk kwam hij in dienst van de onderkoning van Algerije. Na vijf jaar van slavernij en een aantal mislukte vluchtpogingen moest hij een losprijs betalen die zijn familie ruïneerde. Hoewel de toon van beide werken niet verschillender had kunnen zijn – het ene een vurige ode aan imperialistische verovering, het andere een humoristische parodie op het verhaal van de dolende ridder – vertellen ze allebei op uiterst beeldende wijze over een lange, moedige reis.

Camões verklaart de Portugezen, voor wie 'zowel Mars als Neptunus buigen', weliswaar superieur aan de oude Grieken en Romeinen, maar met zijn talloze verwijzingen naar hun klassieken bewijst hij die ook eer.[46] Bovendien worden de lotgevallen van de reizigers mede bepaald door hun goden, goden die staan voor schoonheid, opwinding en briljante contrasten. Bacchus werkt de Portugese zeelieden tegen; Venus en Mars zijn hun goedgunstig gezind. Zoals je het gedicht als een bevestiging van het christendom kunt zien nadat het Middellandse Zeegebied en de Levant eeuwenlang door de islam waren overheerst, met al zijn verwijzingen naar de klassieke mythologie kan het ook tot de wereldse Renaissance worden gerekend, zoals Bowra schrijft.

Net als het Portugese wereldrijk zat de dichter vol tegenstrijdigheden. Hij is de eerste vertegenwoordiger van de moderne tijd en de laatste van de Middeleeuwen. Enerzijds schrijft hij in duistere, onverzoenlijke termen over de moslims, anderzijds kan Bowra hem prijzen als een humanist omdat hij de excessen van sommige Portugese veroveraars veroordeelt. Camões heeft het over de 'laaghartige Mohammed'.[47] Hij vindt de islam barbaars of een mengeling van 'leugens en bedrog'.[48] Omdat hij een strijd tussen goed en kwaad beschrijft, zijn de enige goede moslims de moslims die de Portugezen helpen.[49] De Reformatie veroordeelt hij omdat zij de christenen verdeelt op het moment dat die als één man het islamitische gevaar zouden moeten bestrijden. In plaats van zich tegen de paus te keren, zo impliceert Camões, zouden de hervormers tegen de Turken moeten vechten.

De dichter verheerlijkt de Portugese veroveringen overzee, maar heeft er ook kritiek op: hij veroordeelt ijdelheid en de zucht naar roem, en erkent dat de verspreiding van het christendom ook tot nieuwe verschrikkingen kan leiden:

Desillusies nemen bezit van je,
Wreedheid en bruut geweld
Worden reeds kracht en moed genoemd...[50]

Er was weinig mooi of romantisch aan de manier waarop de Portugezen de wereld van de Indische Oceaan veroverden en die zo in contact brachten met Europa. Het was een gruwelijke en uitputtende zaak, vol pijn, twijfel en geweld. *De Lusiaden* van Camões illustreert dat allemaal. Het gedicht maakt weer eens duidelijk dat veroveringen vrijwel altijd tot teleurstellingen leiden. Hoe meer gebieden ze in handen kregen, des te minder greep de Portugezen erop hadden. Deze wereld mag in culturele zin dan klein zijn, zelfs in het tijdperk van het vliegtuig is ze zo groot dat geen enkel land er echt de overmacht kan krijgen. De Portugese veroveringszucht getuigde net als het latere imperialisme van de Nederlanders en de Britten niet alleen van dynamiek, maar ook van onbezonnenheid. Daar zouden de Verenigde Staten lering uit moeten trekken.

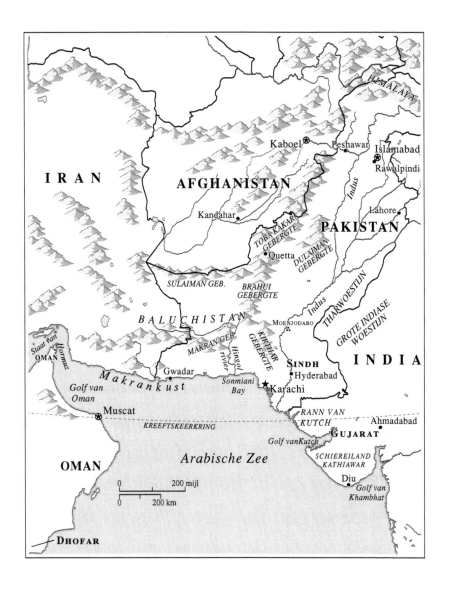

5

Beloetsjistan en Sindh

Kaarten hebben iets fascinerends: een van de grote genoegens van het lezen van Camões is dat zijn gedicht je steeds stimuleert die erbij te pakken. Wanneer ik op zoek ben naar inspiratie – of een idee – bestudeer ik vaak een kaart. Neem de kaart van het Pakistaanse deel van de kust van Makran. Deze kust loopt van de grens met Iran langs de Arabische Zee naar Karachi, dat weer vlak bij de grens met India ligt. Bij de naam 'Pakistan' denk je aan het Indiase subcontinent, maar geografisch en cultureel gezien begint dat eigenlijk pas bij de rivier de Hub, net ten westen van Karachi en de Indusdelta. Zo bezien vormt de ruim 600 kilometer lange Pakistaanse Makrankust een geografisch en cultureel overgangsgebied, met sterke invloeden uit het Midden-Oosten. En omdat het recht tegenover Muscat aan de overkant van de Golf van Oman ligt, hebben vooral de Arabieren er hun stempel op gedrukt. Zij drongen Makran voor het eerst binnen in het jaar 644, een luttele 22 jaar na al-Hijra, de vlucht naar Medina die het begin van de islamitische jaartelling vormt.[1] Dit overgangsgebied van al-Hind, de kust zowel als het achterland, heet Beloetsjistan. Door deze door overstromingen geteisterde alkalische steenwoestijn trokken in 325 v.Chr. de 18.000 soldaten van Alexander de Grote die op hun rampzalige terugtocht uit India van de Indus op weg waren naar Perzië.

Beloetsjistan, en met name het zuiden ervan, is een wetteloos en onontwikkeld Turks-Iraans stiefkind van het Midden-Oosten, dat zich al decennialang achtergesteld voelt door de Punjabi's. De donkerder gekleurde Punjabi's, die als slimme en handige stedelingen worden beschouwd en leven in het dichtbevolkte noordoosten van

Pakistan bij de Indiase grens, maken in feite de dienst uit in het land. Het van mensen wemelende heuvellandschap dat typisch is voor het Indiase subcontinent, lijkt in het *Arabische Pakistan* echter heel ver weg. Als je over de winderige kustvlakte van Makran rijdt, krijg je hetzelfde gevoel van vrijheid als in Oman en Jemen. En ook hier rijzen na vlaktes met wat doornstruiken de zandkleurige en scherpe rotspartijen torenhoog op. Aan deze kust die zo leeg is dat je bijna de echo van de kamelenhoeven van Alexanders leger kunt horen, ga je helemaal op in de geologie. De zee beukt tegen het abrikooskleurige maanlandschap met hoge zandduinen die worden afgewisseld door hopen zwart vulkanisch gesteente. Dit is een meer barokke zeekust dan die van Dhofar, waar de gevolgen van wind en aardschokken de vorm van stijle pieken en dalen bepalen.

Urenlang is het enige teken van beschaving een theehuis in een deels afgebrande stenen hut met jute *charpoys* (matrassen) op de vloer. Je kunt er oudbakken Iraanse biscuitjes en sterke thee krijgen. Omdat deze kust in de loop der tijden door minder vreemdelingen is bezocht dan die van Oman, ontbreken hier de invloeden uit verre streken die je overal elders aan de Indische Oceaan tegenkomt. De mannen die naast hun oude auto's of motorfietsen langs deze weg zitten, dragen Arabische sjaals, praten met harde keelklanken en ook hun muziek staat veel dichter bij de Arabische dan bij het introspectieve getokkel van de raga op het subcontinent.

Maar vergis je niet, Pakistan bestaat hier wel degelijk. De autoweg die van Karachi naar de Iraanse grens in het westen loopt, is een moderne weg, met slechts een paar stukken die opnieuw geasfalteerd moeten worden. Je stuit er bovendien voortdurend op officiële controleposten en de steden Pasni en Ormara krijgen, als tegenwicht tegen India's machtsontplooiing in de Indische Oceaan, een luchtmacht- respectievelijk marinebasis. Hoezeer de opstandige stammen en smokkelbendes in de woestijn en de berggebieden van Beloetsjistan zich ook aan de greep van de overheid onttrekken, als de regering het nodig acht kan ze komen waar ze wil, om mineralen te delven, grond in beslag te nemen of snelwegen en militaire bases te bouwen.

Dat gaat zelfs zo ver dat Beloetsjen en leden van de hindoestaanse minderheid hun woongebieden worden uitgezet als daar wegen of militaire installaties worden aangelegd. Deze bevolkingsgroepen worden namelijk verdacht van pro-Indiase sympathieën, niet geheel ten onrechte overigens, want zij zien India als een noodzakelijk tegenwicht tegen de hen onderdrukkende Pakistaanse staat.

Toen ik de kaart bekeek van 'het ruige en achtergebleven' Beloetsjistan – of Baluchistan, zoals de eerste avonturiers van de Britse Oost-Indische Compagnie die hier voet aan wal zetten het noemden – werd mijn fantasie het meest geprikkeld door Gwadar, de 70.000 zielen tellende havenstad in het uiterste zuidwesten van Pakistan, vlak bij de Iraanse grens.[2] Zoals je kunt spreken van vermaarde historische steden – Carthago, Thebe, Troje, Samarkand, Angkor Wat – en van beroemde hedendaagse steden – Dubai, Singapore, Teheran, Beijing, Washington – zo zou je Gwadar als een van de beroemde steden van de toekomst kunnen kwalificeren.

Voor een bezoek aan Gwadar heb je een 'geen-bezwaarverklaring' nodig van het Pakistaanse ministerie van Binnenlandse Zaken. Na twee weken wachten vernam ik dat mijn aanvraag was afgewezen. Ik wilde me niet laten kisten en benaderde een oude vriend, die weer een ambtenaar kende. Zo kwam het document op schijnbaar wonderbaarlijke wijze binnen twee dagen rond. Omdat het me zoveel moeite had gekost er binnen te komen, had de stad voor mij al een speciale betekenis voordat ik er een stap in had gezet.

Gwadar behoorde bij Oman tot 1958, toen het westelijke puntje van de Makrankust aan de staat Pakistan werd overgedragen. De stad maakte meteen ideeën los bij de planners die werkten onder het militaire bewind van Ayub Khan, dat ook in 1958 in het zadel kwam. Samen met Pasni en Ormara moest Gwadar een keten van luchtmacht- en marinebases aan de Arabische Zee gaan vormen, luidde hun advies. Zo zou Pakistan een grootmacht aan de Indische Oceaan kunnen worden, sterker dan zowel India als het hele Nabije Oosten. En via het strategisch zo gunstig gelegen Gwadar kon het zich bovendien van zijn kunstmatige grenzen bevrijden en in feite een nieuwe bestemming vinden. Maar het kersverse Pakistan was arm en onzeker, en ontbeerde infrastructuur en sterke instellingen. De ontwikkeling van Gwadar moest dus wachten.

Het volgende land met een droom over Gwadar, of althans over de haven ervan, was de Sovjet-Unie. Toen de Russen zich na tien jaar oorlog uit Afghanistan terugtrokken, betekende dat ook de doodsklap voor het streven dat aan het hele avontuur ten grondslag had gelegen: de toegang tot de warme, open zee. Als de Sovjet-Unie de brandstofvoorraden uit Centraal-Azië via Gwadar had kunnen exporteren, dan had het meest ingesloten deel van het land een uitweg gekregen. Maar Afghanistan werd de nagel aan de doodskist van het communistische Kremlin. De oorlog leidde niet tot expansie, maar tot het einde van de Sovjet-Unie. Gwadar, nog steeds niet meer dan een puntje op de kaart – een verzameling vissershuizen op een landtong van zand – was als een giftige kelk.

Het verhaal gaat verder. Onder de democratisch gekozen regeringen die Pakistan in de jaren negentig regeerden, zorgden de groei van de stedelijke sloppenwijken en het toenemende watergebrek voor steeds meer sociaal-economische onrust. In Karachi en andere steden was geweld aan de orde van de dag. Hoewel de politici dus vooral bezig waren met binnenlandse aangelegenheden, bleven ze ook geïnteresseerd in de daarmee samenhangende kwestie van het energietransport door Afghanistan. Vanwege de burgeroorlog die daar uitbarstte na het vertrek van de Sovjet-troepen, kon Pakistan geen wegen en pijpleidingen aanleggen naar de nieuwe olielanden in Centraal-Azië. En die infrastructuur, die moest uitmonden in Gwadar, achtte Islamabad nodig om de grote moslimachterban in de strijd met India te kunnen consolideren. Het herstel van de rust in Afghanistan werd door de regering van Benazir Bhutto zo belangrijk geacht dat de minister van Binnenlandse Zaken, generaal b.d. Naseerullah Babar, de Taliban uitkoos als de oplossing voor de problemen van zijn land. Mede dankzij Pakistaanse hulp in de vorm van geld, wapens, voertuigen, brandstof, gesubsidieerd voedsel en vrijwilligers uit de madrassa's konden deze extremisten in 1996 Kaboel innemen. De Taliban brachten rust, maar het was de rust van het graf. Dat merkten tot hun teleurstelling ook Unocal (Union Oil Company of California) en andere bedrijven die via Afghanistan pijpleidingen wilden aanleggen van de Kaspische Zee en het Turkmeense aardgasveld van Dauletabad naar Pakistaanse havens als Gwadar aan de Indische Oceaan.

Na jaren van wanbeheer door burgerlijke politici greep in oktober

1999 generaal Pervez Musharraf geweldloos de macht. Het jaar daarop verzocht hij China een diepzeehaven bij Gwadar te financieren. Toevalligerwijze kwam het jawoord een paar weken na 11 september 2001. Zonder dat er veel ophef over werd gemaakt, leerde de ontwikkeling in Gwadar dat de wereld na de aanslag op het World Trade Center op een heel andere manier veranderde dan de Amerikanen en de regering-Bush ooit hadden gedacht. China investeerde 200 miljoen dollar in het havenproject, waarvan de eerste fase geheel volgens plan in 2006 gereed was. Een jaar later kreeg PSA Singapore (het havenbedrijf van Singapore) het contract om de haven voor de duur van veertig jaar te beheren. Het leek er dus op dat Gwadar eindelijk het stadium van dromen voorbij was en de 21e eeuw betrad.

Dus stel je een bruisende diepzeehaven voor in het zuidwesten van Pakistan, meer een deel van het Midden-Oosten dan van het Indiase subcontinent, waar schepen kunnen laden en lossen en die via een snelweg en olie- en gasleidingen verbonden is met China. Deze verbindingen zullen door heel Pakistan lopen en het hoogste gebergte ter wereld, het Karakoroemgebergte, waarna zij in China zelf op de infrastructuur aansluiten die de goederen en brandstoffen naar de Chinese middenklasse in het oosten brengt.[3] En ook de ontwikkeling van het opstandige, islamitische westen van China zou baat bij die pijnleidingen hebben. Met andere woorden, Gwadar lijkt klaar om de trait-d'union te worden tussen de Pakistaanse en Chinese belangen.[4] Bovendien kan deze hele infrastructuur ooit een vertakking krijgen naar het op een dag gestabiliseerde Afghanistan en Iran, zodat Gwadar ook verbonden zal zijn met Centraal-Azië. In de verdere toekomst zouden al deze pijpleidingen zelfs een netwerk kunnen gaan vormen dat zich van de Stille Oceaan tot de Kaspische Zee uitstrekt. Dan zou Gwadar het kloppende hart van een nieuwe zijderoute over land én over zee worden – en als poort voor het brandstofrijke, nergens aan zee grenzende Centraal-Azië een historische plaatsnaam in de 21e eeuw worden.

Om allerlei redenen kent de geschiedenis echter behalve geslaagde ook mislukte projecten. Tijdens mijn bezoek aan Gwadar maken de valkuilen evenveel indruk op me als de dromen. Wat het bezoek tot een bijzondere ervaring maakt, zijn niet zozeer de futuristische plannen met de stad, als wel de dagelijkse realiteit op dit moment. Het is helemaal de majestueuze stad aan het einde van de wereld die ik me heb voorgesteld. De omgeving is overweldigend: Gwadar ligt op een kurkdroge landtong tussen hoge kliffen en een zee met de kleur van roestig kraanwater. De kliffen die er met hun steile pieken en vlakke randen uitzien als canyons vormen een waanzinnig ingewikkeld landschap. De stad zelf lijkt op de uitgestrekte restanten van steden uit de klassieke oudheid in het Nabije Oosten: rechte straten en lage, verweerde witte gebouwen te midden van zandverstuivingen en bergen troep. Hier en daar zitten mensen op een keukenstoel met een kapotte rugleuning thee te drinken onder een afdakje van bamboe of jute. Iedereen draagt de traditionele kleding, westerse kleren zie je hier niet. Het beeld van de dhows die uit de wittige moerasdamp te voorschijn komen met een lading zilverkleurige vissen, die op de kust worden gegooid door vissers met smerige tulbanden op en *shalwar kameezes* aan, met als extra detail de gebedskralen die uit een zak steken, komt me bekend voor. Het lijkt sprekend op de lithografieën van het Palestijnse Jaffa of Libanese Tyrus van de 19e-eeuwse kunstenaar David Roberts. *

Doordat de zee door de nevel onzichtbaar overloopt in de lucht heeft Gwadar werkelijk iets dromerigs. Als de advertenties gelijk hebben, zal dit vissersstadje snel veranderen. De sporadische westerse bezoekers behoren dan tot de laatsten die het in zijn oude staat zien, net zoals de Britse ontdekkingsreiziger Wilfred Thesiger in de jaren veertig en vijftig van de vorige eeuw Abu Dhabi, Dubai en andere plaatsjes aan de Perzische Golf aantrof net voordat het Vloeibare Goud alles veranderde. 'Het leven gaat hier nog helemaal zijn oude gang,' schreef hij over Dubai. Naakte kinderen waadden voor de kust tussen de dhows door, samen met gewapende bedoeïenen, 'negerslaven', leden van de Kashgarstam met hun vilten hoofddeksels en Somali's die net uit hun bootje stapten waarmee ze uit Aden kwamen gevaren. Thesiger voelde zich in zijn Europese kleren slecht op zijn gemak in Dubai.[5] Zijn verslag bewijst hoe snel de dingen kunnen veranderen.

Intussen staat de door Chinezen aangelegde diepzeehaven met

---

* Een wijde broek (*shalwar*) die bij de enkels en in de taille is ingenomen en wordt gedragen onder een lange, losse tuniek (*kameez*).

zijn rechte lijnen, gigantische brugkranen en andere hijsinstallaties voor een grandioze toekomst. De grootste olietankers kunnen er aanleggen, maar nu is alles nog stil en leeg. Het wachten is op beslissingen die in de verre hoofdstad Islamabad moeten worden genomen. Ik krijg een maquette te zien van een bouwproject met woonhuizen, brede boulevards en een Marriott-hotel. 'Als u over een jaar of twintig terugkomt, zal het hier net zo zijn als in Dubai. U zult het niet meer herkennen,' zo verzekert mij een zakenman die over is uit Karachi. Het vliegveld van Gwadar is echter nog zo klein dat het niet eens een bagageband heeft.

Vooralsnog lijkt de vissershaven de enige plek in de stad waar iets gebeurt. Ik kijk hoe de bergen zalm, zeeforel, snappers, tijgergarnalen, baars, sardines en roggen in rieten manden worden gegooid en door middel van een ingenieus treksysteem aan land worden gebracht. Een grote dode haai en een even grote zwaardvis worden met touwen naar de stinkende visafslag getrokken, waar ze op de met bloed besmeurde betonnen vloer naast een hoop reuzenmanta's worden gegooid. Ezels staan geduldig te wachten totdat hun kar volgegooid is met vis voor een van de markten in de stad. Totdat de volgende bouwfase in de diepzeehaven en het pijpleidingenproject beginnen, draait alles hier om vis. En de visserij wordt hier nog op een oeroude manier bedreven.

Op een van stranden worden dhows gebouwd en gerepareerd. Mannen smeren met hun vingers epoxyhars in de naden tussen de houten planken. Even verderop hebben anderen zich voor een lange rookpauze op een plek genesteld waar ook uitgemergelde honden en katten rondsnuffelen. Ondanks alle mooie praatjes over een geopolitiek zenuwcentrum is hier geen generator of elektrische boor te vinden. Alleen ambachtslieden, die gaten maken met een handboor die ze met een soort strijkstok ronddraaien, alsof ze een snaarinstrument bespelen. Een vissersboot van zo'n twaalf meter die twintig jaar meegaat, kan door een paar mannen in twee maanden gebouwd worden. Het teakhout komt uit Birma of Indonesië en wordt ingesmeerd met levertraan om het waterafstotend te maken. Nieuwe boten worden op de eerste of vijftiende dag van de maancyclus, wanneer het hoogwater is, te water gelaten. Dit is het Arabië van voor de moderne tijd.

Een Beloetsj met tulband en grijze baard, As-Salem Musa geheten, vertelt me dat zijn vader en grootvader ook al boten bouwden. Hij haalt graag herinneringen op aan de tijd dat de Omani's nog de baas waren in Gwadar. De vissers waren destijds 'vrijer' omdat 'we toen zonder beperkingen in de hele Golf konden zeilen'. Hij ziet de toekomst met een mengeling van hoop en vrees tegemoet. Het is niet ondenkbaar dat de vrijheid van de Beloetsjen nog verder wordt aangetast nu Punjabi's en andere stedelingen naar Gwadar komen om er de boel over te nemen. 'Ze hebben geen enkele kans,' zegt een Pakistaanse ambtenaar in Islamabad tegen me over de vissers in Gwadar. 'Hun traditionele leven zal door de moderniteit worden weggevaagd.'

In de overdekte bazaar, die uit de meest armoedige winkeltjes met thee, kruiden, potten en pannen en stoffige flessen met snoepgoed bestaat, kom ik nog meer oude mannen met tulbanden en baarden tegen die op nostalgische toon praten over de sultan van Oman (Qaboos' vader, Sa'id bin Taimur). Hoe achtergebleven Oman ook was, volgens hen had Gwadar onder zijn bestuur gefloreerd. Veel van deze mannen hebben zowel de Omaanse als de Pakistaanse nationaliteit. Ze nemen me mee door slaperige, met jute overspannen straatjes en langs lemen huizen in de schaduw waarlangs zieltogende koeien en geiten staan, om me het ronde paleisje te laten zien waar de sultan tijdens zijn zeldzame bezoeken verbleef. Met zijn verzakte houten balkons verkeert het net als alles in Gwadar in verregaande staat van verval. Het zilte zeewater, dat midden op de dag zo groen als chloorwater is, dringt overal in door.

Op een ander strand zie ik het schouwspel van ezels – de kleinste ezels die ik ooit heb gezien – die vanuit de zee karren het zand op trekken. De karren worden gemend door jongetjes en zijn beladen met de vis uit boten die op de golven dobberen en die de zwart-wit-geel-groene vlag van Beloetsjistan voeren. Mini-ezels die uit zee komen! In Gwadar krijg je telkens weer het gevoel alsof je in een andere tijd bent beland.

Een paar kilometer verderop zie ik iets uit onze tijd: net buiten de stad is een enorm stuk woestijn afgezet voor een industrieterrein en andere projecten. Ook de kampen voor gastarbeiders zijn al neergezet. 'Daar komt het nieuwe vliegveld,' vertelt een andere zakenman uit Karachi me. 'U zult zien dat bij de volgende fase van de bouw van de haven het wonder van Dubai gestalte krijgt.' Maar iedereen die voorspelt dat Gwadar een tweede Dubai wordt, ziet een cruciaal feit over het hoofd. De sjeikdommen aan de Golf, en zeker Dubai, worden op een verstandige, effectieve en vooral legitieme wijze bestuurd. Omdat het stadstaten zonder achterland zijn, hebben ze ook veel minder problemen dan de militaire en burgerlijke politici in Pakistan. Die zijn zelden effectief gebleken, worden door velen als onwettig beschouwd en leiden een groot land met een hoop bergachtige streken en woestijnen waar anarchie en opstandigheid heersen.

Dubai is geen toeval of voorbestemming. Het kon zich ontwikkelen dankzij de combinatie van goed bestuur en ideale omstandigheden, beide zaken die bij uitstek in Pakistan ontbreken.

Of Gwadar een knooppunt in de nieuwe zijderoute wordt, hangt af van de vraag of Islamabad kan voorkomen dat Pakistan een mislukte staat wordt. Met zijn 'islamitische' bom, van Taliban en Al-Qaida vergeven noordwestelijke grensgebied en vele verschillende bevolkingsgroepen – Beloetsjen, Sindhi's, Punjabi's en Pashtuns, die elk in hun eigen gebied wonen en nooit door de islam alleen verenigd zullen worden – geldt Pakistan wel als het gevaarlijkste land ter wereld, als een splijtend Joegoslavië in de maak. Gwadar vormt dus niet alleen een lakmoesproef voor infrastructurele projecten. Het is ook belangrijk voor de stabiliteit in de hele regio rond de Arabische Zee, dat wil zeggen in de helft van de Indische Oceaan. Als Gwadar stagneert, dus in de ogen van westerlingen zoals ik een charmant vissersstadje blijft, blijkt eens temeer dat Pakistan geen effectief bestuur heeft, iets wat ook gevolgen voor de buurlanden zal hebben.

Tijdens mijn verblijf vraagt niemand me naar mijn 'geen-bezwaarverklaring'; ik had me de moeite van de aanvraag kunnen besparen. Maar na enkele dagen trek ik wel de aandacht van de gemeentepolitie, die mij per se permanent wil laten bewaken door een vrachtwagen vol commando's. Aangezien deze in het zwart geklede en met AK-47's gewapende mannen meteen iedereen omringen die ik tegenkom, zijn gesprekken amper nog mogelijk. Volgens de politie is de bewaking voor mijn eigen bestwil, maar in Gwadar zijn geen terroristen, alleen arme lokale vissers en hun gezinnen. Ondanks mijn moeizame aankomst is het een van de veiligste steden waar ik tijdens mijn negen uitvoerige bezoeken aan Pakistan ben geweest.

De bevolking heeft zonneklaar een hekel aan de politie. 'Wij Beloetsjen willen vrij zijn,' wordt me verteld zodra de bewakers even niet in de buurt zijn. Je zou denken dat de beloofde economische ontwikkeling deze vrijheid zal brengen. Maar modernisering, zeggen dezelfde mensen, betekent meer Chinezen, Singaporezen, Punjabi's en andere vreemdelingen die van de stad een internationale overslaghaven willen maken zonder dat de Beloetsjen er nog aan te pas komen. Er zijn inderdaad aanwijzingen dat de bevolking niet van de stijgende grondprijzen zal profiteren, en zelfs helemaal het veld zal moeten ruimen.

Het blad *The Herald*, een serieus onderzoekstijdschrift dat in Karachi wordt uitgegeven, publiceerde onder de kop 'The Great Land Robbery' een uitvoerig hoofdartikel over het megaproject in Gwadar. Dat heeft, aldus de schrijver, 'tot een van de grootste grondzwendels in de Pakistaanse geschiedenis geleid'.[6] Belastingambtenaren zijn omgekocht om percelen in Gwadar op naam van invloedrijke figuren uit Karachi, Lahore en andere grote steden te zetten, waarna die de grond voor bouwdoeleinden aan projectontwikkelaars kunnen doorverkopen. Zo zijn tienduizenden hectares illegaal op naam gezet van elders woonachtige politici en militairen. Met als gevolg dat de arme, ongeschoolde Beloetsjen niet van de toekomstige ontwikkeling in Gwadar zullen profiteren en hun haat jegens het door Punjabi's bestuurde Pakistan nog is vergroot. Alleen al het idee dat Gwadar een belangrijke schakel kan worden tussen de Indische Oceaan en Centraal-Azië, dreigt het land verder te verscheuren.

Omdat Beloetsjistan en Sindh hun eigen geschiedenis en belangen hebben, is het separatisme in deze gebieden aan de Pakistaanse kust al ouder dan vandaag. De onafhankelijkheid van Groot-Brittannië was voor deze volkeren beslist geen onverdeeld genoegen. Na zich eeuwenlang tegen het overwicht van de Punjabi's te hebben verzet, werden zij na het ontstaan van Pakistan in 1947 aan diezelfde Punjabi's onderworpen. Terwijl de laatsten de Mogoel-keizers vereren, staan die voor de Beloetsjen en Sindhi's juist voor onderdrukking. Tot de komst van de Groot-mogols vlak na de Middeleeuwen waren de Arabieren namelijk onafhankelijk en ook de Sindhi's hadden, afgezien van een korte periode onder Mahmud van Ghazna in de 11e eeuw, destijds hun eigen koningen en land, Sindhu Desh geheten.[7]

In feite worden er ook weer gesprekken gevoerd over een federatie tussen Beloetsjistan en Sindh, die dan stilzwijgend door India zal worden gesteund. De beide provincies vullen elkaar aan: Beloetsjistan heeft grondstoffen en Sindh industrie.

De afgelopen decennia zijn de 6 miljoen Beloetsjen vier keer in opstand gekomen tegen de economische en politieke achterstelling door Islamabad. Bij de hevigste opstand, van 1973 tot 1977, waren zo'n 80.000 Pakistaanse soldaten en 55.000 Beloetsjen betrokken. Onder de laatsten is de verbittering over deze periode nog steeds groot. Zo traden de strijdkrachten in 1974 keihard op 'uit frustratie dat zij de guerrillagroepen die zich in de bergen van Beloetsjistan verscholen hielden, niet konden vinden,' zo schrijft Zuid-Aziëdeskundige Selig S. Harrison. 'Teneinde de guerrillastrijders te dwingen hun schuilplaatsen te verlaten om hun vrouwen en kinderen te verdedigen, [...] werden de onderkomens van zo'n 15.000 families gebombardeerd, beschoten en in brand gestoken.'[8]

De 'genocide in slowmotion' waarvan Harrison rept, is de afgelopen jaren doorgegaan. Zo ontvluchtten in 2006 duizenden Beloetsjen dorpen die werden bestookt door Pakistaanse F-16's en Cobra-gevechtshelikopters. Daarna heeft de regering op grote schaal Beloetsjische jongeren laten ontvoeren en verdwijnen. Volgens recente cijfers zijn op zijn minst 84.000 personen door dit geweld ontheemd geraakt.[9] Eveneens in 2006 doodde het Pakistaanse leger de Beloetsjische leider Nawab Akbar Khan Bugti. Maar hoe wreder de regering optrad, des te sterker de nationale beweging van de Beloetsjen werd. Inmiddels is er een jongere, beter bewapende generatie aangetreden, afkomstig uit de gelettterde middenklasse in de hoofdstad Quetta en elders en gefinancierd door Beloetsjen die in de Golflanden werken. En deze jongeren hebben de eeuwenoude wraakcultuur tussen de Beloetsjische stammen, die door de Punjabi's in het Pakistaanse leger tegen elkaar konden worden uitgespeeld, grotendeels overwonnen.

De opstand, zo schrijft de International Crisis Group, trekt zich nu niets meer aan van de oude scheidslijnen tussen streken, stammen en klassen.[10] Omdat India er evident belang bij heeft dat het Pakistaanse leger door separatische opstanden is gebonden, verklaart Islamabad dat de Beloetsjen hulp krijgen van de Indiase geheime dienst.[11] En het leger grijpt dat aan om de radicaal-islamitische partijen op te hitsen

tegen de seculier-nationalistische Beloetsjen. Te midden van alle opstandige fundamentalisten 'is Beloetsjistan het enige seculiere gebied
tussen Afghanistan, Iran en Pakistan dat geen religieus extremisme
kent,' aldus een Beloetsjische activist.[12]

De Beloetsjen maken slechts 3,57 procent uit van de 172 miljoen
Pakistanen, maar de meeste grondstoffen, waaronder koper, uranium, aardgas en potentieel grote olievelden, bevinden zich in deze
provincie. Hoewel meer dan een derde van al het aardgas hier wordt
gewonnen en Pakistan tot de landen behoort waarvan de economie
het meest op aardgas draait, is de provincie zo arm dat ze er zelf maar
een fractie van consumeert.[13] Bovendien krijgt zij maar weinig voor
het gas, zoals de provincie van overheidswege ook geen ontwikke-
lingsgelden krijgt, zoals Selig Harrison opmerkt.

Het grondschandaal in Gwadar en de angst voor een overname
door de Punjabi's komen dus bovenop een geschiedenis van achterstelling en repressie. Om te zien hoe hoog de emoties zijn opgelopen,
spreek ik in Karachi, aan de andere kant van de Makrankust, met een
aantal Beloetsjische leiders.

De eerste ontmoeting vindt plaats in een Kentucky Fried Chicken in
de wijk Clifton. Bij de deur staat een particuliere bewaker met een
geweer en gummiknuppel: de eettenten van Amerikaanse ketens zijn
doelwit van terroristen. Binnen zitten jonge mensen, sommigen westers gekleed, anderen met een keurig gestreken, witte *shalwar kam-
meez* aan en de een is gladgeschoren, de ander draagt de lange baard
van de gelovige moslim. Maar ondanks de verschillen lijken ze allemaal tot de wat hogere middenklasse te behoren. Iedereen heeft een
blad met kip en Pepsi voor zich en zit tussen het eten door te sms'en
of te praten via de mobiele telefoon. Door de zaak dreunt het getrom-
mel uit de Indiase en Pakistaanse Punjab, de *bhangra*. Even later komen vijf Beloetsjen in smerige, gekreukelde shalwar kameezes deze
wat betere tent binnengestormd. Ze dragen een tulband of een Jinnah-muts en hebben een pak kranten onder de arm, waaronder het
nummer van *The Herald* met het hoofdartikel over Gwadar.

Nisar Baluch, voorzitter van de Beloetsjische vereniging voor
maatschappelijke hulp, is de leider van de groep. Hij heeft warrig haar
en een dikke snor. Bij het afsteken van zijn betoog zit hij met zijn vin-

gers op tafel te roffelen. 'Het Pakistaanse leger is de grootste gronddief. Het geeft de kust voor een habbekrats weg aan de Punjabi's,' brandt hij los.

'De Punjabi-troepen dragen een uniform, maar in feite zijn het terroristen. En in Gwadar opereert het leger als de maffia, met zijn valse verklaringen over grondeigendom. Wij leven daar al eeuwen, en toch zeggen ze dat wij geen papieren hebben die bewijzen dat de grond van ons is.' Hij is niet tegen ontwikkeling, zegt hij, en voor de dialoog met de Pakistaanse autoriteiten. 'Maar zodra we over onze rechten beginnen, beschuldigen ze ons dat we van de Taliban zijn.'

'Wij zijn een onderdrukt volk,' zo vervolgt hij nog steeds zonder stemverheffing, maar de roffel met zijn vingers wordt heftiger. 'We hebben geen andere keuze dan te vechten. De hele wereld heeft het nu over Gwadar. Het hele politieke establishment in dit land is betrokken bij de misdaad die daar wordt gepleegd.'

Dan volgt de waarschuwing: 'Hoe hard ze ook zullen proberen om van Gwadar een Dubai te maken, het zal ze niet lukken. De mensen zullen zich verzetten. De toekomstige pijpleidingen naar China zullen niet veilig zijn. Ze moeten door Beloetsjisch gebied en als onze rechten geschonden worden, zal niets veilig zijn.'

Hij staat niet alleen met dat dreigement. Ook andere nationalisten hebben aangekondigd dat Chinese arbeiders in Beloetsjistan door opstandelingen vermoord zullen worden, en dat dat het einde van Gwadar zal betekenen.[14]

Nisar Baluch is mijn opwarmertje voor Nawab Khair Baksh Marri, het stamhoofd van de Marristam, waartoe ook Baluch behoort. Nawab Marri voert al zestig jaar lang op en af strijd met het leger en zijn zoon is onlangs door Pakistaanse soldaten gedood.* Hij ontvangt me in zijn weelderige villa in Karachi, een huis met dikke muren, reusachtige planten en barok meubilair, terwijl zijn personeel en bewakers op een tapijt in de tuin zitten. Het oude, gerimpelde stamhoofd draagt een lang gewaad en een beige Jinnah-muts die zich door grote inkepingen onderscheidt van hetzelfde soort hoofddeksel dat door de Sindhi's wordt gedragen. Voor ons staan allerlei plaatselijke deli-

---

* In november 2007 doodden Pakistaanse veiligheidstroepen Nawabzada Balach Marri, de jongste van de zes zonen van Marri.

catessen. Zowel de hele ambiance als zijn correcte en bedachtzaam geformuleerde Engels geven Nawab Marri iets charismatisch.

'Als we weer gaan vechten, zullen we tot een intifada oproepen zoals de Palestijnen. Ik ben optimistisch gestemd omdat de jonge Beloetsjen de guerrillastrijd willen voortzetten,' zegt hij op zachte en vriendelijke toon. 'Pakistan is er niet voor eeuwig. Het Britse rijk, Pakistan en Birma, dat waren allemaal tijdelijke creaties. Nadat Bangladesh in 1971 uit Pakistan was gestapt, was het imperialisme van het Punjabische leger nog de enige dynamische kracht in dit land. Oost-Bengalen [Bangladesh]', zo vervolgt hij zijn redenering op dezelfde ietwat belerende toon, 'was het belangrijkste element in Pakistan. De Bengalen waren talrijk genoeg om het op te nemen tegen de Punjabi's, maar in plaats daarvan scheidden ze zich af. De enige optie die de Beloetsjen nu nog hebben, is vechten.'

De enigen die hij in Pakistan mag en vertrouwt, zijn andere Beloetsjen, vertelt hij ook. Met de vermoorde voorzitster van de Pakistaanse Volkspartij, de Sindhische Benazir Bhutto, had hij niets op. Tenslotte werden onder haar vader, Zulfikar Ali Bhutto, die in de jaren zeventig regeerde, 'onze mensen uit helikopters gegooid, massaal vermoord, verbrand, hun vingernagels uitgetrokken, hun botten gebroken [...], dus ik was niet blij toen ze aantrad.'

En hoe denkt hij over de verzoenende voorstellen van de Punjabi's jegens de Beloetsjen? 'Wij zeggen tegen die Punjabi's "laat ons met rust, ga weg, we hebben jullie leiding, jullie broederschap niet nodig"', anwoordt hij op dezelfde zachte, superieure toon. 'Als de Punjab ons met behulp van de Amerikaanse imperialisten blijft bezetten, zal onze naam uiteindelijk van de aardbodem worden weggevaagd.'

Beloetsjistan ligt in drie landen – Pakistan, Iran en Afghanistan –, legt hij uit, en zal overwinnen als de regeringen van al die landen zijn verzwakt. Hij ziet Gwadar alleen maar als het zoveelste boze opzetje van de Punjabi's dat voorbij zal gaan. De Beloetsjen zullen de nieuwe wegen en toekomstige pijpleidingen vanuit de stad gewoon opblazen.

Het enige wat Marri nog kan, is schelden op de tegenpartij. Het sluiten van compromissen, waarin hij het geloof verloren schijnt te zijn, wijst hij rigoureus af. De vraag of Gwadar zich zal ontwikkelen, zo denk ik als ik zijn villa verlaat, hangt allereerst af van het optreden van Islamabad. Als dat niet een dermate ruimhartige deal met de Beloetsjen sluit dat mensen als Marri en Nisar Baluch geïsoleerd raken, dan wordt het megaproject bij de Iraanse grens hoogstwaarschijnlijk een van die moderniseringen in het zand die mislukken door plaatselijk verzet. Maar als het wel zo'n handreiking doet en Beloetsjistan een zelfstandige provincie in een democratisch en gedecentraliseerd Pakistan wordt, dan kan de door mij bezochte oude vissersstad uitgroeien tot het Rotterdam aan de Arabische Zee, met tentakels die zich uitstrekken tot het Oezbeekse Samarkand.

Dat gebeurt echter niet vanzelf.

Lijkt Beloetsjistan zo sterk op het Arabisch schiereiland dat je de provincie het oostelijkste deel van het Midden-Oosten kunt noemen, de kronkelige Indusvallei die door de provincie Sindh loopt, vormt het begin van het Indiase subcontinent, zij het dat de geschiedenis en geografie natuurlijk ook hier weer subtieler zijn. In wat mindere mate dan Makran vormt ook Sindh een overgangsgebied met een lange geschiedenis van invasies. De belangrijkste waren die door de Arabieren in de 8e en 9e eeuw, waarna zij commerciële activiteiten in de steden ontplooiden.[15] Bij het begin van het subcontinent kunnen we misschien beter aan een reeks gradaties dan aan een duidelijke grens denken.

De woorden 'India' en 'Hindoe' zijn beide afgeleid van het woord 'Sindhoe', dat in het Perzisch *Hind* en in het Grieks en Romeins *Ind* werd. De Indus (zoals de Grieken en Romeinen de rivier noemden) en de hele provincie Sindh lopen duizenden kilometers naar het noorden, van de stad Karachi aan de Arabische Zee tot de vruchtbare Punjab en het Karakoroemgebergte – 'de zwarte bergketen' in het Turks –, dat overloopt in de Himalaya.[*]

Qua architectuur heeft Karachi in elk geval westerlingen niets te bieden. Waar Europese steden zich kenmerken door verticale lijnen – een opeenhoping van mensen rond een betrekkelijk klein en intiem centrum – is Karachi de horizontale stad van de toekomst, met veel

---

[*] In het sterk door het Perzisch beïnvloede Urdu betekent Punjab 'vijf rivieren' – de Beas, Ravi, Jhelum, Sutlej en Chenab, die allemaal hun bron hebben in meren in het Himalaya-gebergte.

kleine buurten met een eigen centrum en zonder een duidelijk stadscentrum. Vanaf het op een dak gelegen barbecuerestaurant kijk ik uit
op een grote stilstaande plas rioolwater die langzaam verdwijnt in de
haven die vol reusachtige kranen staat; en als ik de andere kant opkijk
zie ik rijen armoedige, uit kaal beton opgetrokken flats staan uit alle
ramen waarvan kleren te drogen hangen in de grauwe, vettige asdeel-
tjes. Haveloze palmbomen en mangrovemoerassen worden afgewisseld met nutteloze, lelijke steenblokken. Het stadspanorama biedt
geen vast punt noch een duidelijke skyline. Overal in de stad zie je
bergen afval, keien, vuil, autobanden, hopen bakstenen en dooie
boomstronken. Bewakers van particuliere beveiligingsbedrijven zijn
alomtegenwoordig, net als drankzaken en radicaal-islamitische madrassa's, die ik bij mijn vorige bezoeken aan de stad heb bezocht. Alle
ongerijmdheden geven Karachi echter ook een bepaalde charme.
Zonder het houvast van een substantieel verleden kan het meer kanten op dan andere steden op het subcontinent. Het kan internationale trends in het stadsleven en de architectuur volgen en zich zo mettertijd radicaal veranderen. Bij Karachi denkt iedereen – niet ten
onrechte – aan terrorisme, maar een stad van deze omvang heeft vele
gezichten. Bij mij wint de fascinatie het van de afkeer.

In Karachi wordt enorm veel gebouwd met geld uit de Golfstaten,
maar van enige architectonische planning is geen sprake. Hoge marmeren puien met veel bellen en gewapende bewakers ervoor leren dat
er in deze stad veel verborgen rijkdom bestaat. Peperdure winkels en
restaurants van westerse ketens staan in van zwerfhonden en kraaien
vergeven krottenwijken. Met juwelen behangen en in dure zijde geklede vrouwen lopen tussen gebochelden en geamputeerden door.
Door deze mix van armoede en rijkdom kun je niet spreken van goede en slechte, maar alleen van rijkere en armere buurten. De betere
buurten hebben nietszeggende namen als Clifton en Defense.

Met weinig verticale barrières galmt de oproep tot het gebed door
de grote open ruimtes van de stad. Karachi heeft niet de tradities van
een stad als Lahore en kent veel geweld tussen Sindhi's en *mohajirs*
(moslimimmigranten uit India) en tussen Pashtun en Beloetsjen.
Daarvoor zijn twee oplossingen denkbaar: het radicale moslimfundamentalisme en het zieloze materialisme, naar het voorbeeld van
Saoedi-Arabië respectievelijk Dubai. De stad is werkelijk de tegen-

pool van het eveneens aan de Arabische Zee gelegen Muscat. Waar de zorvuldige geplande en blinkend witte architechtuur in de Mogoel-stijl in die stad getuigt van een soort verlicht absolutistische staat die zijn steden beschermt tegen de schaduwzijde van de mondialisering, lijkt Karachi erdoor verzwolgen te worden. Daar lijkt de staat juist vrijwel afwezig te zijn. In die zin is Karachi een typisch Pakistaanse stad. In tegenstelling echter tot Lahore en de grote Mogoel-metropolen in India was Karachi op het moment van de deling een afgelegen kustplaats met 400.000 inwoners. Zonder duidelijke identiteit of verleden om trots op te zijn groeide het daarna uit tot een metropool van 16 miljoen.

De helft van de bevolking van Karachi woont in de illegaal gebouwde *katchiabaadis*, zoals de sloppenwijken hier heten. De stad kan hooguit voor de helft in de behoefte aan water voorzien en de elektriciteit valt om haverklap uit, een situatie die bekendstaat als *load shedding* of rantsoenering.[16] En toch, zo dacht ik, zal de stad het wel redden dankzij de gemengde bevolking. Karachi is tenslotte een havenstad, met een bedrijvige hindoeïstische minderheid en een gemeenschap van zoroasters, die hun doden op de heuvels, 'torens van stilte' genaamd, aan de gieren prijsgeven. Geen enkel religieus fundamentalisme zal hier ver komen zonder op andere geloven te stuiten. Alleen al de ligging aan zee, die de vele tegenstrijdige invloeden van de Indische Oceaan met zich meebrengt, zou weleens kunnen voorkomen dat de negatiefste kanten van Karachi de overhand krijgen.

Ondanks de traditie van interetnisch geweld heerst er over het algemeen vrede. Op een dag rijd ik langs baaien die het land in steken en zoutpannen, langs vervallen, oude winkelpuien van goedkope steen en met afgebladderde uithangborden naar de kaap van Manora. Op het strand zitten gezinnen te picknicken en te genieten van de enorme branding van de Arabische Zee, een branding die hier niet door golfbrekers wordt getemd. Het is net na het vrijdaggebed, en het zand is onverwacht schoon. Kinderen maken een ritje op kamelen met kleurige zadels, terwijl familieleden lachend foto's van hen en van elkaar nemen en teenagers samendrommen bij de wrakkige stalletjes met drinken en vis. Sommige vrouwen zijn gekleed in goed zittende, modieuze shalwar kameezes en dragen make-up, anderen zijn van top tot teen in het zwart.

De scène roept herinneringen op aan de Jemenitische havenstad Mukalla, zo'n zeshonderd km ten westen van Dhofar, waar ik een paar jaar geleden was. Daar was het strand in twee stukken verdeeld: een stuk voor de mannen en opgroeiende jongens en een voor de vrouwen en kinderen. Alle vrouwen waren gesluierd en de meeste mannen droegen een baard. Het zag er sereen uit, al die gelovige arbeidersgezinnen die van de eerste avondbries genoten.[17] Het Westen, en in het bijzonder de Verenigde Staten kunnen maar één ding doen, en dat is vrede sluiten met deze mensen. Op hun rustige, ingehouden manier en zonder het houvast van het geloof te verliezen behoren ook zij tot deze ene wereld.

Uit beide strandscènes spreekt het gewone, vertrouwde leven, zij het dat dat in Karachi iets kosmopolitischer is. Een hindoeïstische tempel – druk versierd, vuil en vervallen – staat op de achtergrond. Hier zie je de middelgrote, multi-etnische kustplaats – een satellietstad van Mumbai en andere steden aan de westkust van India – die Karachi zonder de deling van 1947 geweest zou zijn. Op het moment dat het van het eigenlijke India werd afgesneden omdat er een aparte moslimstaat moest komen, gingen de organische banden met andere steden verloren. Karachi is daardoor een geïsoleerde islamitische stadstaat geworden, zonder de rijkgeschakeerde, deels hindoeïstische invloeden van vroeger. Daardoor hangt de stad, hoe groot hij ook is, wat in de lucht. Misschien dat mondialisering naar het voorbeeld van Golfstaten als Dubai toch de oplossing zou zijn. Karachi is India kwijtgeraakt, maar zou de Golf als naaste buur terugwinnen.

Syed Mustafa Kamal, de jonge burgemeester, wil van zijn stad een centrum van informatietechnologie maken om als doorgeefluik van ideeën tussen het Midden-Oosten en Azië te kunnen dienen.[18] Anderen echter hebben hun eigen toekomstvisie, een die niet per se in strijd hoeft te zijn met die van de burgemeester. Deze visie berust op hetzelfde idee als de droom die de Beloetsjen hebben voor hun provincie, namelijk dat met de oprichting van Pakistan en India het laatste woord over de politieke indeling van het subcontinent nog niet is gezegd. Karachi zou, kortom, de hoofdstad van een zelfstandig of ten minste autonoom Sindh moeten worden.

Sindh heeft een sterke eigen culturele en historische identiteit, zo wordt me telkens voorgehouden, doordat het zesduizend jaar lang door allerlei volkeren is bezet en zo een raciale smeltkroes van Arabieren, Perzen en andere passerende veroveraars is geworden. In Brits-India viel Sindh onder het zogeheten *Bombay Presidency*, waarna het in 1936 een zelfstandige provincie onder New Delhi werd. Sindh sloot zich niet zozeer vanwege de islam aan bij Pakistan, maar omdat de nieuwe staat de Sindhi's onafhankelijkheid beloofde, een belofte die niet werd nagekomen. 'In plaats daarvan werden we een kolonie van de Punjabi's,' is het refrein. Wat het kustgebied van de Arabische Zee betreft, zouden de nationalistische Sindhi's graag terugwillen naar de tijd van vóór de Portugezen. Toen werd het gebied bestuurd door lokale vorsten en waren Kaboel en Karachi even sterk met Lahore en Delhi verbonden als Delhi met Bangalore en de rest van Zuid-India. Onder zo'n autonome status zouden de soennieten en sjiieten in Sindh zonder tussenkomst van Islamabad en gestimuleerd door de mondialisering zaken kunnen doen met respectievelijk Saoedi-Arabië en Iran.

Hoe onverzoenlijk de nationalisten in sommige gevallen ook klinken, hun woede kan niet zomaar als irrationeel worden afgedaan. Die betreft namelijk het buitensporige centralisme van het land, dat van zijn vitaliteit wordt beroofd doordat alles in het dichtbevolkte centrum van het land, de Punjab, wordt bepaald.

Ik ontmoet de vice-voorzitter van de Sindhische Progressieve Partij, Ali Hassan Chandio, in een kaal vertrek. Over de muren kruipen gekko's en de moessonwind blaast door de open ramen. Een paar straten verderop wordt een nieuw winkel- en woningencomplex gebouwd door een bedrijf uit Dubai. In Karachi verdwijnt alles wat aan het verleden herinnert. Chandio heeft het over Mohammed Ali Jinnah, de grondlegger van Pakistan, die een land voor zich zag met respect voor de rechten van de minderheden. Hij overleed echter vlak na de oprichting van Pakistan, waarna het leger de macht greep. 'Terwijl er in India nog nooit een staatsgreep is gepleegd, is in Pakistan de staat van beleg al heel vaak uitgeroepen. Wij willen dat de Punjabische militairen terugkeren naar de kazerne,' zegt Chandio. 'De Sindhi's kunnen alleen deel van Pakistan uitmaken als het democratisch is. India is ondanks alle oorlogen, moorden en ander geweld nog steeds het grote voorbeeld voor heel Zuidoost-Azië.' Zoals alle Beloetsjische en

Sindhische nationalisten aan de Pakistaanse kust van de Arabische Zee die ik spreek, prijst hij openlijk de oosterbuur. Zij beschouwen India als een bondgenoot tegen de eigen staat waarvan ze zich de gevangenen voelen. Ook wijzen ze allemaal op de noodzaak van een open grens met het Indiase Gujarat. Deze aan Sindh grenzende deelstaat is met een kwart van de binnenlandse investeringen de snelst groeiende staat in India. Dat heeft de Sindhi's bewust gemaakt van hun eigen mislukking.

Bashir Khan Qureshi, de voorzitter van de Jeay Sindh Qaumi Mahaz, het progressieve volksfront van de Sindhi's, ontvangt me bij hem thuis aan de oostelijke rand van Karachi. Rond zijn huis waaien plastic zakken in het rond en overal zie je kraaien. De asbakken in de zitkamer zitten propvol. Een ventilator produceert een hoop herrie, maar de forse, knappe Qureshi komt er makkelijk bovenuit.

'Pakistan zelf is een contractbreuk,' zegt hij. Hij vertelt de hele geschiedenis nog eens vanuit het minderhedenstandpunt van de Beloetsjen en Sindhi's. Daarbij wijst hij vooral op de inspiratie die de afscheiding van Bangladesh in 1971 voor deze groepen vormt. Nog een staatsgreep in Pakistan en in Beloetsjistan en Sindh breekt de burgeroorlog uit, zo voorspelt hij.

Misschien komt het door de sombere omgeving, die bijna door de woestijn verzwolgen lijkt te worden, maar ik kan hem niet serieus nemen. Hij ziet het te simpel. Zijn visie zou alleen hout snijden als Sindh een duidelijk afgebakend gebied was dat je keurig van Pakistan kunt scheiden. Maar dat is niet het geval: in Karachi zelf bijvoorbeeld vormen de Sindhi's slechts een minderheid. Na de deling zijn er miljoenen islamitische Indiërs (*mohajirs*) naar Sindh gevlucht, waar zij hun eigen politieke groeperingen hebben opgericht. En dan zijn er nog de Pashtuns, Punjabi's, hindoes en andere minderheden. Zoals het gewelddadige verleden leert, moeten de Sindhi's om hun zin te krijgen de steden in handen krijgen. Maar ze zijn ook onderling verdeeld in soennieten en sjiieten, wat al een paar keer tot geweld heeft geleid. En door alle migratiestromen van de laatste decennia is het beeld van Karachi als een Sindhische stad in feite al een abstractie geworden (net zoals je Quetta door de instroom van Pashtuns niet echt Beloetsjisch meer kunt noemen). Een andere optie, namelijk zowel Karachi als Gwadar de status van autonome stadstaat geven, lijkt veel realistischer. En Beloetsjistan en Sindh kunnen dan meer zelfstandige deelstaten worden van een veel losser en democratisch bestuurd Pakistan. Maar het huidige Pakistan zal volgens mij niet gauw van de kaart verdwijnen. De vorstendommen uit de Middeleeuwen en de Mogoelperiode zijn – vooral door de gemengde bevolking in de steden – niet meer dan vage beelden van wat ooit zou kunnen zijn. In de toekomst zullen de politieke structuren vooral veel ruimte voor verschillen moeten laten.

Jinnah is de *Quaid-i-Azam* (vader des vaderlands) van het land dat door velen als het gevaarlijkste en explosiefste land ter wereld wordt beschouwd. Hij ligt in een strak gestileerde tuin in het centrum van Karachi begraven. Door de vlekkeloze perfectie van de tuin dringt het pas echt tot je door hoe armoedig en rommelig de rest van de stad is. Het mausoleum zelf bestaat uit naar binnen hellende marmeren muren met daarop een kogelvormige koepel. Het strakke, kubistische bouwwerk doet denken aan de simplistische abstractie van politieke ideologieën. Het glimmende interieur ondertussen roept reminiscensies op aan een winkelcentrum of de belastingvrije zone van een van de vliegvelden aan de Golf. Het geheel straalt een merkwaardige leegte uit. En zoals de graftombe niet past bij de chaotische omgeving, zo is nog niet bewezen dat Jinnahs modelstaat geschikt is voor de dagelijkse realiteit van een wanordelijke wereld.

In Pakistan bestaan in het denken over Jinnah drie scholen, zo ontdekte ik. Officieel geldt hij als een 20e-eeuwse held die zich inzette voor de moslims, in de trant van de Turkse Mustafa Kemal Atatürk. Volgens de tweede school, die door een handjevol moedige Pakistanen en meer westerlingen wordt aangehangen, was Jinnah een ijdele man die ongewild een gedrocht van een staat in het leven riep, een staat bovendien die later in aanzienlijke mate bijdroeg aan het geweld in Afghanistan. De derde school is niet alleen de interessantste en in zekere zin meest subversieve, maar ook de best onderbouwde.

In deze visie was Jinnah net zo complex als India zelf. Als zoon van een zakenman uit Gujarat en een Perzische uit Karachi, groeide hij in deze stad op. Vervolgens studeerde hij in Londen, waarna hij zich in Bombay vestigde. Net als Atatürk, die in het wagenwijd voor invloeden van buitenaf openstaande Thessaloniki opgroeide (en niet in het afgelegen, islamitische Anatolië dat hij zou gaan regeren), had Jinnah een brede culturele achtergrond en was hij in feite seculier ingesteld. Toch achtte hij een islamitische staat nodig om de moslimminderheid te behoeden voor een onzeker bestaan onder de hindoeïstische meerderheid. Dat idee was misschien onjuist en politiek opportunistisch, maar het had wel tot een staat als het Turkije van Atatürk kunnen leiden: een staat geleid door islamitische waarden, maar niettemin seculier. Bovendien dacht Jinnah, die het regionale nationalisme van de Pashtuns, Beloetsjen en Sindhi's erkende, aan een hoge mate van provinciale autonomie.

Zoals gezegd is deze visie het meest subversief omdat de machthebbers in Islamabad – zowel de militaire als de burgerlijke – iets heel anders van het land hebben gemaakt. Omdat Jinnah in 1948, een jaar na de geboorte van Pakistan, overleed, zullen we nooit weten hoe het land zich had ontwikkeld als hij nog een tijd was blijven leven. Zeker is evenwel dat de belangrijkste beginselen van de Quaid-i-Azam met voeten zijn getreden. In plaats van een gematigde en tolerante sfeer heerst er in Pakistan een verstikkend islamitisch klimaat, waarin extremisme met politieke beloftes wordt beloond en het leger en de politieke partijen elkaar voortdurend de bal toespelen. Alcohol is verboden en op het platteland zijn scholen voor meisjes platgebrand. En wat de autonomie betreft: zoals mijn gesprekken in Beloetsjistan en Sindh leren, is die een mythe.

De graftombe van Jinnah maakt deel uit van dezelfde platte staatspropaganda als de openbare gebouwen in Islamabad: die hebben met hun neo-Mogoel-stijl iets stalinistisch. Bovendien zijn het de gebouwen van een kunstmatige staat die in de ogen van veel bevolkingsgroepen geen legitimiteit heeft verworven.

'Het Indiase subcontinent heeft slechts één liberale, seculiere politicus voortgebracht: Mohammed Ali Jinnah. Gandhi was gewoon een Britse agent uit Zuid-Afrika, een reactionair met zoete praatjes. Maar vanaf de dood van Jinnah zijn wij bestuurd door die gangsters, die de Punjabi's en dus de slaafjes van Amerika dienen. Weet u waarom de Indus zo laag staat? Omdat de Punjabi's stroomopwaarts ons water stelen. Sindh is het enige oude en legitieme land in Pakistan.'

Aan het woord is Rasool Baksh Paleejo, een links-nationalistische

Sindhi die onder zowel democratische als militaire regeringen in Islamabad in de gevangenis zat. Voordat ik hem in 2000 voor het eerst ontmoette, had ik van verschillende kanten gehoord dat je in Hyderabad (aan de Indus, ten noordoosten van Karachi) geen intelligentere gesprekspartner over politiek kon vinden dan hij. In 2008 bezoek ik hem opnieuw, om te zien of hij zijn meningen heeft bijgesteld. Dat is niet het geval. Zijn achter hoge muren verscholen huis staat aan het eind van een weg die uitloopt op de woestijn en net als de vorige keer krijg ik het idee dat hij een totaal geïsoleerd leven leidt. Met zijn nog steeds magere en markante gezicht en dikke bos grijs haar ontvangt hij me in zijn rommelige huis, met kapotte meubels en bevlekte tapijten. In een hoek van de zitkamer hangen foto's van Marx, Engels, Lenin, Ho Chi Minh en Najibullah, de pro-Sovjetleider van Afghanistan in de jaren tachtig van de vorige eeuw. Toen ik acht jaar geleden bij hem was, vertelde hij me dat hij alle belangrijke marxistische werken had gelezen. Op mijn vraag in 2008 wat hij de laatste tijd gelezen heeft, antwoordt hij: *The Israel Lobby and U. S. Foreign Policy* – het omstreden boek uit 2007 van de hoogleraren Mearsheimer en Walt over de grote en kwalijke invloed die de Israëllobby op de Amerikaanse buitenlandse politiek zou hebben.

Daarna steekt hij een tirade af over 'criminele bendes', 'Punjabische parasieten', 'imperialistische pygmeeën', 'Bush-fascisten' en 'joods-kapitalistische Taliban', die de Sindhi's allemaal slecht gezind zijn. De mohajirs, Pashtuns en Beloetsjen – het zijn allemaal 'werktuigen van Amerika,' zegt hij. Kennelijk gekalmeerd begint hij vervolgens te praten over de gouden eeuw van de Mogoel-keizers in de vroegmoderne tijd. 'De Mogoels waren geen geloofsfanaten. Zij trouwden met hindoes. Ze hadden hindoeïstische generaals. Ze hadden geen huis, maar bleven in hun hart Turkse nomaden.' Hij bedoelt, zo veronderstel ik, dat hij naar die tijd terug wil. 'Als Pakistan maar kon verdwijnen en zou oplossen in een India dat nog pluralistischer is dan nu,' zo raaskalt hij door.

In mijn ogen vormt Paleejo het bewijs dat de weg van het etnisch nationalisme is doodgelopen. Hij reduceert de hele wereld tot een complot tegen zijn eigen volk. De Beloetsjische en Sindhische nationalisten die ik ontmoet, zijn typische producten van jarenlange militaire repressie. In Pakistan is zo weinig ruimte geweest voor andere meningen dat een normale politiek geen wortel heeft kunnen schieten. Bijgevolg is niet de bereidheid tot het compromis ontwikkeld, maar juist het denken in onverzoenlijke ideologische tegenstellingen.

Eerlijkheidshalve moet worden gezegd dat Pakistan niet toevallig onder militair bewind kwam. Het land bestaat voor een groot deel uit woestijn. Het Britse gezag reikte tot Lahore, de stad in de vruchtbare Punjab bij de huidige grens met India. De rest van Pakistan – de ruige grensgebieden Beloetsjistan en de North-West Frontier Province, de kale, alkalische delen van Sindh en de Hindu Kush en het Karakoroemgebergte in Kasjmir – zijn nooit echt onderworpen, niet door de Britten noch door anderen. Doordat de 7 miljoen moslimvluchtelingen na de deling in veel gevallen in gebieden terechtkwamen die een stuk minder ontwikkeld waren dan India, kreeg het leger noodgedwongen een dominante rol. En zelfs onder de democratische regeringen bleven de tribale en etnische factoren in dit onvruchtbare land zo sterk dat de wraak en het handjeklap op regeringsniveau doorgingen. In plaats van over waterbronnen en stukken woestijn te marchanderen zoals vroeger, werd er nu met meelfabrieken, elektriciteitsbedrijven en transportsystemen geschoven. Met als gevolg dat het leger zich weer geroepen voelde een grote schoonmaak te houden, wat het niet kon omdat het zelf een corrupte staat in de staat was geworden. Bovendien wakkerden de militaire regimes het nationalisme nog verder aan doordat het leger in de publieke opinie met de Punjabi's wordt vereenzelvigd.

De tijd van de militaire regimes is echter voorbij, ook al betekent dat vermoedelijk dat Pakistan nog jaren met corrupte, inefficiënte en onstabiele burgerlijke regeringen opgescheept zal zitten. Dankzij de juridische zekerheden die alleen een democratische staat als India, hoe gebrekkig ook, kan bieden, is dat land namelijk de stabiliserende grootmacht in de regio geworden. Pakistan zal het de komende jaren politiek dus moeilijk krijgen, veel meer dan de Golflanden met hun verlichte, doelmatige familiedictaturen of India met zijn kwetsbare democratie. Net als Birma, het problematische land aan de Golf van Bengalen, zal Pakistan – halverwege de kust tussen de Perzische Golf en India – dan ook cruciaal zijn voor de stabiliteit in de regio rond de Arabische Zee.

De kust staat evenwel niet op zichzelf. Net als in Oman moet je naar het binnenland om de dingen beter te begrijpen. Op de kaart lonkt de rit langs de Indus, naar het hart van Sindh.

Een van de laatste plaatsen waar je de Indus kunt zien voordat die zich vertakt in de brede delta langs de Pakistaans-Indiase grens is Thatta, ten oosten van Karachi. Hier zou het leger van Alexander de Grote rust hebben genomen voordat het aan de mars langs de Makrankust begon. Net voor de komst van de moesson vormt de Indus een landschap van gebarsten en gebleekte aarde. De uitgestrekte, vuilgele watervlakte waar zo her en der een zandbank bovenuit steekt is doods, zelfs vergeleken met as en sintels. Een brenger van leven, zo vreugdeloos dat je de hitte bijna kunt ruiken. Vanaf Thatta loopt het dal van de Indus, net zo dichtbevolkt als dat van de Nijl en de Eufraat en de Tigris, honderden kilometers naar het noorden.

In Egypte trokken de mensen langs de Nijl, van noord naar zuid of andersom. Dat gaf de samenleving stabiliteit en duurzaamheid. Maar de rivieren in Mesopotamië vormden blokkades voor de natuurlijke wegen waarlangs de mensen zich bewogen, schrijft de Britse reisboekenschrijfster Freya Stark. Mensen die met oogsten meetrokken konden niet langs de rivieren, maar moesten grote delta's oversteken. De trekroutes stonden loodrecht op de Eufraat en Tigris en maakten het daardoor makkelijk om Mesopotamië binnen te vallen en er oorlog te voeren.[19] Zo ligt het ook bij de Indus, die veel invasies heeft meegemaakt. Via deze rivier, die de natuurlijke westgrens van het subcontinent markeert, werd de politieke eenheid niet zelden verstoord door indringers uit het hoogland of de woestijnen van Afghanistan, Iran of Beloetsjistan. De rivier bood als grens dus weinig zekerheid.

De Shah Jahanmoskee in Thatta getuigt daarvan. In 1586 gaf Mogoel-keizer Akbar de Grote opdracht om ook Sindh te veroveren. De Sindhische strijders boden taai verzet, maar werden aan de Indus verslagen. Na nog een aantal nederlagen toog de Sindhische vorst van Thatta, Jani Bek, in 1593 naar het hof in Lahore om daar eer te bewijzen aan de keizer. Deze overwinning sterkte Akbar in zijn plan om het Afghaanse Kandahar te heroveren.[20] In de moskee, die tussen 1644 en 1647 werd gebouwd door Shah Jahan, Akbars kleinzoon die ook de Taj Mahal bouwde, is het eclecticisme van het Mogoel-rijk, dat zich van Iran tot in India uitstrekte, duidelijk terug te zien. In de gebedsruimte kun je je gemakkelijk in Isfahan of Shiraz, of zelfs in Herat of Buchara wanen, zo duidelijk zijn de kleuren en motieven beïnvloed door Perzië en Turkije. In deze moskee realiseer je je dat in Sindh alle woestijn- en hooglanden samenkomen die er ten westen van liggen. Daar immers kwamen de indringers vandaan die Sindh zijn unieke identiteit hebben gegeven. Pakistan mag dan als reactie op India zijn ontstaan, in dit overgangsgebied naar het subcontinent zie je heel veel dingen die bij de cultuur van het Midden-Oosten horen.

Een paar minuten lopen van de Shah Jahanmoskee ligt de beroemde dodenstad op de heuvels van Makli: talloze van zandsteen of geglazuurde baksteen gebouwde graftombes uit de tijd van de Samma-, Arghun-, Tarkhan- en Mogoel-vorsten. Ook die waren van Turks-Mongoolse afkomst. En toch lijken de tombes ook op gebouwen in India, waaruit maar weer blijkt dat ook India een melange is van culturen uit het Nabije Oosten.* Overal zie je plinten van baksteen, rechthoekige pilaren, indrukwekkende vestingwallen en geplooide, uivormige koepels. De licht gebolde, geglazuurde bakstenen bladeren in laagjes af, zoals uitgelopen mascara met nog wat restjes lichtblauw. Deze desolate monumenten, die elk op hun eigen heuvel staan, lijken met de wolken te versmelten. Sommige ervan hebben met hun ingewikkelde decoraties een bijna byzantijnse, statige uitstraling. Andere hebben de ingewikkelde structuur van de faraonische gebouwen in Karnak. Allemaal staan ze in majestueuze afzondering van elkaar, midden in een troosteloos woestijnland met overal afval zoals zovele historische en culturele plekken. Het is alsof hier in de afgelopen zestig jaar – anders dan in de eeuwen waarin deze koningstombes werden gebouwd – geen staat geweest is en niets anders dan plunderaars.

Ik volg de Indus naar het noorden, door een landschap dat zo uitgedroogd en stoffig is dat alles in slowmotion lijkt te gaan. Hier glijdt werkelijk een oeroude rivierbeschaving aan je voorbij: graan- en rijstvelden, bananen- en mangobomen en jungles van dadelpalmen, allemaal van elkaar gescheiden door kanaaltjes. De alomtegenwoordige voorwereldse waterbuffels verdwijnen deels in de modder, ezeltjes

---

* Ook hier richtten de Portugezen verwoestingen aan. Ze zeilden de Indus op tot Thatta en plunderden de stad, waarbij duizenden inwoners werden gedood alleen omdat de opgelegde schatting niet werd betaald.

trekken enorme karren met hout en even verderop zie je dromedarissen voor karren met stenen. Langs de weg hebben seizoenarbeiders, in dit geval zigeuners uit Beloetsjistan en de zuidelijke Punjab, hun kampen opgeslagen. Ze zijn hier om de dadels te oogsten en te verwerken tot siroop, olie en andere bijproducten. Ze zien er niet armer uit dan overal elders. Over de rijstvelden hangt een waas van limoen en groen en vrouwen in kleurige sari's bewegen in statige rijen langs de dijkjes. Maar het schouwspel als geheel wordt beroofd van alle kleur door de loodgrijze lucht, die zich nog niet in regen ontlaadt.

Naarmate ik de Arabische Zee verder achter me laat, wordt het warmer en windstiller. Het loopt tegen de veertig graden. Alle huizen en restaurants waar ik kom, hebben airconditioning, die het echter niet doet vanwege de *load-shedding*. Winkels en auto's zijn volgeplakt met foto's van Benazir en Zulfikar Ali Bhutto. Sindh was het bolwerk van deze twee vermoorde premiers: de dochter gedood door een bomaanslag in 2007; de vader in 1979 opgehangen door de militaire dictator Zia ul-Haq. De foto's en stickers zijn niet per se een teken van loyaliteit. Ze worden opgehangen uit angst voor geweld, als een verzekering tegen dieven en plunderaars, zo wordt me verteld.

Ik kom 's avonds aan in Khairpur. Ten oosten van de stad is alleen nog maar de Thar-woestijn, die doorloopt tot in India. Voor de deling woonden er veel hindoes in Khairpur. Ik ontdek dat de moslims hun gewoonte hebben overgenomen om, als zij een oudere begroeten, haar of zijn voet aan te raken. Dat kleine gebaar verhoogt nog de sfeer van beschaving die je in deze kleine, drukke stad overal proeft. Ondanks de klamme, drukkende hitte en de kennelijke afwezigheid van een ordenend principe, afgezien van de onverschillige kracht van de natuur, is iedereen die ik tegenkom van hoog tot laag hartelijk en tegemoetkomend. Dat neemt niet weg dat de vetes tussen stammen en clans in deze streek tot hele cycli van wraakmoorden hebben geleid. Deze moorden werden met de modernste automatische geweren gepleegd, terwijl stromend water hier een zeldzaamheid is. Dergelijke conflicten mogen dan allerlei redenen hebben, de achterliggende oorzaak is toch het gebrek aan ontwikkeling. Ik denk aan het idyllische bestaan van de vissers in Gwadar. Zij hebben de overheid niet nodig omdat ze goed kunnen leven van de opbrengst van de oceaan, en ze vrezen dat te verliezen door de van bovenaf opgelegde modernisering.

Het binnenland van Sindh echter vormt een beschaving in verval vanwege de uitputting van de middelen; hier heeft de bevolking bij haar strijd tegen de natuur de hulp van de overheid juist heel hard nodig.

De Schotse journalist, historicus en schrijver over het Indiase subcontinent William Dalrymple, die Sindh veel beter kent dan ik en het vlak na mij bezocht, schrijft dat het er nu 'rustiger en veiliger is dan het een tijdlang is geweest'.[21] Als verklaring wijst hij onder meer op de gematigde soeficultuur van de Sindhi's, die door hun denkwijze gewapend zijn tegen het religieuze extremisme elders in Pakistan. De historicus André Wink ziet dat ook zo. Sindh, schrijft hij, was in het verleden een toevluchtsoord voor 'dissidenten' en 'vrijdenkers', zoals de ismaëli's.[22] Net als de Beloetsjische, worden ook de Sindhische separatisten niet moe me te vertellen dat hun seculiere bewegingen niets met de orthodoxe islam te maken hebben.

Dat laat onverlet dat ik aan mijn reis door Pakistan, die ik vlak voor het vertrek van president George W. Bush maak, de algemene indruk overhoud van een verwaarloosd land en een mislukkende staat. In de acht jaren sinds mijn laatste bezoek is er mijns inziens vrijwel geen vooruitgang geboekt. Gegeven het belang dat Bush' buitenlandse beleidsmakers hechtten aan het stabiliseren van Pakistan, moet dat als een mislukking worden gezien. En het haalt ook de strategie onderuit van de alles opeisende oorlog tegen Irak, waar ik oorspronkelijk voor was. Zeker, die conclusie had ik ook zonder een bezoek aan Pakistan wel kunnen trekken. Per slot van rekening ben ik meermaals in Irak en Afghanistan geweest en heb ik de chaos daar beschreven. Maar als je de problemen met eigen ogen ziet, als je ziet hoe kwetsbaar Pakistan na een hiaat van acht jaar is voor opstanden, dan zie je pas hoe onweerlegbaar de feiten zijn.

Door de persoonlijke ervaringen en waarnemingen in Pakistan ga je nog beter begrijpen hoe ingewikkeld de ontwikkeling is. En dan besef je ook dat Washington niet tot het historische proces kan leiden dat een geürbaniseerd land met 172 miljoen inwoners aan de andere kant van de wereld een betere toekomst zal geven. Maar als de hegemoniale wereldmacht moeten de VS wel doen wat ze kunnen. Feitelijk echter besteedden zij pas echt aandacht aan Afghanistan en Pakistan na 11 september 2001, dus vanuit puur eigenbelang. En als ze erin slagen de rust in Afghanistan te herstellen, dan leidt dat alleen maar tot de integratie van Centraal-Azië en de wereld van de Indische Oceaan door middel van pijpleidingen, een ontwikkeling waarvan China op den duur meer zal profiteren dan de VS. Met andere woorden, het havenproject in Gwadar zegt wellicht meer iets over de geopolitieke wereld die ons te wachten staat dan de jacht op Osama bin Laden.

Dat Khairpur en omstreken betere tijden hebben gekend, laat de ruïnestad Mohenjodaro ('de heuvel voor' de Indus) uit de bronstijd zien. Het harde, armoedige leven langs de Indus wordt alleen maar onverdraaglijker als je ziet dat hier ooit een rijke en volmaakt ingerichte stad lag – hoewel de ruïnes ook getuigen van de tijdloosheid van de vallei en daarmee van de mogelijkheid van wedergeboorte. De vierkante en ovale versieringen op de stenen zijn van een verbluffende geometrische perfectie. Mohenjodaro en Harappa, dat 600 km verdererop aan de rivier ligt, waren de twee grootste steden van de Harappa-beschaving. 'In deze sterk gecentraliseerde samenleving beheerste de staat vele facetten van het dagelijks leven: het malen van graan, de massaproductie van stenen en potten, het verzamelen van brandhout en de bouw van woningen', aldus de Amerikaanse antropoloog en historicus Joseph A. Tainter.[23] De historicus van Zuid-Azië Burton Stein interpreteert de overleveringen iets anders. Harappase steden als Mohenjodaro vormden volgens hem 'niet zozeer de centra van een eenheidsstaat, als wel van complexe stamgebieden', waarbij elke stad de 'poort' naar een agrarisch achterland was.[24] Hoe dan ook, het hele gebied van Beloetsjistan tot Gujarat, dat wil zeggen van Zuid-Afghanistan tot Noordwest-India, vormde eertijds een eenheid, al lagen de grenzen toen vermoedelijk nog niet zo vast als nu.

De opgravingen die in de 20e eeuw in Mohenjodaro zijn gedaan, hebben ongeveer tien hectare blootgelegd van een doolhof aan huizen, straten en kanalen, allemaal opgetrokken uit grijsroze, dunne en ongebakken stenen. Daarmee is nog maar tien procent opgegraven van deze bijna vijfduizend jaar oude stad aan de oever van de Indus, die wellicht ooit de grootste stad ter wereld was en qua oppervlakte twee keer zo groot als het Londen uit de Romeinse tijd.[25] In het donkere, eenvoudige museum, waarin ik even schuil voor de hitte, staan beelden met precies dezelfde korte baard en smalle ogen als de Soe-

merische beelden. Rond 4500 v.Chr. trok een deel van het Soemeri-
sche volk van Mesopotamië via de Iraanse hoogvlakte en de Beloetsjische woestijn naar deze streek.[26]

Ik ga terug naar de ruïnes om de boeddhistische stoepa uit de Kus-
hanperiode te bekijken. De stoepa, die uit de 2e eeuw na Chr. dateert
– dus van zestien eeuwen na de val van Mohenjodaro – torent boven
de opgraving uit alsof hij het hoogste gebouw van de wereld is. Wie
heeft behoefte aan het Empire State Building of de Burj Dubai, denk
ik, als hij naar deze inspirerende stoepa kan kijken? Hoewel hij niets
met de beschaving uit de bronstijd te maken heeft, past hij wonderwel bij de andere restanten – als een beeld van Henry Moore. De stoepa benadrukt de symmetrie en rechte lijnen van het stadsplan en
trekt tegelijkertijd de aandacht door zijn diepe menselijkheid. Hij is
gebouwd onder de vorsten van de Kushanen, het oostelijkste Indo-
Europese volk, dat rond het begin van onze jaartelling heerste in delen van Noord-India, Pakistan, Afghanistan en Centraal-Azië. Het
was een verdraagzaam volk, dat in zijn wereldvisie ook goden opnam
van de Grieken, Romeinen, Perzen en hindoes. Zo zie je maar dat het
kosmopolitisme binnen de wereld van de Indische Oceaan zich daar
niet toe hoeft te beperken.

Ten noorden van Mohenjodaro ligt Larkana, waar het familie-
mausoleum van de Bhutto's staat, het Garhi Khuda Baksh. Dit is een
van de meest feodale streken van Pakistan. Het is het land waar, om
met de journaliste Mary Anne Weaver te spreken, 'families in com-
pounds tussen muren met schietgaten wonen; waar de landeigenaren
in de regel wreed en de boeren aan de grond gebonden zijn; waar
vrouwen zich achter de purdah verschuilen en mannen whisky drinken en op fazanten jagen'.[27] Als je door de stukken woestijn en be-
bouwde velden komt aanrijden, zie je de witte koepels van het mausoleum al van verre. Eenmaal dichtbij blijken de turkooizen lijnen
die over de witte graftombe lopen niet helemaal recht: over het gebarsten blauwe aardewerk heen zitten vegen witte kalk en verf. De
muren hangen vol gescheurde oude foto's van vader en dochter. In
dit islamitische heiligdom zijn heel wat afbeeldingen te zien, en vooral grote posters van haar. Er heerst hier trouwens toch een enigszins
soefistische en sjiitische sfeer. De door pilaren omringde tombe van
Zulfikar Bhutto doet denken aan die van ayatollah Khomeini in

Zuid-Teheran, waar de gelovigen komen lunchen of de hele dag op de geknoopte tapijten doorbrengen. Aandacht voor vormgeving of detail zie je hier niet. De kisten van de familieleden staan in slordige rijen opgesteld. De gebedsruimte doet bescheiden en tribaal aan. Niets herinnert aan feit dat Benazir Bhutto aan Harvard en Oxford heeft gestudeerd. Dit mausoleum is er voor de gewone mensen: oude mannen met baarden gooien rozenblaadjes op haar met tapijten bedekte kist – een echt grafmonument is er nog niet. Je kunt foto's en andere aandenkens aan haar kopen en pasgetrouwde stelletjes bezoeken de kist om trouw aan haar te betuigen.

Benazir Bhutto, dochter van feodale Sindhi's ondanks haar westerse opleiding, was een briljant denker en debater, maar ze had niet het vermogen om iets voor elkaar te krijgen. Haar regeringen in de jaren tachtig en negentig waren debet aan de groeiende corruptie en chaos die tot het herstel van het militaire bestuur zouden leiden. Toch werd ze vanwege haar retoriek en beloften vermoord door islamisten, in wier ogen ze stond voor democratie en gematigheid. Maar Pakistan heeft meer behoefte aan de bestuurscapaciteiten die zij miste dan aan symbolen. In ieder geval moet Islamabad de politiek decentraliseren, wil het ooit iets worden met het land.

Beschavingen zijn 'fragiele, tijdelijke zaken,' schrijft de antropoloog Tainter.[28] In de bronstijd overleefde Mohenjodaro eeuwenlang als een gecentraliseerde stadstaat binnen wat een losse en uitdijende agrarische federatie geweest kan zijn. Dat zou ook de toekomst kunnen zijn van wat nu Pakistan heet. Om te voorkomen dat het nog verder bergafwaarts gaat, moet dat namelijk alsnog kiezen voor de federale en kosmopolitische koers van Jinnah. Dat betekent dat Beloetsjistan en Sindh op een of andere wijze meer zeggenschap moeten krijgen en de havensteden op de Makrankust langs de Arabische Zee hun eigen identiteit moeten kunnen ontwikkelen. Van de ontwikkeling van deze steden hangt het immers ook af hoe het de steden in het binnenland verder zal vergaan. De 19e-eeuwse ontdekkingsreiziger en linguïst Richard Francis Burton voorzag na een vijfjarig verblijf in Sindh al een mooie toekomst voor de steden aan de kust tussen Karachi en Iran. Naar deze havens, schreef hij, konden 'makkelijk alle handelsgoederen uit Centraal-Azië vloeien' met Bombay 'als het punt waar deze hele brede waaier van lijnen uitkomt'.[29] Dit toekomstbeeld uit de periode van het Britse Rijk zou perspectief kunnen bieden in een tijdperk waarin de grenzen steeds meer vervagen.

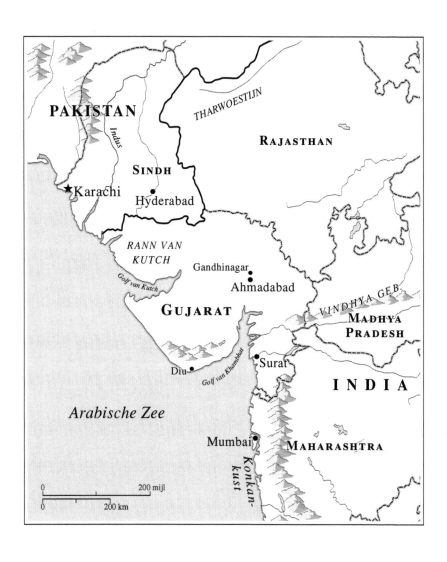

6

De problematische opkomst van Gujarat

Als er een deelstaat is die het politiek-culturele centrum van het moderne India vormt, dan is het Gujarat, de staat in Noordwest-India die grenst aan Sindh. Gandhi, de *Mahatma* (Sanskriet voor 'grote ziel'), werd in 1869 in de Gujaratse provincie Porbandar aan de Arabische Zee geboren. Ook de Zoutmars, de protestmars die de onafhankelijkheidstrijd in India inluidde en zo tot de stichtingsmythe uitgroeide, werd in deze staat gehouden. Met duizenden volgelingen liep Gandhi in maart 1930 de 400 km van de Sabarmati Ashram naar Dandi aan de Golf van Cambay, waar hij het zoutmonopolie van de koloniale macht overtrad door een handvol zout op te pakken. 'Na zuurstof en water heeft de mens wellicht het meest behoefte aan zout. Het is de enige specerij van de armen,' schreef hij. 'Vanuit het oogpunt van de arme mens bezien beschouw ik deze belasting [daarom] als de onrechtvaardigste. Omdat de onafhankelijkheidsbeweging er vooral is voor de armsten in dit land, zal zij eerst dit kwaad aanpakken.'

Gandhi's identificatie met de armen vloeide voort uit zijn universalistische filosofie. Die vatte hij goed samen in de volgende verklaring, waarin hij zijn politieke uitgangspunt wellicht helderder uiteenzette dan ooit: 'Ik geloof niet in de doctrine van het grootste geluk voor het grootste aantal. In feite komt die erop neer dat om het vermeende geluk voor 51 procent te bereiken, het belang van 49 procent mag, ja zelfs moet worden opgeofferd. Het is een hardvochtige leer, die de mensheid schade heeft berokkend. De enige echte menswaardige leer is die van het grootste geluk voor allen.'

Om de armen te beschermen tegen de destructieve kanten van het kapitalisme, waarvan weliswaar de meerderheid maar niet iedereen profiteert, koos India na de onafhankelijkheid voor het socialisme. Dat betekende ook dat de tientallen miljoenen moslims als minderheid precies dezelfde rechten kregen als de hindoes. Hoezeer India ook baadt in de sfeer van godsdienst en mystiek, 'het grootste geluk voor allen' eiste dat het nieuwe land en de heersende Congrespartij uitdrukkelijk seculier waren. Bij al zijn soberheid stond de schaars geklede Gandhi voor de universalistische geest van de Indische Oceaan, die hij in hoge mate overbracht op de onafhankelijkheidspartij.

In deze tijd van liberalisering en etnische en religieuze spanningen, die deels voortkomen uit de homogeniserende invloed van de mondialisering, zie je ook in India echter iets verontrustends gebeuren. En als een van de weinige deelstaten die van oudsher het meest op handel en de Indische Oceaan zijn georiënteerd, vormt Gujarat weer het centrum van de onrust, onrust die ditmaal de grootste bedreiging vormt voor de opkomst van India als wereldmacht.

Laat ik vooropstellen dat ik bijzonder optimistisch ben over India. Het democratische bestel aldaar is altijd soepel genoeg geweest om opstanden en plaatselijke anarchie te kunnen opvangen, iets wat het autoritaire stelsel in China nog moet bewijzen. Bovendien zijn er in India verschillende godsdiensten ontstaan – het hindoeïsme, boeddhisme, jaïnisme en sikhisme – en al eeuwenlang wonen er ook joden, moslims, zoroasters en christenen in het land. De Tibetaanse Dalai Lama resideert hier al tientallen jaren. In India is al drie keer een islamitische president gekozen. Ja, het hele voortbestaan van het land hangt af van vrijheid en diversiteit. De lezer moet het hieropvolgende verhaal dan ook niet zien als een voorspelling dat het fout zal gaan in India, maar als een lang uitgevallen waarschuwing of een onderzoek naar wat er toch nog mis kan gaan in een land dat zich in veel opzichten zo hoopvol heeft ontwikkeld.

Met 154 miljoen moslims heeft India na Indonesië en Pakistan de grootste moslimpopulatie ter wereld. Aangezien hindoes en moslims in hele land, en zeker in een handelsstaat als Gujarat, zaken met elkaar doen, zijn goede betrekkingen tussen deze groepen absoluut noodzakelijk voor verdere ontwikkeling. Je mag rustig stellen dat geen land ter wereld meer bij het moslimextremisme te verliezen heeft dan India. Maar de laatste tijd nemen in Gujarat, net als in een aantal gebieden, hindoes en moslims afstand van elkaar. Zo worden kinderen van gemengde scholen gehaald, zodat er voor het eerst kinderen opgroeien die geen vriendjes meer hebben met een ander geloof. Ook hebben nogal wat moslims de rijke versmelting van culturen van het subcontinent de rug toegekeerd door een baard, kalotje of boerka te gaan dragen. 'Sinds de deling is de kloof tussen hindoes en moslims nog nooit zo groot geweest,' klaagt de in Gujarat woonachtige historicus Dwijendra Tripathi. Het is niet toevalling dat dit gebeurt op het moment dat Gujarat economisch groeit als kool, met gloednieuwe winkelcentra, megabioscopen, privéhavens en snelwegen, en zichzelf positioneert als een bruisende en gunstig aan de Indische Oceaan gelegen staat.

De economische ontwikkeling is evenwel niet de enige oorzaak van de spanningen tussen bevolkingsgroepen in Gujarat: er is ook een meer specifieke oorzaak. Ze gaan terug tot '2002', een afkorting die in heel India bekend is en er wellicht net zo'n onheilspellende bijklank heeft als '9/11' voor de Amerikanen. Het jaartal staat voor een slachtpartij die zich in het collectieve geheugen gegrift blijkt te hebben en een mythische proportie heeft aangenomen die ernstig afbreuk doet aan de mythe van Gandhi's Zoutmars. Dat is des te verontrustender omdat eerdere geweldsuitbarstingen tussen religieuze groepen, kasten of stammen in India altijd op een of andere manier verdwenen in de stoofpot van de bewonderde democratie.

De aanleiding voor de 'pogrom', zoals de gebeurtenis door lokale mensenrechtenorganisaties wordt genoemd, was de brandstichting in een trein waarbij 58 hindoes om het leven kwamen. De aanslag op de trein, die van Gujarat op weg was naar het Noord-Indiase Uttar Pradesh, werd op 27 februari 2002 gepleegd op het station van Godhra, een stad waar veel moslims wonen. De moslims die de brand stichtten, zouden eerder op hetzelfde station zijn uitgescholden door andere hindoes uit Gujarat, die naar Ayodhya in Uttar Pradesh reisden voor een demonstratie met de eis dat op de plek van de aldaar verwoeste moskee uit de Mogoelperiode een hindoetempel werd gebouwd. Zodra het nieuws van de aanslag in Godhra bekend werd, riep de pas aangetreden premier van Gujarat, de hindoenationalist Narendra Modi, 28 februari uit tot een dag van rouw. Zo konden de begrafenisstoeten van de slachtoffers zich vrij door de hoofdstad

Ahmedabad bewegen. 'Het was evident een uitnodiging tot geweld,' oordeelt de correspondent van de *Financial Times* in India, Edward Luce, in zijn boek *In Spite of the Gods: The Strange Rise of Modern India*.[1] Toen duizenden hindoemilitanten zich verzamelden bij de moslimwijken van Ahmedabad en andere steden in Gujarat, zaten de inwoners in de val, en nadat het geweld was begonnen, citeerde premier Modi de derde wet van Newton: 'Iedere actie leidt tot een even sterke reactie'. Door die uitspraak gingen alle remmen los. Een grote menigte onruststokers begon islamitische vrouwen te verkrachten alvorens die en hun kinderen petroleum door de keel te gieten en in brand te steken. De mannen moesten bij de rituele moordpartijen toekijken en werden daarna ook vermoord. Over het aantal slachtoffers en enkele details van de gruweldaden wordt nog steeds fel gediscussieerd. Volgens sommige rapporten werden er vierhonderd vrouwen verkracht, werden tweeduizend moslims vermoord en raakten in de hele staat 200.000 personen dakloos.

De moordenaars droegen, aldus dezelfde rapporten, de oranjegele sjaals en khaki shorts van de RSS, de Rashtriya Swayamsevak Sangh (Organisatie van Nationale Vrijwilligers, de koepel van de hindoe-nationalisten) en waren met zwaarden en gasflessen gewapend. Leden van de bendes zouden kiesregisters en computeruitdraaien bij zich hebben gehad om de huizen van moslims te kunnen aanwijzen. Naar verluidt kenden ze zelfs de adressen van bedrijven die door hindoes werden gerund, maar eigendom waren van moslims. Uit deze planmatige aanpak maken Luce, de invloedrijke schrijver Pankaj Mishra en vele anderen op dat de daders hulp moeten hebben gehad van officiële zijde. 'Inspecties had een paar weken eerder uitgezocht waar moslims woonden,' zegt Prasad Chacko, voorzitter van een niet-gouvernementele organisatie (ngo) voor mensenrechten in Ahmedabad. 'De politie was medeplichtig. Het wachten was op een excuus om de mensen hun woede te laten ventileren. De wijze waarop en de massaliteit waarmee er werd gemoord, wijst op een van overheidswege gesteunde genocide.'

De politie keek inderdaad toe en volgens Human Rights Watch hielp zij de menigte in sommige gevallen om moslims te vinden. Wat de 200.000 ontheemden betreft: die kregen weinig tot geen hulp van de regering van Gujarat, noch schadeloosstelling voor het verlies van familieleden of bedrijven. De seculiere ngo's zwegen veelal uit angst voor represailles van de autoriteiten. De enige hulp voor de slachtoffers kwam van islamitische liefdadigheidsorganisaties, zoals Jamaat-e-Islami, Tablique Jamaat en Jamiat Ulema-e-Hind, die daarna het vehikel werden van jonge moslims die door de slachtpartij waren geradicaliseerd. Modi, die door de onlusten een bekende Indiër werd, zou de vluchtelingenkampen later 'babyfokkerijen' noemen.[2]

'De gebeurtenissen in 2002 zijn nog niet vergeten omdat de overheid van Gujarat bij de slachtpartij betrokken was en er tot op heden geen spijt is betuigd,' zegt de voorzitster van een plaatselijke islamitische ngo, Sophia Khan, tegen me. 'De echte schuldigen hebben geen verantwoording afgelegd,' zegt ook Ramesh Mehta, een gepensioneerde rechter. Een hindoeïstische activist verklaart ijskoud: 'Als de trein in Godhra niet in brand was gestoken, waren er geen rellen geweest.' Die houding kom je vooral tegen onder de hogeropgeleide hindoes in Gujarat, zo ontdekte ik. Zeker, politieke partijen in India spelen al veel langer de kaart van de groepsidentiteiten – zo kun je stellen dat de Congrespartij tot geweld tegen de sikhs aanzette na de moord op Indira Gandhi door haar sikh-lijfwachten in 1984. De autoriteiten in Gujarat hebben echter wel heel schaamteloos meegewerkt aan het orkestreren van geweld tegen moslims. En naderhand 'stonden ze niet te springen om recht te doen gelden', aldus Johanna Lokhande, die zich inzet voor de slachtoffers.

Nog veelzeggender is dat '2002' in het geheugen is blijven hangen doordat premier Modi sindsdien een bijzonder succesvol politicus is. Juist omdat hij geen veroordeling of verontschuldiging heeft uitgesproken, is hij een held van de nationalistische hindoes geworden en zo een paar maal herkozen. Bovendien is het aan zijn reputatie van onomkoopbaar, dynamisch en buitengewoon efficiënt bestuurder te danken dat Gujarat de afgelopen jaren van alle Indiase deelstaten de meeste binnenlandse investeringen heeft aangetrokken. Als je vanuit Sindh rechtstreeks naar Gujarat reist, dan wordt nog tastbaarder dat Pakistan een mislukte staat is en India een zeer succesvol land, dat zich tot een economische en militaire grootmacht in de wereld van de Indische Oceaan kan ontwikkelen. En die indruk is, wat je er ook op kunt aanmerken, grotendeels te danken aan de wijze waarop Modi de staat bestuurt.

Vanuit heel India komen hindoes en moslims naar Gujarat op zoek naar een baan in de groeiende industrie. Het Gujarat van Modi doet een beetje denken aan het Singapore van Lee Kuan Yew en vanwege zijn hypnotiserende toespraken wordt de premier, een gewezen acteur, ook wel vergeleken met Hitler. Behalve de gevaarlijkste lijkt hij ook de enige charismatische politicus van het huidige India, en daarmee de eerste met charisma sinds Indira Gandhi, de premier in de jaren zeventig.

De vergelijkingen tussen Narendra Modi en Lee Kuan Yew en Hitler gaan uiteraard mank. Modi is wie hij is: een nieuw soort hybride politicus met indrukwekkende en verontrustende kanten – deels bedrijfsleider met ongelooflijke managementkwaliteiten en deels volksmenner met een felle ideologische aanhang. Onder invloed van de nieuwe massacommunicatiemiddelen zijn er andere leiderschapsstijlen ontstaan, en zoals Barack Obama in de nieuwe eeuw hoop geeft, laat iemand als Modi zien dat het in de nieuwe eeuw ook weer mis kan gaan. Onder zijn kille bestuurlijke efficiëntie gaat namelijk het idee schuil van een onoverbrugbare psychologische kloof tussen godsdienstige groepen. Dat maakt hem zo belangrijk. Als representant van een denken dat lijnrecht tegenover dat van Gandhi staat, maakt ook hij deel uit van de wereld van de Indische Oceaan.

Leiders zijn het product van hun omgeving. Alvorens dieper op de persoonlijkheid van Narendra Modi in te gaan en verslag te doen van het lange gesprek dat ik met hem had, zal ik daarom eerst een beeld schetsen van Gujarat, de deelstaat die in verhevigde vorm het 21e-eeuwse India vertegenwoordigt.

Gujarat heeft 'door zijn ligging enorme voordelen', zoals de historicus Tripathi verklaart. Niet ver van het middelpunt van de Indische Oceaan gelegen, ligt het toch ook nog zo dicht bij het Arabisch schiereiland en Iran dat het de ruwe olie daarvandaan kan raffineren en doorvoeren. Met twee diepe baaien – de Golf van Kutch en die van Cambay – heeft de staat de langste kustlijn en de beste natuurlijke havens van India. Omdat die lange kust bovendien met het gezicht naar het Midden-Oosten en Afrika ligt, is Gujarat eeuwenlang een land van handel en migratie geweest.[3] Camões schrijft in *De Lusiaden*:

Zie het zo vruchtbare Sindh
En de diepe baai van Kutch
Waar de vloed stormachtig is
En de eb zich even woest terugtrekt;
Zie het schatrijke Cambay
Waar de zee diep het land in komt;
Ik kom langs duizend andere steden
Die je met hun bekoorlijkheden opwachten[4]

Dankzij de Gujarati's, die uitstekende zeilers waren, werd de Golf van Cambay een handelsknooppunt: de oostelijkste aanlegplaats in het westelijk deel van de Indische Oceaan en de westelijkste in het verkeer met Oost-Indië.[5] Zowel schepen uit de Levant als Chinese jonken meerden hier en elders aan de Indiase westkust aan.[6] Zo kwamen in Gujarat verscheidene handelssystemen samen.[7] Bovendien exporteerde de staat al in de Middeleeuwen veel textiel naar zowel het Arabisch schiereiland als naar de Zuidoost-Aziatische archipel. Ten tijde van het Britse imperialisme leverden Gujaratische ondernemers textiel aan Jemenieten in ruil voor zilver, dat zij weer leenden aan Engelse kooplieden die in Jemen koffie kochten, zodat de Gujarati's na terugbetaling een dubbele winst incasseerden.[8] Behalve handelsgeest en vernieuwingsdrang legden de laatsten ook een avontuurlijke geest en bereidheid tot risico's aan de dag. In het begin van de 19e eeuw ontstonden er in Muscat, Aden, Oost-Afrika, Java en met name in Maleisië en op Zanzibar grote gemeenschappen van Gujarati's.[9] Dat Gandhi zijn carrière als advocaat en politiek activist niet in India, maar in Zuid-Afrika begon, paste in deze traditie om rond de hele Indische Oceaan je contacten te leggen. Later, toen Amerika aan de horizon verscheen en de visabeperkingen werden versoepeld, emigreerden massa's Gujarati's naar de VS, waar ze bijvoorbeeld een motel begonnen of softwaretycoon in Silicon Valley werden. Geschat wordt dat veertig procent van de Indiase immigranten in New York City afkomstig is uit Gujarat. Speciale vermelding verdienen de Patels, dorpsfunctionarissen die in de 19e eeuw grootgrondbezitters werden en vervolgens op zoek naar commerciële mogelijkheden naar Afrika en weer later naar de Verenigde Staten trokken.

Bij het ontstaan van zakelijke netwerken speelt het geloof – hindoeïstisch of islamitisch – uiteraard een rol. In Gujarat bestaan dan ook de meest uiteenlopende groepen van vrome gelovigen die op een vanzelfsprekende manier opereren binnen het kosmopolitische kader. Het is zelfs zo dat de godsdienstige regels nergens in het land zo strikt worden nageleefd als in de deelstaat die ook hoog scoort op de index van economische vrijheid en computerbezit. In de staat van Gandhi is alcohol officieel verboden en meer mensen eten er vegetarisch (vooral onder invloed van het jaïnisme) dan elders in India. Hindoes in Gujarat associeëren het eten van vlees met de traditie van de Mogoels, de islamitische veroveraars uit Centraal-Azië.

Gujarat is niet alleen gevormd door de Arabische Zee en de Indische Oceaan, maar ook door zijn ligging op de grens van het subcontinent. Het heeft zo meerdere invasies van moslims uit het noorden of noordwesten moeten verduren, invasies die hier vaker worden gememoreerd dan in andere Indiase deelstaten. De meeste verwoesting werd aangericht door de Turks-Perzische heerser Mahmud van Ghazna, die Gujarat vanuit oostelijk Afghanistan binnenviel en wiens troepen de aan zee gelegen hindoeïstische tempel van Somnath in 1026 met de grond gelijk maakten. Zodra ik tegen hindoenationalisten over '2002' begin, wijzen zij op de misdaden van Mahmud van Ghazna en de Mogoel-keizers, en dat met een felheid alsof het gisteren is gebeurd. Ja, ze moeten zelfs niets meer hebben van de periode waarin islamitische vorsten de geniale Taj Mahal lieten bouwen en een luxueuze beschaving introduceerden, waarin de materiële cultuur van Perzië en Centraal-Azië versmolt met die van Noord-India. 'De moslims in India moeten zich losmaken van de herinnering aan [de Mogoel-keizers] Babur en Akbar en van het terrorisme. Ze moeten echte Indiërs worden,' zo zegt bijvoorbeeld de hindoenationalist en moleculair-bioloog Vijay Chauthaiwale tegen me.

Echte Indiërs. Het is een belangrijke uitspraak omdat ze getuigt van de herziening van de geschiedsopvatting die ook door de Indiase media en makers van schoolboeken bewust is bevorderd. De migratiestromen van moslims die van India zo'n verbluffend multicultureel land hebben gemaakt en waardoor het Hindi en Gujarati talloze Arabische en Perzische leenwoorden kennen, worden nog uitsluitend in een negatief licht gezien. In het licht namelijk van het leed dat de hindoes ontegenzeggelijk hebben geleden door de plundering van steden en de verwoesting van religieuze bouwwerken. (Hoewel in de Indiase geschiedenis gewapende conflicten tussen moslimheersers vermoedelijk talrijker waren dan die tussen hindoes en moslims.)[10] Zelfs Mogoel-keizer Akbar de Grote, die zijn bijnaam dankt aan zijn tolerantie (als moslim accepteerde hij het hindoeïsme en later zocht hij naar een universele godheid die de verschillen zou wegnemen), wordt door de hindoenationalisten gewoon als een van de vele islamitische onderdrukkers gezien.

In dit denken is geen plaats meer voor de inclusieve, seculiere visie op de geschiedenis die in de jaren vijftig en zestig onder premier Nehru van de Congrespartij gangbaar was. Die visie kwam voort uit het zachtaardige humanisme van Mahatma Gandhi, die de historische conflicten tussen de godsdiensten probeerde te overbruggen omdat hij wilde dat India van alle inwoners zou worden. De schier onaantastbare positie van de partij van de onafhankelijkheid werd evenwel onderuitgehaald door de dictatoriale noodwetten die Indira Gandhi midden jaren zeventig invoerde. Daarna waren er nieuwe ideeën nodig om de massa te mobiliseren. En dat betrof vooral de opkomende middenklasse, een klasse die in Gujarat met zijn commerciële verleden eerder tot wasdom kwam dan in veel andere deelstaten.

De nieuwe ideeën werden geperverteerd door de informatietechnologie en het hoger onderwijs: onder invloed daarvan werden alle lokale varianten van hindoeïsme en islam door gestandaardiseerde versies verdrongen. Zoals de eenheid van de sjiieten overal in het Midden-Oosten groeide, zo nam in heel India het gevoel van eenheid onder de hindoes respectievelijk soennieten toe. Dit was het sterkst het geval onder de hindoes: vóór het tijdperk van de massacommunicatie was de geloofspraktijk van hindoes zo plaatselijk gebonden dat je eigenlijk niet van hét hindoeïsme kon spreken.[11] Maar door het onderwijs zijn velen zich nu voor het eerst bewust geworden van de eigen geschiedenis, en daarmee hebben ze ook historische grieven die ze voorheen niet hadden. 'De arme hindoes zijn gezegend met onwetendheid over Mahmud van Ghazna. Het is de middenklasse die deze geschiedenis kent,' zoals een mensenrechtenactivist uit Gujarat opmerkt. Het is dus niet verwonderlijk dat het hindoenationalisme juist het sterkste is onder de beter gesitueerden: wetenschappers, softwareontwikkelaars, advocaten en dergelijke. Dat zie je ook bij de moslimextremisten, van Al-Qaida tot de Moslimbroederschap. Deze politiek rechtse hindoes stellen dat India een beschaving was voordat het een staat werd. En die beschaving was van oorsprong zuiver hindoeïstisch, waarna pas de staat compromissen met de minderheden moest sluiten. Dat de werkelijkheid ingewikkelder is, doet niet ter zake.

Deze behoefte aan een groots verleden hebben de hogeropgeleide Indiase hindoes gemeen met hun islamitische collega's in Pakistan en Iran, en allemaal zijn ze om die reden zo verzot op nucleaire wapens. Of het nu het Indiase Maurya-rijk of het Perzische Achaemenidenrijk is, miljoenen die zich aan de armoede hebben ontworsteld en onderwijs hebben genoten, zien de atoombom als evocatie van hun grote rijk uit de Oudheid.

In India, dat sinds de economische hervormingen in de jaren negentig echt vooroploopt bij de mondialisering, is deze nostalgie nog sterker dan in Pakistan en Iran. Omdat de socialistische natiestaat van hindoes en moslims steeds meer iets van het verleden is, hebben beide groepen behoefte aan een sterkere eigen identiteit die hun houvast geeft in de oppervlakkige internationale cultuur. Bovendien wordt menig hindoe zo nerveus van zijn pas verworven rijkdom dat hij gevoelig wordt voor groepsideologie. Dat zie je vooral onder Gujarati's in het Westen: die gaan als geslaagd immigrant op zoek naar hun wortels en brengen dat over op hun achtergebleven familie thuis. Zo blijkt het contact met vreemde landen juist tot een bepaalde blikvernauwing te leiden. Een vrucht van deze zoektocht is het *hindutva* (hindoedom), met het moslimextremisme als reactie.

Het woord hindutva duikt voor het eerst op in het pamflet 'Wie is een hindoe?', een uit 1923 daterende tekst van de hand van de onafhankelijkheidsstrijder Vinayak Damodar Savarkar. Brede bekendheid kreeg het evenwel pas na de recente economische liberalisatie. Op de golven daarvan kwam namelijk ook de zogeheten *Sangh* (familie van hindoeïstische organisaties) tot bloei. Tot deze organisaties behoren de RSS, de BJP (Bharatiya Janata Partij) en de VHP (Vishwa Hindu Parishad, of de Wereldraad van Hindoes). Maar de moeder van de familie is de in 1925 opgerichte RSS, een massale en in zekere zin informele zelfhulporganisatie die op vrijwilligers drijft. De RSS representeert 'de ware hindoe-stem die verloren ging door de pro-is-lamitische houding van de Congrespartij. In het verleden zijn moslims hier binnengedrongen. Zij wonnen. Wij verloren. De Britten wonnen. Wij verloren. We zijn een verslagen samenleving. We moesten ons verenigen als hindoes, zo verklaart moleculair-bioloog Chauthaiwale.

Volgens haar aanhangers heeft de RSS door haar heldhaftige optreden tijdens de deling in 1947 talloze hindoes in Pakistan het leven gered. Nadat het jaar daarop Gandhi was vermoord door de hindoenationalist Nathuram Godse, die banden met de organisatie had, werd de RSS verboden. Maar in de jaren zestig begon de organisatie aan een comeback. Ze was actief in de studentenbeweging en deed, belangrijker nog, veel sociaal werk, net als de Moslimbroederschap in het Midden-Oosten. Zij zette hulpprojecten op in hindoeïstische tribale gebieden en pleitte voor afschaffing van de onraakbaarheid, om zo de eenheid onder de hindoes te vergroten. Naarmate de Congrespartij in de jaren zeventig meer aan prestige verloor, groeide dat van de RSS. De BJP werd opgericht om haar idealen op politiek niveau te promoten. Alle mensenrechtenorganisaties die ik in Gujarat bezoek, en niet alleen de islamitische, noemen de RSS een fascistische organisatie, die onder de schijn van sociale hulp aan geloofsgenoten een 'nationalistische' agenda verbergt. Na de aardbeving in Noord-Gujarat in 2001 zou de RSS alleen hindoeïstische families hebben geholpen.

De harde kern van de RSS zijn de *pracharaks* (propagandisten). Zij brengen de standpunten van de organisatie aan de man. Om zich geheel aan hun doel te kunnen wijden, zijn ze in de regel ongehuwd en ze bezielen de massa zonder zelf op te vallen, in een poging hun eigen ego te overwinnen. Ze lijken op priesters, alleen dient de doorsneepracharak maar een jaar of twee, drie, om dan te trouwen en het normale leven weer op te pakken. Narendra Modi vormt een uitzondering. In 1950 in Gujarat geboren in een wat betere kaste was hij een kleine tien jaar actief als pracharak, voordat hij eind 2001 regeringsleider van de deelstaat werd. Modi is ongehuwd en leeft alleen. Hij heeft zijn leven aan de RSS gewijd.

Als hindoeïstisch ideoloog en leider van de bv Gujarat past Modi helemaal bij de ontwikkelingen in dit tijdsgewricht. Hij is duidelijk een hindoepoliticus en zijn ecomische hervormingen en maatregelen voldoen geheel aan de kosmopolitische westerse normen. Hij is zo eerlijk dat hij de cadeaus die hij ontvangt, in de schatkist deponeert – in schril contrast met de corruptie en vriendjespolitiek die zo eigen zijn aan de Indiase politiek. Wanneer hij een dorp bezoekt, raken zwangere vrouwen zijn voet aan in de hoop dat hun kind hem zal navolgen.

Modi zetelt op de bovenste verdieping van een ministerie, een groot gebouw dat veertig jaar geleden uit goedkope steen werd opgetrokken, zoals duidelijk te zien is aan de voorkant. Zoals dit staan er nog een hele hoop gebouwen in Gandhinagar, de regeringsstad ten noorden van Ahmedabad die op de tekentafel is ontworpen en waar je een aantal staaltjes van de architectonische mislukkingen van socialistisch India kunt bewonderen. In Gujarat woont slechts vijf procent van de Indiase bevolking. Maar omdat dat nog altijd 50 miljoen zielen zijn, meer dan de bevolking van Zuid-Korea, zijn er grote ministeries nodig.

Voor het kantoor staat een groep westerse zakenlieden en investeerders in dure pakken die net een gesprek met de premier hebben gehad. Om klokslag 5 uur word ik bij Modi binnengelaten. Hij zit aan het hoofd van een lange vergadertafel met lege stoelen. Met zijn wijde broek en lange, elegante bruine *korta*, met in het borstzakje een paar pennen, draagt hij de traditionele kleding die de islamitische Mogoels naar India brachten. Verder heeft hij een knap, open gezicht, een bril met een metalen randje en een gedistingeerde peper- en zoutkleurige baard. Voor hem ligt een stapeltje papieren dat hij naar me toe schuift nog voordat ik de eerste vraag gesteld heb. Voor beleefdheden heeft hij duidelijk geen tijd. 'Ik hoorde dat u geïnteresseerd bent in de ontwikkeling hier, dus daar zijn uw antwoorden,' zegt hij. Het zijn niet de gebruikelijke reclamebrochures, maar lijsten met cijfers die een van zijn medewerkers heeft opgesteld. Sinds 2002 is het bruto nationaal product van Gujarat met 10,2 procent per jaar gegroeid. Er zijn acht nieuwe universiteiten gebouwd. Van alle banen die er in India bijkomen, wordt de helft hier gecreëerd. De deelstaat loopt ook voorop bij de bestrijding van armoede en de productie van elektriciteit. Zoals ik al heb gemerkt, hebben de mensen hier niet slechts een paar uur stroom per dag, zoals in het Pakistaanse Sindh aan de andere kant van de grens. Verder zijn er nieuwe dammen en micro-irrigatiesystemen in aanbouw – ook weer in tegenstelling tot Sindh, waar sinds de Britse tijd niets is gedaan aan de dammen en een acuut watertekort bestaat.

Gedachten aan Chili en China dringen zich bij me op. In de eerste maanden na de coup van Pinochet in 1973 werden er een paar duizend mensen gemarteld en vermoord, en vervolgens werd de economie aangezwengeld op een wijze waar het hele land van profiteerde. Vijftien jaar later liet Deng Xiaoping honderden studenten op het Plein van de Hemelse Vrede vermoorden, waarna hij de kwaliteit van leven van meer mensen in een kortere periode verbeterde dan ooit in de economische geschiedenis. In beide gevallen creëerden leiders opzettelijk een sfeer van schrik en angst om hervormingen te kunnen doorvoeren zonder oppositie. Hoe weerzinwekkend ook, het werkte. Bijna met tegenzin moet je toegeven dat er sinds 2002 in Gujarat geen enkel geweld tussen hindoes en moslims meer is geweest.

Wil Modi, vraag ik, van Gujarat een tweede Singapore of Dubai maken, dat wil zeggen een staat die zich in positieve zin van het hoofdmerk India onderscheidt?

'Nee', antwoordt hij. 'Singapore en Dubai zijn stadstaten. Hier kunnen een heleboel Singapores en Dubais komen. Er zal een Singapore in Kutch komen.' Hij zwaait geringschattend met zijn arm. 'En GIFT [de Gujarat International Finance Tec-City, de nieuwe hightechstad die bij Gandhinagar is gepland] kan net als Dubai worden. Gujarat als geheel zal op Zuid-Korea gaan lijken. Wereldhandel zit ons in het bloed.' Om die uitspraak te benadrukken trekt hij zijn wenkbrauwen op en hij is duidelijk bedreven in de wat theatrale spreektrant. Je voelt dat hij een menigte kan meeslepen of een directiekamer aan zijn kant kan krijgen. Zodra hij zijn mond opendoet, hangt iedereen aan zijn lippen.

Als pracharak heeft hij zich misschien louter dienend opgesteld, maar nu heeft hij grote ambities: Zuid-Korea is de dertiende economie van de wereld. Toch kan ik me wel iets bij zijn vergelijking voorstellen. Zuid-Korea is een groot schiereiland dat net als Gurajat van verschillende kanten gemakkelijk te bereiken is. En in de jaren zestig en zeventig ontwikkelde het zich tot een middelgrote industriemacht, niet onder een democratisch bestel, maar onder het verlichte autoritarisme van Park Chung-hee. Ik zeg dit tegen Modi. Hij wil niet over politiek praten, reageert hij, alleen over ontwikkeling. Politiek gaat natuurlijk over vrijheid en dat hij daar niets over willen zeggen, is logisch. Zijn hele regeringsstijl is in strijd met de democratie. Modi, die een kleine overheid bepleit, oefent een persoonlijke macht uit; zelfs zijn eigen partij heeft hij zonder veel egards naar de zijlijn geschoven.

Verhelderend is ook dat hij GIFT slechts noemt als een detail in zijn grotere plannen. GIFT is het *pièce de résistance* in het streven om van Gujarat een van de economische zenuwcentra aan de Indische Oceaan te maken. Het fundament voor het financiële centrum heeft Modi in juni 2007 gelegd. De hightechcity moet zo'n tweehonderd hectare groot worden, twee keer zo groot als de Dockyards in Londen, een kwart groter dan het Parijse La Défense en zelfs groter dan de financiële centra van Shanghai en Tokio. Als alles goed gaat krijgt de stad elf modernistische wolkenkrabbers, veel groen, het modernste openbaar vervoer, afvalverwerking die voldoet aan de westerse milieunormen, 'intelligente gebouwen' met de snelste internetverbindingen en data-integratie, wegen met een waterafvoersysteem voor de moesson en een concept voor woon-werkverkeer op loopafstand voor de vijftigduizend inwoners. In totaal moeten er 400.000 personen in de stad gaan werken. GIFT moet, kortom, als een supermoderne stad met elke andere stad in de wereld kunnen concurreren. En toch praat Modi erover als over een Dubai binnen het algehele plan om van de deelstaat een Zuid-Korea te maken.

Op kernachtige wijze en didactische toon zet de premier uiteen dat Gujarat vijfduizend jaar geleden al handel dreef en dat Perzische en andere migranten zich op de kusten hebben gevestigd en in de hindoecultuur zijn geassimileerd. Ik vraag naar de bijdrage van de moslims, die elf procent van de bevolking uitmaken. 'Wij zijn een spiritueel, godvrezend volk,' antwoordt hij. 'Wij zijn over het algemeen vegetariërs. Het jaïnisme en boeddhisme hebben ons positief beïnvloed. We willen een boeddhistische tempel bouwen om de resten van Boeddha te eren.' Volgende vraag, graag. Meer heeft hij er niet over te zeggen. Moslims eten zoals bekend vlees.

Betreurt hij iets dat hij in de zeven jaar dat hij nu premier is, heeft gedaan of nagelaten? vraag ik. Dat ik daarmee een voorzetje geef om iets over '2002' te zeggen, is duidelijk. Ook nu gaat hij er niet op in. Dan vraag ik expliciet of hij spijt heeft van wat er in 2002 is gebeurd. 'Daar wordt zo verschillend over gedacht. Wie ben ik om daarover te oordelen?' luidt het antwoord. Een commissie, zo vervolgt hij, zal onderzoek doen naar zijn rol bij de gebeurtenissen. In feite echter heeft een commissie die uit zijn eigen medewerkers bestond, hem al van alle blaam gezuiverd.

'Bij Modi is het Kalinga-effect uitgebleven,' aldus Hanif Lakdawala, moslim en directeur van een mensenrechtenorganisatie. Die opmerking verwijst naar koning Ashoka uit de Maurya-dynastie, die in de 3e eeuw voor onze jaartelling oorlog voerde tegen de staat Kalinga aan de oostkust van India. Zijn soldaten slachtten daarbij honderdduizend burgers af en dat bezorgde hem zo'n schuldgevoel dat hij van verdere expansie afzag. Zijn verdere leven wijdde de koning aan de vreedzame ontwikkeling van zijn rijk.

Om Modi het voordeel van de twijfel te gunnen, vraag ik me af of hij stiekem niet toch spijt heeft. Als hij schuld zou bekennen, verliest hij zijn populariteit onder de hindoenationalisten en in het politieke leven van India geeft sowieso niemand een fout toe. Maar als we de berichten mogen geloven, sloot hij zich na de onlusten op en begon maniakaal te werken aan de ontwikkeling. Hij slaapt niet meer dan vier uur per nacht: vanaf vijf uur 's morgens checkt hij zijn mail en leest hij de lokale kranten, vertelt hij. Ondertussen heeft hij zo'n drieduizend van de zevenduizend dorpen in zijn staat bezocht. Hij heeft een eigen netwerk onder gewone burgers opgebouwd om te zien hoe zijn ambtenaren functioneren. En onder de slogan 'minder overheid, meer bestuur' heeft hij de lagere ambtenaren, degenen dus die het dichtst bij de burgers staan, meer bevoegdheden gegeven. 'Je moet Modi's politieke ideologie los zien van zijn managementkwaliteiten,' zegt Atul Tandan, directeur van het Mudra Institute of Communications. 'Omdat hij nooit in verband wordt gebracht met corruptie en mensen geloven dat al zijn besluiten resultaatgericht zijn, krijgt hij dingen voor elkaar.' Ook veel moslims hebben daardoor waardering gekregen voor Modi's prestaties. Zo heeft hij de gangsterpraktijken rond het gokken aangepakt die in hun eigen kring voorkwamen.

Toch blijf ik zitten met de vraag waarom hij niet, direct of indirect, heeft laten weten dat hij de moordpartij in 2002 betreurt, zonder direct schuld te bekennen. Daar heeft hij toch genoeg gelegenheid voor gehad. Of is hij een machiavellist? Heeft hij de rss haar gang laten gaan bij wat tal van neutrale waarnemers een systematische moordpartij noemen om zo zijn macht te consolideren en zijn vijanden te waarschuwen voordat hij zich op de ontwikkeling van Gujarat stortte? Maar Machiavelli, wiens geschriften vaak onzorgvuldig gelezen of verkeerd begrepen worden, zou het daar niet mee eens zijn geweest. De heerser, zo betoogt hij, mag slechts een minimum aan geweld gebruiken om iets positiefs te bereiken. Het is dus geen deugd, om met hemzelf te spreken, om meer geweld te gebruiken dan absoluut noodzakelijk is.

'Ik kom uit een arm gezin,' vertelt Modi. 'Mijn ouders waren blij geweest als ik leraar was geworden. Maar ik raakte betrokken bij een patriottische beweging, de rss, waarvoor je je moet opofferen. Als pracharak droeg ik net als de hindoeïstische monniken een wit gewaad. Als hindoe is mijn filosofie: terrorisme is de vijand van het humanisme.' Ik neem aan dat hij het terrorisme van moslims bedoelt, dat verantwoordelijk is voor de meeste grote aanslagen in India. Daarop vergelijkt hij zichzelf met Gandhi. 'Gandhi verenigde de vele Indiërs die onder de Britten voor de onafhankelijkheid vochten in een massabeweging. Ik heb de economische ontwikkeling tot de psychologie van een massabeweging gemaakt.' Zijn woorden echoën door het lege vertrek. 'Ik heb een gratis nummer en als mensen dat bellen, horen ze een bandje met mijn stem en kunnen ze een klacht tegen de regering inspreken, waarop het betrokken ministerie binnen een week moet reageren.'

Hij somt de dingen op die aan hem te danken zijn: moderne wegen, private spoorwegen met dubbeldekkers, vijftigduizend km glasvezelkabel, tweeduizend km gaspijpleiding, veertienhonderd km drinkwaterleiding naar zevenduizend dorpen, 24 uur per dag elektriciteit in landelijke gebieden, de eerste Indiase deelstaat met geprivatiseerde havens, een totaalplan voor de ontwikkeling van de kust, twee terminals voor vloeibaar aardgas en nog twee die nu worden aanbesteed. Hij is in de ban van cijfers en lijsten. Hij kwantificeert alles.

Hij vertelt ook over de grote fabriek van Tata Motors die in Gujarat wordt gebouwd. Duizenden werknemers zullen daar de Nano produceren, de auto die 2500 dollar gaat kosten en zo de goedkoopste ter wereld is. Het grote succes dat Modi het meest prestigieuze bedrijf van India naar zijn deelstaat heeft weten te lokken, wordt op billboards rond Ahmedabad uitgeschreeuwd, wat weer wijst op een beginnende persoonlijkheidsverheerlijking rond hem. 'Tot voor kort was het hele kustgebied onderworpen aan Mumbai,' zegt hij. 'Maar nu komt de rijkdom terug naar Gujarat. Gujarat zal het knooppunt worden van de oost-westverbindingen tussen Afrika en Indonesië.'

Modi is een gedreven man die er voorzover ik kan nagaan geen persoonlijk leven op nahoudt. Hij straalt macht en controle uit. Hoe kan hij niet betrokken zijn geweest bij de progrom in 2002? vraag ik me af.

Van verschillende kanten – van moslims en buitenlandse publicisten tot verlichte, kosmopolitische hindoes – wordt me verteld dat Modi fascistische trekjes heeft. 'Hij is een fascist,' zegt mensenrechtenactiviste Sophia Khan botweg. 'Wij moslims bestaan niet voor hem. Onze wijken worden mini-Pakistans genoemd en de hindoes wonen daar waar de winkelcentra en grote bioscopen zijn.'

Is Modi werkelijk een fascist? Ik zou die vraag uiteindelijk met nee willen beantwoorden. We moeten ons bij dit soort zaken niet te veel laten beïnvloeden door leiderschapsmodellen die uit het verleden stammen. Het stellen van de vraag dwingt je evenwel te onderzoeken in hoeverre hij wel een gevaar vormt. Het klassieke fascisme in Europa was weliswaar een reactie op de nederlaag of in ieder geval zeer onbevredigende uitkomst van de Eerste Wereldoorlog, maar er zijn allerlei soorten fascisme, zoals de historicus Walter Laqueur heeft uitgelegd.[12] Het is een 'antibeweging, die zich positioneert aan de hand van de dingen waar ze tegen is', schrijft Juan J. Linz, emeritus hoogleraar politieke wetenschappen van Yale. En in de haat jegens de elite en het kosmopolitisme is ze ultranationalistisch, merkt hij verder op. Bij Modi zie je geen haat jegens de elite, en zijn beleid van infrastructurele ontwikkeling om bedrijven aan te trekken getuigt van een positieve inslag. Het fascisme kenmerkt zich ook door de organisatievorm: in de eerste helft van de vorige eeuw trokken de 'liederen, bijeenkomsten en hemden' massa's jongeren aan. De romantische aantrekkingskracht van het fascisme is niet alleen in de ideologie gelegen. Met zijn verafgoding van wreedheid, viriliteit en militaire deugden is het meer gericht op actie dan op theoretische beschouwingen. Het gaat om de daad, wat de gevolgen ook zijn. Uit de in het interbellum bestaande passie voor uniformen, marsen, massabijeenkomsten en liederen sprak een liefde voor het collectieve, of de groep, en een navenante haat jegens het individuele.[13] Omdat de democratie de rechten van het individu beschermt, moet het fascisme wel antidemocratisch zijn. Alle fascistische bewegingen hebben dan ook een autoritaire leider, die zowel hardvochtig als charismatisch is. Met vaak een angstaanjagend resultaat. De Roemeense IJzeren Garde, de Hongaarse Pijlkruisers en de Kroatische Ustaše hingen allemaal een reactionair en orthodox katholicisme aan dat tot de meest gruwelijke moord en doodslag op joden en Serviërs leidde. Ondanks de nederlaag van de asmogendheden leeft de belofte van sociale controle door middel van technologie en daarmee het fascistische denken voort.[14] Een leider als Modi bewijst dat de ideeënstrijd doorgaat, in weerwil van Fukuyama's briljante artikel 'Het einde van de geschiedenis' uit 1989 en afhankelijk van de geografische omstandigheden waaronder zo'n leider opereert.

Het ziet er naar uit dat Modi in februari 2002 even als een overvalste fascist optrad en toen snel een meer gematigd gezicht liet zien. 'Modi verschilt in een belangrijk opzicht van Hitler,' zo verklaart Prasad Chacko. 'Hitler beschouwde het fascisme als het eindresultaat van de politieke evolutie, maar Modi beseft dat *hindutva* slechts een tijdelijke fase kan zijn. Nu focust hij dus niet meer op de kloof tussen de groepen, maar op ontwikkeling.' Met de recente arrestatie van VHP-leden keerde de premier zich zelfs tegen dezelfde hindoenationalisten die hem aan de macht hebben gebracht. Blijkbaar kan of wil hij geen spijt betuigen voor '2002', maar door te laten zien dat hij minder extreem is dan andere hindoekopstukken, maakt hij zich aanvaardbaar op landelijk niveau. Volgens de journalist en historicus Achyut Yagnik doet hij dat met het oog op een mogelijke kandidaatstelling voor het premierschap in New Delhi.[15]

Direct na zijn aantreden in oktober 2001 werd Modi in zijn ambities geholpen door de internationale ontwikkelingen. Of het nu om de oorlogen in Irak en Afghanistan, de dreiging van Iran, de mogelijke chaos in Pakistan of het moslimterrorisme in Kasjmir en India zelf ging, politici als Modi profiteerden van de sfeer die dit alles met zich meebracht. De hindoes, die het gros van de kiezers in India uitmaken, beseften weer hoeveel zij te vrezen hadden van het moslimextremisme. En alleen al door zijn imago als no-nonsensebestuurder leek Modi dat gevaar het best te kunnen keren. In de komende jaren zal veel in India afhangen van de vraag of het wereldwijde moslimterrorisme onder de hindoeïstische meerderheid tot meer haat en angst zal leiden. De uitkomst van de landelijke verkiezingen in 2009 wijst erop dat die gevoelens vooralsnog niet zijn toegenomen.

Na de hevige onlusten in 2002 hoefde Modi niets meer te doen. Hij had laten zien waar hij stond. Hoe bang India ook is voor Pakistan, de angst dat het buurland ineenstort is nog groter. Deze vrees voor anarchie bij de islamitische buren helpt de hindoenationalisten, waarbij je kunt stellen dat spanningen tussen hen en de moslims een nog groter gevaar voor India vormen dan het nijpende watertekort. Wat ik bij de gesprekken met de slachtoffers van '2002' tegenkwam, was niet zozeer radicalisme als wel het gevoel niet langer deel uit te maken van India. Omdat zij zich liever niet meer onder hindoes wagen, hebben ze zich in hun eigen gemeenschap teruggetrokken.

De angst van hindoes voor de islam gaat samen met een minder uitgesproken, maar toch aanwezig verlangen naar orde. Nu India als opkomende economie vaak met China wordt vergeleken, constateert vooral de elite een ergerniswekkend feit: terwijl de autoritaire regering in Beijing schier alles voor elkaar krijgt, gebeuren de dingen in India veel vaker ondanks dan dankzij de regering. Vooral vanwege de onleefbare chaos in de grote steden 'zijn in dit land nogal wat mensen bereid om een dictator, of althans een zeer sterke leider te accepteren', aldus mensenrechtenwerker Hanif Lakdawala.

Als premier heeft Modi geen vlekkeloos verleden. Vanwege het geweld in 2002 kan hij geen visum voor de VS krijgen, een stigma dat onder andere buitenlandse investeringen kost. Wat dat betreft staat Gujarat derde op de lijst van Indiase deelstaten, terwijl het wel de meeste bínnenlandse investeringen trekt. Ondanks alle infrastructurele projecten loopt Gujarat achter op de ontwikkeling in andere deelstaten. Zowat de helft van de kinderen onder de vijf jaar is ondervoed, driekwart van de vrouwen lijdt aan bloedarmoede en slechts 67 procent van de bevolking kan lezen en schrijven, waarmee Gujarat precies op het Indiase gemiddelde zit. Volgens geruchten worden de bouwprojecten in GIFT niet naar behoren uitgevoerd en gevreesd wordt dat de buitenlandse investeringen die nodig zijn om de stad aan de gang te krijgen, door de wereldwijde crisis uitblijven.

Als Modi zijn zin krijgt, zal Gujarat net zo'n koele, internationale uitstraling krijgen als Singapore, Dubai en grote delen van Zuid-Korea, waar het straatbeeld vaak volstrekt inwisselbaar is. Het grootste blok aan zijn been echter is het hele stedelijke landschap in India. Neem Gandhinagar, de politieke hoofdstad van Gujarat die een toonbeeld had moeten worden van het goed gereguleerde moderne leven. Overal zwerven koeien en waterbuffels, tegen het onkruid valt niet op te wieden en langs de grote wegen schieten de krottenwijken uit de grond. Alleen in het kleine stadsdeel waar de IT-bedrijven zich bevinden, krijg ik het gevoel alsof ik niet India ben of me in elk geval bevind te midden van de kantoorgebouwen in Bangalore.

En dan is er nog Ahmedabad, waar je ogen gaan tranen van de smog. De verkeerschaos mag dan in Mumbai of Kolkata nog legendarischer zijn, ook hier is het één zee van knetterende motorfieten en motorriksja's, en op de kapotte troittoirs moet je je een weg banen tussen de koeien en bedelaars. Ahmedabad, dat in 1411 door Ahmed Shah werd gesticht als hoofdstad van het sultanaat Gujarat, fungeerde in de jaren vijftig van de vorige eeuw als een soort proeftuin voor bekende internationale architecten. In de tijd dat de westerse elite het pas onafhankelijk geworden India op een voetstuk plaatste als de hoop der mensheid, ontwierp Le Corbusier het gebouw voor de Vereniging van Textielfabrieken, bouwde Louis Kahn het Indiase Instituut voor Management en zette Buckminster Fuller er een van zijn geodetische koepels neer. Maar het enige mooie wat de 4,5 miljoen zielen tellende hoofdstad te bieden heeft, is het handjevol werkelijk schitterende middeleeuwse islamitische monumenten. Verder zie je alleen maar aftandse gebouwen en het bekende allegaartje van hoge torens van glas en staal, in de stijl van Dubai, waar degenen vertoeven die rijkdom hebben vergaard dankzij de economische liberalisering. Omdat Ahmedabad in de Britse tijd geen bestuurlijk centrum was, bezit het niet de koloniale gebouwen die de lelijkheid wat verzachten. De stad draagt de erfenis van de lange regeerperiode van Nehru met zich mee, die in veel opzichten een inspirerend leider was, maar ook een voorkeur had voor de modernistische bouw in de trant van het Oostblok, die nog armoediger wordt door de vele en inmiddels roestige verkeersborden. Maar het modernistische debacle is uiteraard het duidelijkst te zien in Gandhinagar.

Van de Indiase bevolking woont 37 procent in de steden. In de komende twee decennia zal dat toenemen tot 50 procent. De ware uitdaging voor de Indiase politici is dus, zo zegt de plaatselijke architect Bimal Patel, om steden als Ahmedabad mooier en leefbaarder te maken. Op dit punt heeft de verder zo dynamische Modi nog niet veel gedaan. GIFT is in zekere zin een vlucht voor wat er echt nodig is, maar wel een begrijpelijke vlucht, omdat overal ter wereld de oude binnensteden verpauperen en de de buitenwijken snel groeien.

Onder Modi is er geld gekomen voor het door Patel ontworpen park- en woonproject van tien km langs de oever van de Sabarmati, die door Ahmedabad loopt. Over het algemeen gesproken echter laat de premier de grote problemen in de steden over aan de gemeenten zelf. Maar omdat gemeenteraden in India doorgaans behoudend zijn en hoe dan ook weinig kunnen uitrichten omdat de meeste macht op hoger niveau ligt, betekent dat dat er weinig gebeurt. Het is niet ondenkbaar dat de nieuwe stedelijke middenklasse op een gegeven moment gaat eisen dat ten minste de ergste problemen worden aangepakt – wat een teken van echte vrijheid zou zijn – maar tot nog toe maken weinig politici zich druk om stadsvernieuwing.

Zeker, onder Modi zijn ondanks of dankzij hem ook de informele buurtgenootschappen ontstaan waardoor de oude, ommuurde binnenstad van Ahmedabad een van de weinige gebieden is waar hindoes en moslims, die negen procent van de bevolking uitmaken, zich werkelijk kunnen mengen. Overal elders, zo zie ik tijdens mijn bezoek van ruim twee weken, leven de twee bevolkingsgroepen helemaal gescheiden. Het pijnlijkst vind ik die segregatie bij de Sarkhej Roza, het moskee- en grafcomplex uit de 15e eeuw dat is gewijd aan sjeik Ahmed Khattu, de geestelijk raadsman van Ahmed Shah. Tussen de middeleeuwse bogen en balkons, die uitkijken op een waterbassin, zitten gezinnen te picknicken, jonge stelletjes te fluisteren, spelen kinderen met een bal en worden er gebedsbijeenkomsten gehouden. Met zijn elegante stuc- en roosterwerk vormt de Sarkhej Roza een beeldschone combinatie van hindoeïstische en islamitische elementen, in de zogeheten Indo-Saraceense stijl. Nu wordt het complex onmiskenbaar alleen nog door moslims bezocht.

Om nog meer van Gujarat te zien maak ik per bus en auto de reis van tien uur naar Diu, de stad op het zuidelijkste puntje van het schiereiland Kathiawar met enkele Portugese monumenten die voor mijn verhaal over de Indische Oceaan belangrijk zijn.

Over kapotte wegen vol krakkemikkige karren rijd ik langs de eindeloze aaneenschakeling van krotten, keten en van jute en roestige golfplaat opgetrokken hutjes die het platteland van India uitmaken. De primaire kleuren waar het land zo beroemd om is, zie je vooral in fotoboeken: in het echt is het landschap dikwijls een saai tableau van grijzen en bruinen. Maar veel wegen zijn verhard en er is overal stromend water en elektriciteit. Hoe primitief ook nog, door mijn reizen door armere Indiase staten als Bihar en West-Bengalen weet ik dat er grote vooruitgang is geboekt. Maar Zuid-Korea? Nee, dat zal nog zeker een paar decennia duren. Op regionaal niveau kan India een centrale rol gaan spelen, maar het ontwikkelingsniveau van de Oost-Aziatische tijgers zal het niet halen. 'Modi kan heel goed hypen,' aldus een journalist. 'Maar hij kan zijn beloften niet altijd waarmaken.'

Diu nam in het Oost-Indische rijk van Portugal een sleutelpositie in. In 1509 vond de beslissende zeeslag plaats waarmee de Portugees Francisco de Almeida de Ottomaanse Turken van het eiland Diu verdreef. De zege was te danken aan het feit dat Almeida de lokale islamitische gouverneur zover had weten te krijgen dat die naar zijn kant overliep en zijn geloofsgenoten dus niet te hulp kwam. Het was een van de grote overwinningen op grond waarvan de Portugezen de controle opeisten over het verkeer in deze wateren. In *De Lusiaden* worden de verovering en het verraad door Camões verheerlijkt:

Dat de Portugezen, zo voorspellen ze,
Met hun overvallen op de kust van Cambay,
Voor de Gujarati's net zo'n schrikbeeld zullen zijn
Als Hector voor de Grieken...
Hoe trots de koning van Cambay ook is,
Hij zal de rijke citadel van Diu uitleveren,

In ruil voor bescherming van zijn koninkrijk
Tegen de allesveroverende Mogoels...[16]

De zee klotst zacht tegen de voet van de Portugese citadel, die in de loop der eeuwen de kleur van mosterd en lood heeft gekregen. Met zijn lange aanlegpier, dubbele poort, uit de rotsen gehouwen gracht en twee linies van zeven bastions, die allemaal naar een christelijke heilige zijn genoemd, is de vesting een hoogtepunt van de fortenbouw. Tussen de stenen kruipt onkruid, wilde zwijnen snuffelen rond en groepen jonge Indiase mannen lopen luid pratend voorbij, kennelijk zonder boodschap aan de historische uitleg in het Hindi of Gujarati. Uit niets blijkt dat ze weten wat dit uiterst curieuze bouwsel, met een torentje waarop een eenzaam wit kruis staat, voorstelt. Er is geen gids in welke taal ook te koop, noch wordt er entree geheven en er is zelfs geen bewaker. De Portugese gotische kathedralen in de stad staan er al even verwaarloosd en verlaten bij. Je kunt de kalk letterlijk horen vallen als de duiven er met hun vleugels langs strijken. Wanneer je over een berg afval en door de overhangende takken van witte rozen en oleanders naar binnen gaat, komen de koelte en de geur je tegemoet van de kerk waarin ooit werd gebeden voor de behouden terugkeer van geliefden. De monumenten passen zo weinig bij de omgeving dat ze geen honderden, maar duizenden jaren oud lijken.

Wereldrijken komen en gaan. Alleen hun ideeën blijven soms, aangepast aan de volkeren die zij overheersten. Vrijwel het enige wat de Portugezen op dat vlak brachten was het katholicisme, dat onder de hindoes en moslims weinig weerklank vond. Dat geeft deze ruïnes iets triests en tegelijkertijd iets moois. De Britten introduceerden meer tastbare zaken, zoals havens en spoorwegen, die de basis legden voor een moderne staat. Maar belangrijker nog: zij brachten het kader voor een parlementaire democratie, dat de Indiërs, die vanouds al hun eigen tradities van diversiteit en pluralisme bezaten, met succes aan hun eigen behoeften hebben aangepast.[17] Ja, je kunt stellen dat het hele hindoeïsme, waarvan de vele goden tezamen de tegenstrijdigheden overwinnen, uit is op vrijheid. Ondanks al hun fouten hebben de Britten dus het Indiase ideaal van boven jezelf uitstijgen bevorderd. En dat ideaal, zo zullen alle verlichte Indiërs je vertellen, kan niet worden bereikt zonder een morele component.

Het economisch opbloeiende India kan elders alleen zijn stem laten gelden zolang het een lichtend voorbeeld van interne coëxistentie is, dat wil zeggen zolang het, zoals het cliché luidt, de grootste democratie ter wereld blijft. Met andere woorden, ondanks de snelle economische groei is India niet meer dan een van de vele problematische ontwikkelingslanden zonder een minimum aan interne harmonie. Gelukkig heeft de Indiase democratie al ruim zestig jaar van onrust overleefd, getuige ook de stabiliteit van de coalitieregeringen die volgden op de regeringen van de Congrespartij. De democratische krachten lijken sterk genoeg om een Modi hetzij buiten de deur te houden hetzij min of meer onschadelijk te maken, zou hij zich opwerpen voor het hoogste ambt in New Delhi. Per slot van rekening zijn de kerken en bastions in Diu niet tot ruïnes vergaan omdat ze een mislukt idee, maar omdat ze helemaal geen idee vertegenwoordigden. En het idee India bestaat al sinds Gandhi's Zoutmars in 1930. Modi zal zijn managementkwaliteiten in dienst van dat idee moeten stellen of anders zal hij blijven waar hij is. Het dilemma waar hij voor zal komen te staan is dat de hindoes elders in India minder in groepstermen denken dan die in Gujarat. De eensgezinde reactie van hindoes en moslims op de aanslagen in november 2008, toen terroristen vanuit Pakistan vanaf zee Mumbai binnenkwamen en een hotel en andere openbare gebouwen aanvielen, moet een les voor hem zijn.

En als hij de boodschap toen niet begrepen heeft, dan moet die toch wel aangekomen zijn in mei 2009, toen de coalitie onder leiding van de Congrespartij een ruime verkiezingszege haalde over Modi's BJP. Deze nederlaag voor de denkbeelden van Modi is een van de tekenen dat India voldoet aan de eisen van de 21e eeuw. Hoeveel spanningen er ook zijn en ongeacht het moslimterrorisme, uiteindelijk zullen de hindoes volgens mij niet toegeven aan de haat. Dat is te danken aan de democratische mentaliteit in India, die werkelijk adembenemend veerkrachtig is en de ware kracht van het land uitmaakt.

In Gujarat echter zal de vrede nog wel even op zich laten wachten. Vanuit Diu rijd ik met een huurauto westwaarts langs de kust naar het twee uur verderop gelegen Somnath, naar de hindoeïstische tempel die eerst door Mahmud van Ghazna en later door nog andere binnendringers werd verwoest en vanaf 1947 voor de zevende maal werd herbouwd.

Met zijn hoge, licht okergele *shikhara* (toren) en meerdere koepeldaken staat de tempel op een groot terrein direct aan zee. De hele omgeving zindert van de hitte en de kronkelige figuren die de voorkant van de tempel sieren, zijn zo ingewikkeld dat je er de oneindigheid in kunt zien. Gebeden klinken uit de luidsprekers. Vanwege de volle maan is het ontzettend druk. Honderden gelovigen geven hun tassen af bij iets wat een garderobe moet voorstellen en laten hun schoenen achter op een van de bergen die er al liggen. Bedelaars klampen me aan en zoals bij alle heiligdommen wemelt het van de mensen die iets willen verkopen. Bordjes geven aan dat mobiele telefoons en andere elektronica binnen verboden zijn. Ze kunnen me nog meer vertellen, denk ik. Ik vertrouw mijn BlackBerry niet toe aan de garderobe, maar steek hem in het zakje van mijn broek, met het idee dat er toch hooguit vluchtig gecontroleerd zal worden. Dan sluit ik me aan bij de lange rij voor de ingang. Daar aangekomen word ik zo stevig gefouilleerd dat mijn BlackBerry wordt gevonden. Met veel geschreeuw word ik terugverwezen naar de garderobe. 'Moslimterrorisme' fluistert iemand. Nadat ik de telefoon heb afgegeven en weer in de rij heb gestaan, betreed ik eindelijk de tempel.

In het halfdonker zie ik gelovigen die een met bloemen bedekt afgodsbeeld van een koe kussen. Ik krijg nauwelijks adem meer als ik me met vele andere bezoekers naar de *garbhagriha* (de 'baarmoederkamer') beweeg. Ik heb het gevoel alsof ik zo dadelijk een wonder ga zien. Hoewel niet-gelovigen officieel worden verwelkomd, weet ik dat ik niet opga in de massa – de term waarmee de filosoof Elias Canetti een grote groep mensen omschrijft die zich zo door een collectief symbool laten bedwelmen dat ze hun eigen ik opgeven.[18] Ik sta voor een van de heiligste plekken van het hindoeïsme. Sommige bezoekers werpen zich op handen en knieën op de stenen vloer en bidden. Deze tempel staat beslist niet in het teken van het toerisme, zoals het Vaticaan, en is ook anders dan de Kali-tempel in Kolkata, waar buitenlanders regelmatig welkom worden geheten en 'gidsen' achter zich aan krijgen die geld vragen. Het universalisme dat ik in de Grote Moskee van sultan Qaboos in Muscat heb ervaren, ontbreekt hier niet, maar is simpelweg irrelevant. Ik heb dezelfde sensatie van extreme afzondering als in de kapel van de Zwarte Madonna in het Poolse Czestochowa en in de Imam Ali Moskee in het Irakese Najaf, de grote heiligdommen van respectievelijk het katholicisme en sjiisme; in de laatste mogen ongelovigen niet eens komen, zodat ik met een buslading Turkse zakenlieden mee naar binnen moest glippen.

Als je hier bent, voel je onwillekeurig mee met de woede van hindoes dat deze tempel, een van India's twaalf jyotirlinga's (plaatsen die het licht van de god Shiva in zich dragen), door moslims is geplunderd. Maar terwijl de emoties oplaaien, denk ik aan wat Hanif Lakdawala op wanhopige toon tegen me zei: 'Wat kunnen wij moslims die nu leven doen aan Mahmud van Ghazna?'

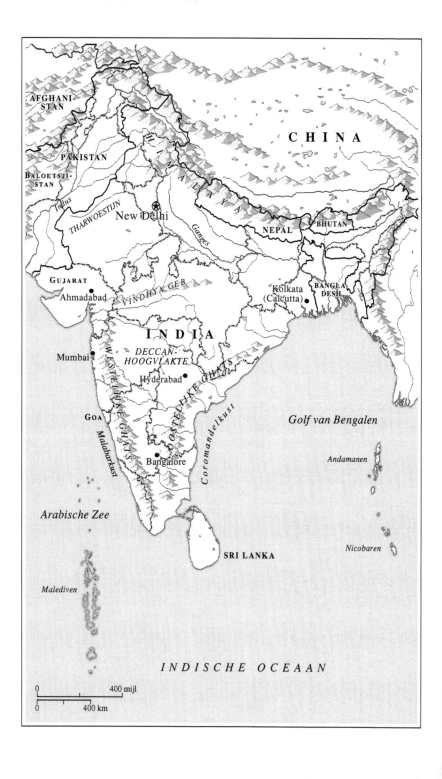

7

Vanuit Delhi gezien

Het Mogoel-tijdperk, dat ook voor Gujarat van groot belang is geweest, is een van de relevantste historische periodes voor de strategische discussie over de wereld van de Indische Oceaan. Keizer Akbar de Grote viel Ahmedabad in 1572 binnen en had twee jaar later de hele provincie veroverd. Daarmee kreeg zijn dynastie voor het eerst een echte kustprovincie met een goede toegang tot de Arabische Zee in handen. Bovendien beschikte Gujarat indertijd niet alleen over de drukstbezochte havens van het subcontinent, maar ook over veel landbouwgebieden en een enorme textielproductie. En doordat de provincie bij het keizerrijk werd getrokken dat ook de laagvlakte tussen Indus en Ganges en het iets later bezette Bengalen omvatte, werd de desintegratie van India voorkomen en daarmee de verdere expansie van de Portugezen, die met hun basis in Goa een bedreiging vormden voor andere havens aan de Arabische Zee.

Weinig vorsten waren op artistiek, religieus en cultureel gebied zo eclectisch als de Mogoel-keizers of de Groot-mogols. Zij regeerden van ruwweg 1500 tot 1720 (toen het snel bergafwaarts ging met het rijk) over India en delen van Centraal-Azië. In die eeuwen gaf hun keizerrijk, net als de hele wereld van de Indische Oceaan waar het deel van uitmaakte, een verbluffend vroege mondialisering te zien. Neem de Taj Mahal, het witmarmeren mausoleum aan de Yamanu-rivier in Agra, dat Groot-mogol Shah Jahan liet bouwen voor zijn vrouw Mumtaz Mahal, die op 17 juni 1631 in het kraambed (haar veertiende) overleed. Het grafmonument vertegenwoordigt met zijn gratie en symmetrie niet alleen het beste van de Perzische en Turks-Mongoolse architectuur, maar ook de lichtheid en de flair van India.

Het is alsof het met zijn grote koepel en vier slanke minaretten zo naar de hemel kan opstijgen. Het liefdesverhaal rond het bouwwerk doet je haast vergeten dat Shah Jahan een ultraorthodoxe moslim was. Zoals John F. Richards schrijft, hoogleraar geschiedenis aan Duke University, 'verhardde' onder zijn keizerschap de verhouding tussen de heersende moslims en de andere bevolkingsgroepen op het subcontinent.[1]

Mogoel is het Arabische en Perzische woord voor Mongool, het woord waarmee in Noord- en Noordwest-India alle islamitische vreemdelingen werden aangeduid. Het rijk van de Mogoels werd gesticht door Zahir-ud-din Mohammed Babur, een Turk van de Chaghatai-stammen die in 1483 in de Ferganavallei in het huidige Oezbekistan werd geboren. Als jongeman probeerde hij de oude hoofdstad van Timoer Lenk, Samarkand, te veroveren. Na de beslissende nederlaag tegen Shaybani Khan, een afstammeling van Djengis Khan, trokken Babur en zijn volgelingen naar het zuiden en veroverden Kaboel. Daarna marcheerde hij met zijn leger via het hoogland van Afghanistan naar de Punjab en vandaaruit kon de verovering van het subcontinent beginnen. Het Mogoel- of Timoeridische Rijk dat vorm kreeg onder Akbar de Grote, de kleinzoon van Babur, had een adellijke elite die bestond uit Rajputen, Afghanen, Arabieren, Perzen, Oezbeken, Chaghatai-Turken, Indiase soennieten, sjiieten en hindoes en nog andere groepen. Diezelfde verscheidenheid deed zich in de 49 jaar van Akbars keizerschap (1556-1605) voor op godsdienstig gebied. Hoewel hij vermoedelijk als gevolg van dyslexie analfabeet was, wijdde de Groot-mogol zijn volwassen leven aan de vergelijkende godsdienststudie. Naarmate zijn waardering voor het hindoeïsme en christendom groeide, hechtte hij minder aan zijn eigen orthodoxe soenna. Zo groeide Akbar allengs toe naar een 'zelfontworpen, eclectische religie die om het licht en de zon draaide', schrijft Richards in zijn rijke, maar beknopte geschiedenis van het Mogoel-rijk.[2] En ook al werd wat de hofhouding betreft de traditie van de Indiase maharadja's voortgezet, zoals je op de miniaturen kunt zien, 'op politiek vlak werd op buitengewone wijze rekening gehouden met alle verschillende groepen'.[3]

Dat alles veranderde onder zijn opvolgers Jehangir, Shah Jahan en vooral Aurangzeb. De laatste herstelde de soennitische theocratie in ere, zij het dat andere richtingen en godsdiensten nog steeds werden getolereerd. Deze hele religieuze ontwikkeling maakte de relaties tussen Mogoel-India en Safavidisch Perzië er niet beter op. De meeste adellijke bestuurders in India waren weliswaar Perzen, maar als fervente sjiieten verfoeiden de Safavidische Perzen de soennitische heersers in India. Dat gevoel werd nog versterkt doordat de beide rijken in cultureel opzicht ongemakkelijk veel op elkaar leken en ook nog buren waren: de grens tussen Perzië en India liep door wat nu West-Afghanistan is, hetgeen laat zien hoezeer het India van de Mogoels en het Nabije Oosten bij elkaar hoorden.

Vandaar ook dat het Mogoel-rijk zo belangrijk is voor het begrip van de toekomst van India, Pakistan en Afghanistan. Als we naar het van drie kanten door oceaan en in het noorden door de Himalaya omsloten subcontinent kijken, lijkt het volkomen logisch dat India een apart land is. Deze geografische logica is voor Pakistan en Afghanistan weliswaar minder sterk, maar ook die landen zien we toch als min of meer afzonderlijke eenheden. De Groot-mogols echter heersten vanuit Noord-India over wat nu Pakistan en een groot deel van Afghanistan is, terwijl ze moeite hadden om de Maratha-stammen op de Deccan-hoogvlakte in Zuid-India eronder te krijgen.

Je krijgt de indruk dat Mogoels overal waren. Ze vochten tegen de Oezbeken in het uiterste noorden van Afghanistan. Ze hadden sterke bases in zowel Beloetsjistan, Sindh en Gujarat aan de Arabische Zee als in de twee oostelijke provincies van het land, Orissa en Bengalen, en ze beheersten ook een stukje van Arakan in West-Birma.* Met andere woorden, ze verbonden Centraal-Azië met de Arabische Zee en de Golf van Bengalen, dus met de Indische Oceaan helemaal tot aan Zuidoost-Azië. En dat enorme keizerrijk werd bijeengehouden door de islam.

Waar Kaboel en Kandahar als van nature bij dit eerbiedwaardige, in Delhi zetelende keizerrijk hoorden, gold dat in veel mindere mate voor de hindoeïstische gebieden rond het huidige Bangalore in Zuid-India – nu de technologische hoofdstad van het land. De omvang van het Mogoel-rijk bereikte zijn hoogtepunt onder Aurangzeb, de 'we-

---

* Vanaf eind 12e eeuw tot de Mogoelse invasie behoorde Bengalen tot het minder hecht georganiseerde Delhi-sultanaat.

reldveroveraar', maar die vocht nog tegen Maratha-opstandelingen in het zuiden toen hij al in de tachtig was. Zonder de opstand te hebben onderdrukt, overleed hij in 1707 in zijn kamp op de Deccanhoogvlakte. In feite was het de lange en weinig succesvolle strijd tegen de rebellen in het zuiden die de eenheid en strijdbaarheid van de Mogoel-elite ondergroef. Dat Aurangzeb zo geobsedeerd was door de Maratha-strijders dat hij de machtsproblemen elders verwaarloosde, maakte het voor de Nederlandse, Franse en Britse Oost-Indische Compagnieën gemakkelijker om bolwerken op de kust te veroveren. Die ontwikkeling zou uiteindelijk leiden tot de Britse overheersing van India.[4]

Nadat de Britten het subcontinent met behulp van spoorwegen en andere moderne middelen tot een eenheid hadden gesmeed, werd het idee van een verenigd en stabiel India vanzelfsprekender dan het om allerlei historische en culturele redenen – zie Aurangzeb – was. Zoals trouwens ook de grenzen tussen Afghanistan en Pakistan en tussen Pakistan en India zeer arbitrair zijn. Zo was de Pakistaanse North-West Frontier Province – waarvan de naam in de Britse tijd ontstond, het gebied waar nu Al-Qaida en de Taliban zich schuilhouden, – 'helemaal geen grensgebied', aldus de Harvard-historicus Sugata Bose. Integendeel, het vormde eeuwenlang het 'hart' van het Indo-Perzische en Indo-islamitische continuüm dat zich uitstrekt van de hoogvlakte van Centraal-Azië tot de hete laaglanden van het subcontinent.[5] Als de Amerikanen de geografie, geschiedenis en cultuur nog enigszins als richtlijnen willen nemen, dan moeten zij de strijd in Afghanistan dus niet los zien van Pakistan. Succes in het eerste land is onmogelijk zonder de stabilisering van het tweede. In de toekomst zou zelfs het hele gebied van de Mogoels om negatieve redenen, zoals het terrorisme over de grenzen heen, of om positieve redenen, zoals de bouw van wegen en pijpleidingen, weer een nieuw soort eenheid kunnen gaan vormen. Dan vallen de grenzen tussen Sindh en Gujarat en tussen Centraal-Azië en het Indiase subcontinent weg en raakt Zuid-Azië weer verbonden met het Midden-Oosten in de brede zin van het woord.

De herinnering aan het Mogoel-rijk wijst op een komende wereld waarin de grenzen en de scheidslijnen die tijdens de Koude Oorlog door Azië liepen, verdwenen zijn. Nergens in India voel ik de spanningen die deze nieuwe wereld met zich meebrengt sterker dan in de hoofdstad New Delhi. Onder Shah Jahan en zijn zoon Aurangzeb was Delhi de rijkste en qua bevolking grootste stad tussen Istanbul en Tokio. Nadat de Britten in 1912 hun hoofdstad van Calcutta naar New Delhi hadden verhuisd, kreeg de stad weer dezelfde uitstraling van dominantie. In de regeringswijk zijn de lanen en pleinen zo breed en groot dat je er bijna niet kunt lopen omdat er, ondanks de vele bomen, te weinig schaduw is. De belangrijkste gebouwen, elegant en overweldigend tegelijk, werden in de jaren twintig gebouwd en passen in zekere zin wonderwel bij de fortenbouw van de Mogoels zelf. Zij stralen precies dezelfde monumentale rust uit als het 2,5 km lange Rode Fort, dat halverwege de 17e eeuw onder Shah Jahan in de oude stad werd gebouwd. De zandstenen regeringsgebouwen in New Delhi staan met hun aardtinten van rood en oker, hun door duiven bewoonde portico's en enigszins oosterse kleine en grote koepels – als planeten in de ruimte – voor een macht die zo zeker is van zichzelf dat het de gewone ambitie overstijgt.

Indiakenner William Dalrymple ziet in de koloniale bouwstijl in New Delhi vage overeenkomsten met die van nazi-Duitsland en fascistisch Italië. De dictators aldaar leefden tenslotte in dezelfde tijd als waarin de Britten hun autoritaire regimes hadden en zij koesterden ook dezelfde illusie van eeuwigheid.[6] Naar verluidt liet de Britse architect Sir Edwin Lutyens klokken in de pilaren graveren van het gebouw van de onderkoning, nu de officiële residentie van de Indiase president, omdat er met stilstaande klokken nooit een eind aan de Britse heerschappij zou komen. En een paar jaar eerder had Lord Curzon verklaard: 'Het Imperium roept zo luid als het nog nooit heeft geroepen. [...] De grenzen van het Imperium blijven lokken.'[7] Twintig jaar na de bouwwoede in New Delhi verlieten de Britten India en werden de gebouwen – met alle macht en prentie die ze uitstralen – overgedragen aan de Indiase regering. Nu bieden ze onderdak aan de strijdkrachten en ministeries.

De huidige bewoners zijn diep doordrongen van de les dat macht vergankelijk is, zo wordt me duidelijk wanneer ik enkele dagen lang gesprekken voer met diverse topmilitairen en regeringsfunctionarissen. Ze koesteren weliswaar plannen om de positie van hun land overal in wereld van de Indische Oceaan te versterken, maar ze maken zich ook grote zorgen over de zwakheid van hun grenzen, om nog maar te zwijgen van de conflicten in het binnenland. Behalve ambitie kom ik keer op keer ook een behoedzaam gevoel voor tragiek tegen. Zo groot als de pretenties van de Britten waren, zo weinig pretenties heeft de huidige top in New Delhi.

Het is belangrijk om de gebouwen geografisch te situeren. In architectonische, culturele en historische zin ontmoeten in Delhi het Turks-Perzische Centraal-Azië en de hindoeïstische laagvlakte van de Ganges elkaar. Als zodanig is het sinds de Middeleeuwen de zetel van een sterke mogendheid in Azië geweest. Ook in de 21e eeuw zal de positie van India, zo stelt de CIA, van cruciaal belang zijn voor de internationale politieke verhoudingen. Zoals Lord Curzon een eeuw geleden schreef:

> De centrale positie van India, de fantastische rijkdommen, de krioelende mensenmassa's, de goede havens en de militaire potentie [...] dat alles is van grote waarde. In het westen moet India een overheersende invloed op de toekomst van Perzië en Afghanistan uitoefenen; in het noorden kan het iedere rivaal in Tibet verslaan; in het noordoosten [...] kan het grote invloed uitoefenen op China, en het is een van de beschermheren van het autonome bestaan van Siam [Thailand].[8]

De Groot-mogols en de Britten zijn er niet meer, maar de huidige Indiase leiders bevinden zich in dezelfde geografische positie als zij. Ze kijken dan ook op dezelfde manier tegen de wereld aan, zo merk ik tijdens onze gesprekken.

Het uit Centraal-Azië stammende Mogoel-rijk was geen zeemacht; het Britse rijk was dat wel. Op dit moment vaart India meer de koers van het laatste. Zoals de Britse marine de zeeën overheerste om de kroonkoloniën en met name India te beschermen, zo is het verhaal van het opkomende India, in militair opzicht althans, het verhaal van zijn marine. Op het land ingeklemd tussen de Himalaya en mislukte staten, van Pakistan en Nepal tot Bangladesh en Birma, liggen India's mogelijkheden op de oceaan. India ligt haaks op de

grote vaarroutes van de Straat van Hormuz naar de Straat van Malakka, waar het gevaar van terroristische aanslagen op marine- of
containerschepen zeer reëel is. En hoewel landen als Maleisië en China 'met lede ogen aanzien dat de VS hun geostrategische doelen nastreven in naam van de veiligheid op zee', kan India, zonder dat ooit
openlijk te zeggen, als tegenwicht tegen China dienen.[9] Volgens de
gerenommeerde politiek analist van India, Stephen P. Cohen, heeft
New Delhi vanaf het begin van de Koude Oorlog een adagium uit de
afscheidsrede van George Washington uit 1796 ter harte genomen.
Dat beginsel zegt dat India, net als de Verenigde Staten, door zijn afgezonderde ligging zowel onafhankelijk als sterk kan zijn.[10] In de
Koude Oorlog betekende dat ongebondenheid; nu zien de Indiërs
zichzelf als een opkomende grootmacht met een geheel eigen status.

Chinese politieke denkers vrezen de opkomst van een sterke Indiase marine.[11] De Chinese analist Zhang Ming waarschuwt zelfs dat de
244 eilanden van de Indiase Adamanen-Nicobarenarchipel als een
'metalen ketting' kunnen worden gebruikt om de westelijke ingang
van de Straat van Malakka, die essentieel is voor de Chinese olieaan-
voer, af te sluiten. 'Als India eenmaal de Indische Oceaan beheerst, zal
het geen genoegen met die positie nemen,' zo vervolgt hij. 'Het zal
zijn invloed proberen uit te breiden en de oostwaartse strategie zal
vooral een impact hebben op China.' Samenvattend stelt hij vervolgens dat 'India wellicht onze enige serieuze tegenstander is'.[12] Ming
mag dan klinken als de typische commentator die overal gevaren ziet,
maar zulke commentatoren werken niet in het luchtledige. Zelfs als
hij het gevaar van India overdrijft, dan nog blijkt uit zijn zorgen hoe
serieus de Chinezen India als sterke en zelfstandige zeemacht nemen.

Je kunt niet genoeg waarschuwen dat dit spel subtiel moet worden
gespeeld. India zal zich nooit officieel bij een Amerikaanse alliantie
tegen China aansluiten, zoals Japan in de Koude Oorlog aan de kant
van de VS stond tegen de Sovjet-Unie. Japan was in de Tweede Wereldoorlog verslagen en Sovjethavens lagen naast de deur. India echter is een land in opkomst dat hecht aan zijn jarenlange 'politiek van
ongebondenheid' en het ligt ver van Chinese marinehavens.[13] Met
zijn architectuur uit de periode van de Mogoels en de Britten, wijst de
geopolitieke situatie van New Delhi er nu op dat India een zelfstandig
opererende grootmacht kan worden.

Admiraal Sureesh Mehta mag dan rustig en saai overkomen, hij is de meest optimistische overheidsdienaar die ik spreek. Als chefstaf van de marine heeft hij ook niets te maken met de problemen die India en in het bijzonder de landmacht hebben met de sinds de deling bestaande landsgrenzen. De toekomst van de Indiase marine, die binnen afzienbare tijd de op twee of drie na grootste vloot ter wereld zal hebben, zou niet rooskleuriger kunnen zijn.[14]

De Indiase economie, zeggen admiraal Mehta en anderen, groeit jaarlijks met negen en de industriële productie met tien procent. De middenklasse, nu 200 miljoen bewoners sterk, zal naar verwachting in 2020 meer dan verdubbeld zijn, een ontwikkeling die door de internationale economische crisis zal worden vertraagd, maar niet tot stilstand komt.[*] In 2050 zal India na de VS en China de derde economie in de wereld zijn. Dankzij die groei is de defensiebegroting met tien procent per jaar gestegen, zij het dat de uitgaven zijn gedaald tot minder dan twee procent van het BNP. Twintig procent van de defensiebegroting gaat naar de marine en de helft daarvan is bedoeld voor de aanschaf van nieuwe schepen.[†] Volgens de plannen, zo vertellen marinefunctionarissen, zal India in 2015 twee vliegdekschipgroepen hebben en in 2022 drie. Daarnaast krijgt de marine er zes onderzeeboten en 31 oorlogsschepen bij, die in eigen land worden gebouwd of elders aangeschaft. Verder liggen er voorstellen om zeven van de fregatten uit te rusten met het in Aegis geïntegreerde gevechtssysteem dat ook wordt gebruikt door de VS, Australië, Japan, Zuid-Korea en enkele Europese landen. Voor al deze activiteiten zullen er diverse gloednieuwe scheepswerven komen. Er is een nieuwe marineacademie aan de Malabarkust ten noorden van Cochin gekomen. In 2008 vond er in New Delhi een marinesymposium voor 27 landen aan de kusten van de Indische Oceaan plaats, waarmee India zich als het ware als aankomende

---

[*] Geschat wordt dat India rond 2032 China zal hebben ingehaald als het land met de grootste bevolking ter wereld.

[†] Vanaf begin jaren negentig is het aandeel van de marine in de Indiase defensiebegroting verdubbeld. Walter C. Ladwig III, 'Delhi's Pacific Ambition: Naval Power, "Look East," and India's Emerging Influence in the Asia-Pacific', in: *Asia Security*, jrg. 5 nr. 2 (mei 2009).

marinemacht op de kaart zette en zich aan het hoofd stelde van een coalitie zoals ook de VS die kennen. Dit alles maakt deel uit van de plannen die ertoe leiden dat India maar liefst 40 miljard dollar aan wapentuig zal spenderen en zo een van de grootste afnemers van wapens ter wereld wordt.[15] Misschien dat China zich toch niet voor niets ongerust maakt.

Jaarlijks varen er een miljoen schepen door de zeeëngtes van de Indische Oceaan. De toekomst hangt af van de veiligheid van de aanvoer van olie en gas. Bovendien ziet New Delhi de Chinese 'parelkettingstrategie' als een poging om India in de eigen subregio op te sluiten. Deze ontwikkeling begon in 1950 met de Chinese inval in Tibet, dat van oudsher als bufferstaat tussen India en China fungeert. Na de oorlog tussen die twee landen in 1962 – waarvan de Chinese overwinning in India nog steeds als een grote vernedering geldt – kwam daar het conflict over de vierduizend kilometer lange grens bij. Aksai Chin in de westelijke Himalaya wordt door Beijing nog steeds aangeduid als zuidelijk Tibet en als zodanig bezet, terwijl het wordt geclaimd door de Indiase deelstaat Arunachal Pradesh. Op het land voelt India zich omsingeld: de landen waarheen China de meeste wapens exporteert zijn Pakistan, Bangladesh en Birma.[16] Daarnaast is er nog het probleem Nepal: toen koning Gyanendra in 2005 het parlement en de grondwet buiten werking stelde, verbraken of verminderden westerse landen, waaronder de VS, de militaire banden met het land. China sprong in dat gat, met als enige reden, zo lijkt het, om India de voet dwars te zetten.[17]

De Chinezen hebben een haven en wegen in Birma. Ze bouwen bunkerstations op Sri Lanka. Ze hebben voet aan de grond op de Seychellen en Madagascar, alwaar ze grote hulpprojecten uitvoeren. Ze verwachten dat Gwadar een bevriende haven zal zijn. Hoewel deze stad door zijn ligging op een landtong niet goed door China kan worden verdedigd, wilde India het succes van Gwadar niet afwachten.[18] Het antwoord van New Delhi op de Chinees-Pakistaanse samenwerking was de gigantische, 8 miljard dollar kostende marinebasis bij Karwar, een Indiaas stadje net onder Goa aan de Arabische Zee. De eerste fase ervan kwam gereed in 2005. De INS (Indian Naval Ship) Kadamba, zoals de naam luidt, is de derde operationele marinebasis van India: de andere twee liggen in het noordelijker gelegen Mumbai en in Visakhapatnam aan de Golf van Bengalen. Karwar moet uiteindelijk de thuisbasis worden van maar liefst 42 marineschepen, waaronder onderzeeboten. Daarmee wordt niet alleen Mumbai ontlast, maar er kan ook sneller worden opgetreden omdat de vloot niet wordt belemmerd door koopvaardijschepen.[19] India wilde voorkomen dat China of Pakistan vanuit Gwadar de ingang van de Golf van Oman kan controleren of zelfs blokkeren, want voor de Indiërs is de Straat van Hormuz even essentieel als de Straat van Malakka voor de Chinezen.[20] Boven op de Amerikaanse hegemonie werd zo de driehoek China, Pakistan en India de belangrijkste geostrategische kwestie in de Arabische Zee.[21]

India is ook actief ten zuiden van deze zee, dat wil zeggen in de westelijke Indische Oceaan langs de kust van Afrika. Het bouwde aanlegplaatsen, stelde luisterposten op en maakte wapenafspraken met de eilandstaten Madagascar, Mauritius en de Seychellen. Als tegenmaatregel werkt ook China militair met deze landen samen.

Zoals Chinese oorlogsschepen nu in de westelijke Indische Oceaan opereren, zo vind je Indiase oorlogsschepen in de Zuid-Chinese Zee. India heeft de samenwerking op maritiem gebied met Indonesië en Vietnam opgevoerd om de vinger aan de pols te houden bij de oostelijke ingang van de Indische Oceaan, zoals het in het zuidwesten de facto de controle heeft over Mauritius. De kustbewaking op zowel Mauritius als op de Seychellen is in feite in handen van Indiase marineofficieren.

India heeft ontkend dat de marineoefening eind 2007 van vijf democratische landen – India, de VS, Japan, Australië en Singapore – voor de Malabarkust als een waarschuwing aan het adres van China was bedoeld. Toch kan niet ontkend worden dat dit 'concert van democratieën', zoals een Indiase functionaris de oefening noemde, waarbij twintigduizend mariniers uit vijf landen samen complexe operaties uitvoerden, van een heel ander kaliber was dan de gezamenlijke oefening van India en China. Die betrof slechts zoek- en reddingsacties op het land, waarbij beide kanten hun geavanceerde systemen zo veel mogelijk voor elkaar verborgen hielden.

'India heeft niet op Amerikaanse toestemming gewacht om China tegenwicht te bieden,' zegt de Indiase strateeg C. Raja Mohan, waarmee hij de vrees van de Chinese analist bevestigt. Deze politiek wordt door zijn land al bedreven sinds de Chinese inval in Tibet, zo voegt hij eraan toe.[*]

De zorgen over China vloeien voort uit succes. China is de olifant in de kamer die India en de VS naar elkaar toedrijft.[†] Niettemin 'volgt geen land de spectaculaire groei van China zo van nabij en met zoveel jaloezie als India', schrijven de analisten Mohan en Parag Khanna.[22] Het land 'wil China en de VS op even grote afstand houden', oordeelt de Britse journalist Edward Luce, 'hetgeen in de praktijk niet strijdig is met het belang van Washington'. Een India dat economisch groeit en 'assertiever op het wereldtoneel wordt' zal namelijk 'vanzelf een tegenwicht tegen China gaan vormen'.[23] Zoals gezegd, zal India vasthouden aan zijn politiek van ongebondenheid, maar zoals het tijdens de Koude Oorlog naar de Sovjet-Unie neigde, zo zal het nu neigen naar de Verenigde Staten.

China echter is een probleem voor militair strategen van India, en veel minder voor zijn veiligheidsdiensten en anderen. De terroristen die aanslagen in het land plegen komen immers niet uit China, maar uit Pakistan. Omdat de economieën van beide landen elkaar goed aanvullen is China na de VS de belangrijkste handelspartner van India. Als gevolg van de demografie zullen zij ooit elkaars grootste handelspartners zijn.[24] Het lijkt erop dat de beide demografische kolossen met elkaar moeten gaan samenwerken, waardoor hun relatie nog ingewikkelder zal worden. Het is daarom nog maar de vraag of China het ooit zal aandurven om openlijk marinebases aan de Indische Oceaan te vestigen.

Maar China of geen China, India is op maritiem gebied al een belangrijke regionale macht, die zich wellicht tot een grootmacht zal ontwikkelen. De meeste problemen van India liggen op het land, niet op zee. Als chef van de generale staf van de Indiase landmacht zegt generaal

---

[*] Daniel Twining, 'The New Great Game', *Weekly Standard*, 25 december 2006. India heeft de Chinese soevereiniteit over Tibet pas in 2005 erkend; in ruil daarvoor erkende China de Indiase soevereiniteit over de Himalaya-staat Sikkim.

[†] Een aantal Indiërs wijst erop dat China heeft geprotesteerd tegen de leverantie van uranium aan India door Australië. Ze maken daaruit op dat China India het liefste klein houdt.

Deepak Kapoor: 'China is ons buurland, waarmee we hoe dan ook om moeten gaan.' Dat neemt niet weg dat het Indiase leger notitie heeft genomen van China's bouwwoede: in Tibet liggen inmiddels drie vliegvelden waarvandaan India gemakkelijk te bereiken is. De wegen en spoorlijnen die van centraal China via hoge bergketens naar Tibet lopen, komen uit bij het Indiase subcontinent. En vanuit het Chinese binnenland zijn er 39 transportroutes aangelegd naar de omstreden grenzen.[25]

Maar nogmaals, China vormt zeker geen acute bedreiging. Naar de mening van de generaal komt het echte gevaar van de Pakistaanse Inter-Services Intelligence (isi). Wordt er in New Delhi slechts in abstracte strategische termen over China gesproken, als het over Pakistan gaat wordt de toon persoonlijker. Mijn gesprekspartners zijn dol op vergelijkingen tussen hun land en China, maar liggen 's nachts wakker van de problemen met Pakistan. De inlichtingendienst van dat land 'stelt zichzelf de wet', zoals een andere Indiase legerofficier tegen me zegt. In New Delhi wordt de isi beschouwd als een overheidsorganisatie met een terroristische inslag zoals er maar weinig zijn in de wereld, afgezien van de sjiitische Hezbollah in Libanon. De organisatie heeft de Taliban en Al-Qaida in Afghanistan geholpen en steunde terroristen in het Indiase deel van Kasjmir. En bovenal zit zij achter de infiltratie van jihadi's in India. 'Radicale elementen bewegen zich ten oosten van de Indus en dat zal alleen maar erger worden,' aldus een Indiase inlichtingenman. Hij zei dit vóór de grote terroristische aanslag in Mumbai in 2008. Dat de daders daarvan via zee kwamen, betekent dat de Indiase marine bij haar zorgen over China zich ook moet buigen over de verbetering van de maritieme grensbewaking.

Dit alles gebeurt op het moment dat het Pakistaanse leger van de Indiase grens is overgeplaatst naar Beloetsjistan en de North-West Frontier Province bij Afghanistan, om daar de opstandelingen en terroristen binnen de eigen grenzen aan te pakken. De trend is duidelijk: werd India van Pakistaanse zijde jarenlang standaard bedreigd door het leger, nu is het grootste gevaar de infiltratie van moslimterroristen. Desondanks laten Indiërs zich nog steeds honend uit over het Pakistaanse leger, dat zij in een oorlog hebben verslagen. 'Het is zo lang bij de politiek betrokken geweest dat het geen professioneel leger meer is,' zoals een hooggeplaatste Indiër het formuleert. Bovendien, vervolgt hij, heeft Pakistan 'zijn eigen terroristische elementen zo weinig onder controle' dat jihadi's zich in het ambtelijke apparaat hebben genesteld. Wederom: de aanslag in Mumbai zou dit bevestigen. Dat bij de verkiezingen in 2009 de hindoenationalisten als Modi ondanks die aanslag een nederlaag leden, is een van de bewijzen dat India sterker is geworden. Het land bleek zoveel zelfvertrouwen te hebben dat het niet in extremisme verviel.

Vanwege de behoefte aan een sterk land in de rug van Pakistan is het Indiase leger voor een pro-westers Afghanistan zonder Taliban. Vanuit Indiaas oogpunt bezien, zegt generaal Kapoor, is het belangrijker dat de Amerikanen zich langdurig committeren aan Afghanistan dan aan Irak. 'Het is voor India van cruciaal belang dat de regering van Karzai overleeft,' stelt ook de nationale veiligheidsadviseur, M.K. Narayanan. Voor India is de oorlog in Afghanistan niet minder belangrijk dan voor de VS. Het land zou namelijk de toegang tot energierijke regio's verliezen als Afghanistan, de islamitische republieken in Centraal-Azië en Pakistan een islamitisch blok zouden vormen tegen het overwegend hindoeïstische India. Een Afghanistan dat India goed gezind is daarentegen kan vanuit het westen druk op Pakistan uitoefenen zoals India dat vanuit het oosten doet. Ja, indirect heeft India decennialang met Pakistan om Afghanistan gestreden.

In de jaren tachtig steunde India het seculiere, pro-Sovjet regime van Najibullah in Kaboel en werden de islamitische opstandelingen die hem ten val zouden brengen door Pakistan gesteund. En omdat zij tegen de Sovjet-Unie streden, stimuleerde Washington de Pakistaanse ISI in deze steun aan de moedjahedin, die later veelal de kant van de Taliban en Al-Qaida zouden kiezen. In 1991 viel de Sovjet-Unie echter uiteen en tien jaar later vond de aanslag op het World Trade Center plaats. Voor de VS veranderde dat alles, maar de positie van India en Pakistan jegens Afghanistan bleef gelijk. Waar India zich genoopt ziet een min of meer seculier regime in Kaboel te steunen, zo voelt Pakistan zich geroepen tot hulp aan de islamitische opstandelingen die dat regime omver willen werpen.* En de Amerikanen hebben nu ongeveer dezelfde positie als Moskou dertig jaar geleden.

---

* Pakistan stelt met enige regelmaat dat India via zijn pas geopende consulaten in Afghanistan hulp biedt aan de separatistische beweging van Beloetsjistan.

Behalve over Pakistan maakt generaal Kapoor zich ook zorgen over het kruitvat Jammu en Kasjmir, de enige Indiase deelstaat met een moslimmeerderheid. Als dat gebied verloren gaat of verder explodeert, dan zou dat tot 'een kettingreactie van separatisme' kunnen leiden onder de talloze bevolkingsgroepen met verschillende talen en religies die India herbergt.[26] Verder zijn er de maoïstische rebellen in Nepal, waar de helft van de bevolking dicht bij de grens met India woont en waar volgens medewerkers van de Indiase inlichtingendienst de invloed van zowel de ISI als China toeneemt. Ook al zou dat overdreven zijn, hun nadruk op dit punt laat zien dat New Delhi zich hier zorgen over maakt, met name omdat een sterkere positie van de maoïsten in Nepal kan leiden tot terroristische aanslagen door de maoïstische naxalieten in Midden- en Oost-India.

Afgezien van hun werkelijk grote angst om India's landsgrenzen maken Indiase legerofficieren zich zorgen over nog een heleboel andere zaken. Ze wijzen op de opkomst van het soennitische moslimfundamentalisme op de Maladiven, de eilanden ten zuidwesten van India; op de etnische verzetsgroepen die vanuit Birma, waar China een grote vinger in de pap heeft, opereren in het uiterste noordoosten van India; over de naar schatting 10 tot 15 miljoen illegale immigranten uit Bangladesh; en over de inmiddels geëindigde oorlog op het voor de zuidkust van India gelegen Sri Lanka. 'Omdat wij met onze onveilige grenzen veel soldaten op de grond moeten hebben, kunnen we ons niet de luxe van een snelle reactiemacht in Amerikaanse stijl veroorloven,' aldus een officier.

Na op alle gevaren te hebben gewezen, vertellen mijn gesprekspartners op lichtere toon over plannen voor pijpleidingen tussen India en onder andere Turkmenistan in Centraal-Azië. Dat is een regio die India, dat vreest voor omsingeling, niet van plan is over te laten aan China en Pakistan. Dat blijkt wel uit het feit dat het onlangs een militaire basis in Tadzjikistan heeft gevestigd. We hebben het ook over het belang van de Golf en Zuidoost-Azië voor de veiligheid van India.

Om een lang verhaal kort te maken, kun je dus stellen dat India in de eigen omgeving vele problemen heeft, ook al versterkt het zijn positie verder weg. 'Pakistan, Afghanistan, Birma, Sri Lanka, onrust, onrust, onrust...', zoals een Indiase functionaris zegt. 'Iedereen verwacht dat het democratische India hard zal optreden in het geval van Birma en Tibet, maar omdat we grenzen met die landen hebben kunnen we er ook geen machtsvacuüm laten ontstaan.' India verkeert niet in de positie om morele uitspraken over goed en kwaad te doen, zoals de door twee oceanen beschermde Verenigde Staten, zegt minister van Buitenlandse Zaken Shivshankar Menon. 'Het laatste wat we willen is dat alle achttien rebellenorganisaties in Birma weer in opstand komen,' aldus een andere functionaris. India is het sterkst in de zuidelijke deelstaten aan zee en het zwakst in het noorden, oosten en westen.

'In India wonen 155 miljoen moslims. Waar we ons echt zorgen om moeten maken is het fundamentalisme. Hoe zorgen we ervoor dat de zaken niet uit de hand lopen?' aldus weer een andere overheidsdienaar. 'Al-Qaida is als een manier van denken gevaarlijker dan als organisatie.' In New Delhi is men werkelijk bang dat de hele regio tot instabiliteit vervalt. 'Onze rust en vrede staan op het spel.' Volgens gegevens van het Amerikaanse ministerie van Buitenlandse Zaken worden er na Irak in India inderdaad de meeste aanslagen per jaar gepleegd.[27] Narayanan wijst op de terroristische aanslag in juli 2006 in Mumbai, toen in zeven treinen bommen ontploften, waarbij ruim tweehonderd doden en zevenhonderd gewonden vielen. 'Die aanslag was in verschillende landen voorbereid. De inlichtingendiensten [in de regio] werken niet samen,' zegt hij. Als een van de landen die het meest van het moslimextremisme te vrezen hebben, is India op dit punt een natuurlijke bondgenoot van de Verenigde Staten. Deze extremisten opereren vanuit het grensgebied tussen Pakistan en Afghanistan, in India's eigen achtertuin.*

In het met miniaturen van de Mogoel-keizers verfraaide gastenverblijf van het ministerie van Buitenlandse Zaken zegt minister Menon dat India een land 'van het midden' is. Met die van wetenschapper Sunil Khilnani afkomstige uitdrukking bedoelt hij meerdere dingen: India houdt het midden tussen Amerika en China, tussen een wereldmacht en een regionale macht, tussen 'harde' en 'zachte'

---

* Omdat India zich ook doelwit voelt van raketaanvallen uit China en Pakistan, is het ook op het gebied van de raketverdediging bondgenoot van de VS.

macht, tussen de opbloeiende economie en de marine enerzijds en de wijdverbreide armoede en onveilige landsgrenzen anderzijds.[28] Op cultureel gebied heeft India altijd al meer invloed gehad dan je op grond van zijn machtspositie zou verwachten.

Het is een mooi concept, maar heb je er ook wat aan bij de besluitvorming? Het nabije buitenland kan India dwingen tot een keuze voor de ene dan wel de andere categorie, maar gezegd moet worden dat een zekere ambivalentie over machtsuitoefening bij India hoort. Zo zie je dat New Delhi bij het buitenlands beleid nog niet echt heeft ingecalculeerd dat het over een sterke marine en luchtmacht beschikt.[29]

India is de ultieme paradox. Het domineert het subcontinent net zo sterk als in de Britse tijd, maar heeft anders dan de onderkoningen met gevaarlijke buren te maken. Het enige land op het subcontinent dat functioneert is India zelf. Alle andere landen – Pakistan, Nepal, Sri Lanka, Bangladesh en Birma – werken niet. Bij Pakistan en Bangladesh ontbreekt elke geografische logica: het zijn kunstmatige landen op plaatsen waar de politieke kaart door de jaren en eeuwen heen drastisch is veranderd. In Nepal werd het tiental etnische groepen bijeengehouden door een hindoeïstisch koningshuis dat na een gruwelijke moordpartij is ingeruild voor een fragiele democratie. Op Sri Lanka smeult het vuur van de decennialange interne strijd nog na. En alle etnische rebellenbewegingen in het uitgestrekte en bergachtige Birma zijn het excuus geworden voor militair wanbeheer aldaar. Zo is India ondanks alle verschillende talen, bevolkingsgroepen en religies de enige stabiele staat die het subcontinent van de Himalaya tot de Indische Oceaan bijeenhoudt. Dat is in de allereerste plaats te danken aan de democratie, die ruimte geeft aan alle bevolkingsgroepen. Ondanks de naxalitische terroristen is India stabiel, dat wil zeggen dat het zelfs als het dat zou willen niet kan desintegreren.

In de imposante regeringsgebouwen in New Delhi mag een admiraal dan vertellen over machtsposities in zulke verre oorden als Mozambique en Indonesië, de talloze problemen waardoor de bewoners dagelijks worden overspoeld, geeft hun een bescheidenheid die de Britten, ondanks al hun realpolitik, missen. De Indiërs zouden de prachtige positie op het ontmoetingspunt tussen Centraal-Azië en de hindoeïstische laagvlakte daarom weleens langer en uiteindelijk met meer succes kunnen bezetten dan hun voorgangers. Echte staatslieden denken tragisch om tragedies te voorkomen.

India ligt midden in een oceaan waarheen de Verenigde Staten en China op weg zijn voor een rendez-vous met de toekomst. Zoals de Amerikaanse marine zich voorbereidt op een nieuwe positie op twee oceanen – de Stille en de Indische Oceaan in plaats van de Stille en de Atlantische Oceaan – zo denkt ook de Chinese marine, zoals we in een volgend hoofdstuk zullen zien, na over deze dubbele aanwezigheid. Zouden de Stille en de Indische Oceaan met elkaar verbonden worden, dan ontstaat er pas echt een nieuw internationaal strategisch centrum. Maar voordat we hierop doorgaan, moeten we eerst nog naar andere landen aan de kust van de Indische Oceaan, en met name aan de Golf van Bengalen kijken. Laten we beginnen met India's buurland Bangladesh, dat ook tot het Mogoel-rijk behoorde.

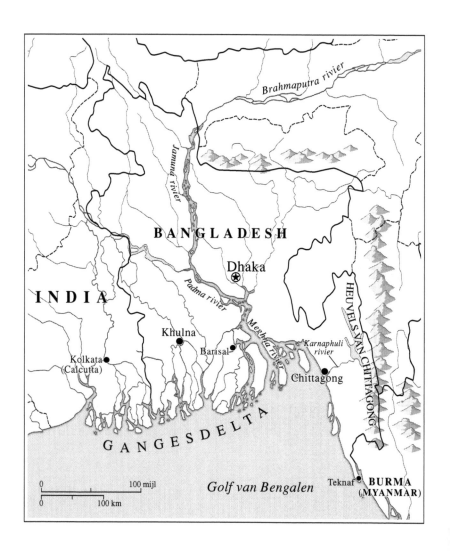

8

Bangladesh: een levensgrote uitdaging

De Indische Oceaan is de enige 'ingesloten' oceaan, om met Alan Villiers te spreken. De beide andere oceanen lopen helemaal van Antarctica tot aan de Noordelijke IJszee, maar de Indische Oceaan loopt dood op de Aziatische landmassa. Door de omgekeerde driehoek van India ontstaan daar twee grote baaien: de Arabische Zee en de Golf van Bengalen.[1] Het eerste water behoort tot het Midden-Oosten, het tweede tot Zuidoost-Azië, en het rijk van de Groot-mogols verbond beide. Maar wat deze zeeën werkelijk verbindt, is de moesson. Die bestrijkt over alle grenzen heen de hele geografische breedte. De bevolking van Karachi volgt precies hoe de stormachtige zuidwestmoesson zich langs de Indiase Malabarkust naar het noorden beweegt, de Bengalezen doen hetzelfde wanneer de moesson door de Andamanse Zee bij Birma naar hun kust komt. Omdat ik de landen aan de Golf van Bengalen altijd tijdens de zomermoesson heb bezocht, zijn de beelden die ik daaraan bewaar donkerder – wat niet wil zeggen onplezieriger – dan die van de landen aan de Arabische Zee.

Te zeggen dat de zuidwestmoesson die in het begin van zomer in de Golf van Bengalen aankomt nat is, is een eufemisme. Het is de periode van de tropische cyclonen, waarbij het aldoor lijkt alsof de hele oceaan over je wordt uitgestort. Dagenlang hangen de dreigende luchten zo laag over het landschap dat alles in de mist verdwijnt. De met hibiscus begroeide bergen, het heldere oranje van de mango's en de sari's van de vrouwen, alles wat anders zo kleurig is wordt vaag. Dat is niet deprimerend: het eerste wat je merkt is de afkoeling, niet de grauwheid. Je hebt weer meer energie. Je kleren zijn niet langer drijfnat van het zweet en je benen zijn niet meer slap van de hitte. Het gevoel dat je bij elke beweging tegen de lucht op moet boksen, is weg.

De moesson – van het Arabische woord *mausim*, dat 'seizoen' betekent – is een van de 'belangrijkste weersystemen' die verband houden met de rotatie van de aarde en het klimaat. Als de gebieden rond de Kreeftskeerkring ten noorden van de Indische Oceaan in de zomer heel sterk opwarmen, ontstaat er vlak boven het aardoppervlak een lagedrukgebied waar de koelere lucht boven zee naartoe stroomt. Als die koele, vochtige lucht in aanraking komt met de hete, droge lucht boven land, stijgt ook de vochtige lucht op, waardoor er wolken en regen ontstaan.* Dit alles gebeurt met haast mathematische zekerheid: de twee moessonstromen bereiken Kaap Comorin en Bangladesh rond 1 juni, Goa en Kolkata vijf dagen later, Mumbai en Bihar weer vijf dagen later, Delhi half juni en Karachi rond 1 juli. Juist door die ontzag inboezemende regelmaat is de landbouw en daarmee een groot deel van de economie op de moesson afgestemd. Een goede moesson brengt welvaart, maar dat betekent ook dat een mogelijke klimaatverandering rampzalige gevolgen voor de kuststaten kan krijgen. Cijfers hebben al aangetoond dat de opwarming van de aarde ook de moesson van slag brengt.[2]

De zuidwestmoesson bereikt Bangladesh op het moment dat ik in een bootje over een verdronken dorp vaar. Door de afkalving van de grond is het dorp verdwenen in een gleuf van 1,5 kilometer breed, die nu tussen het vasteland en een *char* loopt – een tijdelijk, door slib gevormd eilandje dat op een dag weer even gemakkelijk zal verdwijnen. Terwijl de inktzwarte wolken uit de Golf van Bengalen komen aanzetten, wordt het rottende bootje tegen de golven gesmakt. Na dagen van klamme hitte begint het te stortregenen. De bootsman, mijn tolk en ik zorgen dat we op het eilandje komen voordat de boot

---

* Omdat het water door de uitwaseming van bladeren aan de lucht wordt teruggegeven, zijn bossen essentieel voor het proces. De aantasting van de bossen door de mens dreigt dan ook de moesson waarvan de landbouw afhankelijk is, te verzwakken. Dit is een minder bekende vorm van klimaatverandering. Alexander Frater, *Chasing the Monsoon*, New York, Holt, 1990, p. 31-32, 65, 70, 159; Michael Pearson, *The Indian Ocean*, New York, Routledge, 2003, p. 19-20.

zo vol slibwater loopt dat hij zal zinken. We beginnen te hozen. Het kost veel moeite om iets te bekijken dat er niet meer is.

Een paar dagen later bezoek ik een gebied waar ruim tien dorpen moesten worden ontruimd omdat een stel dammen het had begeven. Achter op een motor rijd ik langs de eindeloze doolhof van dijkjes waartussen de rijstveldjes kletsnat van de regen liggen te glimmen. Het enige wat ik aan het eind van rit zie, zijn een paar aarden dammen die zijn ingestort. Ook dat is weinig spectaculair – omdat ik niet weet hoe het hier voor die tijd was.

De klimaatverandering en stijgende zeespiegel zijn moeilijk op beeld vast te leggen. De beelden van de smeltende ijskap zijn zo indrukwekkend omdat de ijskap zelf zo indrukwekkend is. Natuurlijk kunnen ook rivierlopen plots veranderen en dammen opeens instorten door een minieme, maar cruciale verandering van de hydraulische druk, maar dan moet je erbij zijn om het te zien.

Toch heb ik, toen ik gedurende de eerste weken van de moesson door heel Bangladesh reisde, heel wat drama's gezien, drama's die je kunt terugbrengen tot één feit: tot op het kleinste, meest afgelegen en fragielste stukje grond vind je een heleboel mensen. Zelfs op de *chars* sterft het van de mensen die de aangeslibde grond bebouwen. Overal zie je mensen in dit modderige waterland, dat doorsneden wordt door smalle, slechte wegen en zie je veerboten, waarop bedelaars en straatventers in de stromende regen lijken te slaapwandelen tussen de auto's door.

Ik kom door stadjes die op de kaart vermeld staan, maar niet veel meer zijn dan een verzameling stalletjes van roestig golfplaat en bamboe onder een dak van broodvrucht-, mango- en lycheebomen. Ook daar wemelt het van de mannen die boven hun traditionele, overhemdachtige *longyis* een baseballpetje dragen, en van de vrouwen die de afgelopen jaren steeds massaler gehuld gaan in de boerka. Tussen de steden door rij ik langs vol water staande sleuven waarop een groene drab van algen en hyacinten drijft. Daar is de grond afgegraven om de weg te verhogen boven het platte, op zeeniveau liggende land.

Grond is zo schaars in Bangladesh dat rivierbeddingen in het droge seizoen worden uitgebaggerd voor de grond. Er wordt de hele tijd met aarde geschoven. Als huizen worden afgebroken, wordt de grond waarop ze stonden met behulp van 'baggerpijpen' naar de nieuwe locatie gepompt. 'Dit landschap is voortdurend in beweging. Waar het ene jaar water is, kan het volgende jaar land zijn, en vice versa,' zo vertelt een medewerker van het Amerikaanse Agency for International Development in de hoofdstad Dacca. 'Iemand kan een kuil graven, de grond verkopen en dan vis kweken in de nieuwe vijver.'

Hier laat men werkelijk geen stukje grond onbenut, hoe gevaarlijk het er ook is. Op een dag loop ik langs een draagbaar waarop een man ligt die net in zijn gezicht is gebeten door een Bengaalse tijger. Omdat vissers zich steeds dieper in de mangrovemoerassen aan de Bengaals-Indiase grens begeven die het laatste toevluchtsoord van de tijgers zijn, gebeurt dat wel vaker. Door de verzilting van de moerassen is het aantal herten, waarmee de tijgers zich voeden, weliswaar sterk afgenomen, maar de tijgers kunnen net als de mensen nergens anders heen.

De aarde is nooit stabiel geweest. Overstromingen en erosie, cyclonen en tsunami's waren in de geologische geschiedenis eerder regel dan uitzondering. Maar nooit eerder zijn de kwetsbaarste gebieden zo dichtbevolkt geweest als nu. Ook al neemt de wereldbevolking minder snel toe dan voorheen, de bevolking van de landen die in de gevarenzones liggen is nu al zo groot, dat de groei in absolute cijfers daar ongekend zal zijn. Dat betekent ook dat in de komende decennia meer mensen het slachtoffer van natuurrampen zullen worden dan ooit in de geschiedenis, afgezien van een paar periodes, zoals die van de pest in de 14e eeuw. De tsunami van december 2004 was een voorproefje voor de rampen die nog gaan komen.

Als nieuwsbericht, zo wordt weleens gegrapt, zijn duizend ontheemden door een overstroming in Bangladesh even belangrijk als een handjevol doden of ontheemden in een land dichter bij huis. Dat is niet alleen cynisch, het gaat ook voorbij aan wat de natuur vermoedelijk nog in petto heeft. Zo zal de Amerikaanse marine die zich in de Indische en Stille Oceaan laat zien als waarschuwing aan China, vast nog wel vaker hulp moeten bieden bij een natuurramp. Ook de Amerikanen hebben dus direct met de problemen van Bangladesh te maken.

Voor Bangladesh, waar 150 miljoen zielen dicht op elkaar op zeeniveau leven en de kleinste klimaatverandering al grote gevolgen heeft, vormt de opwarming van de aarde een enorme bedreiging. Zou de zeespiegel in de Golf van Bengalen in 2030 met twintig centimeter stijgen, dan raken ruim tien miljoen mensen alles kwijt wat ze hebben, zoals de directeur van het Bangladesh Centre for Advanced Studies, Atiq Rahman, opmerkt. Alleen al door het smeltende ijs op Groenland zal volgens berekeningen meer dan de helft van Bangladesh deze eeuw onder water komen te staan. Hoe omstreden dat cijfer ook is, één ding is zeker: nergens is de kans op de grootste humanitaire ramp ooit zo groot als hier. Bovendien zal die ramp, zoals ik heb gezien, alleen de armsten van de armen treffen.

Net als andere landen heeft Bangladesh evenwel niet alleen met de klimaatcrisis te maken: het kampt ook met politieke problemen zoals het religieuze extremisme en een falende democratie.

Ten noorden van de Golf van Bengalen hebben drie wijdvertakte rivieren, de Ganges, Brahmaputra en Meghna, de grootste, jongste en beweeglijkste rivierdelta ter wereld gevormd. In deze delta, die 3,5 keer zo groot is als Nederland en waarvan elk jaar twintig tot zestig procent overstroomt, wonen ruim 150 miljoen mensen. Dat is half zoveel als in de Verenigde Staten en meer dan in Rusland. Alleen al het aantal moslims in het land (83 procent van het totaal) is bijna gelijk aan het inwonertal van Egypte en Iran samen. Bangladesh geldt enkel en alleen als een klein land omdat het van drie kanten door India wordt omringd. Feitelijk is het een groot land. Een reis per boot of auto door dit echte waterland kan, zoals ik heb gemerkt, dagen duren.

De eerste overstromingen komen in het vroege voorjaar, als de drie rivieren het smeltwater van de Himalaya in het noorden niet meer aankunnen. In juni, juli en augustus vallen de moessonregens die vanuit de Golf van Bengalen in het zuiden komen aandrijven. Rampen kunnen ontstaan als er door God of de mens gerommeld wordt met de hoeveelheid water die via de rivieren, de zee of de hemel het land binnenkomt. Een door de mens veroorzaakt probleem is de grootschalige ontbossing in Nepal, India en China: zonder boomwortels stroomt er aarde mee met het water, dat daardoor stil blijft staan op het land en dus niet terechtkomt in de grote rivieren. Bovendien onttrekken India en China veel water aan de Ganges en

Brahmaputra voor irrigatie, zoet water dat Bangladesh dus evenmin bereikt. Met als gevolg droogte in het noorden. Ondertussen zorgt de stijging van het zeewater aan de zuidkust, die door de opwarming van de aarde veroorzaakt lijkt te worden, ervoor dat het zoute water en de op zee ontstane cyclonen dieper het land binnendringen. De verzilting – het gezicht van de opwarming in Bangladesh – doodt bomen en oogsten, en vergiftigt bronnen. En de instroom van zout water wordt alleen maar groter doordat er steeds minder zoet water uit India en China komt.

Het interessantste aan Bangladesh zijn echter niet alle problemen die het land heeft, maar de autonome wijze waarop de bevolking met de extreme natuurlijke omstandigheden omgaat. De dorpen raken namelijk geïsoleerd door het weer en de overstromingen, en eeuwenlang kende het land ook geen serieus centraal bestuur. Dat kwam pas in de 16e eeuw met de Groot-mogols. Maar zij noch hun Britse opvolgers konden echt tot het platteland doordringen: de grote wegen werden hier pas na de onafhankelijkheid aangelegd. De bevolking van het land verwacht dan ook geen hulp van hogerhand, maar heeft zichzelf op het laagste niveau georganiseerd. Op het platteland van Bangladesh speelt de politiek zich vooral op lokaal niveau af en vrouwen spelen daarin weer een grote rol.

Op vier uur rijden van Dacca kom ik langs dorpen in een streek met een gemengde moslim- en hindoebevolking. In een van die dorpen hebben vrouwen hun eigen comités opgericht voor de productie van manden en textiel, en de winst wordt gestoken in nieuwe waterputten en latrines. Ze laten me een op karton getekende kaart zien waarop is aangegeven waar die zullen komen. De comités krijgen hulpgelden van een plaatselijke ngo, die weer banden heeft met CARE. Het eerste geld kwam van buiten, maar de organisatie is handen van de mensen zelf.

In de door tijgers bewoonde mangrovemoerassen in het zuidwesten bezoek ik een uit bamboehutten bestaand vissersdorp langs een rivier. Leden van een lokale ngo voeren een toneelstuk op over het opvangen van regenwater en het planten van bomen tegen erosie, over maatregelen kortom in verband met de klimaatverandering. Honderden dorpelingen zitten te kijken: ik ben de enige buitenlander. Na afloop word ik meegenomen naar de waterreservoirs die zij hebben gebouwd om het regenwater naar de putten te leiden.

Op dezelfde laagdrempelige wijze hebben geheel door vrijwilligers gerunde organisaties de jaarlijkse bevolkingsgroei in Bangladesh teruggedrongen van zeven procent na de onafhankelijkheid tot 1,5 procent nu – een ongehoorde prestatie als je bedenkt hoe belangijk in deze agrarische samenleving kinderen als landarbeiders worden geacht. Met evenveel succes is de polio enkele keren uitgeroeid, een ziekte die alleen terugkeerde door infectie vanuit India. Hoeveel problemen er ook zijn, hetzelfde Bangladesh dat in de jaren zeventig een enorme hongersnood kende, kan nu zichzelf voeden.

Dat het land het naar omstandigheden zo goed doet, is allereerst aan de ngo's te danken. Bij die term denken wij aan hulporganisaties als Save the Children, Artsen zonder Grenzen enzovoorts. Maar in Bangladesh staat het woord voor de duizenden plaatselijke organisaties die het gat opvullen tussen de slecht functionerende regeringen en de dorpscomités.

Het feit dat deze ngo's non-profitorganisaties met bedrijfsmatige elementen zijn, heeft vragen opgeroepen. Neem Mohammed Yunus en zijn Grameen Bank, die in 2006 gezamenlijk de Nobelprijs voor de Vrede kregen voor hun pionierswerk op het gebied van microkrediet aan arme vrouwen. Yunus bezit ook een bedrijf voor mobiele telefonie en internetdiensten. Een ander voorbeeld is het Bangladesh Rural Advancement Committee (BRAC). Dat deelt niet alleen veel hulpgelden uit, maar runt ook zuivel-, kippen- en kledingbedrijven. De hoofdkantoren van de Grameen Bank en het BRAC zetelen in een van de duurste wolkenkrabbers in Dacca. Maar wie alle aandacht op de bezwaren tegen deze ngo's richt, vergeet algauw hoeveel hervormingen zij hebben gebracht.

'Van het een komt het ander,' zegt de onderdirecteur van het BRAC, Mushtaque Chowdhury. 'Om niet afhankelijk te zijn van westerse liefdadigheid hebben wij in de jaren zeventig een eigen drukkerij opgezet. Daarna begonnen we een fabriek om de melk te pasteuriseren van de koeien die arme vrouwen hadden gekocht met van ons geleend geld. Inmiddels zijn we een soort alternatieve regering geworden; we hebben vestigingen in zestigduizend dorpen.'

Zoals ontwikkelingslanden dankzij de mobiele telefoon de fase van de vaste telefonie kunnen overslaan, zo laten de ngo's in Bangladesh zien dat je ook slecht functionerende regeringen kunt overslaan. Doordat de lokale organisaties hulp krijgen van internationale donoren hanteren zij nu internationale normen in een mate die je zelfs in de particuliere sector van Bangladesh niet tegenkomt.

Dankzij de link tussen lokale en internationale organisaties beseffen de ngo's ook zeer goed dat hun land deel uitmaakt van de wereldwijde milieucrisis. 'Kom, ik zal u de klimaatverandering laten zien,' zegt Mohan Mondal, die werkt voor een ngo in het zuidwesten van het land. Hij neemt me mee naar een brug die deels is ingestort door het stijgende zeewater. In dit soort gevallen zijn de Amerikanen de gebeten hond omdat zij het Verdrag van Kyoto niet hebben ondertekend. In vrijwel alle andere opzichten echter zijn de moslims in Bangladesh pro-Amerikaans – een reactie op de Britse overheersers van weleer, de veelvuldige intimidaties van Indiase en Chinese zijde en de wrok jegens Pakistan die nog uit de bevrijdingsoorlog van 1971 stamt.

De Verenigde Staten zullen evenwel niet eeuwig op hun roem kunnen teren. Als de enige supermacht moeten zij ook de leiding nemen over de strijd tegen de opwarming van de aarde omdat ze er anders de schuld van zullen krijgen. Bangladesh laat zien dat de misère in de derde wereld met de milieuproblematiek een nieuwe politieke dimensie heeft gekregen, een dimensie die niet losstaat van de elementaire eisen van rechtvaardigheid en menswaardigheid. Amerika's toekomstige macht zal afhangen van de vraag of het tastbare maatregelen wil nemen tegen de milieucrisis in landen als Bangladesh. De kwestie is even belangrijk als, zo niet belangrijker dan zijn aantal oorlogsschepen.

De ngo's zouden niet zoveel invloed in de Bengaalse dorpen hebben als de islam hier niet zo gematigd en tolerant was. De bekering tot de islam begon hier pas in de 13e eeuw, na de invasie van de in Delhi zetelende Turken. Maar het geloof werd opgenomen in de overwegend hindoeïstische culturele smeltkroes. Zo hebben de *matbors* (dorpshoofden) in islamitische Bengaalse dorpen minder macht dan de sjeiks in Arabische dorpen. En onder deze boegbeelden heb je de organisaties waarin vrouwen het voor het zeggen hebben. De comités waarin die zich plegen te organiseren bieden een goed aanknopingspunt voor westerse hulpverleners en worden zo weer versterkt. De gematigde islam wordt echter door het strenge en meer assertieve wahabisme verdrongen. Bangladesh kan als arm land geen nee zeggen tegen geld en heeft bovendien een onbewaakte kust die uit duizenden eilandjes en inhammen bestaat. Bijgevolg is het een een ideaal oord voor aan Al-Qaida gelieerde organisaties geworden. Net als de westers georiënteerde ngo's vullen die het vacuüm op dat de zwakke overheid laat voortbestaan. Overal in het land zie je islamitische weeshuizen, madrassa's en kampen voor slachtoffers van cyclonen, die net zo functioneren als die van CARE of Save the Children en doorgaans worden gefinancierd vanuit Saoedi-Arabië of door Bengalezen die in een van de rijke olielanden hebben gewerkt.

In zekere zin past de radicalisering van de islam bij de geschiedenis van Bangladesh. Dat heeft namelijk altijd al deel uitgemaakt van de islamitische wereld van de Indische Oceaan. Zoals de Marokkaanse reiziger Ibn Batoeta in de 14e eeuw naar Bengalen reisde om de zegen te vragen van de vermaarde heilige Shah Jalal, zo dringen in de 21e eeuw Saoedische denkbeelden en teksten door tot Bangladesh en komen Bengaalse gastarbeiders naar huis met ideeën die zij op het Arabisch schiereiland hebben opgedaan.[3]

Droegen de vrouwen in Dacca, de havenstad Chittagong en op het platteland tien jaar geleden nog spijkerbroeken en T-shirts, nu zijn overal de boerka's en shalwar kameezes in zwang. Inmiddels zijn er meer madrassa's dan middelbare scholen in Bangladesh, zegt de onderdirecteur van een privé-universiteit in Chittagong. Deze Anupam Sen betoogt ook dat er een nieuwe sociale klasse is ontstaan die niet 'specifiek Bengaals', maar 'mondiaal islamitisch' is. Vooral in de steden, die jaarlijks met drie tot vier procent groeien, krijgt de islam een ideologische kant. Door de vluchtelingen voor de verzilte grond in het zuiden en de droogte in het noorden zal dat alleen maar toenemen. Losgeslagen van hun tribale en familiebanden gaan de migranten op in de anonimiteit van de sloppenwijken. Zo draagt de opwarming van de aarde indirect bij tot het moslimextremisme.

'Op dorpsniveau is de samenleving gezond: daar zal geen anarchie uitbreken. Maar in de groeiende steden kunnen we daar wel mee te maken krijgen,' zo waarschuwt Atiq Rahman. Dat is het resultaat van vijftien jaar wanbeleid door gekozen regeringen.

Bangladesh vormt aan het eind van het eerste decennium van de 21e eeuw een perfecte illustratie van de gevaren van de democratie in ontwikkelingslanden. De democratie is hier namelijk niet faliekant mislukt zoals in het Irak van na de invasie, maar lijdt wel aan alle voor de derde wereld typerende tekortkomingen. Zoals in veel van deze landen spelen zich om burgerrechten bekommerende intellectuelen amper een rol in het politieke proces, bestaat er meer vertrouwen in het leger dan in de politieke partijen en worden verkiezingen gevreesd uit angst voor geweld. Die angst bestaat ook bij mensen die de liberale democratie een warm hart toedragen. 'We hebben de beste grondwet, de beste wetten, maar niemand houdt zich eraan,' zo klaagt een zakenman. 'De beste regeringsvorm voor een land als het onze is een militair regime in zijn eerste jaar. Daarna mislukt dat ook.'

Toen in het najaar van 2006 in Dacca totale chaos dreigde door stakingen, demonstraties, een reeks moorden en een falende economie, stelde het leger een interim-regering in. De grootste partij bereidde de verkiezingen voor, die de oppositie met aanslagen dreigde te saboteren. In Bangladesh worden de regeringen vooral gevormd door twee feodale, dynastieke partijen. Om te beginnen de Awami Liga van sjeik Hasina Wajid, een dochter van een van de grondleggers van het land, sjeik Mujibur Rahman, die werd gedood bij de militaire coup in 1975. Ten tweede de Nationalistische Partij van Bangladesh (BNP) van Khaleda Zia, de weduwe van een andere stichter van het land, die tijdens de coup van 1981 werd vermoord. De persoonlijke vete tussen de twee vrouwen begon toen wijlen de echtgenoot van Begum Zia gratie verleende aan de moordenaars van de vader van begum Hasina. De daaropvolgende vendetta heeft Shakespeariaanse trekjes en doet als zodanig sterk denken aan Pakistan.

Omdat beide partijen zwak zijn moeten zij steun zoeken bij allerlei islamitische groeperingen. Met als gevolg dat zij oogluikend toestaan dat extremistische organisaties als Jemaah Islamiya het land gebruiken voor doorvoer en trainingskampen. Begin 2007 trad de door het leger gesteunde interim-regering daartegen op. Zes militanten van de Jama'atul Mujahedin – een binnenlandse strijdgroep die in 2005 letterlijk duizenden aanslagen had gepleegd – werden opgehangen. De gangbare opinie hier is dat zo'n straf onder gewone regeringen nooit uitgevoerd had kunnen worden omdat die te afhankelijk zijn van islamitische steun. Tijdens mijn bezoek heerst er een gespannen rust. Voor het eerst in jaren zijn er geen terroristische aanslagen en wordt er in de haven niet gestaakt. Het leger heeft overal controleposten ingesteld, honderden politici worden wegens corruptie gearresteerd en technocraten krijgen functies ten koste van partijbonzen. Weliswaar wil niemand dat het leger zich zo openlijk met de politiek blijft bemoeien, maar de terugkeer naar het tweepartijenstelsel maakt ook niemand blij. Uiteindelijk echter trekt het leger zich terug en wordt sjeik Hasina premier. Vlak na haar aantreden krijgt ze te maken met een gewelddadige muiterij van paramilitaire grenswachten.

Bangladesh illustreert dat de aard van het politieke bestel van een land minder belangrijk is dan de mate waarin een land wordt bestuurd. Met andere woorden: een democratische regering die geen greep op de bevolking heeft, is misschien wel slechter voor de mensenrechten dan een dictatuur die de wetten kan afdwingen. Nogmaals, je hoeft niet op het extreme voorbeeld van Irak te wijzen om dit punt te maken. Het minder extreme voorbeeld van Bangladesh volstaat. Goed functionerende instellingen zijn belangrijker dan verkiezingen. Dat geldt zeker voor samenlevingen die in beweging zijn, want hoe sneller de veranderingen, des te meer verschillende instellingen er nodig zijn.[4] De reden voor de militaire interventie in Bangladesh was in laatste instantie gelegen in het gebrek aan goede instellingen.

Hoewel je zeker kunt betogen dat democratie op de lange termijn het enige geneesmiddel voor de radicale islam is, geldt op de korte termijn vaak een andere logica. Het Bengaalse leger ging eerst niet terug naar de kazernes uit angst dat moslimextremisten misbruik zouden maken van het machtsvacuüm. Dit is een land waar tachtig procent van de bevolking moet rondkomen van minder dan twee dollar per dag. De Jama'atul Mujahedin betaalt haar leden 1250 dollar per maand. Dat is één verklaring voor hun succes. Een tweede is de poreuze grens van Bangladesh met een onbestuurbaar deel van India, waar meer dan tien rebellenbewegingen actief zijn. Dat het leger de Jama'atul Mujahedin een doodsklap heeft toegebracht, wordt hier dan ook niet geloofd. De beweging zal zich hebben opgedeeld in kleine groepjes die zich schuilhouden in het grensgebied.

Bangladesh lijkt geknipt voor een nationaal veiligheidsbewind zoals dat ooit in Turkije bestond. Zo'n bestuur bestaat uit burgers en militairen, waarbij de burgers in het openbaar optreden en de militairen achter de schermen aan de touwtjes trekken. 'Wij zijn gijzelaars van de democratie. Uw Westminster-Capitol Hill-systeem werkt hier niet. Maar omdat we arm zijn en hulp nodig hebben, moeten we verkiezingen houden,' aldus Mahmudul Islam Chowdhury, voormalig burgemeester van Chittagong. Dat de democratie in India wel werkt, verklaart hij uit de gelaagdheid van het stelsel aldaar. In New Delhi, de vele deelstaten en de gemeenten kunnen andere partijen aan de macht zijn. In Bangladesh echter kan de zittende partij niet het risico lopen dat de oppositiepartij een van de grote steden in handen krijgt en is alle macht dus in Dacca gecentraliseerd. Dat veroorzaakt het vacuüm aan de basis en op het middenniveau dat door de dorpscomités respectievelijk de ngo's en islamisten wordt opgevuld.

Barisal, een belangrijke havenstad aan een rivier in Zuid-Bangladesh, is een typerend voorbeeld van dat vacuüm. In de middelgrote stad stinkt het afschuwelijk omdat serieuze vuilverwerkingsinstallaties en riolering ontbreken en natuurlijke afvoerkanalen opdrogen. Dat alles heeft weer te maken met de illegale bouw van flats waardoor er nog meer mensen in het centrum komen wonen. Het hoofd van de milieudienst van het district, Ahmed Kaisea, is de zoveelste ambtenaar die tegen me zegt: 'De wetten zijn goed, maar ze worden gewoon niet nageleefd'. Ik ben onaangekondigd bij hem binnengelopen. Uit niets blijkt dat hij het druk heeft. Zijn telefoon rinkelt geen enkele keer en een computer lijkt hij niet te hebben. Daar heb je hier trouwens ook weinig aan omdat de elektriciteit de hele tijd uitvalt. Net als veel ambtenaren die ik ontmoet, heeft hij een kantoor, maar kan hij weinig doen.

Door de ongecontroleerde groei van de steden, die meer infrastructuur (riolering, straatverlichting, verkeersborden enzovoorts) nodig hebben dan de dorpen – een groei die zoals eerder gezegd weer samenhangt met de milieuproblemen op het platteland – schieten de bestaande overheidsinstellingen steeds meer tekort.

Wordt het bestaan in de Bengaalse dorpen bepaald door de zoektocht naar droge grond, in de steden heerst de riksja. In Dacca, een stad met 10 miljoen inwoners, rijden honderdduizenden fietsriksja's rond. De chauffeurs zijn in veel gevallen migranten van het platteland, die hun bestaansmiddel voor het equivalent van 1,35 dollar per dag huren van een *mustan* (een soort maffiabaas die vaak banden heeft met een van de politieke partijen). Een ritje levert gemiddeld 30 cent op en de riksjarijder maakt per dag ongeveer een dollar winst. Zijn vrouw verdient over het algemeen hetzelfde bedrag met het breken van stenen voor de wegenbouw, terwijl hun kinderen de vuilnisbelten afzoeken. Dit is het doorsneegezin in Bangladesh. En dit leven vormt de ideale voedingsbodem voor het islamisme omdat de radicale islam meer antwoorden en troost biedt voor alle ellende dan de politieke overtuiging die eens in de zoveel tijd kenbaar kan worden gemaakt. Het vreemde is niet dat in landen als Bangladesh het radicalisme hoogtij viert, het wonder is dat het grootste deel van de bevolking zo gematigd blijft.

Bangladesh wordt als land niet door de democratie, maar door de taal bijeengehouden. Anders dan bijvoorbeeld Pakistan en Irak is het een etnisch homogeen land, zodat ook de islam niet het enige bindmiddel is. De nationale identiteit is bovendien versterkt door de onafhankelijkheidsstrijd. In 1947 vormden de islamitische Bengalezen, tegen de zin van de Britten en Indiërs, Oost-Pakistan. Daarna kwamen er West-Pakistaanse soldaten naar Dacca, die hun eis dat het Urdu de voertaal werd kracht bijzetten met verkrachtingen en executies. Dat leidde tot de opstand in 1971, het jaar ook waarin Oost-*Pakistan* (het 'land der zuiveren') *Bangladesh* (het 'land van de Bengalezen') werd. Sindsdien is niet meer de godsdienst het verbindende element, maar de taal.

Maar dat element is niet zo sterk dat het alles kan hebben. In geografische zin mist Bangladesh de logica van India, en hoe klein het land ook is, vaak lijkt de hoofdstad ver weg. 'Wie er in Dacca ook aan de macht is, de politieke partijen of het leger, wij hier in Chittagong worden vergeten,' zegt de advocaat Emdadul Islam. Het is een veelgehoorde klacht in deze havenstad in het zuidoosten. 'We hebben ons eigen dialect, een mengeling van Portugees, Arabisch, Arakanees, Birmees, Bengaals, enzovoorts. Historisch gezien zijn wij even sterk verbonden met delen van Birma en India als met Bangladesh,' vervolgt hij. 'Wie weet wat er gebeurt als Birma op een dag opengaat, en wij nieuwe wegen krijgen naar India en Zuidwest-China. Geef me mijn grondrechten en waardigheid, en ik houd van deze grond. Zo niet, dan weet ik het ook niet.'

Hij roept niet op tot afscheiding. Hij wil alleen maar zeggen dat zijn land – achtereenvolgens Bengalen, Oost-Bengalen, Oost-Pakistan en Bangladesh geheten – onder druk van regionale politiek, religieus extremisme of de natuur zelf andermaal een metamorfose kan ondergaan. Chittagong heeft in zijn lange geschiedenis tenslotte al tot vele koninkrijken behoord, waaronder Samatata, Harikela, Tripura en Arakan. De streek waarin de stad ligt, was eeuwenlang organisch evenzeer verbonden met Birma als met India.

Emdadul Islam filosofeert dat Chittagong en de Hill Tracts een minilandje gaan vormen tussen Birma en een uitgebreid India, waarbij de gebieden rond Barisal en Khulna in het zuidwesten zich aansluiten bij het Indiase Kolkata. Hij wijst daarbij ook op de duizenden stadgenoten die in buurlanden al een rijke diaspora vormen. Islam is geen oproerkraaier. Hij is gewoon iemand die 's avonds hardop zit te denken over oplossingen voor de chronische problemen van zijn land terwijl de regen in de steeg naast zijn huis neerklettert.

Ik word getrakteerd op een geschiedenis die de tot het plafond reikende boekenkasten waarin nu juridische dossiers staan, gemakkelijk zou kunnen vullen. De identiteit van Chittagong blijkt veel meer door de Golf van Bengalen en de Indische Oceaan in het algemeen bepaald te zijn dan door Bangladesh. Afgezien van enkele korte periodes 'behoorden de stad en het achterland' tussen 1400 en 1700 het grootste deel van de tijd 'tot het koninkrijk Arakan'. Dat was een overwegend boeddhistisch koninkrijk dat nauwere banden had met Birma dan met Bengalen. Chittagong was ook een belangrijke havenstad voor moslims die van Zuid- of Zuidoost-Azië naar Mekka reisden. Voorts zaten er Portugezen die buiten het bereik van hun autoriteiten in Goa hun eigen commerciële en militaire zaakjes aan de Malabarkust dreven.[5] 'Aanschouw Chittagong, de mooiste stad van Bengalen,' schrijft Camões.[6]

De legende wil dat de stad groot is gemaakt door de twaalf soefi-heiligen, of *auliya's* (beschermers), die ergens in de Middeleeuwen van over de Indische Oceaan kwamen aangevaren om de islam te prediken. De belangrijkste heilige was Pir Badr Shah, die volgens de legende op een grote steen uit Arabië kwam aandrijven om de stad van kwade geesten te verlossen. Hij had een aardewerken lamp bij zich die 'naar alle kanten ver en dichtbij' licht verspreidde om het kwaad te verdrijven en zeelieden te helpen – een symbool voor de talloze Arabieren die naar Zuidoost-Azië kwamen om handel te drijven in specerijen, katoen, edelstenen en mineralen.[7] Deze lamp was mogelijkerwijze het vuur dat Badr Shah op een berg ontstak als baken voor andere zeelieden die de haven wilden binnenvaren. In elk geval wordt hij langs de hele oostkust van de Golf van Bengalen, tot aan Maleisië, door zeelieden vereerd.

De aardewerken lamp en de steen liggen in een felverlichte glazen kist, die naast de met een kleed overdekte stenen doodskist van de heilige staat. Het hele grafmonument, dat bij de oude vestingwerken van Chittagong ligt, bestaat uit een koperen constructie met een schimmelig koepeldak en op de vloer liggen machinaal gemaakte kleden, eenvoudige matten en groene tegels die je in vele keukens en badkamers kunt vinden. Er is, kortom, weinig moois aan het monument. Niettemin is het er rond zonsondergang stampvol. Mannen met blote borst boven een smerige longyi dansen nat van het zweet en de regen in het rond. In sari gehulde dames liggen op de vloer en smeken de heilige met rustige stem iets af. Er zijn kaarsen en bloemen in overvloed. Het is hier net een hindoetempel. Niet alleen moslims, maar ook hindoes vereren Pir Badr Shah als een heilige, en soms wordt hij met hun goden verward. Door boeddhisten en Chinezen wordt hij als een lagere godheid beschouwd. Dezelfde verwarring in de verering zie je bij de grafmonumenten van de andere soefiheiligen in de stad. Chittagong is het raam naar een wereld die veel groter en kosmopolitischer is dan Bangladesh.

Aan de architectuur is dat niet af te zien. De hele stad bestaat uit door vocht en roest aangevreten goedkope troep. De enige gebouwen die je met een bepaalde historische stijl zou kunnen associëren, zijn een paar moskeeën. Hier regeert de noodzaak: alles wordt zo snel en goedkoop mogelijk in elkaar gezet om aan de directe behoefte te voldoen, zonder dat men de luxe heeft om iets blijvends, laat staan iets moois na te laten. Bovendien is het hier ondanks alle haveloosheid altijd nog beter dan in de dorpen waaruit de meeste mensen komen. Net als het monument van Badr Shah is Chittagong lelijk, maar ook dynamisch. Heeft de stad enerzijds een rijke geschiedenis en volkscultuur, anderzijds is er zo weinig dat aan het verleden herinnert dat niets vanzelfsprekend lijkt.

Vanaf een plat dak bezien lijkt heel Chittagong bedekt met een laagje teer en kolengruis, en het oog krijgt helaas geen respijt omdat de mist het zicht belemmert op de schilderachtige Hill Tracks – 'de bergen die de hemel lijken te raken,' om een 17e-eeuwse Portugees te citeren. Ik ben in het gezelschap van Tanbir ul Islam Siddiqui, de oprichter van Change Makers. Deze organisatie wil de bevolking bewustmaken van het feit dat zij een grondwet heeft. Bangladesh heeft een uitstekende grondwet, maar die is zo vaak geschonden, zowel door militaire als niet-militaire bestuurders, dat ze door dezen welhaast als een staatsgeheim wordt behandeld. Omdat gewone mensen moeilijk aan een exemplaar kunnen komen, heeft Change Makers zich ten doel gesteld de constitutie onder de bevolking te verspreiden.

Met zijn ogen op het grauwe Chittagong gericht zegt Siddiqui: 'Alleen wij hebben het over democratie en militaire regimes. De elite. Het enige waar de meeste mensen daar beneden zich zorgen over maken, is hun dagelijkse rijst, en verder vertrouwen ze op hun heiligen. Zolang het leger de haven, de bussen en fabrieken draaiende houdt, zijn ze tevreden. De echte strijd gaat niet om wie er regeert, maar om ervoor te zorgen dat de mensen zich druk maken om wie er regeert.'

Chittagong ligt aan de Golf van Bengalen, maar de stad heeft zich ontwikkeld vanuit de vijftien kilometer landinwaarts gelegen haven aan de Karnaphulirivier. Doordat die om eerder genoemde redenen minder water krijgt, kan ze de verzilting als gevolg van het stijgende zeewater onvoldoende tegengaan. Zo zie je hier hetzelfde als elders aan de kust: met het groeien van de afzetting wordt de rivier te ondiep voor steeds meer schepen. Bovendien heeft de haven dringend behoefte aan nieuwe wegen, zodat vrachtwagens bij de aangemeerde schepen kunnen komen. De toekomst van de haven van Chittagong, eeuwenlang een drukke overslaghaven door haar perfecte ligging op de route tussen het Midden-Oosten en het Verre Oosten, is dus in gevaar.

Gezien het feit dat China diepzeehavens in buurland Birma

bouwt, is het niet denkbeeldig dat dit deel van Bangladesh ooit vandaaruit via de weg bevoorraad gaat worden. Vijftien jaren van gekozen regeringen in Dacca hebben Chittagong weinig opgeleverd. Als de rivier niet wordt uitgebaggerd en er geen nieuwe wegen komen, dan zullen de schepen naar de oosterbuur uitwijken. Dacca is slechts de laatste hoofdstad vanwaaruit Chittagong is bestuurd en dat is geen succes geworden.

De haven kan ook door particuliere bedrijven worden uitgebaggerd en gemoderniseerd. In het bijzonder de Chinezen zouden graag een containerhaven in Chittagong bouwen. Op een ochtend kijk ik toe hoe arbeiders het terrein van een Zuid-Koreaans bedrijf oplopen. Omdat die onderneming feitelijk soeverein is op een groot stuk grond bij de haven, wordt daar gewerkt volgens de Zuid-Koreaanse normen van efficiëntie, nauwkeurigheid en dergelijke. Het bedrijf exporteert jute, textiel, leer, thee en bevroren vis naar Zuid-Korea, en laat tevens Bengaalse arbeiders voor een lager loon dan in Zuid-Korea sportkleding in elkaar zetten voor de export naar de hele wereld. Het slechte bestuur hoeft dus niet eens te leiden tot virtuele grenswijzigingen, maar draagt de verantwoordelijkheid gewoon over aan de private sector.

De twee opkomende reuzen van de 21e eeuw, India en China, is er ook veel aan gelegen dat het in Bangladesh rustig blijft vanwege het herstel van een oude handelsroute tussen beide landen. Deze route, zo vertelt de advocaat in Chittagong, loopt eerst door Birma en Oost-India om dan via Bangladesh af te buigen naar het zuidelijke Kolkata. Met die verbinding zou het ver landinwaarts gelegen zuidwesten van China zijn langverbeide toegang tot de Golf van Bengalen en de Indische Oceaan krijgen.

Maar of de route er kan komen hangt af van de politiek in Dacca en de hele situatie in het land. Bangladesh moet dan stabiel zijn, ondanks het feit dat zo'n handelsroute de nationale identiteit op den duur kan aantasten. Veel grenzen op de kaart zullen tijdelijk blijken te zijn doordat talen en culturen versmelten als gevolg van de globalisering.

Als ik van Chittagong langs de kust naar het zuiden rijd, in de richting van Birma, blijkt iedereen daar het alleen nog maar te hebben over de problemen die de Birmese vluchtelingen veroorzaken. Het uiterste zuidoosten van Bangladesh zit tot aan zijn nek in de afschuwelijke realiteit van Birma, waar de dagen van het militaire regime, dat met een hoop etnische problemen te kampen heeft, geteld lijken te zijn. Als het oostelijkste deel van Azië, waar de taal nog Perzische leenwoorden kent, markeert dit gebied bijna het einde van de Indo-Europese beschaving. En meer dan zelf een probleemgeval is Bangladesh hier een toevluchtsoord voor de nog veel grotere problemen bij de buren.

Ook het half onder water staande landschap doet met zijn rechthoekige rijstveldjes, dichte, stekelige begroeiing en bladeren van bananenbomen die strak de mist in priemen, meer aan Zuidoost-Azië denken dan aan het Indiase subcontinent. De ballonvormige broodvruchten hangen afstotelijk aan de bomen. Doordat alles doordrenkt is met modder lijkt overal een bruinige waas over te liggen. Veel rijstveldjes zijn niet bebouwd vanwege de verzilting.

Rivieren, zee en bossen komen samen bij de grensstad Teknaf. In een kaal kantoor met felle lampen klagen een politiechef en een inlichtingenofficier over 'criminelen en statenlozen uit Birma die vrouwen verkrachten, stelen en bedelen'. De Bengalezen zelf zijn werkloos omdat de etnische Rohingya's – moslimvluchtelingen uit de West-Birmese deelstaat Arakan – hetzelfde werk voor minder geld willen doen. Van solidariteit tussen moslims is hier weinig te merken. 'De Rohingya's zitten in de wapen- en drugshandel en in alle soorten misdaad,' aldus een plaatselijke politicus. 'Van de drie criminelen die worden opgepakt, is er op zijn minst één een Rohingya.'

Er leven een kwart miljoen Rohingya's in Zuidoost-Bangladesh, van wie duizenden in vluchtelingenkampen. Volgens geruchten worden daar door Saoedische ngo's terroristen gerekruteerd. 'Voor heel weinig geld kun je een Rohingya inhuren om wie dan ook te laten vermoorden,' beweert een inwoner van Teknaf. Wat ik uit al deze verhalen opmaak, is niet dat de Rohingya's criminelen zijn, maar dat ze worden gehaat.

De Rohingya's komen uit het westen van Arakan. Dat stond ooit bekend om zijn prachtige, hybride cultuur, een kruisbestuiving tussen invloeden uit Perzië, India, Siam en de rest van Zuidoost-Azië. Boeddhisme, hindoeïsme en islam liepen er dan ook door elkaar heen. Dat de Arakanese havens aan de Indische Oceaan niet meer functioneren en Arakan geïsoleerd raakte en zijn kosmopolitisme verloor, is 'een van de oorzaken van de armoede in het huidige Birma', zoals de Birmese intellectueel en VN-medewerker Thant Myint-U schrijft.[8] Ooit heersten de Arakanezen over het hele gebied tussen Chittagong in het noordwesten en Pegu in het zuidoosten, zij het dat ze in andere periodes met harde hand werden onderdrukt door het Bengaalse sultanaat of de in Mandalay zetelende Birmese koningen. Arakan heeft in zijn rijke verleden veel geleerden voortgebracht op het gebied van het Sanskriet en de islam.

De Rohingya's die ik bij Teknaf bezoek, leven in een van de ergste vluchtelingenkampen die ik waar ook ter wereld, met inbegrip van de armste landen in Afrika, heb gezien. Er wonen grofweg tienduizend mensen en het krioelt er letterlijk van de kleine kinderen. De hutjes van bamboe en lappen plastic zijn tegen elkaar aan gebouwd. Door een tropische storm is onlangs tien procent van de daken weggewaaid. De meest voorkomende ziektes zijn diarree, huidaandoeningen en luchtweginfecties, zo vertelt een Nederlandse medewerker van Artsen zonder Grenzen. De vluchtelingen die om me heen komen staan, vertellen over verkrachtingen en dwangarbeid in Birma, alsof we nog in de 18e eeuw leven en het Hof van Ava (bij Mandalay) duizenden Arakanezen voor de bouw en irrigatieprojecten heeft opgepakt.[9] Hoewel de Rohingya's dezelfde huidskleur hebben als de Bengalezen, hebben zij vaag Aziatische trekken. Doordat zij aldus de raciale en culturele banden tussen het Indiase subcontinent en Zuidoost-Azië belichamen, worden ze zowel hier als in Birma geminacht. Alleen een wereld met meer flexibele grenzen kan dit volk vrijheid bieden.

Op de terugweg naar Chittagong moet de bus door alle moerassen heen ploegen die net zijn ontstaan. De moesson is nog een maar week oud en cyclonen en tropische stormen zijn tot nog toe uitgebleven. Toch hebben de normale zware regens en aardverschuivingen de afgelopen 48 uur alleen al in deze streek aan ruim 120 mensen het leven gekost. Langs de verhoogde wegen, zo zie ik uit het raampje van de bus, staat het donkerbruine water tot aan de rand van de golfplaten daken. Op andere plaatsen lopen mannen met hun longyi omhoog tot aan hun middel door het water. Hele bomen worden meegesleurd door de rivieren, die maar een halve meter onder de bruggen staan. Op die bruggen staan groepen jongemannen met touwen naar gratis brandhout te vissen. Het vele hout dat ze binnenhalen, wordt opgestapeld om later te drogen. Zoals gezegd, dit is nog maar het begin van de moesson. In juli en augustus zal het naar verwachting nog erger gaan regenen. De samenleving gaat zo goed mogelijk, en niet zelden ingenieus, met de omstandigheden om. Men stuurt elkaar massaal sms'jes als er gevaar dreigt. Op de stranden wordt door middel van vlaggen gewaarschuwd voor hoog water. Als onderdeel van het steeds beter functionerende *early-warning* systeem worden er noodrantsoenen aangelegd. Ingeval van een grote ramp zullen het Bengaalse leger en de marine hulp bieden. In alle andere gevallen moeten de dorpen en de ngo's op eigen kracht het hoofd bieden aan de natuurverschijnselen.

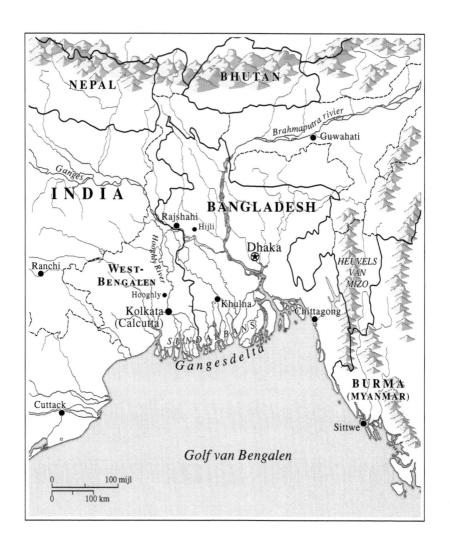

Kolkata: de volgende mondialisering

Door de donkere lucht lijkt het een namiddag in november. Weer rijd ik over een verhoogde weg met aan weerskanten vol water staande kuilen waarop een groene drab drijft. Daarachter ligt het platte, lage land dat één grote zee is van riksja's, rijstveldjes en bergen hout, bamboe en broodvruchten. De eentonigheid is veelzeggend: dit is een agrarisch land waar de meerderheid van de bevolking in hutjes van bamboe woont en de ontbossing doorgaat. Toch is dit ook het land, zo houd ik mezelf voor, dat samen met China de basis vormde van de rijkdom van de Britse Oost-Indische Compagnie, de opvolger van de Portugezen en Nederlanders op de Indische Oceaan. De helft van alle handelsgoederen van de compagnie kwam uit het dichtbevolkte Bengalen, waar de boeren veel voedselproducten als rijst, suiker, specerijen en plantaardige olie voortbrachten.[1] Ook de textiel bracht een heleboel geld in het laatje van de Britten en hun voorgangers. Bengalen, 'het vruchtbaarste van alle landen', schreef Camões in *De Lusiaden*.[2] Hier liepen de handelsnetwerken van de Arabische Zee en de Golf van Bengalen in elkaar over. Zoals de ontbossing en urbanisatie in onze tijd tot de ideologisering van de islam leiden, zo verspreidde dat geloof zich in de Middeleeuwen met de eerste bomenkap en ontginning van nieuwe landbouwgronden. De moskeeën in Bengalen werden gewoonlijk van baksteen gebouwd; de vormgeving – vierkant, met één koepel en in sommige gevallen met terracotta-decoraties – was, aldus Richard M. Eaton, geïnspireerd op de gewelfde strodaken van de bamboehutten en pre-islamitische boeddhistische tempels. Maar doordat de moesson in de Gangesdelta altijd zwaarder is geweest dan elders, behield Oost-Bengalen, ook daar waar de mooiste mos-keeën staan, iets wilds.[3]

Na zeven uur rijden vanuit Dacca komt mijn bus aan in de stad Benapole aan de Bengaals-Indiase grens. De passagiers worden be-stormd door een hele horde bedelaars, kruiers en riksjachauffeurs. Ik spreek met een van de chauffeurs af dat hij me voor omgerekend 50 dollarcent naar de douanepost zo'n achthonderd meter verderop zal brengen. Een tweede man vervoert mijn bagage op een gammele os-senkar en een derde neemt mijn paspoort mee. Het punt is dat je zo veel mogelijk mensen aan het werk zet. Ik deel fooien uit, ook aan de mannen die mij de douaneformulieren geven, of moet ik zeggen ver-kopen. Er zit systeem in de chaos. Mijn paspoort krijg ik gestempeld en wel terug in een smerig zakje. Op de grensovergang zelf worden mijn paspoort en bagage door een hele rits beambten uitvoerig ge-controleerd: een vreemdeling die niet per vliegtuig, maar met de bus naar Kolkata (het voormalige Calcutta) reist, roept kennelijk wan-trouwen op.

Een uur later loop ik door een roestig hek India binnen. De doua-nepost aan deze kant is geen haar beter dan die aan Bengaalse zijde: er ligt een hoop afval, de gebouwtjes zijn gammel en je struikelt er haast over de uitgemergelde en onder de vliegen zittende honden. Een jon-geman geeft me de inreisformulieren, die ik naast hem op de grond zittend invul, en dezelfde figuur wisselt geld voor me. Aan geen van beide kanten van de grens heb ik ook maar één vrouw gezien.

Als je de naakte waarheid over een land wilt zien, moet je naar de grens gaan. Dat merkte ik bijvoorbeeld toen ik op een dag via de weg van Mexico naar de VS ging: van een wereld van bedelaars, kapotte trottoirs en roestige verkeersborden stapte ik toen ineens een kille en op en top beveiligde wereld binnen – ik kwam dus vanuit een derde-wereldland in een rijk en angstig land. Deze grens vertelt me niets nieuws over Bangladesh: dat is een arm land met zwakke instellingen. Maar gezien alle opgewonden verhalen in de media over India is het verrassend dat er geen enkel verschil is tussen de twee douaneposten. Dat wijst erop dat India nog lang geen hoogontwikkelde wereld-macht is.

Maar zodra ik weer in de bus zit die me naar Kolkata brengt, zie ik wel degelijk grote verschillen. Aan mijn raampje trekken dezelfde rechthoekige veldjes en bergen hout als in Bangladesh voorbij, maar in plaats van golfplaat liggen er nu dakpannen op de daken. Ik zie waslijnen, potten met planten, af en toe een elegant, zij het door vocht aangetast balkon, een paar verhoogde ramen en zelfs theewinkels: vormen van betrekkelijke luxe die je in de haveloze steden van Bangladesh niet zult zien. Er lopen hier ook vrouwen in spijkerbroek en een strak T-shirtje op straat: ik ben duidelijk niet meer in een overwegend islamitisch land. Geldautomaten hebben ze hier ook en op veel bordjes staat de tekst ook in het Engels. Omdat iedereen in Bangladesh Bengaals spreekt, is daar geen behoefte aan Engels als lingua franca, zoals in India met zijn vele talen en dialecten.

Drie uur later rijdt de bus een buitenwijk van Kolkata binnen.

'In heel India wordt gebedeld, maar nergens op zo'n grote schaal als in Calcutta,' verzucht de Britse reisboekenschrijver Geoffrey Moorhouse in de loop van zijn beschrijving van de niet zelden mismaakte, Breugeliaanse figuren die overal in deze stad van 14 miljoen een beroep doen op je mededogen.[4] De wanhoop zit zelfs in de naam: Calcutta is afgeleid van Kali, de hindoeïstische godin van ziekte, dood en vernietiging. 'De meest verdorven plaats in het universum,' zo noemde Robert Clive, die in 18e eeuw de Britse heerschappij over Bengalen consolideerde, de stad.[5] Rudyard Kipling omschreef Calcutta als 'de stad van de verschrikkelijke nacht'. Als onderkoning van India stelde Lord Curzon zo'n honderd jaar geleden dat de 'enorme, angstaanjagende sloppenwijken' een schande waren voor het Britse rijk.[6] De huidige armoede wordt het best gedocumenteerd in *La Cité de la Joie* van Dominique Lapierre.[7] Dat Moeder Theresa zich juist over de armen van Calcutta ontfermde, versterkt het idee dat deze stad de hel op aarde is.

Het oordeel over een stad hangt evenwel af van waar je vandaan komt. Als ik vanuit Dacca in Kolkata arriveer, krijg ik hetzelfde gevoel als ik had toen ik tijdens de Koude Oorlog van Oost- naar West-Berlijn reisde. Weg is de grauwheid. In plaats van de roestige verkeersborden zoals in Dacca hangen in Kolkata reusachtige, verlichte reclameborden waarop internationale producten worden aangeprezen. Is in het verkeer in Dacca de fietsriksja dominant, hier rijden heel wat luxewagens rond, naast de solide, gele Ambassador-taxi's en de pittige, in India gebouwde Maruti-gezinswagens met hun katalysator.

Tegelijkertijd echter word je in Kolkata geconfronteerd met een afstotelijk beeld dat je in Dacca niet tegenkomt. Terwijl daar iemand
hooguit een heuvel wordt opgereden door een ander die verwoed
fietst, zie je in Kolkata mannen blootsvoets en alsof zij paarden zijn
een riksja met passagiers en al naar boven trekken.

Dat is niet het enige weerzinwekkende wat je ziet. Op een dag loop
ik een espressobar binnen waarvan de ramen volzitten met stickers
van creditcardmaatschappijen en met op de internationaal-Indiase
kaart allerlei buitenissige koffiecombinaties en *paneer tikka*-sand-
wiches. Als ik vanuit de gekoelde bar weer de hete straat op loop, ligt
er voor me op de stoep, waar ook mensen plegen te plassen, een heel
gezin op een stuk karton te slapen. Bovendien begint een jongeman
me te volgen. Na een paar vergeefse pogingen hem van me af te
schudden, houdt hij me zijn curriculum vitae als filmproducent voor
en smeekt me om hem in te huren. 'Ik begrijp dat ik u lastig val, me-
neer, maar wat moet ik anders doen? Misschien dat u boos op me
wordt, maar ik zal u pas met rust laten als u me een baantje geeft.' Hij
is armoedig maar netjes gekleed, er duidelijk op uit om indruk te maken. Thuis kan ik de telefoontjes of folders in de bus die me iets aan
willen smeren, gewoon afbreken of weggooien, maar in Kolkata nemen de ongewenste aanbiedingen een bijzonder persoonlijke vorm
aan. De sollicitaties op straat zijn als een voet tussen de deur: je kunt
er niet aan ontkomen.

Dat je armoede niet moet romantiseren, zie je in Kolkata. Armoede kan zo uitzichtloos en daarmee afstompend zijn dat niets er meer
toe doet. In zijn boek *Poor People* gebruikt William T. Vollmann de
herhaling om te benadrukken dat er weinig interessants aan armoede
is. Net als de doden zijn de armen voor ons onzichtbaar totdat zij ons
met hun 'afzichtelijkheid' confronteren; dan zijn ze als 'een open
graf'. Aan armoede is niets exotisch of bevrijdends; het is alleen maar
afschuwelijk.[8]

Het kastensysteem biedt het individu op een bepaalde manier
rechten die de schande van de armoede enigszins verlichten. 'In India
kan het individu alleen binnen en door middel van zijn kaste bestaan.
Buiten die kaste is hij verloren, geen mens meer, maar alleen nog
maar een outcast,' zo stelde de Franse indologe Madeleine Biardeau

halverwege de vorige eeuw. Traditioneel gesproken 'betekent [in India] het individu niets'. Zelfs een familie met een groot huis woont in één kamer en laat de andere kamers leeg staan. 'Angst speelt daarbij een grote rol,' aldus Biardeau. 'Deze onbepaalde, naamloze angst is in feite de angst om alleen te zijn.'

Hoewel ze dit bijna vijftig jaar geleden schreef, voorzag zij toen al dat het kastensysteem zozeer met het dorp verbonden was dat het de urbanisatie niet zou overleven. De patriarchale familie zou namelijk worden 'verdund', schreef ze, omdat er in de steden domweg niet genoeg woonruimte voor zulke families is.[9] Doordat het kastensysteem nu verwatert zonder dat mensen goed in staat zijn om hun eigen identiteit te ontwikkelen, zal het gat worden gevuld door andere, ook meer radicale vormen van groepsidentiteit, waaronder het hindoenationalisme en moslimextremisme, met alle ellende van dien.

Door de schrijnende armoede in Calcutta werd de stad door hippies gemeden. De hippieroute door Azië in de jaren zestig en zeventig volgde de Ganges naar de heilige stad van het hindoeïsme, Varanasi, en in plaats van dan verder te gaan naar Kolkata, boog zij af naar het Nepalese Kathmandu in het noorden. 'Je hoeft maar een stap in Calcutta te zetten, en al je illusies over zachtaardigheid en broederschap verdampen,' zoals Moorhouse in *Calcutta: The City Revealed* schreef.[10]

De sloppenwijken van Mumbai zijn weliswaar veel groter dan die van de stad in Oost-India – er wonen vier keer zoveel mensen – maar daar liggen ze wat meer afgezonderd van de welvarender delen van de stad. Je wordt er dus minder met de misère geconfronteerd dan in Kolkata, alwaar de bedelaars en zwervers gelijkelijk over de hele stad verdeeld zijn.

De eerste dagen van de juni-moesson – verstikkende hitte gevolgd door plensbuien – zijn ideaal om de twee afgezonderde werelden van Kolkata te ervaren: de wereld met en die zonder airconditioning. De eerste wereld wordt bevolkt door de oude en nieuwe rijken, en wie daar niet toe behoort, zoals de 1,5 miljoen Kolkatanen die een paar meter van de airconditioning verwijderd op straat leven, zal daar nooit binnenkomen. De deuren van de espressobar of de mooie boekwinkel met Penguin-paperbacks vormen grenzen die niet minder hard zijn dan de landsgrenzen.

In Noord-Kolkata worden kilometers trottoir bezet door afdakjes van geteerd zeildoek en jute. Daaronder leven hele gezinnen: overdag passen de oudere kinderen op hun jongere broertjes en zusjes terwijl hun moeder als hulp in de huishouding en hun vader als bouwvakker werkt. Maar als je je door die ellende heen hebt gewurmd en door een op een kier staande deur of onder een ketting door bent gelopen, stap je een heel ander Kolkata binnen. Dan sta je voor een van de prachtige, oude stadspaleizen die in de 18e of 19e eeuw door een radjah of koopman werden gebouwd. De verweerde bakstenen muren met versieringen in islamitische, hindoeïstische of neoklassieke stijl en de zuilen op de binnenplaats zijn begroeid met wijnranken en andere planten. Het grootste van deze gebouwen is het Marmeren Paleis. De onverlichte vertrekken, die tijdens de moesson stuk voor stuk aanvoelen als een stoombad, zijn volgestouwd met stoffige Belgische spiegels, classicistische standbeelden, Chinese vazen, kristallen kroonluchters, vier schilderijen van Rubens, waterpijpen en lithografieën. Kolkata vormt net als dit paleis, waar alles vocht lijkt uit te wasemen, een zonderlinge, vervallen mengelmoes waarvan de armoede slechts de buitenlaag is.

De misère van de op straat levende mensen doet vergeten dat Kolkata zich ontwikkelt tot een moderne stad. Expats keren terug en zetten winkelcentra en restaurants op volgens de principes die ze hebben meegenomen uit het Westen. Begin 2008 werd in het zuiden van de stad een van de grootste winkelcentra van India geopend, als een van de veertig grotere en kleinere winkelcentra die de stad tot 2011 moet krijgen. Als onderdeel van de oostelijke uitbreiding zijn er maar liefst twintig grote bioscopen gepland. En dichter bij het centrum zijn er luxekoopflats gebouwd met namen als Highland Park en Silver Spring. 'Als je het Britse imperium ziet als de eerste stap naar mondialisering,' aldus de stadsplanner Santosh Ghosh, 'dan was Kolkata, dat als hoofdstad van Brits India musea en botanische tuinen had, al een wereldstad toen Singapore en Kuala Lumpur nog dorpen waren. Nu vindt de stad eindelijk weer aansluiting bij de rest van de wereld.'

Als ik in de winter naar Kolkata terugkeer, zie ik de mondialisering geïllustreerd door het plezier waarmee de bevolking Kerstmis viert. De Britse invloed in de door hindoes en moslims bewoonde stad verloochent zich niet: in de straten hangen gekleurde lampjes, overal

worden kerstdecoraties aangeboden en je ziet levensgrote kerstman-
nen van leem en stro die uit dezelfde werkplaatsen komen als de talloze hindoegoden. Op kerstavond gaan duizenden Kolkatanen van verschillende geloofsovertuigingen naar Saint Paul's, de 19e-eeuwse
gotische kathedraal die vol hangt met gedenkplaten aan het wapenge-
kletter waarmee de Britten het Indiase subcontinent eronder hielden.
De secularisatie van Kerstmis, die ook getuigt van een vage nostalgie
naar het Britse verleden, geeft deze feestdagen iets kosmopolitisch.

Kolkata verandert niet zo snel als China, maar beweegt zich wel in
dezelfde richting. Naast de alomtegenwoordige armen is hier altijd
al een middenklasse geweest. Ten gevolge van het consumentisme is
die nu echter zichtbaarder geworden. Volgens een recente studie van
McKinsey & Company was in 2005 gemiddeld 52 procent van het
gezinsinkomen in India vrij besteedbaar (tegen 39 procent in 1995).
In 2025 zal dat naar verwachting toegenomen zijn tot 70 procent.
Tegelijkertijd is de wereld van de steenrijke, niets doende klasse met
zijn inwonende bedienden verdwenen, vertelt Shikha Mukerjee, de
voorzitster van een niet-gouvernementele organisatie die haar leven
lang in Kolkata heeft gewoond. Het leven van de elite is naar haar
zeggen minder zeker en hectischer geworden. Dat de bevolking van
de stad gemiddeld meer uit te geven heeft, blijkt ook uit de massa's
gezinsauto's op straat. In Kolkata zijn de opstoppingen net zo erg als
in Jakarta en erger dan in Teheran, Bangkok en Caïro.

'Niet de grote winkelcentra, maar de bedrijfjes aan de onderkant
vormen de kern van de verandering,' vervolgt Mukerjee. 'De mensen
die hun eigen werk hebben gecreëerd door kleren te vermaken, dingen te repareren en zo. Ik heb een kleermaker die dagelijks van een
slum aan de rand van de stad naar een vaste plaats op het trottoir
reist. Daar ontvangt hij zijn klanten. Hij kan geld sparen, vertelde hij
me. Dat is waar het op dit moment echt om gaat in Kolkata.' Een van
de dingen die inderdaad opvallen zijn de vele stalletjes met noedel-
en currymaaltijden op straat. Die laten zien dat er de laatste jaren een
lagere middenklasse is ontstaan die tijdens de werkdag behoefte heeft
aan een goedkope maaltijd.

'Toen ik kind was, was Sealdah mijn grote nachtmerrie,' vertelt professor Sukanta Chaudhuri. Sealdah is het treinstation waar na de In-

diase deling in 1947 duizenden hindoestaanse vluchtelingen uit het islamitische Oost-Bengalen bivakkeerden. Ze kwamen totaal berooid aan en konden nergens anders heen. Ook vandaag nog stemt Sealdah somber. Als eindstation van de treinen uit het onderontwikkelde Noordoost-India spuwt het massa's mensen op de perrons uit, die dan een plekje zoeken tussen alle andere groepen die met hun koffers op de vloer van het station zitten.

'Maar weet u wat het is?' zo vervolgt de grijsharige hoogleraar Engels. 'De meeste van die mensen bouwden zonder hulp van de regering een bestaan op. Het is niet zo dat ze allemaal doodgingen of bedelaar werden. En dat proces gaat nog steeds door.' Hij is een van degenen die mij ervan willen overtuigen dat de straten van Kolkata voor de meeste mensen die er leven geen doodlopende steeg zijn, maar een tussenstation naar de arbeidersklasse, zoals ook de sloppenwijken in landen als Turkije dat zijn. Maar omdat India veel armer is dan Turkije, is ook dat tussenstation een stuk harder. 'Als u hier om de tien jaar komt, lijkt het hier nog even arm. U denkt dus dat er niets veranderd is,' aldus Chaudhuri. 'Maar de mensen op straat zijn niet meer dezelfden. Ze komen uit Uttar Pradesh, Bihar, Orissa of Bangladesh, en leven op straat omdat ze daar iets kunnen verdienen, kunnen sparen en zo verder kunnen komen.' Slums zijn dus niet alleen een teken van armoede, maar bieden ook kansen. Voorzover je van een ontwikkeling in de sloppenwijken van Kolkata kunt spreken, zie je inderdaad verbetering: van de provisorische *kutcha's* (hutjes van leem) en *jhupri's* (hutjes van jute en karton) naar de meer permanente *pucca's*, huisjes van cement en golfplaat. Zo worden hele wijken van Kolkata wat minder dickensiaans en gaan ze iets meer lijken op de arme wijken in andere dynamische steden met grote inkomensverschillen.

Toch ben ik niet geheel overtuigd: het idee dat de straten van Kolkata mensen de mogelijkheid bieden om hogerop te komen, lijkt me te gemakkelijk. Uiteraard zul je daar veel voorbeelden van kunnen geven, maar er zijn evident maar al te veel mensen die dat niet lukt. Hun ontberingen bewijzen dat de aankomende regionale grootmacht India nog met kolossale problemen te kampen heeft.

Tot op zekere hoogte is Kolkata altijd al zo geweest: een stad met sociale verhoudingen die in westerse ogen hardvochtig en onmenselijk zijn. In *Those Days*, een gedetailleerde, proustiaanse studie over het 19e-eeuwse Calcutta, schrijft Sunil Gangopadhyay:

> Huizen, groot, middelgroot en klein, zijn als paddestoelen uit de grond geschoten om de nieuwe generatie van werkende *babus*, immigranten uit de dorpen, te huisvesten. Wevers, kappers, wassers en olieslagers volgden om in hun behoeften te voorzien. De Permanent Settlement heeft talloze arme boeren van hun land beroofd, niet alleen in Bengalen, maar ook in Orissa, Bihar en zelfs in het verre Uttar Pradesh. Deze landloze arbeiders trokken met duizenden tegelijk naar de omgeving van de steden, bereid om elk handwerk aan te pakken...[11]

In de stad waar je de allerarmsten niet kunt ontwijken, voltrekt zich nu de stedelijke balkanisering: de sociaal-economische scheiding door de komst van satellietsteden en *gated communities*. Omdat Kolkata ondanks de armoede een redelijk veilige stad is, trekt de nieuwe middenklasse niet naar die getto's om de misdaad te ontlopen, maar om een diepere reden. In India werd rijkdom altijd verborgen gehouden, maar nu willen mensen met geld hun welvaart tonen, en dat leidt weer tot een veiligheidsprobleem dat er voorheen niet was. De beter gesitueerden trekken dus naar beveiligde buurten en gated communities, met als resultaat een explosieve groei van het aantal particuliere bewakers, op zichzelf weer een statussymbool.

Er is nog een ander motief om zich af te zonderen. 'De nieuwe bovenlaag heeft een hekel aan zichtbare lelijkheid,' zo stelt professor Chaudhuri. Gegoede Indiërs willen zich niet meer 'laten besmeuren' door de beelden op straat. Zij willen alleen nog mensen zien die het net zo goed hebben als zij. Deed hun soort mensen altijd al net alsof de armen onzichtbaar waren, nu hebben zij een manier gevonden om die ook letterlijk niet meer te hoeven zien.

De delen van Kolkata die door de rijkere inwoners worden verlaten zijn feitelijk stukken platteland in een metropool. Bij de waterpompen op straat staan vrouwen op hun beurt te wachten zoals ze dat in de dorpen deden. Het hele leven speelde zich daar buitenshuis af; wc's en andere vormen van privacy kenden ze niet, zodat alles in het openbaar gebeurt. Bovendien zijn veel van degenen die op straat leven vanwege de vrijwel altijd heersende hitte halfnaakt en zij verzorgen zichzelf zonder enige gêne.

Kortom, doordat de welgestelde klasse in Kolkata haar typisch Indiase zienswijze verliest, kan zij het dorpsleven dat zich in de straten afspeelt steeds minder goed verdragen. Maar zolang diezelfde straten kansen bieden op een beter leven, zullen er immigranten blijven komen uit de omliggende, door armoede geteisterde provincies Bihar en Orissa, zeker nu er voor de bouw goedkope arbeiders nodig zijn.

Maar de op straat of in de *bustees* (slums) levende mensen zitten het streven naar modernisering in de weg. De regering heeft plannen voor nieuwe satellietsteden, gated communities en speciale economische zones, waarmee ze investeerders hoopt aan te trekken uit landen als Indonesië en Singapore. De deelstaat West-Bengalen, waar de communisten dertig jaar geleden de meerderheid kregen, heeft inmiddels de langst zittende gekozen communistische regering in de wereld. Maar omdat zij door hun behoudende politiek veel kiezers dreigden te verliezen, zijn de Bengaalse communisten net als de Chinezen als een gek gaan privatiseren. De onteigening van grond voor ontwikkelingsprojecten elders in de deelstaat heeft al tot hevige protesten in de hoofdstad geleid. Bij één demonstratie werden voertuigen in brand gestoken, ruiten ingeslagen en stenen gegooid. Het leger werd erbij gehaald om de rust te herstellen, iets dat al jaren niet of nauwelijks meer in de grote Indiase steden was gebeurd.

In China zou de grondonteigening uiteraard minder grote problemen hebben veroorzaakt. Als het communistische bewind daar met kapitalistische hardvochtigheid optreedt, wordt dat als vanzelfsprekend geaccepteerd. In het democratische India, en zeker in Kolkata ligt dat anders. De stad neemt namelijk een uitzonderingspositie in doordat zij pas eind 17e eeuw door de Britten is gesticht en in tegenstelling tot Delhi dus geen deel uitmaakt van het trotse verleden van de Groot-mogols. En vanaf het moment dat de Britten in de tropische moerassen een handelspost oprichtten, begonnen de sociale spanningen. Die werden beslist niet minder tijdens de Industriële Revolutie, toen Calcutta zich ontwikkelde tot het centrum van de jute- en textielindustrie en allengs ook tot het Ruhrgebied van India, waar de meeste ijzer- en staalfabrieken gevestigd waren. Zo werd de stad ook het bolwerk van de Indiase vakbonden en communisten.

'De toenemende uitsluiting van de armen in Kolkata zal alleen maar tot opstanden en destructief geweld leiden,' zo voorspelt de ondernemer en politiek activist V. Ramaswamy. De stad mag de mondialisering nog zo omarmen, het verleden leert dat de overgang niet geheel vreedzaam zal verlopen. Zo moest de deelstaatregering in december 2006 het voorstel om de riksja's te verbieden 'als schandelijke praktijk', intrekken onder druk van het protest van de 18.000 riksjatrekkers in de stad. Waarschijnlijk zal Kolkata altijd een opstandige stad blijven.

In 2001 kreeg Calcutta, dat in het Bengaals altijd al werd uitgesproken als Kolkata, zijn huidige naam. In de oren van degenen die zijn opgegroeid met 'Calcutta' klinkt dat nog steeds vreemd. Maar omdat de nieuwe naam niet met het Britse kolonialisme noch met de beschamende armoede wordt geassocieerd, valt er voor het omdopen iets te zeggen. Gegeven het ironische feit dat met de mondialisering ook het lokalisme opkomt, zou 'Kolkata' kunnen aanslaan als de nieuwe lokale en internationale doorvoerhaven voor Oost-India, Bangladesh, Birma en Zuidwest-China. Met het herstel van de handelsroutes uit de Oudheid en de Middeleeuwen krijgt Kolkata geleidelijk aan het achterland terug dat verloren ging met de oprichting van Oost-Pakistan (het latere Bangladesh) in 1947. Daarbij gaat het vooral om Zuidwest-China, dat zoals eerder gezegd geen uitgang heeft naar de Stille Oceaan. De dichtstbijzijnde zee is de Golf van Bengalen, en werden in de Middeleeuwen via deze vertakkingen van de zijderoute thee, paarden en porselein vervoerd, nu kan het aardgas uit Bangladesh en Birma naar China en India worden uitgevoerd. India op zijn beurt kan ijzererts exporteren naar China, dat in ruil daarvoor weer allerlei fabrieksgoederen kan leveren. Ondanks de oplopende spanningen op zee tussen de twee landen, is op een ander niveau een samenwerkingsverband op het gebied van aardgas mogelijk tussen India, China, Bangladesh en Birma.

'Kolkata zou weer de Indiase poort naar Zuidoost-Azië en met name naar China kunnen worden,' filosofeert Monideep Chattopadhyay, een van de stadsplanners. Als enige stad in India kan Kolkata bogen op een echt Chinatown. Sinds 2007 heeft het een Chinees consulaat. Chinese boeddhisten reizen tegenwoordig via het nieuwe vliegveld van Kolkata naar Bodh Gaya in de deelstaat Bihar, waar Boeddha verlichting bereikte. Al deze verbindingen, en met name die over land, zouden ook ten goede kunnen komen aan de ontwikkeling van Noordoost-India. Nu is dat zo achtergebleven en gewelddadig dat vele inwoners zich gedwongen zien om zonder een cent op zak naar de dichtstbijzijnde grote stad, Kolkata dus, te trekken. Een welvarend achterland, dat ook de eigen bevolking vast kan houden, zou een enorme opsteker voor die stad betekenen.

'Kolkata zou ook het Harvard van India kunnen worden,' betoogt Kingshuk Chatterjee, onderzoeksmedewerker van het Maulana Abul Kalam Azad Institute of Asian Studies. Het basis- en middelbaar onderwijs in de stad geldt als het beste in het land en Bengalezen bekleden veel functies aan de beste universiteiten in Mumbai en Delhi. Het enige wat er volgens Chatterjee zou moeten gebeuren, is dat de linkse regering niet langer alleen geestverwanten benoemt aan de universiteiten in de deelstaat zelf. Dankzij het hoge onderwijsniveau zou Kolkata ook een centrum voor informatietechnologie kunnen worden. 'Vergeet Moeder Theresa, denk aan IT en aan jonge mensen met een behoorlijk inkomen,' zegt een plaatselijke journalist.

Je kunt de mooiste dromen over Kolkata hebben omdat de stad vooralsnog iets heeft wat andere Indiase steden – net als veel steden in de ontwikkelingslanden – niet hebben, namelijk voldoende drinkwater. Kolkata ligt net als Dacca aan de rand van de gigantische rivierdelta van Bengalen. Pas als je die met eigen ogen hebt gezien, begrijp je wat dat betekent. Zoals ik die zomer vanuit Bangladesh met de bus de stad binnenreed, zo ben ik ook eens in Kolkata aangekomen via de Hooghly, een van de grote zijrivieren die de Ganges voeden. Als je per schip in welke stad dan ook aankomt, krijg je er een heel ander beeld van. Voor Kolkata geldt dat nog extra omdat het met zijn rug naar de rivier ligt waar het zijn bestaan aan te danken heeft. Langs de Hooghly lopen geen wandelboulevards, alleen oevertrappen. Evenmin ruik je in de stad de warme zeelucht, zoals in Mumbai, dat met zijn gezicht naar de Arabische Zee ligt. Toch zou er zonder de Hooghly geen Kolkata zijn.

Voor een bedrag van omgerekend 340 dollar huur ik met behulp van Gautam Chakraborti, die de rivier als zijn broekzak kent, op de

Outram-werf bij het stadscentrum een houten boot van veertien meter met een kleine bemanning. Het wordt een tocht terug in de tijd. De haven van Kolkata, dat een kleine honderd kilometer landinwaarts ligt, moest meermaals worden verplaatst naar een plek dichter bij zee om de steeds zwaarder geladen schepen te kunnen ontvangen. Zo liggen grote stukken langs de rivier waar het ooit een drukte van belang was, er nu verlaten bij. Tegelijkertijd wordt de skyline van de stad aan het zicht onttrokken door de rij palmen en banyanbomen op beide oevers. Zo kun je je op het water de handelspost voorstellen die Kolkata ooit was. Bengalen was indertijd de grootste zijdeproducent van de wereld, groter dan Perzië en China, en honderden zeilboten, waaronder schoeners uit Amerika en schepen uit China, meerden hier aan. Op deze oevers ook werden in de 18e en 19e eeuw de talloze grote klippers gebouwd waarmee de opium uit het noordelijker gelegen Patna en Benares over de Ganges en via Singapore werd vervoerd naar de Kanton-rivier en Hongkong.[12]

De eerste Portugese zeelieden voeren in 1530 de Hooghly op om katoen en andere stoffen te kopen. Daarop vestigden zij een aantal kolonies langs de rivier, vooral rond de havens van Hooghly en Hijli. In 1628 vertrokken daarvandaan maar liefst honderd Portugese schepen met rijst, boter, olie en was. Met ook een post in de haven van Chittagong in het oosten van Bengalen hadden de Portugezen een lichte greep op de hele noordkust van de Golf. Maar om hun de voet dwars te zetten, gaven de Groot-mogols in Delhi ook de Nederlanders, Denen, Vlamingen en Fransen permissie om langs de Hooghly handel te drijven. Dan betreden de Engelsen het verhaal, in het bijzonder in de persoon van Job Charnock, een prominente medewerker van de Britse Oost-Indische Compagnie in de regio. Hij was een oude rot in het vak, die zich min of meer had aangepast aan de Indiase cultuur. Zo was hij met een Indiase vrouw getrouwd, en wel met een weduwe die hij op het nippertje had gered van de brandstapel van haar overleden echtgenoot waarop ze volgens de praktijk van de 'sati' werd geofferd.[13] Charnock wilde aan de Hooghly-rivier een basis voor zijn compagnie vestigen die net zo sterk kon worden als die in Madras of Bombay. Nadat enkele pogingen meer naar het noorden en zuiden waren mislukt, vestigde hij in 1690 een kleine handelspost in de bocht van de rivier waar Kolkata nu ligt: op de oostelijke oever, die te hoog is om te kunnen overstromen.

Kolkata is dus een jonge stad: jonger dan de door Europeanen gestichte Noord-Amerikaanse steden Québec, Jamestown en Santa Fe. Het is bovendien gesticht om louter commerciële doeleinden. Kolkata mist duidelijk het middeleeuwse fundament vanwaaruit de architectuur en andere materiële zaken zijn gegroeid die niet alleen de Europese, maar ook Aziatische steden een organisch en aantrekkelijk aanzien geven. In zijn armoede en rijkdom heeft Kolkata iets van de hardheid van de Nieuwe Wereld, die je in andere grote en oudere steden in India niet ziet.

De geschiedenis van de stad staat geschreven op de oevers van de Hooghly. Aan de ene kant ligt Kolkata, aan de andere kant de industriële voorstad Howrah. Tussen de begroeiing door vang je zo af en toe een glimp op van een van de verlaten tuinhuizen van de Britten. Op de oevertrappen zie je soms een pastorale scène van mensen die een bad nemen of de was doen. Surinam Dock, een lege kade aan dezelfde kant als Kolkata, herinnert aan de tijd van de plantagearbeid. In de 19e eeuw werden vanaf daar de contractarbeiders – een eufemisme voor slaven – naar de noordoostkust van Zuid-Amerika verscheept, waarmee de Indiase diaspora in het Caraïbisch gebied ontstond. Boeien in de vorm van tulbanden klappen op en neer in het water, groot, verroest en niet langer gebruikt. Even verderop staan de ingestorte scheepswerf van Garden Reach en andere ruïnes van wat ooit de centrale haven was. De jutefabrieken van weleer worden door het bos overwoekerd: de juteproductie is verplaatst naar Bangladesh. De rivier lijkt kalm, als een dampig stilleven, maar dat is bedrog. Wie van hier naar de Golf van Bengalen wil varen, heeft een loods nodig. Het getij uit de Golf kan hoog zijn en de zandbanken zijn verraderlijk. Hoewel de Hooghly ter hoogte van Kolkata soms meer dan een kilometer breed is, is de vaargeul een stuk smaller en de scheepwrakken op de bodem maken het varen nog riskanter.

We passeren vrachtschepen met hout uit Birma of Maleisië, en dan een zogeheten *feeder vessel* met een gewone, hydraulische kraan, die langs de oever aan de kant van Howrah schuurt om niet op de zandbanken vast te lopen. Omdat het hier stroomopwaarts te ondiep is voor de grotere containerschepen met brugkranen, worden de containers een paar kilometer stroomafwaarts op feeder vessels overgeladen. Ook al komen er in de oude haven nog steeds schepen, veel bedrijvigheid is verplaatst naar de nieuwe havens dichter bij de Golf van Bengalen. Dankzij die havens, die kilometers uit elkaar liggen, kunnen schepen afhankelijk van hun diepgang kiezen waar ze aanleggen. De grootste en diepste haven is die bij Haldia vlak bij de Golf van Bengalen. In het kader van de verdere groei van de metropool zouden er evenwel plannen zijn om Diamond Harbor tot een nog groter havencomplex te ontwikkelen.

Een eindje ten zuiden van de stad verbreedt de Hooghly zich tot een binnenzee van een omvang die ik verder alleen ken van de Amazone. Te midden van de 'misselijkmakende jungle', om met de Britse historicus John Keay te spreken, is de beschaving hier tot het minimum teruggebracht: alleen nog vissersdorpen met bootjes die op de stranden tussen de palmbossen getrokken zijn.[14] Het enige teken van ontwikkeling zijn de hoge baksteenovens: de vraag naar bouwmaterialen is in het dagelijks groeiende Kolkata zo groot dat de ovens langs de rivier tot aan de Golf van Bengalen doorgaan. Die groei hangt weer samen met de grote beschikbaarheid van water, hoewel de megastad tegelijkertijd wordt bedreigd door de stijgende zeespiegel. Op de klimaatconferentie op Bali in 2007 werd Kolkata gerekend tot de tien steden die het meest te vrezen hebben van overstromingen en stormen als gevolg van de opwarming van de aarde. En door de snelle groei zal de stad aan het eind van de 21e eeuw boven aan die lijst staan.

Voordat het Britse spoorwegennet in India eind 19e eeuw ook deze contreien bereikte, kon je Kolkata het makkelijkst bereiken per boot: vanaf de Golf van Bengalen de Hooghly-rivier op. Afgezien van de steenovens zal de reiziger toen hetzelfde landschap van water en jungle hebben gezien als nu. Terwijl dus mijn schip over de breder wordende rivier naar het zuiden vaart en bij Diamond Harbor een bocht maakt om terug te gaan naar de stad, moet ik onwillekeurig denken aan de belangrijkste en wellicht ook kleurrijkste figuur in de geschiedenis van Kolkata, die hier ook voer toen hij de stad voor het eerst bezocht: Robert Clive.

De persoon van Clive komt niet alleen bij me op omdat hij deze rivier kende, maar ook omdat hij het perfecte tegenbewijs is van de ideeën die door mijn hoofd gaan. De bootreis herinnert me weer aan het grote belang van de geografie. Ja, de centrale positie van de Indische Oceaan in de 21e eeuw is een lesje in geografisch en demografisch determinisme. Toch moet je ook altijd weer de volgende vraag stellen: wordt de geschiedenis geheel bepaald door *onpersoonlijke* factoren – de geografie, cultuur, economie en technologie –, factoren waar we machteloos tegenover staan, of wordt zij ook gemaakt door gewone en buitengewone personen die erin slagen om zulke factoren, vaak tegen alle verwachtingen in, te overwinnen? Is de geschiedenis dus een kwestie van stom geluk en even domme pech? Zoals Machiavelli al opmerkte, kon hij zijn 'vorst' alleen raadgeven over *virtù*, deugdzaam gedrag, en niet over het even belangrijke *fortuna*, geluk.[15]

Achteraf bezien lijkt de Britse heerschappij over India onvermijdelijk: in de 18e en 19e eeuw maakten de Britten zich meester van de hele Indische Oceaan. Toch kun je je afvragen of zij India op dezelfde wijze en in dezelfde mate overheerst zouden hebben zonder Lord Clive. Je kunt zelfs betogen dat het land zonder diens charismatische persoonlijkheid helemaal geen greep op India had gekregen. De uitzonderlijke daden van Clive vormen op zichzelf al een argument dat niets aan het lot moet worden overgelaten, dat niets onvermijdelijk is.

De heilige tekst over de loopbaan van Clive is het lange essay over hem van de Engelse historicus en Indiakenner Thomas Babington Macaulay. Hij schreef het in 1840, bijna honderd jaar nadat de jeugdige Clive Calcutta had veroverd. * Het essay vertelt het verhaal in een tempo dat niet onderdoet voor dat van een hoofdartikel in een hedendaags tijdschrift. Het is op geen enkele manier verouderd, niet qua inhoud en ook niet door de uitgebalanceerde en zelfverzekerde toon ervan.

---

* Macaulay, *Essay on Lord Clive*, geredigeerd, van noten voorzien en ingeleid door Preston C. Farrer, 1840; herdruk, New York, Green, 1910. Macaulay keek in veel opzichten neer op India. Zie het commentaar van Salman Rushdie op Macaulay's opvattingen in *De laatste zucht van de Moor*, Amsterdam, Contact, 1995. Voor een uitgebreidere biografie van Clive, zie Robert Harvey, *Clive, The Life and Death of a British Emperor*, New York, St. Martin's, 1998.

Toen Clive in 1743 op 18-jarige leeftijd in dienst van de Britse Oost-Indische Compagnie naar India vertrok, heerste er, aldus Macaulay, politieke verwarring in dat land. De Mogoel-keizers konden het subcontinent, dat van noord naar zuid ruwweg drieduizend km (de afstand van Midden-Zweden tot Malaga) en van west naar oost rond de 2500 km meet (de afstand van Moskou tot Londen) niet langer bijeenhouden. Het was op weg een conglomeraat van onafhankelijke koninkrijken te worden, waarvan vele belegerd werden door de Maratha's. Deze krijgerskaste, die de bergen ten oosten van Bombay in handen had, zaaide dood en verderf op zowel de hele Deccan-hoogvlakte als – met haar eigen piratenvloot – op de Indiase westkust. De bevolking van dit uitgestrekte gebied was, zoals Macaulay schrijft, tien keer zo groot als het aantal Azteken en Inca's, die door de Spanjaarden waren weggevaagd ondanks het feit dat zij net zo geciviliseerd waren als de veroveraars zelf.[16] Het was dan ook onvoorstelbaar dat een land aan de andere kant van de wereld deze hele gecultiveerde bevolking werkelijk onder zijn bestuur kon brengen.* Toch zette de charismatische, dynamische, humeurige, suïcidale, corrupte en onbevreesde Clive dat in gang.

Clives triomfen in Calcutta begonnen in Madras, alwaar hij op 21-jarige leeftijd aantrad als 'schrijver', de laagste functie bij de Oost-Indische Compagnie. Hij werd voor het leger gerekruteerd omdat er in het zogeheten Karnatische gebied in Zuidoost-India vijandelijkheden uitbraken tussen de Britse en de Franse Oost-Indische Compagnie en hun beider inheemse bondgenoten.† Dat de handelscompagnieën ook bestuursmacht over grondgebieden kregen, was het gevolg van de Karnatische oorlogen. Voordien was er slechts één man die geloofde dat Europeanen op de puinhopen van het Mogoel-rijk

---

* Het was een geleidelijk proces. Nadat Clive Bengalen had onderworpen, was de Britse controle op het subcontinent beperkt tot Noord-India, Bombay en de vlakte aan de zuidkust van Karnataka. De rest van het zuiden bleef nog een tijdlang in handen van allerlei vorsten en de Maratha-federatie.

† Vermoed wordt dat de naam is afgeleid van de lokale Dravidische termen voor *kar* (zwart) en *nadu* (land), een verwijzing naar de zwarte aarde in de regio.

een imperium konden vestigen, en dat was geen Brit, maar een Frans-
man. Deze Joseph-François Dupleix had met militaire manoeuvres
en politieke manipulatie zuidelijk India veroverd voor zichzelf en
zijn inheemse handlangers. Nadat hij een paar jaar met inheemse
machthebbers had samengewerkt, was hij tot gewelddadige verovering overgegaan.[17] In deze periode begon de superioriteit van de Europese legers manifest te worden. In Europa had de militaire wetenschap zich ontwikkeld, waar in landen als India de oorlog nog als een
sport werd gezien.[18]

Het enige obstakel voor de Franse dominantie was het fort Trichinopoly, ruim honderd kilometer landinwaarts van de Golf van Bengalen. Dat was in handen van een medestander van de Britten, Mohammed Ali geheten. In de zomer van 1751 werd het fort omsingeld door
een legertje Franse huurlingen onder leiding van een bondgenoot van
Dupleix, Chunda Sahib. De situatie in het fort was penibel. 'Op dat
moment,' aldus Macaulay, 'keerde plotseling het tij dankzij de heldenmoed en het genie van een onbekende Engelse jongeman [Clive].'[19]

Clive voerde het bevel over tweehonderd Britse soldaten en driehonderd sepoys (Indiase soldaten in Britse dienst), maar met dat legertje trok hij niet naar Trichinopoly. Nee, onder hevige onweersbui-
en nam hij de provinciehoofdstad Arcot in. Doordat hij Chunda
Sahib daarmee dwong om versterkingen uit Trichinopoly te sturen,
spaarde hij de Britse troepen. Maar de Fransen belegerden Arcot,
waar Clive en de zijnen zich in het fort hadden verschanst. Hun verdediging was zwak. De muren van het fort waren, aldus nogmaals
Macaulay, 'vervallen', de grachten stonden 'droog' en de wallen waren
te 'smal' voor hun kanonnen. Maar terwijl de honger toesloeg, 'over-
trof de loyaliteit van de troepen aan hun commandant [Clive] alles
wat we weten over het Tiende Legioen van Caesar en de Oude Garde
van Napoleon'.[20]

Clive, die amper was getraind, bleek een geboren militair commandant, in die zin dat hij 'onverschrokken en standvastig' leider-
schap toonde – dat wil zeggen zijn soldaten achter zich kreeg, vooral
bij tegenspoed. Bij zulke betrekkelijk kleine treffens tussen ongeveer
even sterke krachten draaide het vaak ook om improvisatie en dom
geluk.[21] Hoe het ook zij, de inmiddels 26-jarige Clive doorstond
dankzij zijn vindingrijkheid, pure doorzettingsvermogen en schijn-

bare alomtegenwoordigheid in het gevecht een belegering van 53 dagen, waarmee hij eigenhandig de balans naar Britse zijde deed overslaan. Kort daarop zouden de Britten Madras en het achterland ervan op de Fransen veroveren.

In 1753 keerde Clive als gevierd man terug naar Engeland. Zijn even briljante en psychologisch complexe tegenstander Dupleix, die twee keer zo oud was als hij, kwam het jaar daarop onteerd en beroofd van zijn aanzienlijke vermogen in Frankrijk terug, alwaar hij in anonimiteit zou sterven.

In 1755 nam Clive opnieuw de boot naar Madras, nu om het commando te voeren over het Fort St. David en zo zijn missie om de Fransen te verdrijven, te voltooien. Na zijn aankomst in het jaar daarop raakte hij evenwel betrokken bij een conflict in het veel noordelijker gelegen Bengalen. Dat was het rijkste deel van India, zoals ook de Groot-mogols hadden geweten: hun oorlogen op de Deccan-hoogvlakte waren vooral met geld uit Bengalen gefinancierd. Zoals Macauly in zijn onovertroffen proza schrijft:

Van alle provincies die aan het Huis van Timoer Lenk onderworpen waren geweest, was Bengalen de rijkste. [...] De Ganges, die via honderden armen naar de zee stroomt, heeft een enorme vlakte met vuchtbare grond gevormd, die zelfs onder de tropische zon net zo groen is als Engeland in april. De rijstvelden leveren een oogst op zoals je die nergens anders ziet. Specerijen, suiker en plantaardige oliën worden er in een wonderbaarlijke overvloed geproduceerd. De rivieren zitten boordevol vis. [...] De grote rivier die de aarde bevrucht, is ook de belangrijkste verkeersader voor de oosterse handel. Aan de oevers liggen de best bevoorrade markten, de mooiste hoofdsteden en de heiligste plaatsen van India. De menselijke tirannie had eeuwenlang tevergeefs geprobeerd de overvloed van de natuur om zeep te brengen. Ondanks de despotische muzelman (moslim) en de Mahratta-kapers stond Bengalen in het hele Oosten bekend als de Hof van Eden...[22]

Bengalen was ook een grote modderpoel aan beide kanten van de Kreeftskeerkring, bestaande uit 'nieuwe modder, oude modder en moeras,' aldus een door de Britse schrijver van reisboeken Moorhouse geciteerde geograaf.[23] Het commerciële hart van dit vruchtbare rivierenland was Calcutta, de havenstad aan de Hooghly die weer uitmondt in de Golf van Bengalen. De Britse Oost-Indische Compagnie dreef daar handel onder bescherming van een nawab (onderkoning), die uit naam van een Mogoel-zetbaas het bestuur over Bengalen, Orissa en Bihar voerde. Na het overlijden van deze nawab, Aliverdy Kan, in 1756 kwam diens kleinzoon, Surajah Dowlah, een jongeman van nog geen twintig, aan de macht. Macaulay beschrijft hem als een wrede, egoïstische en verdorven dronkenlap met een hartgrondige haat jegens de Engelsen. Hij zou zich ook hebben omringd met 'uitvaagsel [...] dat niets anders te bieden had dan grappenmakerij en onderdanigheid'.[24]

En zo marcheerde de kersverse nawab, nadat hij een of ander excuus had gevonden, op naar Fort William, het Britse bolwerk in Calcutta. Anders dan de Britse handelaren in Madras, die door de dreiging van Dupleix en zijn leger ook militaire en politieke vaardigheden hadden gekregen, hielden hun landgenoten in Calcutta zich alleen met de handel bezig. Zij waren dan ook bang en gaven Fort William zonder veel strijd over. Maar toen vond 'die grote misdaad' plaats, zoals Macaulay het noemt, een misdaad die in vermoedelijk sterk overdreven vorm de Britse geschiedenisboeken in zou gaan.[25]

Omdat de moesson in 1756 pas op 21 juni in Calcutta arriveerde, was de nacht van de 20e de benauwdste en vochtigste nacht van het jaar. In die nacht sloten de bewakers van de nawab tientallen Engelse mannen en vrouwen op in het zogeheten 'Zwarte Gat van Calcutta', een cel in het fort van 4,3 bij 5,5 meter zonder ramen. De meesten waren dood toen de bewakers de volgende ochtend de deur van het slot deden – nadat de nawab 'zijn roes had uitgeslapen', aldus Macaulay, en 'toestemming had gegeven om de deur te openen'.[26] Hoewel er volgens de verhalen 146 mensen in het 'zwarte gat' waren opgesloten, ging het vermoedelijk om 64, van wie 21 de nacht overleefden.*

* Geoffrey Moorhouse, *Calcutta: The City Revealed*, Londen, Weidenfeld and Nicolson, 1971, p. 44-45. Een van de overlevenden was John Zephaniah Holwell, een briljant publicist wiens beschrijving van de gebeurtenissen het grote publiek deed gruwelen. Zie Keay, *Honourable Company*, p. 304.

Toen het nieuws over wat er in Calcutta was gebeurd in augustus Madras bereikte, werd daar luid om wraak geroepen. Om de nawab mores te leren, die 'meer onderdanen had dan Lodelijk xv of keizerin Maria Theresa', zo schrijft Macaulay, kreeg Clive 900 Britse infanteristen en 1500 sepoys tot zijn beschikking.[27] Het leger zeilde in oktober via de Golf van Bengalen naar het noorden, maar door tegenwind moest het uitwijken naar de kusten van Ceylon en Birma. Zo kwam het pas in december in Bengalen aan. Daar deed de bevelhebber snel wat er van hem werd verwacht: hij versloeg het inheemse garnizoen in Fort William en heroverde Calcutta. De nawab verzocht om vrede, maar Clive wilde daar gezien diens karakter en verleden niet op ingaan. De Oost-Indische Compagnie in Calcutta echter wilde rust vanwege de handel en de Britten in Madras wilden het leger en de wapens terug. De commandant stemde dus in onderhandelingen toe. Daarmee, aldus Macaulay,

> begon er een nieuw hoofdstuk in het leven van Clive. Tot dan toe was hij een eenvoudig soldaat geweest, die op uiterst bekwame en moedige wijze de plannen van anderen had uitgevoerd. Vanaf dit moment moet hij vooral als een staatsman worden gezien. [...] Dat hij in deze nieuwe hoedanigheid grote vaardigheid aan de dag legde en veel successen boekte, kan niet worden ontkend. Evenmin kan echter ontkend worden dat de transacties waarmee hij zich nu begon in te laten, een smet op zijn blazoen wierpen.[28]

Clive was in feite niet sluw en doortrapt genoeg. 'Van nature [was hij] allesbehalve een boef,' aldus Macaulay. Dat hij als militair op en buiten het slagveld dingen gedaan had gekegen, had niets met list en bedrog te maken gehad, maar alles met een overmaat aan energie en enthousiasme, waardoor hij grote risico's durfde te nemen. Niets wijst erop dat Clive zich ooit onbehoorlijk gedroeg tegenover een landgenoot. De 'smet op zijn blazoen' had enkel en alleen te maken met zijn houding tegenover Indiërs: 'Hij beschouwde de oriëntaalse politiek als een spel waarbij alles geoorloofd was.'[29] Met andere woorden, zijn immorele gedrag was niet het gevolg van een karaktertrek, maar van een bewuste en je zou zelfs kunnen zeggen strategische keuze:

Het lijkt erop dat hij de – volgens ons volstrekt verkeerde – opvatting had dat hij niets bij zulke (Indiase) tegenstanders kon bereiken, als hij de normen naleefde waar zij vrij van waren; als hij de waarheid sprak en zij niet; als hij, ten koste van zichzelf, de afspraken nakwam met bondgenoten die zich nooit aan de afspraken hielden als dat niet in hun voordeel was. Dus werd deze man, die op andere levensterreinen een oprechte Engelse gentleman en soldaat was, een Indiase intrigant zodra hij tegenover Indiase intriganten kwam te staan...[30]

Nawab Surajah Dowlah ondertussen was een konkelaar van het zuiverste water. Hij sloot een verdrag met Clive terwijl hij heimelijk met de Fransen in het nabijgelegen Chandernagore samenspande om Clives troepen uit Calcutta te verdrijven. De Britten kregen daar echter lucht van en bezetten bijgevolg Chandernagore nog voordat de Fransen versterkingen hadden gekregen vanuit hun bases in het Karnatische gebied in het zuidoosten. 'Omdat de Fransen daarmee niet alleen hun lucratiefste post verloren, maar ook de basis vanwaaruit zowel Pondicherry (in het Karnatische gebied) als hun vestiging op Mauritius werd bevoorraad, ondermijnde dit hun hele positie in de Indische Oceaan,' zoals Keay schrijft.[31]

Tegen het advies van een aantal landgenoten in besloot Clive daarna om de belangrijkste bevelhebber van de troepen van de nawab, Meer Jaffier, te steunen in diens coupplannen tegen zijn baas Dowlah. Toen een bij de staatsgreep betrokken Bengalees geld eiste in ruil van geheimhouding, stelde Clive twee contracten op: een wettig waarin de beloning niet en een vals waarin die wel werd vermeld. Ook vervalste hij de handtekening van de mede-officier die uit gewetensnood weigerde het valse contract mede te ondertekenen. Dat Clive alleen scrupules had tegenover leden van zijn eigen ras, maakte hem volgens zijn strengste critici tot een verwerpelijk figuur.*

---

* Zie in het bijzonder Nick Robins, *The Corporation That Changed the World: How the East India Company Shaped the Modern Multinational*, Hyderabad, India, Orient Longman, 2006. John Keay is het niet met hem eens: 'Dit kleine bedrog is amper vermeldenswaard in de context van een revolutie en in vergelijking met de intriges van anderen (zowel Britten als In-

Clive kon nog zo somber en zelfs suïcidaal zijn, als het op actie aankwam liet hij zich niet door angst en twijfel leiden. Zo bereidde hij ook vol bravoure de slag voor die – wellicht meer dan enige andere gebeurtenis – het lot van het Indiase subcontinent zou bepalen. Toen de legers van Surajah Dowlah en Clive zich niet ver van elkaar verzamelden, was de afspraak dat de troepen van Meer Jaffier naar de Britten zouden overlopen zodra de vijandelijkheden begonnen. Maar Jaffiers angst won het van zijn ambities: op het moment suprême verloor hij de moed.

Zo stond Clive voor het dilemma of hij de rivier zou oversteken om het gevecht aan te gaan met een leger dat twintig keer zo groot was als het zijne. Eerst riep hij een oorlogsraad bijeen. De meeste officieren spraken zich uit tegen het gevecht en Clive legde zich daar aanvankelijk bij neer. 'Jaren later,' schrijft Macaulay, 'zou Clive beweren 'dat hij nooit ook maar één oorlogsraad had gehouden. [...] Als hij zijn oor naar zo'n raad had laten hangen, waren de Britten nooit heer en meester geworden over Bengalen' en uiteindelijk over heel India. Volgens Macaulay trok Clive zich terug onder de schaduw van een groepje bomen, waar hij een uur lang zat na te denken. 'Bij terugkomst was hij vastbesloten om alles op het spel te zetten: hij beval de troepen in paraatheid te brengen om de volgende ochtend de rivier over te steken.'[32] Voortaan, zo had hij besloten, zou hij alle verantwoordelijkheid voor wat er ook zou gebeuren alleen dragen.

Nadat zijn soldaten de volgende dag de rivier doorwaad hadden, sloegen ze na zonsondergang hun kamp op in een mangoboomgaard vlakbij Plassey, ten noorden van Calcutta en 1,5 kilometer van het vijandelijke leger. Clive kon die nacht niet slapen en hoorde de trommels en cimbalen uit het andere kamp. Je kunt je nauwelijks iemand voorstellen die onder grotere druk stond, met alle gevoelens van angst van dien.

De volgende ochtend, op 23 juni 1757, ontmoetten de twee legers elkaar in Plassey. Alleen al de cavalerie van de nawab bestond uit

diërs).' Harvey is het wel met Robins eens. Keay, *The Honourable Company: A History of the English East India Company*, Londen, HarperCollins, 1991, p. 317; Robert Harvey, *Clive: The Life and Death of a British Emperor*, New York, St. Martin's, 1998.

15.000 man. Zijn infanterie telde 40.000 man, die met pieken, zwaarden en pijl en boog bewapend waren. Slechts 12.000 soldaten zouden echter aan het gevecht deelnemen. Aan Britse zijde vochten niet meer dan drieduizend man, van wie duizend Britten. Van beide kanten barstte het vuur los. De veldkanonnen van de nawab misten doel, die van de Britten 'hadden veel effect'. Enkele van de hoogste officieren in de gelederen van de nawab sneuvelden. Zijn troepen begonnen zich terug te trekken, waarop een officier van Clive op eigen gezag de order gaf tot de totale aanval. De slag duurde amper een uur. 'Met een verlies van 22 doden en 50 gewonden sloeg Clive een leger van een kleine 60.000 man uit elkaar. Zo onderwierp hij een territorium dat qua omvang en inwonertal groter was dan Groot-Brittannië,' aldus Macaulay.*

Na de Britse zege werd Meer Jaffier nawab. Surajah Dowlah werd vanwege zijn misdaden vermoord, een gruwelijke daad, hoeveel het slachtoffer wellicht ook op zijn geweten had. De Britten waren niet direct bij de moord betrokken, maar hadden wel de politieke context geschapen waarin het kon gebeuren.

Problematischer in Britse ogen echter was de hoeveelheid geld die van eigenaar veranderde. Meer Jaffier verscheepte zilver ter waarde van 800.000 pond sterling naar Calcutta. Clive stak daarvan tussen 200.000 en 300.000 pond in eigen zak. Hij liep letterlijk 'tussen de bergen goud en zilver door, gekroond met robijnen en diamanten'. In strikte zin was dit niet illegaal: Clive was niet in dienst van de regering, maar van de compagnie, en die stond haar medewerkers toe zich te verrijken aan de vrijgevigheid van de inheemse vorsten. Macaulay noemt het zelfs een wonder dat Clive niet meer pakte, maar voegt er aan toe:

* John Keay, *The Honourable Company: A History of the English East India Company*, Londen, HarperCollins, 1991, p. 52-53. Mark Twain laat Clive zeggen: 'Met drieduizend man versloeg ik er zestigduizend en vestigde ik het Imperium.' Mark Twain, *Following the Equator*, New York, Oxford University Press, 1966, hfst. 54. Volgens sommige schrijvers was Plassey niet zozeer een slag, als wel een 'overeenkomst'. De vijanden in het kamp van de nawab zelf zouden met de Oost-Indische Compagnie zijn nederlaag hebben geregeld.

We kunnen niet ontkennen dat het op zichzelf misschien niet slecht was, maar toch wel een slecht voorbeeld gaf. [...] Gezegd moet dan ook worden dat welke beloning hij ook voor zijn diensten kreeg, die uitgereikt had moeten worden hetzij door zijn meerderen, hetzij met hun volle medeweten en goedkeuring.[33]

Clive nam bovenmenselijke risico's en stelde zijn eigen regels in een chaotische en gewelddadige omgeving. Het probleem met hem is, dat de eigenschappen die nodig waren om het Britse imperium in India te grondvesten tegelijkertijd eigenschappen zijn waarbij we ons ongemakkelijk voelen. Maar Macaulay heeft zeker gelijk waar hij stelt dat de kritiek die Clive kreeg na zijn terugkeer in Engeland, iets hypocriets had. 'De verontwaardiging in Engeland over de hebzucht van Clive was goedkoop. Van al die critici zou nog niet één op de honderd zoveel zelfbeheersing bij de schat van Moorshedabad hebben getoond als hij.'[34]

Even zeldzaam was de moed waarmee hij meermaals zijn hele reputatie op het spel zette. In 1759 voeren zeven Nederlandse schepen die uit Java kwamen, de Hooghly op. Clive had alle reden om hun aanwezigheid te accepteren. Meer Jaffier begunstigde de Nederlanders als tegenwicht tegen de Britten, en Clive wilde geen ruzie met de nawab die hij zelf in het zadel had geholpen. Bovendien verkeerde Groot-Brittannië al in oorlog met Frankrijk, zodat Londen er niet nog een vijand bij kon hebben. Maar omdat hij begreep dat de Nederlandse aanwezigheid een bedreiging vormde voor de greep die de Britten langzamerhand op India kregen, beval Clive op eigen gezag tot een aanval die korte metten maakte met de Nederlanders.

Het was ook Clive die in 1765 opnieuw door de Britse autoriteiten naar India werd gezonden om er orde op zaken te stellen. In zijn afwezigheid en deels door het stelsel dat hij had geïnstalleerd, was het bestuur van Bengalen namelijk vervallen tot corruptie en wanbeheer. In de luttele anderhalf jaar dat hij in India was, hervormde hij de Britse Oost-Indische Compagnie diepgaand, een reorganisatie die ook betrekking had op de omgang met de inheemse bevolking. Zijn uitgangspunt was simpel: als je mensen macht geeft, maar een laag salaris, dan nodig je uit tot corruptie. Inkomensverhoging voor de beambten van de compagnie stond dan ook centraal in zijn reorganisatie. Die realiseerde hij door alle beambten afhankelijk van hun rang een bepaald aandeel in de winst van de zouthandel te geven. Deze maatregel zou hem in bepaalde kringen gehater maken dan al het andere wat hij deed. Clives tragedie was dat hij vaak besefte wat er nodig was en er niet voor terugschrok dat ook door te voeren, ook al vielen de vereiste maatregelen niet in de smaak van de zachtaardigen. Dat geldt natuurlijk voor veel personen, maar Clive stond voor zulke belangrijke en daardoor verstrekkende keuzes, dat het voor hem dubbel en dwars gold. Macaulay zegt daar het volgende over:

> Als iemand bier op zondagochtend heeft verkocht, kan hij niet ter verdediging aanvoeren dat hij een mens met gevaar voor eigen leven van de dood heeft gered. […] Maar mensen die een buitengewone zelfbeheersing moeten hebben omdat zij met uitzonderlijke verleidingen worden geconfronteerd, moeten we anders tegemoettreden. Zij hebben recht op meer dan gewone consideratie.[35]

Je zou kunnen stellen dat Clive zijn land India gaf, maar dat zijn landgenoten hem niet erg dankbaar waren vanwege de manier waarop hij dat had gedaan. Op middelbare leeftijd werd de manisch-depressieve Indiaganger met zoveel kritiek overladen dat hij het niet meer aankon. Hij raakte aan de opium en pleegde als 49-jarige zelfmoord (hoewel sommigen veronderstellen dat hij werd vermoord).[36]

Met Clives overlijden in 1774 overleed de grootste Britse generaal sinds James Wolfe, die vijftien jaar eerder was gesneuveld in de door de Britten gewonnen Slag bij Québec (en 'wiens corruptie ook als "on-Brits" werd veroordeeld').[37] In tegenstelling tot andere bevelhebbers had Clive geen ervaren generaals om zich heen die hem van advies konden dienen. Hij was een militair autodidact die bovendien als enige van de Britse Oost-Indische Compagnie verder keek dan de directe commerciële belangen en politiek-geografische doelen. 'Voorzover de overlevering strekt,' aldus Macaulay, 'was de enige die op dezelfde leeftijd net zoveel talent voor de oorlog tentoonspreidde, Napoleon Bonaparte.'[38]

Als Clive rond zijn veertigste niet depressief en aan de opium was geweest, als hij dus nog dezelfde was geweest als toen hij de Nederlanders bij Calcutta versloeg, dan was hij, zo suggereert Macaulay zelfs, misschien wel opperbevelhebber van de Britse troepen in Noord-Amerika geworden – en dan had de Amerikaanse onafhankelijkheid weleens langer op zich kunnen laten wachten. We kunnen inderdaad niet zeker weten wat er was gebeurd als George Washington op het slagveld tegenover Robert Clive had gestaan.* Want de geschiedenis wordt niet alleen door geografische en andere onpersoonlijke factoren bepaald.

Terwijl ik 's avonds terugvaar naar Kolkata komen we onder de Howrah Bridge door, het icoon van de stad. De cantileverbrug werd in de Tweede Wereldoorlog gebouwd om de Britse divisies naar het Birmese front te kunnen brengen. Van alle kanten ziet hij eruit als een gigantische meccanospeelgoedbrug. Hij beslaat de halve hemel en bij het stalen buizenwerk dat de constructie draagt, valt alles in het niet. Zo ook de mensen en auto's die voetje voor voetje en bumper aan bumper de Hooghly oversteken, die door al het slib dat ze meevoert de kleur van verbleekt karton heeft. Op het water klinkt het lawaai alsof er een hele rij locomotieven over de brug dendert. Tussen met de hand getrokken riksja's zie je dure motorfietsen stationair draaien. Mensen hebben van alles bij zich, van aktetassen tot vogelkooien; op hun hoofd dragen ze een krat of een mand. Onder de brug aan de kant van Kolkata is er een grote bloemenmarkt met bergen goudsbloemen en rozen. Straatventers bieden van alles aan, van scheermesjes tot stoffen. Bedelaars en sollicitanten blijven je bestoken. Hier geeft niemand op.

---

* Clive was echter voor een meer liberale, gematigde houding jegens de Amerikaanse kolonisten, Harvey, *Clive*, p. 349.

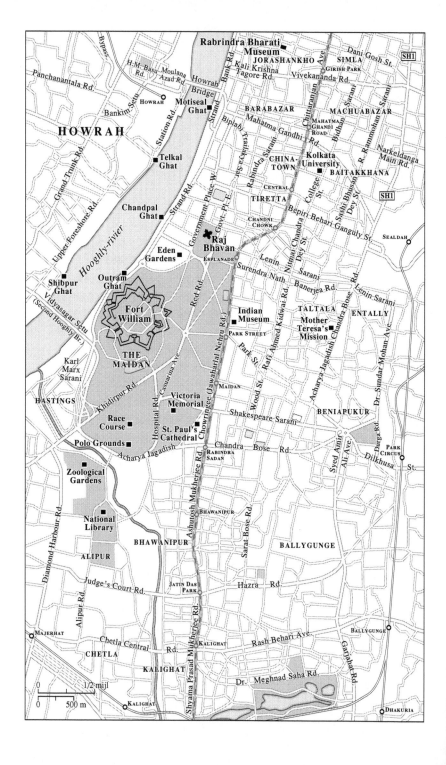

10

Over strategie en schoonheid

In Kolkata staan niet ver van elkaar twee historische monumenten die ooit werden bewoond door personen die in de landen rond de Indische Oceaan en elders nog steeds of opnieuw een inspiratiebron vormen voor het denken over politiek en cultuur. De een was koloniaal staatsman, de ander was dichter en schrijver. De een was een realpolitiker die de machtspositie van Brits-India veilig wilde stellen; de ander hield zich bezig met esthetica en begreep dat de moraal alles te maken heeft met de liefde voor schoonheid. De een belichaamt de Britse erfenis in India en de buurlanden; de ander staat voor dat deel van het Indiase culturele erfgoed dat ook menigeen buiten India aanspreekt. De een inspireert tot debatten over de buitenlandse politiek van India; de ander is verbonden met het streven naar rechtvaardigheid en waardigheid dat in de Verenigde Staten beter begrepen moet worden. Beide mannen zijn onverbrekelijk met de stad verbonden: met Calcutta als de hoofdstad van Brits-India en met Kolkata als de stad van miljoenen die gehoord willen worden.

Het eerste momument is het Government House (de Raj Bhavan in het Hindi), waar ruim honderd jaar geleden Lord George Nathaniel Curzon woonde en werkte.

Totdat de Indiase hoofdstad in het begin van de 20e eeuw naar Delhi werd verplaatst, vormde Calcutta het kloppende hart van het Britse imperialisme in Eurazië. En degene die dat om India draaiende kolonialisme als geen ander vertegenwoordigde was Lord Curzon, onderkoning van India van 1899 tot 1905. Curzon voelde zich letterlijk thuis in Calcutta: door een wel zeer symbolisch toeval was het

Government House – een in 1803 voltooid paleis in georgiaanse stijl – gebaseerd op de plattegrond van Kedleston Hall, het 12e-eeuwse familiekasteel van de Curzons in Derbyshire.

Hoe gehaat het Britse kolonialisme ook is, Curzon neemt in het hart van veel Indiërs een apart plaatsje in omdat hij veel historische gebouwen en antiquiteiten in het land heeft gered. 'Als alle andere onderkoningen in vergetelheid zijn geraakt, zal men zich Curzon nog herinneren omdat hij alles wat mooi was in India restaureerde,' zo zei premier Nehru eens.[1]

Onder Indiërs met belangstelling voor de buitenlandse politiek is de ster van Curzon vooral gerezen sinds het einde van de Koude Oorlog. Dat zou je niet verwachten omdat hij Bengalen opdeelde in een westelijk en oostelijk deel, een verdeel-en-heerstactiek die Calcutta van zijn lucratieve, overwegend islamitische achterland beroofde en een precedent schiep voor de afscheiding van Oost-Pakistan van India. Niettemin werd Curzon door J.N. Dixit, de Indiase minister van Buitenlandse Zaken in het begin van de jaren negentig, 'een van de belangrijkste Indiase nationalisten' genoemd. Volgens C. Raja Mohan, hoogleraar aan de Nehru-universiteit in Delhi, putten alle Indiërs die vandaag over een 'Groot-India' dromen – in de zin van een informele invloedssfeer in Zuid-Azië en de Indische Oceaan – inspiratie uit Curzons strategische opvattingen.[2]

De onderkoning schreef in 1909:

Onder de moderne omstandigheden heeft de heerser over India de grootste macht op het Aziatische continent en dus, zo zouden we eraan kunnen toevoegen, in de wereld.[3]

Het India waar Curzon over heerste, beslaat nu vier landen: India, Pakistan, Bangladesh en Birma, dat wil zeggen het hele gebied tussen de oostgrens van Iran en de Golf van Thailand. De onderkoning achtte het uiteraard noodzakelijk dat dit 'Grote India' in het westen en noorden bufferstaten kreeg, als bescherming tegen Rusland en China. Zo werd onder zijn beheer in 1901 de door Pashtun bevolkte North-West Frontier Province ingesteld: met dat tribale gebied kon Brits-India beter druk uitoefenen op Afghanistan. Vandaag de dag speelt de provincie exact dezelfde rol voor Pakistan.

Behalve een inschikkelijk Centraal-Azië wilde Curzon ook een volgzaam Perzië, zoals David Gilmour opmerkt in zijn uitvoerige biografie *Curzon: Imperial Statesman*. Gedurende Curzons ambtstermijn speelde Brits-India de hoofdrol in de Arabische Golf: het had bijzonder sterke handelsbetrekkingen met Perzië, Mesopotamië en de Arabische sjeikdommen, die er weer voor zorgden dat India economisch ook voet aan de grond kreeg in Oost-Afrika. En de Verenigde Arabische Emiraten (Dubai, Abu Dhabi en Sharjah) vormden de zogeheten 'Verdragsstaten': zij hadden de Britten middels een 'verdrag' beloofd de piraterij in de Golf te zullen bestrijden en dus het handelsverkeer tussen Europa en India via het Midden-Oosten te beveiligen. Aan de oostgrens van Brits-India ondertussen werd de greep van de onderkoning versterkt doordat Indiase zakenlieden en financiers leningen en andere diensten verstrekten aan Birmese boeren. Waren Perzië en Afghanistan in het westen en noordwesten de bufferstaten tegen Rusland, de Shanstaten in Birma vormden in het oosten de buffers tegen het Franse koloniale rijk in Zuidoost-Azië.

De onderkoning in Calcutta was geen lakei van Londen. Aangezien India centraal stond in de 'architectuur' van het Britse imperium was hij een macht op zichzelf.[4] In die hoedanigheid had hij invloed van Aden tot Malakka – over de hele breedte van de Indische Oceaan dus. Deze macht stoelde uiteindelijk op de omvang en rijkdom van India, in combinatie met de band met wereldmacht Groot-Brittannië. Als je nu dat land zou vervangen door de VS – of wellicht door een driehoeksverhouding met zowel de VS als China – dan krijg je datgene wat sommige Indiërs aanduiden als een 'neocurzoniaanse' situatie.

Het neocurzonisme is een stroming onder de Indiase strategische denkers die in de verwachting van verdere economische groei een navenante buitenlandse politiek voorbereiden. De verleiding is groot om de stroming te vergelijken met het Amerikaanse neoconservatisme: beide streven naar meer invloed op basis van een sterk binnenland en grootse ideeën. Maar er is ook een verschil: willen de neoconservatieven de Amerikaanse idealen en bestuursstructuur exporteren, de neocurzonianen nemen genoegen met allianties met landen die in tegenstelling tot India niet democratisch zijn. Neocurzonianen hebben oog voor beperkingen. Hun streven naar herstel van de superioriteit van hun land beperkt zich tot de Indiase invloedssfeer.

Deze visie gaat minder ver dan en moet niet verward worden met de 'Groot-India'-gedachte (Akhand Bharat) van de hindoenationalisten. De neocurzonianen kijken vooral naar landen ten westen van het subcontinent: zij willen India's invloed in het Midden-Oosten vergroten. De hindoenationalisten daarentegen zijn georiënteerd op het oosten:, op Zuidoost-Azië en Indonesië, gebieden die sterk beïnvloed zijn door de Indiase Sanskriet-cultuur. Desondanks genoot Curzon in de jaren negentig ook respect van ministers van de hindoenationalistische Bharatiya Janata Partij: hij werd toen vaak geciteerd.

Die citaten maakten deel uit van de kritiek op het Indiase buitenlandse beleid in de Koude Oorlog. Door de gehechtheid van Nehru aan de politiek van ongebondenheid en solidariteit met koloniale bevrijding verloor India (volgens Jaswant Singh, minister van Buitenlandse Zaken van 1998 tot 2002) in die periode veel invloed in het nabije buitenland. Met als gevolg dat landen als Oman in het westen en Maleisië in het oosten hun veiligheidsbelang niet meer vertegenwoordigd zagen door India. Inmiddels echter is de situatie radicaal veranderd: in het nu kapitalistische India dat deel uitmaakt van de mondialisering, ontwikkelen de neocurzonianen dan ook een nieuwe buitenlandse strategie, die niet zozeer op de wereld, als wel op Azië en de Indische Oceaan gericht is.

De eerlijkheid gebiedt te zeggen dat Nehru's buitenlands beleid noodzakelijkerwijze samenhing met de binnenlandse situatie, die in de jaren vijftig en zestig nog geheel werd getekend door de recente bevrijding van het Britse kolonialisme. Het door hem gevoerde beleid paste dan ook, aldus de Nehru-biograaf Shashi Tharoor, meer bij een bevrijdingsbeweging dan bij een land.[5] Maar nu de herinnering aan de Britse heerschappij is vervaagd, kunnen de meer positieve kanten ervan aan bod komen. Veel meer dan de Indiase variant van het Amerikaanse neoconservatisme is het neocurzonisme dan ook de terugkeer naar de realpolitiek van de onderkoning, die met dezelfde geografische gegevenheden te maken had als de huidige politici. Curzon 'was gewoon een uitstekend geopoliticus die met behulp van "soft power" heel Azië naar zijn hand zette en soms verstandiger was dan onze eigen regeringen vanaf 1947', aldus Jayanta K. Ray van het

Maulana Abul Azad Institute of Asian Studies in Kolkata.

Met een neocurzoniaans beleid zouden de grenzen met Pakistan, Bangladesh en Birma worden geslecht. En dat niet gewapenderhand, maar door het herstel van de handelsbetrekkingen, onder andere middels de aanleg van wegen en regionale pijpleidingen voor brandstoffen. Vooral Birma zou weleens een twistappel tussen India en China kunnen worden. Door de nauwere contacten tussen China en Birma zag het democratische India zich vanaf eind jaren negentig gedwongen om mee te dingen naar ontwikkelingsprojecten daar, om Birmese troepen te trainen en minder kritiek te leveren op mensenrechtenschendingen door het militaire regime. Als dat regime ooit zou verdwijnen en de grenzen weer zouden opengaan, dan zou het nieuwe Birma om geografische en historische redenen weleens de voorkeur kunnen geven aan India boven China (ondanks het geweld tegen de Indiase zakenlieden in Birma in het begin van de 20e eeuw).

'Als de verbindingen worden verbeterd, kunnen de subregio's op het Indiase subcontinent relaties met elkaar aanknopen waarbij zij allemaal baat hebben,' verklaarde de Indiase premier Manmohan Singh. Met andere woorden: de Indiase economie is zoveel groter dan die van enig buurland dat meer economische samenwerking automatisch leidt tot vreedzame hegemonie. Het streven naar politieke suprematie zou niet alleen onnodig, maar ook contraproductief zijn.

Het probleem met deze visie is, dat een land eerst zelf stabiel moet zijn voordat het zich naar buiten kan richten. Maar India is niet echt stabiel. Alle aandacht voor hightechsteden als Bangalore kan niet wegnemen dat het land ook een derdewereldland is, waar een derde van de bevolking van een dollar per dag moet leven. Zoals in hoofdstuk 7 beschreven, kampt India met tal van opstandige organisaties en bevolkingsgroepen en is het zo nu en dan ook doelwit van moslimterrorisme. In de acht noordelijke deelstaten zijn maar liefst vijftien rebellenbewegingen actief, bestaande uit lokale stammen die naar autonomie streven. India is zelf domweg niet stabiel genoeg om de grenzen met de buurlanden te openen in ruil voor meer invloed.

Neem de relatie met het islamitische Bangladesh, dat van drie kanten omringd is door India. Het personen- en goederenverkeer tussen delen van India zou sneller kunnen verlopen via Bangladesh. Dat transitverkeer zou de Bengalezen behoorlijk wat geld opleveren en bovendien de economische ontwikkeling stimuleren van het onrustige Noordoost-India. Nu al zijn er plannen voor een aardgasleiding vanuit Birma via Bangladesh naar India. Gegegeven het disfunctionerende politieke systeem in Bangladesh is meer economische samenwerking met India de enige hoop van het land. Maar diezelfde samenwerking wordt nu juist door mensen in Kolkata gevreesd. Kan de oudere generatie, onder wie de vluchtelingen van 1947, nog met nostalgie over het verloren achterland spreken, veel jongeren denken net zo over Bangladesh als veel Amerikanen over Mexico: als een land waar letterlijk een muur omheen gebouwd zou moeten worden. 'Laat al die radicale mullahs aan de andere kant van de grens opgesloten blijven,' zegt een invloedrijke journalist uit Kolkata tegen me. In India leven nu meer dan 10 miljoen economische vluchtelingen uit Bangladesh, en de bevolking vindt dat genoeg. Daar komt nog bij dat de hindoestaanse elite in West-Bengalen van oudsher neerkijkt op de islamitische boerenbevolking in Oost-Bengalen. In de Punjab ligt dat anders: daar leeft een zeker saamhorigheidsgevoel met de Punjabi's in Pakistan. Over het algemeen gesproken moet worden gezegd dat India nog worstelt met de nieuwe grenzen van 1947.

Een 'Groot-India' met economische banden met Zuidoost-Azië, China en het Midden-Oosten ontstaat pas als er vrede is gesloten met de landen in de eigen achtertuin. Het ontbreekt India echter aan de moed en ruimdenkendheid die daarvoor nodig zijn.

Veelbelovender voor de nabije toekomst zijn de betrekkingen die India met landen aan de kust van de Indische Oceaan ontwikkelt. Omdat in Curzons tijd de Britse dominantie op de wereldzeeën vanzelfsprekend was, richtte hij zich uitsluitend op het land. Maar zoals we hebben gezien is India nu betrokken bij wateren en landen aan de andere kant van de oceaan. Lange tijd zag New Delhi landen in oostelijk en zuidelijk Afrika als medeslachtoffers van het kolonialisme, aldus Raja Mohan, maar nu ziet het Afrika vooral in termen van strategische belangen en grondstoffen. De Indiase marine patrouilleert door het Kanaal van Mozambique ter bescherming van het steenkolentransport naar het energiehongerige India, dat ruim een miljard zielen telt. Als je ziet dat dezelfde marine zo nu en dan ook Amerikaanse oorlogsschepen door de Straat van Malakka escorteert, dan is het beeld compleet van een opkomend land dat reeds aanwezig is op de hele Indische Oceaan.

Die oceaan wordt natuurlijk nog gedomineerd door de Amerikaanse marine. Maar gezien het belang van de Indiase marinevloot in de eigen regio zijn de neocurzonianen voor een de facto militaire alliantie met de VS. Het begrip 'de facto' is cruciaal. Iedereen die ik in Kolkata en New Delhi spreek, is namelijk van mening dat India de politiek van niet-gebondenheid uit de Koude Oorlog moet voortzetten. Met het oog op het eigen machtsbelang moet het weliswaar naar de VS neigen, maar het kan China – als toekomstig rivaal op het gebied van invloed en belangrijk handelspartner – niet openlijk van zich vervreemden.

Op den duur zal het politieke bestel van India wellicht meer dan enige strategische visie bepalend zijn voor de positie die het inneemt. Als democratische staat behoort het tot het kamp van de VS en kan het allengs buurlanden voor zich winnen waarvan de bevolking het niet-dictatoriale en toch redelijk effectieve Indiase stelsel wil overnemen. Dat idee had nooit kunnen opkomen bij de paternalistische Lord Curzon, die niet in termen van een zichzelf besturend India dacht.

Desondanks moeten we erop rekenen dat zijn ideeën de koers van de Indiase politiek ten aanzien van de Indische Oceaan en de hele wereld zullen bepalen. De Britse imperialist Curzon had dezelfde strategische belangen als de nationalisten in het huidige India.

'Nationalisme is een valse god. Het is onesthetisch.' Dat zei de Bengaalse dichter, romanschrijver en kunstenaar Rabindranath Tagore, die in 1913 de Nobelprijs voor de Literatuur ontving.* Diens uitspraak hangt prominent in zijn voor bezoekers opengestelde familiehuis in Noord-Kolkata. Dat huis straalt een bijna magische menselijkheid uit, zeker in vergelijking met het gigantische Government House waar Curzon zetelde. Op de binnenplaats staan rijen potten met planten en binnen klinken op muziek gezette gedichten en zijn

---

* Tagore is de verengelste vorm van *Thakur*, een eretitel die 'Heer' betekent en waarmee Indiase brahmanen en mannelijke godheden worden aangeduid.

de muren behangen met modernistische schilderijen.

De hele figuur van Tagore heeft uiteraard iets mystieks. Toch doe je deze lange man met zijn witte baard tekort als je hem als een mysticus – de messias van het Oosten, zoals hij soms wordt genoemd – omschrijft. Daarbij denk je algauw aan een vaagheid die zijn werk absoluut niet heeft.[6] Wie Tagore als een of andere 'zedeprekende goeroe' beschouwt, zoals veel westerlingen doen, heeft niets van hem begrepen, aldus Harvard-hoogleraar Amartya Sen.[7] Je zou alleen kunnen stellen dat Tagores werk iets onwerelds heeft vanwege het bestudeerde en toch ook natuurlijke universalisme dat stamt uit een bepaalde Indiase en Bengaalse traditie. Curzon was de ultieme pragmaticus in Azië in het tijdperk van het streven naar machtsevenwicht tussen meerdere grootmachten; Tagore verzette zich zijn leven lang tegen het nationalisme, hetgeen hem tot een van de meeste relevante schrijvers in het tijdperk van de mondialisering maakt, ook al is hij al bijna zeventig jaar dood.

Grote waardering voor Tagore uitspreken komt op hetzelfde neer als grote waardering uitspreken voor Isaiah Berlin, bij leven hoogleraar filosofie in Oxford. Met die waardering getuig je in feite van het geloof in het vrije en soevereine individu. Uit Tagores poëzie, ruim negentig korte verhalen en diverse romans komt dezelfde visie naar voren als uit de humanistische filosofie van Berlin. Zijn suggestieve verhalen zitten barstensvol menselijk sentiment. Net als Berlin is hij nooit prekerig; zijn literatuur is niet geschreven 'vanuit een theorie of filosofie'.[8] Al zijn gedichten en verhalen vertellen op zo'n indringende wijze over verlangen, vaak in een idyllische, landelijke setting, dat het je bijblijft: de jongeman die zijn ambitie niet kan waarmaken en verlangt naar de liefde van de vrouw die hij eens had kunnen krijgen; het skelet op een medische faculteit dat van een mooie vrouw was met haar eigen verwachtingen en dromen; de arme ambtenaar die de avonden op het Sealdah-station doorbrengt om elektriciteit te sparen; de onhandige tiener in Calcutta die doodziek wordt en zijn moeder mist op het platteland; de straathandelaar die vriendschap sluit met een klein meisje omdat ze hem doet denken aan zijn dochtertje in Afghanistan; het negenjarige bruidje dat haar eenzaamheid probeert te overwinnen door in een schoolschrift te schrijven; de vrouw die verliefd wordt op de zwerversjongen die bij haar aanklopt; het naakte, hoestende jongetje in de kou dat een harde klap van zijn moeder krijgt en zo, aldus Tagore, alle pijn in het universum lijdt.

Zo zijn er nog tal van verhalen, allemaal met dezelfde compassie geschreven. Tagores humanisme zit hem in zijn aandacht voor gewone, schijnbaar onbeduidende mensen wier verwachtingen, dromen en angsten een hele wereld vullen. Hij beschrijft nooit het grote, maar altijd het kleine en intieme. Als een door en door Bengaalse auteur schrijft Tagore ook vaak over de moesson ('De Padma[-rivier] begon de tuinen, dorpen en velden met grote, dorstige teugen naar binnen te werken'), en over oevertrappen langs de rivier waar wordt gebadderd, gewassen en geroddeld en die in zijn werk ook feitelijk of symbolisch plaatsen van aankomst of vertrek zijn.[9]

Vanwege de mystieke elementen en belangstelling voor onderwijs op het platteland doet Tagore behalve aan Berlin ook denken aan Leo Tolstoj. Tolstoj was net als Tagore een telg van een adellijke familie op het platteland en stichtte op Jasnaja Poljana een school voor zijn boeren, zoals Tagore dat deed in Sanitniketan, ten noorden van Calcutta. Beide schrijvers waren adellijke heren die het boerenleven verheerlijkten en wat minder sympathie hadden voor de opkomende middenklasse in de steden.

Maar het werk van Tagore is, aldus Amartya Sen, vooral van belang omdat het put uit de hindoestaanse, islamitische, Perzische en Britse (dus westerse) cultuur en zo weerwoord biedt aan de aanhangers van de 'botsing der beschavingen'.[10] In een gedicht uit de bundel *Gitanjali* (muzikale offergaven) vertelt Tagore dat hij op zoek is naar een wereld

Waarin kennis vrij is;
Die niet uiteengevallen is door
Muren om kleine stukken land…[11]

Tagores muren staan voor bekrompen nationalisme. Hoewel hij hield van de Japanse cultuur, veroordeelt hij dat land in een tekst die is terug te vinden op een wand van zijn huis in Calcutta:

Japan had China in een zeeslag verslagen, maar het had moeten beseffen dat het barbaars en onesthetisch was om de relikwieën van die slag overal in het land als scherpe doornen tentoon te stellen. De mens is door de omstandigheden vaak gedwongen tot wrede daden, maar het is pas waarlijk humaan om die te vergeten. Datgene wat eeuwigheidswaarde heeft, waarvoor de mens tempels en kloosters bouwt, is zeker niet geweld.

Dat is het wezenlijke inzicht van Tagore. Oorlog kan noodzakelijk zijn, maar is ook zo afschuwelijk dat je er geen monumenten voor opricht. Oorlog, militaire glorie en dergelijke zijn erger dan verkeerd; ze zijn, net als het nationalisme, 'onesthetisch'. Schoonheid daarentegen is goed en universeel. En wat niet goed en universeel is, kan ook niet mooi zijn.

Tagore was werkelijk een visionair, zeker gezien het feit dat zijn leven (1861-1941) samenviel met de hoogtijdagen van het nationalisme, want hij zag een grotere solidaire groep boven de staat uitstijgen: de mensheid. Hij was niet tegen nationalisme of patriottisme, maar wel als deze tot het hoogste doel werden verheven. Zoals de Heilige Augustinus het verlangen achter het tribalisme begreep, dat in de laatklassieke tijd grote groepen vreedzaam kon verenigen, zo begreep Tagore het verlangen dat tot patriottisme leidt. Maar allebei begrepen ze ook dat deze verlangens de eerste stap op weg naar grotere eenheid zijn.

Tagore was de ultieme samenbinder, een man die in zijn werk en denken steeds uiteenlopende culturen en mensen bij elkaar bracht. In zijn ogen was er geen mooi Bengaals landschap, alleen de prachtige 'aarde'.[12] Daarom ook was hij een verwoed reiziger en pelgrim, aldus de Harvard-hoogleraar Sugata Bose: hij reisde door Iran, Irak, Zuidoost-Azië, Japan enzovoorts. Net als Curzon dacht Tagore aan een 'groter India'. Maar waar Curzon en de latere Indiase nationalisten alleen in militaire en politieke termen dachten en denken, had Tagore het over cultuur. Zo zag hij bijvoorbeeld de 'tekenen van een universele broederschap van soefidichters die de Arabische Zee overbrugt'.[13] De kaart van Azië die Tagore voor zich zag was een aaneengesloten geheel van overlappende nationaliteiten en culturen, waarin een groter India oploste in zowel een groter Perzië als in de Maleisische en Balinese culturen, net zoals het hindoeïsme en de islam in elkaar overlopen op het platteland van Oost-Bengalen, dat hij zo goed kende. In zijn wereldbeschouwing zijn er geen grenzen, alleen over-gangsgebieden. Omdat Tagore de wereld zag als een holistisch geheel met vele kanten, zou hij wijs geglimlacht hebben bij de huidige dis-cussies over een toekomstig Koerdistan, Soennistan, Pashtunistan, Groter Azerbeidzjan enzovoorts. Voor hem bestond er wel een Koer-distan, maar dan eerder als een laag over Turkije, Irak en Iran heen dan als een apart en aan die staten vijandig land. Daarom ook kon Tagore zich als Indo-Ariër een 'bloedverwant' van de Iraniërs noe-men, zonder racistisch of etnocentrisch te zijn.[14] Daar is niets mis mee wanneer je zoals hij niet alleen alle bloedverwantschappen, maar ook alle culturele en spirituele verwantschappen in ere houdt.

Desondanks was Tagore geen globalist, als je daaronder het opge-ven van elke nationale of etnische identiteit verstaat. Hij begreep in-tuïtief dat je alleen andere culturen kunt waarderen als je stevig ge-worteld bent in je eigen cultuur. Zonder rijke en levendige plaatselijke culturen heeft het 'universalisme' niets om op terug te vallen. Hij was, kortom, geheel en al de verlichte mens van het begin van de 21e eeuw, een mens die volgens Sugata Bose bovendien de geest van de wereld van de Indische Oceaan belichaamde.

In een 'geschilderd gedicht', dat hij tijdens een reis naar Irak schreef en dateerde met 'Bagdad, 24 mei 1932', schrijft Tagore:

De nacht is voorbij
Doe de lamp uit
In uw eigen hoekje
besmeurd met rook.
De mooie ochtend die voor iedereen is
daagt in het Oosten.
Laat haar licht ons openbaren
aan elkaar
die over
hetzelfde pelgrimspad lopen.

De ironie is dat het neocurzonisme alleen kan slagen als ook Tagore wordt gehoord. India kan namelijk alleen het vertrouwen van zijn buren winnen, een vertrouwen dat nodig is om op organische wijze een eigen invloedssfeer te creëren, als het bekrompen nationalisme wordt overwonnen. Hier moet de politiek de geografie en cultuur volgen. 'Kolkata zal voor Lhasa altijd de dichtstbijzijnde zeehaven blijven. Dat geografische feit dat Tibet met India verbindt, moeten we dus tot politieke werkelijkheid maken, en wel door zo groot te denken dat de grenzen worden overwonnen,' zoals Raja Mohan het tegenover mij formuleert. Realistische politiek met een geweten, dat is wat India en het Westen nodig hebben. Want in de wereldwijde concurrentie met China zal uiteindelijk het land met de meest open en kosmopolitische blik de overhand krijgen.

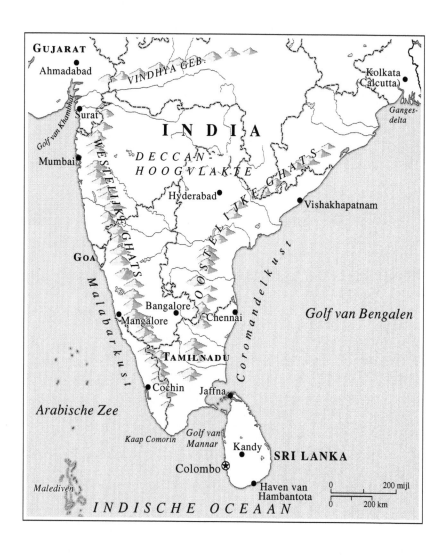

GUJARAT
Ahmadabad

VINDHYA GEB.

Kolkata
(Calcutta)

Ganges-
delta

Surat

Golf van Khamblat

I N D I A

*DECCAN-
HOOGVLAKTE*

Mumbai

WESTELIJKE GHATS

Hyderabad

Vishakhapatnam

OOSTELIJKE GHATS

GOA

Malabarkust

Coromandelkust

Golf van Bengalen

Bangalore
Mangalore
Chennai

TAMILNADU

Cochin
Jaffna

Arabische Zee

Kaap Comorin

Golf van
Mannar

Kandy

SRI LANKA

Colombo ✪

Malediven

Haven van
Hambantota

| 0 | 200 mijl |
| 0 | 200 km |

I N D I S C H E   O C E A A N

11

Sri Lanka: de nieuwe geopolitiek

Op de onafzienbare, omgeploegde vlakte waarop ik sta, rijden colonnes vrachtwagens zigzaggend langs hopen aarde, om de grond van het ene deel van de vlakte naar het andere te brengen. Onder leiding van Chinese voormannen met helmen op wordt hier in de gloeiende hitte een diepe geul met een breed, vlak stroomgebied gegraven en verschijnen er ook twee pieren, waarvan eentje zo lang is als tien voetbalvelden. Dit enorme project – waarmee letterlijk een nieuwe kustlijn meer landinwaarts wordt gecreëerd – is de binnenhaven van Hambantota in wording. De stad aan de zuidkust van Sri Lanka ligt vlak bij de drukste vaarroutes ter wereld. Op weg van het Midden-Oosten naar Oost-Azië varen hier jaarlijks ruim 30.000 schepen met brandstof en grondstoffen langs.

Hambantota zal volgens de plannen in 2023 beschikken over een terminal voor vloeibaar aardgas, faciliteiten voor de opslag van vliegtuigbrandstof, drie overslaghavens en drie droogdokken voor de reparatie en bouw van schepen. En dan hebben we het nog niet over de faciliteiten voor het bevoorraden van schepen.[1]

De Sri Lankanen zijn niet alleen trots op het vijftien jaar durende project, ze voelen zich er ook ongemakkelijk bij. Ze zijn trots omdat hun land, dat jarenlang alleen in het nieuws kwam vanwege de etnische strijd, nu een strategisch knooppunt wordt voor de wereldhandel. Een domper is echter dat niet zijzelf maar de Chinezen de haven bouwen en financieren. De toegang tot het terrein is dan ook aan strenge regels gebonden. Om een beeld van de omvang van het complex te krijgen, betreed ik beveiligd gebied, met als gevolg dat ik word gearresteerd. Totdat de aanklacht zeven uur later wordt ingetrokken, zit ik vast op een politiebureau in Hambantota.*

Ook deze havenstad, die net als het Pakistaanse Gwadar indrukwekkend aan de donderende golven van de oceaan ligt, kan een van de belangrijke namen in de 21e eeuw worden. Dat zou een terugkeer betekenen naar de Oudheid, toen Hambantota onder het koninkrijk Ruhuna aan een van de zijtakken van de overzeese zijderoute lag. Nu bestaat de stad met twintigduizend inwoners uit een paar drukke winkelstraten en een haventje. De houten vissersboten liggen er vier op een rij en bij eb liggen er ook een stel op het strand. (Veel van de boten zijn eigendom van moslims van Maleisische afkomst.)†

Mijn hotel aan zee heeft maar twee andere gasten en geeft je werkelijk het gevoel alsof je aan het einde van de wereld bent. Het staat op de puinhopen van het hotel dat werd verwoest door de tsunami van 2004. Na die vloedgolven was er ook niets meer over van de boten op het strand: met geld van de hulporganisaties zijn er nieuwe gebouwd. Op Sri Lanka vielen bij de tsunami 35.000 doden en 400.000 personen raakten dakloos. Je kunt Hambantota dus zien als de wereld van de Indische Oceaan in het klein: slachtoffer van de tsunami en profiterend van de opkomst van China als grootmacht.

Voordat het havenproject van start ging, was Hambantota een onbeduidend plaatsje. Het enige waarop het kon bogen was dat de Britse schrijver Leonard Woolf er in het begin van de 20e eeuw een tijdje assistent-resident was. Woolf, die later met Virginia Woolf trouwde en directeur was van de vermaarde Hogarth Press, verzamelde tijdens zijn baan hier het materiaal voor zijn prachtige roman over de hardheid van het boerenleven in dit deel van Ceylon, *The Village in the Jungle*, die in 1913 verscheen. Vlak achter de stad zie je nog steeds de kurkdroge rode, met palmen begroeide aarde die Woolf beschrijft.

---

* Ik word gedurende mijn hele detentie goed behandeld, wat bewijst dat de plaatselijke politie althans in mijn geval professioneel is, net als de Amerikaanse ambassade in Colombo die me te hulp komt.

† Hambantota betekent 'sampan-haven', naar de platte, houten boten die hier in een ver verleden werden gebruikt en die je nu nog ziet in Maleisië, Indonesië en Vietnam; *Hamban* is een verbastering van *sampan*. Ramya Chamalie Jirashinghe, *Rhytm of the Sea*, Hambantota, Sri Lanka, Hambantota District Chamber of Commerce, 2007, p. 23.

De voorzitter van de Kamer van Koophandel in de stad, die me het verhaal over Leonard Woolf in Hambantota vertelt, stelt ook met klem dat de haven een Sri Lankaans en geen Chinees project is. Al tientallen jaren geleden, aldus Azmi Thassim, zag de regering dat de strategisch en aan diep water gelegen stad de ideale plek was voor een moderne zeehaven. Er werden ook plannen gemaakt waarbij Canada betrokken was. Maar in 2007 sloot Colombo de grote deal met China. 'Omdat wij het geld en de expertise niet hebben, zochten we hulp in het buitenland.' Er zullen ook een conferentiecentrum en een nieuw vliegveld in de stad komen, zegt Thassim, en die zullen waarschijnlijk niet door de Chinezen worden gefinancierd. Bovendien zullen die ook de haven niet gaan beheren.

Wat dat laatste betreft heeft hij gelijk. Bij de Chinese projecten rond de Indische Oceaan is geen sprake van imperialistische verovering, maar van het beleid om iedere kans te grijpen om de eigen handelsbelangen te bevorderen op plaatsen die zowel militair als economisch van belang zijn. In dit opzicht drijft China dus veeleer mee op de golven van het economische tij, dan de zaken naar zijn hand te zetten. Zoals het beheer over de haven van Gwadar aan het havenbedrijf van Singapore is gegund, zo zal China ook in Hambantota de realiteit op de grond respecteren. Het heeft ook geen enkele reden om buitenlandse havens te gaan leiden. Het heeft alleen moderne havenfaciliteiten nodig voor zijn handelsvloot en wellicht ook voor zijn oorlogsvloot in landen waarmee het vriendschappelijke relaties heeft. Een stad als Hambantota zal een doorvoerhaven worden voor de Chinese fabrieksgoederen die bestemd zijn voor het Midden-Oosten, Zuid-Azië of Zuidoost-Azië. De stad maakt dus deel uit van het ontluikende, maar nog vage handelsimperium dat Beijing met 'soft power' aan het opbouwen is.[2]

In de late Oudheid was Ceylon – waar de Golf van Bengalen en de Arabische Zee elkaar raken – het pakhuis tussen China en het Midden-Oosten. Chinese schepen brachten goederen naar Ceylon, die vandaar verder naar het westen werden vervoerd door Perzen en Axumieten (uit het huidige Ethiopië), zoals George Hourani schrijft.[3] De Chinese generaal Zheng He brak met dat patroon doordat hij via Ceylon, dat hij twee keer bezocht, helemaal naar de Hoorn van Afrika zeilde. In

1410 zette hij op het eiland een drietalige plaquette neer, die exact vijf-honderd jaar later bij Galle, in het uiterste zuiden van Sri Lanka en het Indiase subcontinent, werd opgegraven. De in het Chinees, Perzisch en Tamil gestelde inscriptie behelst het verzoek aan de hindoegoden om de vreedzame handel te zegenen. Het jaar daarvoor waren de Chinezen Ceylon binnengevallen om in de boeddhistische hoofdstad Kandy de Singalese koning, koningin en leden van het hof gevangen te nemen. Daarmee namen ze wraak voor de weigering van een paar jaar eerder om een heilig relikwie, te weten een tand van Boeddha, over te dragen.[4]

De Chinezen hielden Ceylon in de 15e eeuw dertig jaar lang bezet. Dat was voor de komst van de Portugezen, de Nederlanders en ver-volgens de Britten, die pas halverwege de 20e eeuw weer zouden ver-trekken. Dat de Chinezen al op het eiland waren voordat het onder westerse voogdij kwam, bekrachtigt de huidige situatie op Sri Lanka en de Indische Oceaan, en uit alle aandacht voor de reizen van Zheng He in Beijing valt op te maken dat dit in elk geval daar zo wordt ge-zien.

Met de activiteiten op Sri Lanka werpt China 'een anker uit op de zuidelijke drempel van India', zoals een Indiase marineman het for-muleert. Het land investeert een miljard dollar in Hambantota en het project omvat meer dan de voorzitter van de Kamer van Koophandel vertelde. Naast de diepzeehaven krijgt de stad ook een olieraffinade-rij, een voorziening voor brandstofinname en andere infrastructuur.[5] Zo kan de haven in de toekomst worden gebruikt voor Chinese mari-neschepen die de olietoevoer vanuit Saoedi-Arabië over de Indische Oceaan beschermen. Het midden in deze wateren gelegen Hamban-tota ligt vlak bij de plek waar zeshonderd jaar geleden de vloot van Zheng He aanmeerde. China (en trouwens ook Pakistan) heeft evi-dent het feit benut dat India geen militaire hulp kan geven aan de boeddhistische regering van Sri Lanka vanwege de hindoeïstische Ta-milbevolking in eigen land. Zo heeft China Colombo gevechtsvlieg-tuigen, pantservoertuigen, luchtafweergeschut, radarinstallaties, ra-ketten en raketgestuurde granaten geleverd. Ook voerde het de financiële hulp op van een paar miljoen dollar in 2005 tot 1 miljard in 2008. Ter vergelijking: van de VS ontving Sri Lanka dat jaar 7,4 mil-joen dollar. En met het oog op de schendingen van de mensenrechten in de burgeroorlog met de Tamiltijgers schortte Washington in 2007 alle militaire leveranties op. China, dat op het eiland ook betrokken is bij gaswinning en de bouw van een steenkolencentrale ter waarde van 455 miljoen dollar, maakt zich niet druk om zulke schendingen.[6]

Zestig jaar na het vertrek van de Britten is China terug op het eiland midden in de Indische Oceaan. Dat Colombo de militaire patstelling met de Tamiltijgers kon doorbreken was mede te danken aan de zes F-7 gevechtsstraaljagers die het gratis en voor niets van deze weldoener kreeg.[7] De Amerikanen hadden het elders te druk om er aandacht aan te besteden – waarbij moet worden opgemerkt dat ze nooit veel oog hebben gehad voor dit in Indiase wateren en ver van het Midden-Oosten gelegen eiland. De Chinezen echter zien het terecht als een spil in het scheepsverkeer langs de Aziatische kusten. Terwijl dus de Amerikanen zwoegen in Afghanistan, bouwen de Chinezen rustig havens aan de Indische Oceaan. En zelfs als het gezwoeg tot vrede leidt, zal China zeker de vruchten plukken van de economische bloei die de pijpleidingen van Centraal-Azië naar de Indische Oceaan dan gaan brengen.

Toch zullen de Chinezen uiteindelijk dezelfde problemen krijgen als de VS. Want hoeveel hulp ze ook aan Sri Lanka (en Pakistan) geven, niets garandeert dat zij op het moment dat ze dat willen, toegang krijgen tot de door henzelf gebouwde haven. Dat zal helemaal afhangen van de politieke verhouding die dan tussen Beijing en Colombo bestaat. Zo kunnen de Chinezen net als de Amerikanen in de frustrerende situatie belanden dat ze door onvoorziene politieke spanningen bepaalde havens en bases niet kunnen gebruiken. Ook dat leert iets over de Indische Oceaan: in plaats van openlijke bondgenootschappen en heldere afspraken over bases liggen de relaties er complex. Ik schrijf over de Chinese activiteiten op Sri Lanka omdat ik die heb gezien, niet omdat ik geloof dat het Westen er bang voor moet zijn.

Omdat Sri Lanka 26 jaar lang het toneel van een smerige burgeroorlog is geweest, kent een hele generatie westerse strategen het alleen als een ramp op het gebied van de mensenrechten. Nu het in de wereld van de Indische Oceaan aan belang wint, wordt het dus tijd het eiland met nieuwe ogen te bezien.[8]

Het even deftige als mooie woord 'Ceylon' is een verbastering van het Portugese 'Ceilão', dat weer afstamt van het Sanskriet voor 'schitterend eiland'. Landschappelijk is die naam volledig verdiend: het land heeft grillige kusten, oerbossen, glinsterende theeplantages en torenhoge witte boeddhistische stupa's. Middeleeuwse Arabische zeelieden noemden het eiland, dat als een traan van het Indiase subcontinent valt, 'Serendip', het 'juweleneiland'. Een 18e-eeuwse Engelse schrijver muntte daaruit het woord 'serendipity': de gave om toevallig waardevolle dingen te ontdekken. Ook het Singalese Sri Lanka, de naam sinds 1972, betekent 'schitterend land'.

Sri Lanka is echter ook een van die landen – men denke aan Cyprus, Kosovo of Nagorno Karabach – waarvan het magnifieke landschap wordt bewoond door mensen die zich maar al te vaak bekrompen en akelig gedragen. En zoals wel vaker in zulke landen hebben de oude en recente politieke conflicten zo'n enorme warboel gecreëerd dat er geen uitweg meer mogelijk lijkt. Als je de gebeurtenissen in de afgelopen decennia beziet, krijg je het idee dat de bevolking door het isolement op het eiland en in de heuvels en bergen die het land zo mooi maken, angstig en kleinzielig is geworden.

De boeddhistische Singalezen, die ruim driekwart van de 20 miljoen inwoners van Sri Lanka uitmaken, zijn bang dat de hindoeïstische Tamils het land overnemen. Hoewel die maar 18 procent van de bevolking uitmaken, kunnen zij in theorie hun zestig miljoen mede-Tamils aan de andere kant van de Straat van Palk in Zuidoost-India te hulp roepen. Dat de Tamils het enige land dat de Singalezen hebben meerdere malen zijn binnengevallen, wordt niet alleen in geschiedenisboeken gememoreerd, maar leeft door het recente terrorisme van de Tamiltijgers nog volop. Om de Sri Lankaanse geleerde K.M. de Silva te citeren:

Het gevoel van de Singalezen dat zij een minderheid vormen wordt versterkt doordat hun land voor de kust van Zuid-India ligt en met name door de nabijheid van [de Indiase deelstaat] Tamil Nadu. Ze voelen zich anders door hun godsdienst – het theravada-boeddhisme – en hun taal, het Singalees. Zij ontlenen hun trots aan het feit dat het boeddhisme, dat in Boeddha's geboorteland India vrijwel verdwenen is, een bloeiend bestaan leidt op Sri Lanka. Hun taal, het Singalees, heeft wortels in de klassieke Indiase talen, maar is een volwaardige eigen taal, die alleen op Sri Lanka wordt gesproken.[9]

Onder Singalezen leeft het idee dat hun volk een historische missie heeft, schrijft De Silva ook. Het moet het theravadaboeddhisme verdedigen tegen het heroplevende hindoeïsme dat zou komen overwaaien uit Zuid-India. De boeddhistische Singalezen lijken zich alleen te voelen, zonder verwanten elders. En dat niet alleen: onder druk van de meer dan een miljard overwegend hindoeïstische Indiërs hebben zij ook het gevoel dat ze op hun laatste bastion, het zuidelijke twee derde van Sri Lanka, zijn teruggedrongen. Vandaar dat ze om elke kilometer van hun vaderland moeten vechten, zegt mij Bradman Weerakoon, die voormalige presidenten en premiers van advies diende. Het gevoel van de meerderheid dat zij door de meer ondernemende, hindoeïstische Tamils wordt bedreigd, is nog versterkt door de eeuwenlange religieuze onderdrukking die begon onder de christelijke Portugezen en werd voortgezet door de Nederlanders en de Britten.[10]

Bijgevolg hebben de Singalezen net als de Serven in het voormalige Joegoslavië en de sjiieten in Iran een gevaarlijk slachtoffercomplex, ondanks het feit dat zij in hun land in de meerderheid zijn. Als we even mogen generaliseren: de Singalezen zijn niet zo ascetisch en contemplatief als andere boeddhisten, maar religieuze fanatici met een bloed-en-bodemmentaliteit. Hun identiteit ontlenen zij aan hun 2300 jaar oude levensbeschouwing en de adembenemende bouwwerken, rood met gouden beelden, kleurige kleding, zilveren en gouden objecten en het koperwerk die daarbij horen. De artistieke tradities werden in de 3e eeuw voor onze jaartelling in het land geïntroduceerd door de Indiase missionarissen van de grote Mauryaanse keizer Ashoka. Net als het christendom, de islam, het jodendom en andere religies, van westerse dan wel oosterse snit, is het boeddhisme van huis uit gericht op spirituele zaken en dus niet gewelddadig. Maar als bevolkingsgroepen met verschillende godsdiensten over territorium strijden en er een scheut politieke ideologie bijkomt, dan kan iedere religie en dus ook het boeddhisme aanzetten tot haat en geweld. (Nogmaals: dat komt niet alleen in het Oosten voor, maar zoals de geschiedenis leert evenzeer in het Westen. Bovendien is veel van het geweld in de oorlog tussen de boeddhistische Singalezen en hindoeïstische Tamils gepleegd door christenen, en in het bijzonder door de katholieken in beide kampen. Het is zelfs opvallend te noemen hoeveel christenen er onder de grootste terroristen en plegers van zelfmoordaanslagen waren.)

De Tamils op hun beurt worden weleens een minderheid met een meerderwaardigheidscomplex genoemd. Als verklaring wordt gewezen op het feit dat het hindoeïsme in de 5e en 6e eeuw na Chr. in Zuid-India zegevierde over het boeddhisme. De daaropvolgende aanvallen vanuit Zuid-India op de welvarende stadstaat Anuradhapura op Sri Lanka leidden in de 13e eeuw tot de oprichting van een apart Tamil-koninkrijk. En dat legde weer de basis voor de huidige meerderheid van Tamils in het noorden en oosten van het land.[11]

Na de onafhankelijkheid van de Britten werden de ergste angsten van beide bevolkingsgroepen bewaarheid. De Singalezen zagen een guerrillabeweging ontstaan die net zo meedogenloos gewelddadig was als de meer bekende bewegingen in Irak en Afghanistan. En de Tamils kregen te maken met zware discriminatie en overwegend Singalese overheidsinstellingen die hun rechten geenszins konden waarborgen. Sri Lanka, zo zeggen Weerakoon en anderen, laat zien dat de democratie kan worden gebruikt niet om de rechten van het individu te beschermen, maar om een minderheid te onderdrukken en dat tientallen jaren lang.

Al snel na de onafhankelijkheid in 1948 deden de eerste botsingen tussen de Singalezen en Tamils zich voor. In de jaren vijftig betoogden Singalezen tegen het regeringsvoorstel om de Tamils minderheidsrechten te geven en toen Colombo bakzeil haalde, begonnen de Tamils te demonstreren. In het noorden van het land werden huizen en winkels van de Singalese minderheid aangevallen, in het zuidwesten gebeurde hetzelfde in Tamilbuurten. Mettertijd nam de professionaliteit van de binnenlandse veiligheidstroepen af, en in de jaren zestig stonden zij duidelijk aan de kant van de Singalezen. De overheid maakte de Tamils ook tot zondebok van haar eigen falen en riep het Singalees uit tot de enige officiële taal. In het hele openbare leven werden de Tamils achtergesteld: ze werden niet alleen geweerd uit de politie en het leger, maar ook uit alle overheidsinstellingen. Kiesdistricten werden zo ingedeeld dat de Singalezen op het platteland in de meerderheid waren.[12]

Halverwege de jaren zestig had het seculiere, multi-etnische staatsbestel plaatsgemaakt voor een Singalese staat, met het boeddhisme als staatsgodsdienst en de hindoeïstische Tamils als derderangs burgers. Deze ontrechting voltrok zich ironischerwijze niet onder een dictatuur, maar op democratische wijze. De Singalese politici, inclusief Sirimavo Bandaranaike, die in 1960 de eerste vrouwelijke premier ter wereld werd, probeerden niet boven de partijen uit te stijgen, maar gingen mee met de meerderheid. Dat gold eveneens voor het gros van de boeddhistische monniken, die zich als een middeleeuwse geestelijkheid met politiek inlieten onder verwijzing naar de tijd dat zij de nationalistische kracht achter de Ceylonese koningen waren geweest.

Door de slechte economische omstandigheden, waaronder de stijgende olieprijzen, kon de Singalese overheid echter niet voorkomen dat ook massa's Singalese jongeren geen of geen passend werk vonden. Met als gevolg dat er eind jaren zestig een guerrillabeweging ontstond die marxisme paarde aan boeddhistisch nationalisme. De beweging organiseerde geen stakingen en demonstraties meer, maar etnisch geweld. Bij de marxistisch-nationalistische opstand in 1971 kwamen 15.000 mensen om en in 1989 kostten de slachtpartijen die leken op die van het Lichtend Pad in Peru aan 55.000 mensen het leven. Onder de slachtoffers waren veel vrouwen, kinderen en gehandicapten. Het geweld was werkelijk onbeschrijflijk. Maar de binnenlandse veiligheidstroepen wisten de beweging definitief de kop in te drukken, een ervaring die de militairen voldoende zelfvertrouwen gaf om twintig jaar later de Tamiltijgers te verslaan.

In die jaren zeventig waren de binnenlandse strijdkrachten in feite zelf al een keiharde, misdadige organisatie geworden. In zijn boek over Sri Lanka, *Paradise Poisoned*, beschrijft de Amerikaanse hoogleraar internationale ontwikkelingen John Richardson het typische geval van Premawathi Menamperi. Deze jonge vrouw werd in 1970 in een Singalees district aan de zuidkust van het eiland door de politie opgepakt wegens vermeende banden met een radicale marxistische organisatie. Ze werd uitgekleed, naar verluidt meermaals verkracht en vervolgens naakt door de stad gedreven waar zij de koningin op het Nieuwjaarsfeest was geweest. Uiteindelijk schoot een met een automatisch geweer gewapende politieagent haar dood. Sri Lanka mocht dan een democratie zijn, twintig jaar na de onafhankelijkheid was er van de burgerrechten niets meer over.

In deze periode helde de gekozen regering zelf over naar het titoïsme en andere gematigder vormen van het Sovjetcommunisme. Ondertussen, in 1972, richtte een zekere Vellupilay Prabakharan de Nieuwe Tamiltijgers op. Onder journalisten zou deze organisatie later bekend worden als de Liberation Tigers of Tamil Eelam (LTTE), afgekort tot de Tamiltijgers. De oprichter, een christen overigens, kan als het zoveelste bewijs dienen van de stelling dat ook personen de geschiedenis kunnen maken: hoe gespannen de verhoudingen tussen Singalezen en Tamils ook waren, zonder hem was de burgeroorlog anders verlopen, als hij überhaupt al uitgebroken zou zijn. Prabakharan, die een van de meest gevreesde en slimme guerrillaleiders in de wereld zou worden, was in hoofdzaak het product van twee factoren: van de structurele discriminatie van de Tamils en van een eigenzinnige middenklassejeugd. Wanneer hij als tiener geen boeken over de militaire veldtochten van Napoleon verslond, bladerde hij door stripboeken of luisterde naar de klachten van zijn vader en anderen over de slechte behandeling van de Tamils door de Singalese regering. Zijn helden waren Clint Eastwood, de legendarische Tamilstrijder Veerapandia Kattabomman en de Indiër Subash Chandra Bose. De laatste had als Bengaals nationalist Gandhi's pacifisme verworpen en aan de zijde van de Duitse nazi's en Japanse fascisten tegen de Britten in India gestreden.

De jonge Prabakharan vermoordde dieren met een katapult of windbuks en leerde zelf bommen maken. Om zijn pijngrens te verhogen stak hij spelden onder zijn nagels en om zich voor te bereiden op de marteling van vijanden doodde hij insecten met naalden. Na de oprichting van de Tamiltijgers organiseerde hij eerst overvallen om geld te krijgen voor trainingskampen in afgelegen jungles. Kandidaten werden aan een strenge selectie onderworpen. 'Intellectuelen als jullie kunnen niet tegen bloed,' zei hij tegen academici in Jaffna, een Tamilstad in het noorden van Sri Lanka. 'Je kunt geen strijd voeren zonder te doden.' Zijn stelling werd door de overwegend Singalese veiligheidsdiensten bevestigd. Moordaanslagen door Tamiltijgers werden beantwoord met grootscheepse vergeldingsacties tegen Tamilvluchtelingen, waarbij de politie werd geholpen door Singalese boeven. Tientallen jaren van etnische haat en democratisch wanbeleid brachten Sri Lanka begin jaren tachtig op de rand van de afgrond.[13]

Prabakharan was niet de enige christen in zijn organisatie. De hele tragedie draaide veel minder om religie dan om etniciteit. Niet vergeten mag worden dat de Tamiltijgers evenveel geweld gebruikten tegen hindoes als tegen boeddhisten.

De burgeroorlog begon serieus met de aanslag die op 23 juli 1983 onder leiding van Prabakharan persoonlijk werd gepleegd. Op die dag werd bij de Universiteit van Jaffna een patrouille van het Singalese leger met een landmijn en automatische geweren bestookt, waarbij dertien van de vijftien soldaten omkwamen. Een explosie van geweld in Colombo en andere Singalese gebieden volgde. Een week lang werden huizen en winkels van etnische Tamils die altijd in vrede met hun Singalese buren hadden samengeleefd, in brand gestoken en tal van hen werden geslagen, door bendes verkracht of vermoord; sommigen werden zelfs levend verbrand. Net als in Gujarat in 2002 zouden Tamilgezinnen aan de hand van kiesregisters zijn geïdentificeerd.

De Indiase premier Indira Gandhi wierp zich op als vredesstichter, hoewel de Research and Analysis Wing (RAW) van de Indiase geheime dienst kampen opzette voor Tamiljongeren die tegen de Singalezen wilden strijden. Eind jaren tachtig vertrok er een Indiase vredesmacht naar Sri Lanka, die echter verwikkeld raakte in de strijd tegen de Tamiltijgers, dezelfde organisatie die mede dankzij hun land was getraind. Zo moesten deze troepen weer teruggetrokken worden. In 1991 werd Rajiv Gandhi, de Indiase premier en zoon van Indira Gandhi, door een vrouwelijke zelfmoordterroriste van de Tamils vermoord.

De burgeroorlog sleepte zich vanaf 1983 ruim 25 jaar voort en kostte ruim zeventigduizend doden. In die jaren werd Sri Lanka in het Westen geassocieerd met geweld en grote humanitaire problemen. Toch bereikten die problemen – in elk geval in de VS – nooit de voorpagina's. Hoe erger de oorlog werd, des te minder aandacht er voor was, zo leek het zelfs. En omdat indertijd niemand op het idee kwam dat het eiland weleens van strategisch belang zou kunnen worden, bleef dat ook zo.

De organisatie van Prabakharan werd onderwijl een soort terroristische sekte, waarin de leider als een halfgod werd vereerd. 'Wie wil weten wat de LTTE was, moet zich de sekte van Jim Jones in Guyana voorstellen met een "marine", een "luchtmacht" en (op haar hoogtepunt) zo'n twintigduizend fanatieke, gewapende zombie-aanhangers,' zoals de Amerikaanse politieke wetenschapper en journalist Michael Radu schrijft.[14] De Tamiltijgers waren inderdaad de eerste guerrillabeweging met een eigen luchtmacht (Zlin Z 143's van Tsjechische makelij) en, belangrijker nog, een marine (bestaande uit met explosieven volgepakte visserstrawlers en een paar onderzeeboten). De bevolking in het noorden en oosten kreeg door Prabakharan een 'bloedbelasting' opgelegd: ieder gezin moest één zoon aan de Tamiltijgers leveren. De organisatie had een aparte vleugel, de Zwarte Tijgers genaamd, voor moord en aanslagen. Die staat ook bekend als de pionier op het gebied van de zelfmoordaanslag: tot begin jaren negentig werden zulke aanslagen vrijwel alleen door de Tamiltijgers gepleegd. Zij gebruikten ook tienduizenden burgers als menselijk schild en kinderen als sjouwers op het slagveld.[15] Deze geschiedenis bewijst kortom dat pervers geweld, zoals strijders die zich tussen veel burgers verbergen en zelfmoordaanslagen plegen met zo veel mogelijk slachtoffers, niet specifiek islamitisch of Arabisch is.

De Tamiltijgers illustreren ook een ander zorgwekkend verschijnsel, namelijk de situatie van schier permanent geweld door groepen die geen staatsmacht hebben. Door de combinatie van massacommunicatie en wapentechnologie zijn in de 21e eeuw de gewapende organisaties die geen zitting hebben in de Verenigde Naties, die nauwelijks gestructureerd zijn en veelal weinig tot geen grondgebied hoeven te verdedigen, alleen maar sterker geworden. En uitgerekend omdat zij geen bestuurlijke verantwoordelijkheid dragen, kunnen ze aan hun abstracte en absolute idealen vasthouden zonder compromissen te sluiten.[16] Organisaties als Hezbollah, Al-Qaida, de Taliban en de Tamiltijgers kunnen hun gewelddadige extremisme zo lang volhouden omdat ze geen officiële bestuurlijke status hebben. Zoals de strijd tegen Al-Qaida de Amerikaanse regering enigszins ontmenselijkte – als we de onthullingen over marteling moeten geloven – zo ging de heel wat zwakkere Sri Lankaanse democratie zowat ten onder aan de strijd tegen de Tamiltijgers.

Eind 2008 lanceerden de professioneelste en best getrainde eenheden van het Sri Lankaanse leger, in totaal rond de vijftigduizend man, een systematisch offensief in het noorden en het westen van het land. Dat gebeurde nadat een belangrijke bondgenoot van de Tamiltijgers was overgelopen. Die hadden daarmee de controle over het oosten verloren en hun gebied zien slinken van zo'n achttienduizend tot een kleine tachtig vierkante kilometer. Dat gebied werd op zee en op land omsingeld door de Sri Lankaanse eenheden. Binnen die omsingeling woonden ook tweehonderdduizend Tamilburgers, die naar verluidt als menselijk schild werden gebruikt. De tactiek van de Taliban, Al-Qaida en Hamas om zich te mengen tussen niet-strijders, werd door Prabakharan en de zijnen dus nog veel intenser gebruikt. Maar de Singalese regering liet zich niet door morele bezwaren van de wijs brengen. Nadat het leger gebieden met mortieren en stalinorgels had bestookt, liet het de aldaar wonende burgers verhongeren terwijl het andere streken schoonveegde. Van de zeventigduizend doden die de burgeroorlog vanaf 1983 eiste, zou tien procent, in hoofdzaak burgers, zijn omgekomen in de laatste maanden van de strijd in 2009.[17] Bovendien zou dit eindoffensief de toch al weinig subtiele politiek in Colombo niet ten goede komen. Tegenover het op zich positieve feit dat een van de meest genadeloze en bloeddorstige organisaties van na de Tweede Wereldoorlog werd verslagen, stond de radicalisering van de regering. Niet alleen de repressie van Tamilburgers (die zelf tegen de Tijgers waren) nam toe, maar er werden ook onafhankelijk denkende Singalezen en met name journalisten opgepakt en vermoord.

'Moord is hét instrument geworden waarmee de staat de vrije media beknot', zo schreef de journalist Lasantha Wickramatunga in zijn eigen necrologie: zijn voorspelling dat hij zou worden vermoord kwam begin 2009 uit.[18] Bronnen vertellen me dat hij keihard met een ijzeren knuppel met scherpe punten eraan op het hoofd is geslagen. 'Als ze Lasantha met al zijn connecties op klaarlichte dag kunnen vermoorden, dan kunnen ze dat met iedereen doen,' aldus een journalist. Hij heeft verhalen over medejournalisten die zijn afgetuigd; in Colombo heerst een sfeer van extreme zelfcensuur – 'van de ergste en gevaarlijkste soort'. Een andere journalist vertelt me dat 'we echt bang zijn geworden door wat er met Lasantha is gebeurd. Mensen als ik besloten dat overleven belangrijker is dan verslag doen van het nieuws.' Vrijwel geen van de journalisten die ik spreek, durft de regering nog openlijk te bekritiseren. In tegenstelling tot Washington, dat de opstandelingen in Irak moest bestrijden onder de ogen van de vrije internationale media, kon Colombo zijn overwinning behalen zonder lastige pottenkijkers.

Tijdens mijn bezoek aan Sri Lanka in het voorjaar van 2009, vlak voor het begin van de zomermoesson, is het semireguliere leger van de fascistische Tamiltijgers teruggedrongen tot een paar vierkante kilometer in het noordoostelijke district Mullaitivu. De tienduizenden burgers aldaar worden gegijzeld. Maar het hele land is in de greep van de angst. De media zijn zo geïntimideerd dat ze niet meer aan de gebruikelijke vrije nieuwsgaring doen en de bevolking is geneigd de mensenrechtenschendingen door de regering te accepteren zolang die maar succes heeft in de oorlog. Ook al ging die oorsponkelijk niet om godsdienst, op dit eiland waar de Arabische Zee en de Golf van Bengalen elkaar raken hebben het boeddhisme en hindoeïsme toch nog nooit zo scherp tegenover elkaar gestaan.

'Vanaf het moment dat de Rajapaksa's in 2005 aan de macht kwamen, is het aantal ontvoeringen en verdwijningen omhooggeschoten,' vertelt een buitenlanddeskundige. Hij heeft het over de drie Singalese broers die sinds de verkiezingen van 2005 het land regeren: de president, Mahinda Rajapaksa; de minister van Defensie, Gotabhaya Rajapaksa; en de hoogste adviseur van de president, Basil Rajapaksa. Het drietal staat voor een belangrijke breuk met de eerdere regeringen op Sri Lanka. Behoorden de Senanayakes en Bandaranaikes, de families die tot 2005 de macht in handen hadden, tot de hoofdstedelijke elite, de Rajapaksa's vertegenwoordigen meer de ietwat xenofobe, niet of nauwelijks geletterde en collectivistisch ingestelde Singalese boeddhisten op het platteland. Er zijn bovendien niet alleen geruchten, maar ook betrouwbare rapporten van buitenlandse ambassades die de broers in verband brengen met de onderwereld, de drugs- en de mensenhandel. Hun greep naar hoge posities is het democratische equivalent van de kolonelscoup.

Afgezien van de oorlog waren er in 2003 relatief weinig problemen met de mensenrechten. De afgelopen jaren ligt het aantal onrechtmatige executies en verdwijningen op rond de duizend per jaar. Dat geweld, waarvan vooral jonge Tamils maar ook journalisten, advocaten en andere leden van de elite uit Colombo het slachtoffer zijn, wordt gepleegd door vage criminele bendes, die worden gecontroleerd door de militaire inlichtingendienst, die weer valt onder topfiguren in de regering.

Een van de bekendere gevallen is de moord in 2006 op zeventien hulpverleners van een Franse ngo – zestien Tamils en een moslim. Zij werden bij de haven van Trincomalee in het oosten van het land met een nekschot geëxecuteerd. En bij de talloze wegblokkades van het leger en de politie in Colombo en elders worden jonge Tamils opgepakt en in overvolle interneringskampen opgesloten. Met het oog op dit alles – de duistere achtergrond van de president en zijn broers, de amorele hulp uit China, de onrechtmatige executies en het brute optreden van het leger – vrezen diplomaten en mensrechtenactivisten dat de democratie in Colombo de oorlog niet heeft overleefd. Net nu een historische zege nabij is, lijkt het land zich te voegen in de categorie van Birma en Zimbabwe, en alle verdwijningen herinneren aan het Argentinië van na de coup van Videla in 1976. Met steun van de Singalese geestelijkheid en bevolking grijpen de gebroeders Rajapaksa zogenaamd terug op het oude, boeddhistische koninkrijk Kandy: zij gedragen zich als koningen die voor het voortbestaan van hun land vechten en geen verantwoording hoeven af te leggen aan kabinet en parlement. De democratie is een familiebedrijf geworden. Overal wapperen kleurige vlaggen en worden strijders tegen de Tamiltijgers tot helden uitgeroepen en verheerlijkt.

Het koninkrijk Kandy wordt echter verkeerd voorgesteld. Dat was niet zuiver boeddhistisch, maar ook hindoestaans. De door Portugezen, Nederlanders en Britten belegerde koningen van Kandy wisten hun autonomie in de bergachtige en beboste streken in het midden van het land te behouden tot 1815, toen Kandy door de Britten werd onderworpen. Het heersende vorstenhuis Nayak was van origine hindoestaans en Zuid-Indiaas, beleed het theravadaboeddhisme en zocht voor de boeddhistische kroonprinsen een hindoeïstische bruid. Doordat de Britten een eind maakten aan die band tussen boeddhisme en hindoeïsme, waren zij debet aan de etnische polarisatie na de onafhankelijkheid. Feit is dat het theravadaboeddhisme, dat sterk gericht is op verlossing van het aardse bestaan, te streng was voor de boerenbevolking op Ceylon. Om het meer kleur en magie te geven werd het dus aangevuld met hindoeïstische goden. Dat zie je bijvoorbeeld in de middeleeuwse tempels van Gadaladeniya, Lankatilaka en Embeka, die niet ver van Kandy midden in de bossen en theeplantages liggen. In de stoffige voorportalen daarvan staan schitterende beelden van Boeddha en hindoegoden zij aan zij.

In de tempel van Embeka schuif ik een hindoeïstisch wandkleed opzij om het beeld van Boeddha dat door het kleed wordt beschermd, te bewonderen. In de tempel van Lankatilaka wordt de Boeddha aan vier kanten omringd door *devales* (altaren) die zijn gewijd aan de goden Upulvan, Saman, Vibhishana en Skanda, die zowel van hindoeïstische, boeddhistische als Perzische oorsprong zijn. In de boeddhistische tempel van Gadaladeniya bekijk ik stenen met inscripties in de stijl van het hindoestaanse rijk Vijayanagar, dat ooit in het Zuid-Indiase Andra Pradesh heerste. De sfeer van al deze prachtige religieuze en artistieke overblijfselen wordt versterkt door de moesson: flarden mist trekken over het bosachtige gebied terwijl de regen neerslaat op de bladeren. Dit is het echte erfgoed van Sri Lanka, denk ik. Deze erfenis is vooral door de Tamiltijgers maar ook door de Rajapaksa's geweld aangedaan.

De Amerikanen, zo zegt een diplomaat, moeten het regime van de Rajapaksa's gewoon negeren, zonder zich zorgen te maken dat het land dan een hoeksteen wordt van de Chinese grootmachtstrategie. De miljarden dollars die de Chinezen in de Amerikaanse economie pompen, zegt hij, zijn van veel groter belang dan een door China aan de Indische Oceaan gebouwde haven, die trouwens een grotere bedreiging is voor India en Japan. Bovendien acht hij de kans groot dat het bewind dat steeds meer Birmese trekjes krijgt, aan zijn eigen corruptie en incompetentie ten onder zal gaan, hoe groot het militaire succes ervan ook is.

De Rajapaksa's van hun kant laten zich denigrerend uit over het Westen en de VS, en wentelen zich in het eigen gelijk. Dat laatste heeft met de volgende geschiedenis te maken:

In 2006 beheersten de Tamiltijgers een derde van Sri Lanka toen de kersverse regering van Rajapaksa het zinloze staakt-het-vuren (van beide kanten ging het schieten door) opzegde. Voordien had

Washington de steun aan Colombo opgevoerd omdat de Tamiltijgers na 11 september 2001 als een terroristische organisatie van het kaliber van Al-Qaida waren gebrandmerkt. Mahinda Rajapaksa was gekozen vanwege zijn belofte om de oorlog te beëindigen, en in 2006 deed zich een prachtige kans voor. De Tamiltijgers verloren het oostelijk deel van het land door het overlopen van hun bondgenoot Vinayagamoorthy Muralitharan, beter bekend onder zijn *nom de guerre* kolonel Karuna Amman. Dat was het moment om toe te slaan. Maar omdat voor het behalen van de eindzege het staakt-het-vuren moest worden gebroken en de mensenrechtensituatie onder Rajapaksa sterk verslechterde, trok Washington alle militaire steun in. Dat betekende geen reserveonderdelen meer voor de radarapparatuur noch voor de Huey-helikopters en de C-130's. De Sri Lankaanse marine was aangewezen op de radar die schepen op zee kon waarnemen, maar de Amerikanen trokken alle diensten en leveranties in. Het legeronderdeel maakte ook dankbaar gebruik van de Amerikaanse 30mm Bushmaster-kanonnen om de zelfmoordschepen van de Tamiltijgers onschadelijk te maken. Maar het zoute water tastte het geschut aan en ook dat kon niet meer gerepareerd worden. De Sri Lankanen hadden het gevoel dat de Amerikanen de deur in hun gezicht dichtsmeten op het moment dat zij konden afrekenen met de nihilistische opstandelingen. 'Juist op hun meest glorieuze moment werden zij door de "internationale gemeenschap" in de kuiten gebeten,' aldus een diplomaat in Colombo.

Ondertussen zag China de kans schoon om Sri Lanka wapens en munitie te leveren. De Chinese radar mocht dan minder goed zijn dan de Amerikaanse, er waren wel nieuwe onderdelen beschikbaar. Beijing leverde ook algauw minder geavanceerde spullen: de soldaten bij de roadblocks zijn bewapend met de Chinese T-56, een namaak van de Russische AK-47. Bovendien kon Sri Lanka rekenen op de Chinese steun telkens wanneer de westerse landen in de VN-Veiligheidsraad het land wilden veroordelen. Verder nodigde China Sri Lankaanse officieren uit om aan zijn militaire academies te studeren. Kortom, op Sri Lanka gebeurde hetzelfde als in Oezbekistan en Nepal toen het Westen de relaties vanwege de politieke situatie aldaar op een laag pitje zette: China breidde zijn invloed uit.

Andere militaire en economische hulp kwam van Pakistan, Iran,

voormalige Sovjet-republieken, Libië en zelfs Israël, dat patrouille-
boten aan Sri Lanka leverde. Dankzij het niet-westerse deel van de
wereld dat zich minder om mensenrechten bekommert, konden dus
in 2008 de Sri Lankaanse divisies en commandotroepen goed bewapend optrekken tegen de Tamiltijgers. In de zekerheid dat China achter hen stond, gingen de militairen methodisch en geduldig te werk.
Niet opgejaagd door politieke tijdschema's konden zij de officieren
op de grond de ruimte geven om naar eigen inzicht te handelen. Tegelijkertijd bracht de Sri Lankaanse marine in de Indische Oceaan de
moederschepen ofwel drijvende pakhuizen van de Tamiltijgers tot
zinken. Het was een indrukwekkende operatie, tenminste als je niet
lette op het totale gebrek aan mededogen voor de etnische Tamils bij
een leger dat gerekruteerd was uit de armste Singalese dorpen. Aan
het bouwen van scholen en het slaan van waterputten voor de Tamils
werd niet gedacht. Met tienduizenden burgers in de frontlinie was
het een totale oorlog. Successen en de dood van ruim duizend Sri
Lankaanse militairen in de loop van 2008 en 2009 stemden de regering niet milder. De minister van Defensie, Gotabhaya Rajapaksa,
werd officieel ontvangen door China, Rusland en Israël. Met een le-
ning van Libië, olie uit Iran en de belofte van China om een moderne
haven in Hambantota te financieren en te bouwen, kon het Westen
steeds minder druk uitoefenen.

Mede dankzij de Chinese strategische belangen kon Sri Lanka de
oorlog winnen zonder hulp van het Westen. En hoewel we blij moeten zijn met die overwinning, neemt dat niet weg dat de wijze waarop die werd behaald zorgen baart over de repercussies van de opkomst van China in Azië en Afrika. De afnemende invloed van het
Westen in maritiem Azië is weliswaar natuurlijk en in zekere zin
ook positief, maar het is een pleister op de wonde die sinds de reis
van Vasco da Gama is ontstaan. Er zijn ook nadelen. Zoals we hebben gezien koppelt China aan zijn militaire hulp, anders dan het
Westen, geen belerende lessen over mensenrechten. Het land mengt
zich niet in de binnenlandse aangelegenheden van andere landen
en accepteert zo'n inmenging zelf ook niet. De Chinese buitenlandse politiek is, hoewel in geen enkel opzicht extreem of oorlogzuch-
tig, er wel een van puur realisme. Dat duidt erop dat er weer twee
polen in de internationale politiek gaan ontstaan: landen die de

mensenrechten bij hun overwegingen betrekken en landen die dat niet doen.

Toch kan China de hulp bij het verslaan van de Tamiltijgers niet geheel verzilveren om de simpele reden dat Sri Lanka vlak voor de kust van India ligt. Zeker, er is de rampzalig verlopen Indiase interventie van 1987. Het Indiase leger trok toen in feite het land binnen om de etnische Tamils te verdedigen, maar raakte in gevecht met de Tamiltijgers, die geen enkele bemoeienis van buitenaf accepteerden. Desondanks heeft India nu betere betrekkingen met Sri Lanka dan met andere buurlanden, zoals Pakistan en Bangladesh.* Dankzij het vrijhandelsverdrag van 1998 bestaat er een substantiële handel tussen beide landen: voor Sri Lanka staat India bovenaan wat de import en op de derde plaats wat de export betreft.† Dat dit eiland door het buurland makkelijk onder de voet kan worden gelopen is zo evident, dat Colombo bij de onafhankelijkheid een defensieverdrag met de Britten sloot uit angst voor een Indiase invasie (die er in het geval van Hyderabad en Goa op het Indiase vasteland ook werkelijk kwam). India mag dan, zoals we hebben gezien, nog zo'n last hebben van de min of meer mislukte staten langs de grenzen, die landen maken toch geopolitieke afwegingen met betrekking tot India. Zo steunt Pakistan het moslimextremisme in Afghanistan louter en alleen om tot ver in Centraal-Azië een soort Islamistan te kunnen oprichten waarmee het de oosterbuur aankan. De nieuwe pro-Chinese politiek van Sri Lanka is uiteindelijk dus relatief. Zeker gezien de opkomende Indiaas-Chinese maritieme rivaliteit zal het land zo voorzichtig tussen beide reuzen moeten manoeuvreren dat er zoiets als ongebondenheid ontstaat. Met zijn in aantal en invloed groeiende moslimminderheid, politieke oorlogsschuld aan China en de nabijheid van India vormt Sri Lanka een goed voorbeeld van de geopolitieke trends in de wereld van de Indische Oceaan.

---

* Waarbij moet worden aangetekend dat India ook nauwe contacten heeft met de Maladiven en Bhutan, maar dat zijn ministaatjes van een andere categorie.

† Sri Lanka exporteert het meest naar de Verenigde Staten, en dan vooral kleding, waaronder lingerie.

Paikiasothy Saravanamuttu, directeur van het Centre for Policy Alternatives in Colombo, wijst nog op een extra probleem dat India met Sri Lanka heeft. New Delhi heeft de relatie met het land zelf in de wielen gereden, niet zozeer door de inval van 1987, maar doordat het zwicht voor de politieke druk uit Tamil Nadu, de door Tamils bevolkte deelstaat die praktisch tegenover Sri Lanka ligt. Onder die druk komt het op voor de Tamils op het eiland, terwijl het tegelijkertijd met China en Pakistan rivaliseert om de vriendschap van de Singalese autoriteiten in Colombo. Dat heeft echter ook het voordeel, aldus Saravanamuttu, dat India groot belang heeft bij een oplossing van het conflict tussen de Singalezen en Tamils. Het land heeft veel meer bij echte etnische verzoening te winnen dan China.

Als ik in het voorjaar van 2009 op Sri Lanka ben, wordt het systematische offensief van het leger geïntensiveerd met als motto 'neem geen gevangenen'. Op 18 mei wordt de oorlog beëindigd verklaard: het lichaam van Prabakharan wordt op de televisie getoond en het laatste stukje Tamil-territorium is ingenomen. De volgende ochtend rijd ik, net vrij uit het politiebureau in Hambantota, door het zuidelijke, Singalese kustgebied. Ik kom overal overwinningsparades tegen, met veel gezwaai met vlaggen en getoeter van riksja's. Jongemannen, van wie de meesten werkloos zijn, schreeuwen en steken vuurwerk af. Op alle muren hangen posters van president Rajapaksa en dorpelingen bieden voorbijgangers gratis voedsel op palmbladeren aan. Poppen gelijkend op Prabakharan worden voortgesleept en verbrand. Wat de jongemannen betreft: naar mijn idee stralen die een baldadig soort verveling uit, alsof zij onder andere omstandigheden zo weer de huizen van Tamils in brand kunnen gaan steken, zoals in het verleden is gebeurd. Het valt me op dat er minder parades zijn naarmate ik dichter bij het etnisch gemengde Colombo kom.

De zege is uiteraard beslist iets om te vieren. Prabakharan heeft Sri Lanka 26 jaar lang veel meer ellende bezorgd dan Osama bin Laden de Verenigde Staten. Dit is het soort klinkende, aantoonbare overwinning waar ook elke Amerikaanse regering op hoopt, al zal die de methoden waarmee ze is bereikt nooit kunnen en mogen kopiëren.

Diezelfde ochtend stop ik in de stad Tangalla om Rajapaksa's overwinningsrede in het parlement, die op de tv wordt uitgezonden, te zien. Voor het grote scherm dat speciaal voor de gelegenheid is neergezet, staan honderden mensen met de Sri Lankaanse vlag te zwaaien: een leeuw tegen een roodbruine achtergrond met daarnaast een groene en een oranje streep: de leeuw symboliseert de Singalezen, de strepen staan voor de gemeenschappen van Tamils en moslims. De president getuigt op het eerste gezicht van een briljant machiavellisme: wees meedogenloos in de oorlog en vergevingsgezind na de overwinning. Na de rechten van de Tamils en de media jarenlang met voeten te hebben getreden, heeft de president het nu over nationale verzoening. Hij begint zijn rede niet in het Singalees, maar in het Tamil. 'We moeten allemaal als één volk leven,' zegt hij. Bovendien belooft hij dat het onderwijs en de gezondheidszorg voor de Tamils verbeterd zullen worden. Eerder al heeft hij zo voor internationale zalen gesproken, maar zijn eigen volk heeft hij deze humane en begripvolle kant nog nooit laten zien. Hoewel er geen specifieke plannen worden aangekondigd, kan er voor het eerst sinds jaren gehoopt worden dat Sri Lanka op weg is naar nationaal herstel.

Anderzijds spreekt hij geen spijt of berouw uit over de slachtoffers van de oorlog. Een paar dagen later belooft hij de boeddhistische monniken in Kandy dat 'ons moederland nooit [meer] verdeeld zal zijn'. Er zijn twee soorten Sri Lankanen: zij die van het moederland houden en zij die dat niet doen, verkondigt hij daar ook. En toch doet de democratie, hoe onvolmaakt ook, vaak wonderen. Maanden later heeft de boeddhistische president bij de verkiezingen de steun van de Tamilminderheid zo hard nodig dat hij dingen doet als een openbaar gebed uitspreken in een hindoeïstische tempel. De kloof was altijd al minder religieus dan etnisch van aard, en ook die laatste kloof kan worden overbrugd, zo blijkt. Nu de christen Prabakharan dood is, wil Sri Lanka een nieuwe fase van opbouw betreden. De diplomaten en medewerkers van ngo's die ik tijdens mijn reis had ontmoet, geloofden niet erg dat Rajapaksa in staat is zichzelf te veranderen. Maar hopelijk was hun pessimisme misplaatst. Als dat het geval blijkt, moeten we de democratie daar dankbaar voor zijn.

China speelde dus een rol bij de beëindiging van de burgeroorlog omdat het Westen bepaalde middelen niet kon rechtvaardigen, hoe wenselijk het doel ook was. Dat strekt het Westen tot eer. Toch moeten we het moreel paradoxale feit onder ogen zien dat het Chinese model een zekere logica heeft. In zijn klassieke werk *Political Order in Changing Societies* van 1968 stelt wijlen Samuel Huntington in navolging van Thomas Hobbes en Walter Lippmann dat macht, en zelfs hardvochtige macht, beter is dan helemaal geen macht. Die les hebben we in Irak geleerd! Terwijl wij in het Westen de ontwikkelingslanden tegen het morele licht houden en corruptie veroordelen, nemen de Chinezen genoegen met stabiliteit, met welke onrechtmatige middelen die ook wordt gehandhaafd. Wij leggen bij de ontwikkelingshulp de nadruk op democratie, mensenrechten en goed bestuur; zij op grote infrastructurele projecten en macht, democratisch of niet.

We moeten daarbij beseffen dat onze doelen veel te maken hebben met ons eigen verleden. Zo ging het in de Amerikaanse geschiedenis, aldus Huntington, om het inperken van de macht van instituties die kant en klaar uit het 17e-eeuwse Engeland waren overgenomen. In vrijwel alle andere landen echter moesten en moeten de legitieme machtsorganen vanaf de grond opgebouwd worden.[19] De Amerikaanse ervaringen zijn soms dus relevant voor de landen die in de nieuwe eeuw centraal zullen staan. Hele landen en gebieden leven nog steeds onder zwakke, onverantwoordelijke of niet-bestaande overheidsinstellingen. En gezien de nasleep van de ontmanteling van het Europese kolonialisme, dat Aziatische en Afrikaanse landen met geweld de moderniteit in sleepte, zal dat nog wel een hele tijd zo blijven.

De concurrentie tussen het Amerikaanse en Chinese ontwikkelingsmodel treedt uiteraard het duidelijkste aan het licht in Afrika, aan de westzijde van de Indische Oceaan. Maar ik zal me eerst nog bezighouden met Birma, een land waarbij behalve de VS en China ook India sterk betrokken is. Birma zal voor de regio rond de Golf van Bengalen net zo belangrijk worden als Pakistan voor die rond de Arabische Zee. Zou je het laatste land vanwege dreigend uiteenvallen kunnen vergelijken met de Balkan, zo doet Birma het meest denken aan het België van het begin van de 20e eeuw: het zou weleens door de grote buurlanden opgeslorpt kunnen worden.[20]

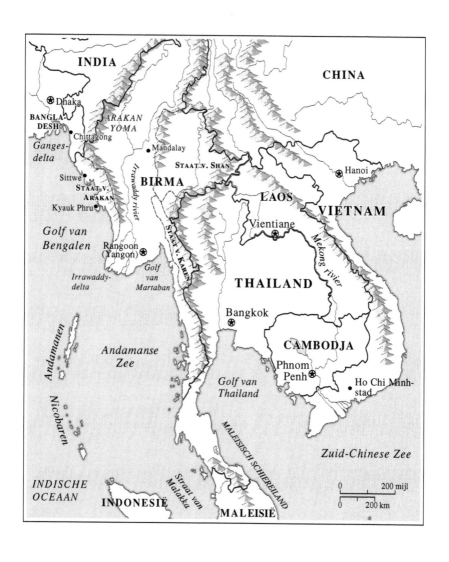

12

Birma: waar India en China op elkaar botsen

Moessonwolken liggen zwaar boven het zeewiergroene landschap van Oost-Birma. De steile hellingen glanzen van het vocht: de teakbomen, de kokospalmen, de zwarte en okergele aarde en de lange, warrige grashalmen. Nu de avond valt, wordt de kletterende regen haast overstemd door het getjirp van de krekels en gekras van de gekko's. Ik strompel over drie bamboeplankjes boven een snelstromende rivier Birma binnen. Mijn gids, een strijder van het Karen-volk, heeft een zaklamp die met niet-geïsoleerde koperdraden is bevestigd aan een oude batterij van zes volt die om zijn nek hangt. We hebben minder te vrezen van de Birmese regeringstroepen dan van het Thaise leger. Vanwege de houtwinning en andere economische belangen is de democratische regering van Thailand momenteel dikke maatjes met het militaire bewind in Birma. Zo verklaarde de Thaise premier Sundaravej dat de Birmese generaals 'goede boeddhisten' zijn die graag mediteren en dat het land 'in vrede leeft'. Daarom ook spoort Thailand strijders van de Karen op, die als minderheid alle Birmese regimes sinds 1948 hebben bevochten.

'In Vietnam en Cambodja is er een einde aan gekomen. Wanneer zal dat in Birma gebeuren?' vraagt Saw Roe Key, een ander Karenstrijder die ik ontmoet zodra ik de grens over ben. Hij heeft een been verloren doordat hij op een landmijn is gestapt. Het was het soort mijn dat het militaire bewind overal heeft laten leggen rond de dorpen in de bergen van Birma, die veertig procent van het land beslaan en waar een stuk of zes, zeven etnische groeperingen, waaronder de Karen, al tijden hevig of minder hevig in opstand zijn. Van de pakweg twintig Karen die ik ontmoet in een dorpje vlak over de grens van

Birma zijn er vier een been kwijtgeraakt door een mijn. Het is ook verder een bont allegaartje. Sommigen dragen een groen camouflagepak en hebben een M-16 geweer of een kalasjnikov; de meesten dragen een T-shirt en de traditionele rok (longyi). De negorij bestaat uit een wirwar van houten hutjes op palen, met daken van gedroogde teakbladeren, en is tegen een helling aangebouwd onder het baldakijn van het oerwoud. Zij wordt geteisterd door kevers, malariamuskieten en andere insecten, maar is ook uitgerust met een zonnepaneel en een vernuftige waterleiding. Buiten het dorp strekt het ruige land zich uit, uitstekend geschikt voor de guerrilla en op een strategisch punt in de wereld van de Indische Oceaan. In dit oerwoud strijden niet alleen de Birmese regering en de etnische guerrillastrijders met elkaar, maar botsen ook India en China wanneer ze hun blik naar het oosten respectievelijk zuiden richten.

Sawbawh Pah, een kleine, gedrongen man van vijftig met een kwastje haar op zijn schedel, leidt een kliniek voor gewonde strijders en mensen die van huis en haard zijn verjaagd. Daar zijn er in Birma wel anderhalf miljoen van. Alleen al in de staat van de Karen zijn drieduizend dorpen met de grond gelijkgemaakt. Een 'Darfur in slowmotion' noemde de *Washington Post* Birma daarom.[1] Met een berustende uitdrukking op zijn gezicht vertelt Pah me: 'Mijn vader is vermoord door de SPDC (Staatsraad voor Vrede en Ontwikkeling, de Birmese junta). Mijn oom is vermoord door de SPDC. Mijn neef is vermoord door de SPDC. Ze schoten mijn oom door het hoofd en hakten zijn been af toen hij naar eten zocht nadat het dorp verwoest was.' Terwijl ik gebakken mie met eieren zit te eten, waarbij een rol toiletpapier als servet dient, word ik overspoeld met dit soort levensverhalen. De kracht van die verhalen ligt in de herhaling van de gruwelijke details.

Majoor Kea Htoo, commandant van het plaatselijke bataljon van de Karen-guerrillastrijders, heeft vuurrode lippen en een opgezwollen wang van de betelnoten waarop hij al zijn leven lang kauwt. Zijn dorp is voor zijn ogen in brand gestoken, inclusief het rijstveld van zijn familie. 'Zij verkrachtten de vrouwen en doodden de buffels.' *Zij* zijn de SPDC of, als de gebeurtenis plaatsvond vóór 1997, de SLORC (Staatsraad voor het Herstel van Wet en Orde), het dreigende acroniem waaronder de Birmese junta eerst bekendstond. Zoals iedereen hier, met inbegrip van het viertal dat ledematen is kwijtgeraakt, vertelt hij me dat het einde van de oorlog niet in zicht is. Strikt genomen vechten ze niet voor een beter, meer verlicht militair bewind, noch voor een democratische regering die waarschijnlijk door etnische Birmezen zoals Aung San Suu Kyi zou worden geleid, maar voor onafhankelijkheid voor de Karen. Tu Lu, die nog maar één been heeft, zit al twintig jaar in het leger van de Karen. Kyi Aung, met zijn 55 jaar de oudste, vecht al 34 jaar. Deze guerrillero's ontvangen geen soldij. Ze krijgen alleen eten en eenvoudige medicijnen. Hun hele leven is gericht op het naar het lijkt onrealistische doel van onafhankelijkheid, vooral doordat niemand hun ooit ook maar het kleinste compromis heeft aangeboden sinds 1962, toen Birma voor het eerst werd opgezadeld met militair wanbeheer.

Op dit moment staat de strijd in Birma op een laag pitje. De junta heeft de Karen, de Shan en andere minderheidsvolken teruggedrongen tot kleine bolwerken langs de Thaise grens. Toch lukt het het bewind – dat zelf met een corrupt en door desertie geplaagd leger te kampen heeft – kennelijk niet om ze de doodsklap toe te brengen. En de minderheidsvolken zijn taai, met een sterke historische identiteit die weinig te maken heeft met de staat Birma. En dus proberen ze maar door te vechten.

Je zou de ellende van Birma kunnen herleiden tot het ongerijmde feit dat het door de van staatswege veroorzaakte eindeloze conflicten en onderontwikkeling nog primitief genoeg is om iets romantisch te hebben. Samen met Tibet en Darfur vormt het aldus een van de drie nobele doelen waarvoor je je kunt inzetten, waarbij de voorvechters uit het postindustriële Westen zich des te nobeler voelen vanwege de schoonheid van deze gebieden. In 1952 verscheen het reisboek over Birma *Golden Earth* van de Britse schrijver Norman Lewis. Mede doordat in dit sobere en indrukwekkende meesterwerk de opstand van de Karen, de Shan en andere bergvolken steeds op de achtergrond aanwezig is, is de reis van de auteur gevaarlijk en daardoor ook zeer oncomfortabel. Alleen in het noorden komt hij in een klein, overwegend door de Kachin bevolkt gebied dat 'geheel vrij is van bandieten en legers van opstandelingen'. Ondanks het feit dat hij 's nachts door ratten, kakkerlakken en een schorpioen wordt geplaagd, wordt hij 's morgens fris wakker door het geluid van overvliegende neushoornvogels. Ja, hij heeft al zijn ontberingen graag over voor de onwezenlijke, monochrome schoonheid van een land met doodlopende weggetjes en zonder comfortabele hotels, waar 'de gesprekken niet over de beurskoersen, maar over de toestand van je ziel gaan'.[2] Het schokkendste van dit ruim vijftig jaar oude boek is nog dat het de huidige situatie goed beschrijft. Hoeveel reisboeken zijn er niet die nog maar tien jaar oud zijn en vanwege de mondialisering alweer verouderd zijn?

Maar Birma is niet alleen een land om medelijden mee te hebben. En de etnische strijd is van meer dan ondergeschikt belang, alleen al omdat dertig procent van de bevolking uit minderheden bestaat die bovendien de zeven deelstaten aan de grens bevolken van het veertien deelstaten tellende land. Als het regime eenmaal instort, zullen de eisen van de Karen en andere minderheidsvolken pas goed naar voren komen. Zelfs al zou dan de deur voor compromissen worden opengezet, de democratie zal geen einde maken aan het probleem dat Birma een mini-imperium van vele volkeren is. Sterker nog, de bergbewoners van Birma maken deel uit van een nieuw en groter geopolitiek tableau. Birma ligt aan de Indische Oceaan, aan de Golf van Bengalen. Het land grenst aan India en China, die allebei geïnteresseerd zijn in de grote reserves aan olie, aardgas, uranium, steenkool, zink, koper, edelstenen, hout en waterkracht in het land. Vooral China wil van Birma een vazalstaat maken voor de aanleg van de diepzeehavens, snelwegen en brandstofpijpleidingen waarmee het door land omsloten westen en zuiden van China toegang krijgen tot de zee, zodat de groeiende middenklasse aldaar olie uit de Perzische Golf kan betrekken. En deze routes van de oceaan naar het noorden lopen precies door die Birmese gebieden die van oudsher door opstanden van de minderheidsvolken worden geteisterd.

Kortom, Birma is belangrijk voor het begrip van de toekomstige wereld. Het is een land om over te vechten, zoals China en India dat ook op weinig subtiele wijze doen. Ook de VS hebben oog voor het belang van Birma en zijn buurlanden in deze tijd van nieuwe energiestromen, onstabiele brandstofprijzen en natuurrampen aan de Indische Oceaan, zoals de cycloon in Birma in 2008 en de tsunami in 2004. Daarom heeft de Amerikaanse marine voorgesteld dat ze niet langer permanent aanwezig is in de Atlantische Oceaan, maar zich voortaan concentreert op de Indische Oceaan en het westen van de

Stille Oceaan. Ook bij de planning van de marine en het korps mariniers moeten landen aan de Indische Oceaan als Birma nu een centrale plaats innemen.

Strategisch gelegen, romantisch, een moreel moeras: Birma is een land dat de aandacht trekt. En een zeer interessante groep Amerikanen wordt hevig door het land geboeid. In sommige gevallen kan ik hen niet bij name noemen, omdat hun positie in het aangrenzende Thailand – vanwaaruit zij opereren en waar ik hen interviewde – nogal precair is. In andere gevallen kan dat niet omdat het nogal gevoelig ligt wat zij doen en voor wie ze werken. Maar het verhaal van deze mensen is de moeite waard vanwege hun deskundigheid en om datgene wat hun ambities zeggen over wat er geopolitiek op het spel staat in Birma.

De laatste tijd is het mode geworden om te pleiten voor specialistische kennis op cultureel gebied. Het gebrek daaraan heeft immers bijgedragen tot de puinhoop in Irak. Daarbij wordt soms vergeten dat de groep met de meeste kennis van het Oosten in Amerika de christelijke missionarissen waren. In de Amerikaanse geschiedenis figureren twee van zulke groepen: de oude kenners van de Arabische wereld en die van Azië, de zogenoemde *old China hands*. De kenners van de Arabische wereld waren protestantse missionarissen die vanaf begin 19e eeuw naar Libanon trokken en later de Amerikaanse Universiteit van Beiroet oprichtten. De arabisten die in de Koude Oorlog op het ministerie van Buitenlandse Zaken werkten, kwamen uit deze kringen. De Azië-experts zijn van al even respectabele herkomst en hebben eveneens hun wortels in de 19e eeuw. Het grootste deel van de streekkennis die de Amerikaanse regering aan het begin van de Koude Oorlog had, werd door hen geleverd. Een aantal van hen werd indertijd ten onrechte weggezuiverd tijdens de door McCarthy geëntameerde hoorzittingen over China. De Amerikaan die mij informatie over Birma geeft, is een nakomeling van ettelijke generaties doopsgezinde missionarissen uit de *Midwest* die vanaf de 19e eeuw werkten onder de bergbewoners van Birma en vooral in de staten waar de Shan wonen en over de Chinese grens in Yunnan. Zijn vader stond bekend als de Shan met de blauwe ogen. Nadat hij na de Japanse invasie uit Birma was ontsnapt, meldde hij zich bij het Brits-Indiase leger, dat hem tot commandant van een bataljon Shans benoemde. Zo was mijn kennis na de Tweede Wereldoorlog opgegroeid in India en Birma. Een van zijn eerste herinneringen is die aan Punjaabse soldaten die bevelen gaven aan een ploeg Japanse krijgsgevangenen die puinruimden in de Birmese hoofdstad Rangoon. Zonder te hebben gestudeerd, spreekt hij Shan, Birmees, Hindi, Lao, Thai en het Chinese Mandarijns en Yunnandialect. Zijn leven lang heeft hij Birma bestudeerd, maar in de jaren zestig verbleef hij in Indochina ter ondersteuning van de Amerikaanse oorlog in Vietnam.

Tijdens ons eerste gesprek zit hij in kleermakerszit op een verhoging bij hem thuis. Hij is gekleed in de Birmese longyi, heeft grijs haar, een mooi getekend gezicht en een gezaghebbende stem, die hem het air geeft van iemand uit hogere kringen. Helemaal de wijze oudere staatsman, maar dan getemperd door een zekere oosterse zachtaardigheid. Aan weerskanten van hem staan een paar boeken en foto's van vlindervleugels, van het Thaise koningspaar en van hemzelf als gespierde jongeman met zweetbandje en kapmes in Vietnam.

'Sinds kort werken Chinese spionnen samen met de minderheden in de Birmese bergen die zich tegen het regime verzetten,' vertelt hij. 'De Chinezen willen dat de dictatuur in Birma overeind blijft, maar pragmatisch als ze zijn hebben ze ook alternatieve plannen voor het land. Hoge officieren van de Chinese inlichtingendienst manen de Karen, de Shan en andere minderheidsvolken om "naar ons toe te komen en niet naar de Amerikanen, want wij zijn een buurland en we zullen nooit uit dit gebied weggaan".'

Tegelijkertijd, zo legt hij uit, beginnen de Chinezen contacten te leggen met jonge legerofficieren in Thailand. De afgelopen jaren hebben de Thaise koninklijke familie en het Thaise leger, in het bijzonder de elite-eenheden en de cavalerie, sympathie opgevat voor de bergbewoners die vechten tegen de pro-Chinese militaire junta in Birma. De Thaise democratische regering daarentegen is onder invloed van allerlei lobby's die zaken met het grondstoffenrijke Birma willen doen, de beste bondgenoot van de junta geweest. De democratie in Thailand is kortom soms de vijand van de democratie in Birma.

Maar de Chinezen, bedoelt hij, zijn nog steeds niet tevreden: zij willen niet alleen de democraten in Thailand aan hun kant, maar ook de legerofficieren, net zoals ze samenwerken met zowel de Birmese junta als de binnenlandse tegenstanders ervan. 'Misschien daalt er wel een nieuw bamboegordijn neer over Zuidoost-Azië,' zegt hij zorgelijk. Als er iets dergelijks zou gebeuren, wordt dat geen harde en snel geplaatste muur, zoals het IJzeren Gordijn. Ook met een nieuwe dominotheorie van het soort waarin tijdens de Vietnamoorlog werd geloofd, heeft dit niets te maken. Het zou veeleer gaan om een discrete politieke en economische invloedssfeer van China, die wordt bevorderd door onder meer de relatieve verwaarlozing die in het Washington van George W. Bush enigszins te zien was. Terwijl de Chinezen op ieder niveau in Birma en Thailand werken, bleven Amerikaanse topambtenaren keer op keer weg van topconferenties van het Verbond van Zuidoost-Aziatische landen (ASEAN). En waar China de afgelopen tien jaar 27 samenwerkingsinitiatieven met ASEAN-lidstaten heeft gelanceerd, zetten de VS er in dertig jaar tijd maar zeven op de rails.[3] Mijn vriend wil dat de Amerikanen terugkomen in het spel. En tot op heden heeft de regering van Obama zijn wens vervuld.*

'Om het regime in Birma omver te werpen hebben de minderheidsvolken permanente adviseurs nodig, niet zo af en toe wat huursoldaten,' zegt hij. 'Ook is er een coördinatiecentrum in Thailand nodig. Er moet een platform komen waarnaar gedesillusioneerde officieren van het Birmese leger kunnen overlopen.' Daarbij denkt hij niet aan een terugkeer naar de begintijd van Vietnam, maar aan een subtielere en meer geheime versie van het soort steun dat de VS gaven aan de Afghaanse moedjahedien die in de jaren tachtig de Sovjet-Unie bevochten vanuit bases in Pakistan. Het is niet ondenkbaar dat het deel van het Thaise leger dat de Karen steunt, weer aan de macht komt in Bangkok. En zelfs als dat niet gebeurt, zou het Thaise veiligheidsapparaat wel op enigerlei wijze hulp kunnen bieden bij serieuze Amerikaanse pogingen om de Birmese bergvolken te steunen tegen het allerwegen gehate be-

---

* Door speciale afgezanten te benoemen voor Israël-Palestina, Afghanistan-Pakistan en Noord-Korea heeft minister van Buitenlandse Zaken Hillary Clinton de handen vrij gekregen om zich te concentreren op de Indische Oceaan en de Aziatische gebieden aan de Stille Oceaan. Haar ministerie is nu beter dan in de afgelopen tientallen jaren afgestemd op de opmars van China en India.

wind. 'De Shan en de Kachin nabij de Chinese grens,' zo vervolgt mijn zegsman, 'zijn rottig behandeld door de Birmese junta, maar ze zijn ook bezorgd over een Chinese overheersing. Ze voelen zich in het nauw gedreven. De bergvolken in Birma kunnen vrijwel niet tot een eenheid komen. Iemand van buiten moet een arrangement maken waarop iedereen kan vertrouwen.'

Birma mag niet worden verward met de Balkan of Irak, waar etnische en religieuze verschillen die decennialang onder een autoritair bewind hadden gesmeuld, tot uitbarsting kwamen toen de centrale macht instortte. De bergvolken zijn al tientallen jaren in oorlog met de Birmese regimes. De mensen zijn oorlogsmoe en hebben weinig aanvechting om onderling te gaan vechten als het regime uiteenvalt. De bevolkingsgroepen leven meer langs elkaar heen dan dat ze elkaar in de haren vliegen. Zelfs onderling zijn de Shan vanouds verdeeld geweest in kleine koninkrijkjes, vertelt mijn gesprekspartner. Daarom ook zouden Amerikanen met een instelling als hij een rol kunnen spelen.

Hij haalt de waarschuwing van de Singaporese leider Lee Kuan Yew aan, dat de VS betrokken moeten blijven bij de regio als 'tegenwicht tegen de reus China'. Zij zijn immers het enige land van buiten met de middelen om het oprukken van Beijing te vertragen, ook al streeft het zelf niet naar gebiedsuitbreiding in Azië. De landen van Zuidoost-Azië in het algemeen en Vietnam met zijn historische vrees voor China in het bijzonder, willen dat Washington een tegenwicht biedt tegen Beijing in Birma. Ook Thailand, waar een troonopvolging ophanden is die weleens een periode van politieke instabiliteit kan inluiden, vreest dat het verder onder Chinese invloed komt. Zelfs de Birmese junta, zegt mijn vriend, wil niet tot een Groot-China gaan behoren. Dit mede vanwege de de herinneringen aan de lange, gruwelijke en bloedige Mandsjoe-invasie in de 18e eeuw. De Birmese generaals hebben alleen geen keus als ze aan de macht willen blijven.

Birma is hoe dan ook voorbestemd om een doorgangsland voor energie naar China te worden. Maar het hoeft niet de facto een provincie van dat land te worden die voor altijd zucht onder een van de wreedste regimes ter wereld: beroofd van zijn natuurlijke hulpbronnen terwijl de generaals hun zakken vullen, en slavenarbeid leverend voor de pijpleidingen door het land – die deels door multinationals worden gefinancierd. Een voorbeeld van de duistere, meedogenloze kant van de mondialisering. Nog steeds hangt veel af van het Amerikaanse optreden. En mijn oudere kennis, die gelooft in het in de schaduw werken, niet zozeer gewapend met vuurwapens als wel met kennis van het gebied, heeft mensen nodig die zijn levenswerk voortzetten en meer in het bijzonder mensen aan wie hij zijn netwerken in Birma kan overdragen.

Een andere in Birma werkzame Amerikaan is Tha-U-Wa-A-Pa, 'de vader van de witte aap' in het Birmees, een bijnaam die hij dankt aan het koosnaampje waarmee hij zijn dochter aansprak. Ook zijn ouders waren christelijke missionarissen, in dit geval uit Texas. Afgezien van negen jaar in het Amerikaanse leger – hij was onder meer in dienst van de Special Forces en schopte het tot majoor – wijdde hij zich net als zijn ouders aan missiewerk. Ook hij spreekt een aantal van de lokale talen. Hij is een stuk jonger dan mijn andere kennis. En heel anders dan deze is hij heel levendig, met enorme spieren in een beweeglijk lijf, alsof hij de hele dag marsrepen eet. Waar mijn andere contact zijn levenswerk heeft gemaakt van het Shan-volk aan de Chinese grens, werkt Vader van de Witte Aap onder de Karen en andere volken in Oost-Birma, tegen Thailand aan, zij het dat de door hem gerunde netwerken tot aan de Indiase grens aan de andere kant van het land reiken.

In 1996 ontmoette hij de leider van de democratische beweging in Birma, Aung San Suu Kyi, gedurende de korte tijd dat zij niet onder huisarrest stond. Deze ontmoeting inspireerde hem een 'gebedsdag' voor Birma te organiseren en te werken voor eenheid onder de volken van het land. Tijdens het offensief van het Birmese leger in 1997, waardoor honderdduizenden mensen van huis en haard werden verdreven, zat hij in zijn eentje diep in Birma. Hij ging naar de 'ergste plaatsen', van het ene platgebrande dorp naar het andere, waarbij hij medicijnen uit zijn rugzak uitdeelde. Hij vertelt over dit en andere offensieven waarvan hij getuige is geweest en waarbij kerken in brand gestoken, kinderen opengereten en hele families gedood werden. 'Deze verhalen stompen me niet af,' zegt hij met wijd opengesperde ogen en een gezicht dat strak staat van de emotie. 'Het is altijd alsof ik ze voor het eerst vertel. Ik bid altijd dat er recht zal worden gedaan.'

Na die tocht door Birma in 1997 richtte hij de Free Burma Rangers op, een organisatie die ruim driehonderd vrijwilligers aan het werk heeft in 43 kleine medische teams onder de Karen, Karenni, Shan, Chin, Kachin en Arakanezen, vrijwel het hele gebied van het Birmese hoogland dat van drie kanten de centrale vallei van de Irrawaddy-rivier omringt, waar het meerderheidsvolk, de Birmanen, woont.* De Free Burma Rangers zijn een unieke hulporganisatie of ngo.

'We staan naast de dorpelingen, niet boven hen. Als zij niet wegrennen voor regeringstroepen doen wij dat ook niet. We hebben een arts, een fotograaf en een verslaggever-inlichtingenman in alle teams, die de GPS-posities van de Birmese regeringstroepen registreert, hun kampen in kaart brengt en foto's neemt met een telelens, die we allemaal op onze website zetten. We hebben contacten met het Pentagon en met mensenrechtenorganisaties. […] Onze morele plicht is om in te grijpen aan de kant van het goede, omdat zwijgen een vorm van toestemmen is.'

'Ngo's beweren vaak dat ze boven de politiek staan,' zo vervolgt hij met jachtige stem. 'Dat is niet waar. Wie hulp biedt, helpt de ene of de andere partij, ook al gebeurt dat indirect. Hulporganisaties kiezen voortdurend partij.' De recente geschiedenis bewijst dat ruimschoots. In de jaren tachtig steunden de hulporganisaties die met Afghaanse vluchtelingen in de North-West Frontier Province van Pakistan werkten, in wezen de Afghaanse moedjahedien bij hun strijd tegen de Moskougezinde Afghaanse regering, net zoals hulpverleners in Soedan destijds de volken van Eritrea en Tigre hielpen bij hun gewapende strijd tegen de marxistische regering van Ethiopië. En hier in de grensgebieden van Thailand functioneert een ondergronds smokkelcircuit voor vuurwapens onder de mantel van het hulpgoederentransport.

Vader van de Witte Aap heeft deze harde waarheid op een hoger plan gebracht. In Thailand zijn vluchtelingenkampen voor Birmezen, en de opstandige volken hebben kampen opgezet voor mensen die binnen het land zelf op de vlucht zijn. De Karen en andere volken hebben mobiele ziekenhuizen vlak bij de kampementen van het Birmese leger. Maar de Free Burma Rangers met hun rugzakken doen

---

* 'Birmees' duidt op de nationaliteit, 'Birmaan' op de bevolkingsgroep.

hun werk zelfs achter de vijandelijke linies. Evenals mijn andere kennis is ook Vader van de Witte Aap een geheel nieuw soort speciaal agent, het soort dat de Amerikaanse veiligheidsbureaucratie maar moeilijk kan accepteren omdat hij partij heeft gekozen en zich onder de autochtonen mengt. Toch hebben deze agenten in buitengewone dienst het soort vakkennis dat Washington zeer goed kan gebruiken als het invloed wil uitoefenen in afgelegen streken, zonder als een olifant in de porseleinkast te stampen. Luister naar Vader van de Witte Aap als hij vertelt over de Wa, met wie hij overigens niet jarenlang in het oerwoud heeft geleefd zoals met de Karen en andere volken.

'De Wa waren de vechtjassen onder de Birmese communisten. Zij werden van wapens voorzien door de Chinezen. In 1989, omstreeks de tijd van de opstand op het Plein van de Hemelse Vrede, riepen zij de onafhankelijkheid uit en schopten de Chinezen uit hun deelstaat. Zij wilden stoppen met de productie van opium, in ruil voor een programma voor alternatieve gewassen en wapens om tegen het militaire bewind van Birma te vechten. Maar in het Westen wilde niemand op hun aanbod ingaan. De Free Burma Rangers runnen nu een kleinschalig programma voor medische hulp aan de Wa. Die schurken inmiddels aan tegen Than Shwe [het kopstuk van de Birmese junta], enkel en alleen omdat ze bij niemand anders terechtkunnen.'

Je zou verwachten dat de organisatie ergens in Washington op de loonlijst staat. Maar het is erger dan je denkt. 'We worden gefinancierd door kerkelijke organisaties van over de hele wereld. Jaarlijks krijgen we 600.000 dollar. Een keer hadden we nog maar 150 dollar. We gingen allemaal bidden en de volgende dag ontvingen we een gift van 70.000 dollar. We moeten van de hand in de tand leven.' Soms neemt Vader van de Witte Aap zijn vrouw en drie kleine kinderen mee op een hulpexpeditie in Birma. Zoals ook voor mijn andere kennis geldt, is het land voor hem geen baan, maar een levenslange obsessie.

'Birma is niet zoals Cambodja onder de Rode Khmer,' vertelt hij. 'Er vindt geen genocide plaats. Het is geen rampzalig auto-ongeluk. Het is een langzaam, sluipend kankergezwel, waarbij het regime alle volkeren in het land totaal wil assimileren, overheersen en controleren.' Ik denk terug aan wat Jack Dunford, directeur van het Thailand Burma Border Consortium, tegen me zei in Bangkok. Het militaire regime in Birma is 'onverbiddelijk als een uurwerk. Het bouwt dammen en legt wegen aan, het zet grote landbouwprojecten op, neemt mijnen over en legt pijpleidingen.' Het trekt daarvoor buitenlands geld aan en verkoopt grondstoffen onder de marktprijs, allemaal om nog wat langer aan de macht te blijven. Birma is een land van massale verkrachtingen, kindsoldaten en grootschalige handel in verdovende middelen. Het leger van de Wa maakt nu amfetaminen in massaproductie.

Niet zo lang geleden zat Vader van de Witte Aap 's avonds op een berghelling in Birma, op een gevaarlijke plek tussen het Birmese leger en een groep binnenlandse vluchtelingen die door het leger uit hun dorp waren verdreven. De Karen-soldaten bij wie hij verbleef, vuurden raketgranaten af op de stelling van het leger en de Birmese soldaten beantwoordden het vuur met mortiergranaten. Net op dat moment kreeg hij via zijn communicatieapparatuur een boodschap van een vriend in het Pentagon met de vraag waarom de VS belang zouden moeten stellen in Birma.

Als antwoord stuurde hij een heel rijtje redenen terug, variërend van het totalitaire regime en de vernietiging van de bossen vanwege het hardhout tot de godsdienstvervolging van boeddhistische monniken, het inzetten van gevangenen bij het opruimen van mijnen en een heleboel andere redenen. Maar hij had het nauwelijks over het strategische belang of de veiligheid van de regio. Zoals ik al zei, hij is met hart en ziel een missionaris. Toen ik hem naar zijn geloofsgezindte vroeg, antwoordde hij: 'Ik ben christen.' In die hoedanigheid doet hij het werk van God, speciaal onder de Karen, onder wie veel christenen zijn, bekeerd door mensen als zijn ouders, waarbij de moraal zijn belangrijkste inspiratiebron is.

Landmachtkolonel b.d. Timothy Heinemann uit Laguna Beach in Californië kan wel strategisch denken. Hij is ook een veteraan van de Special Forces. Ik heb hem ontmoet in 2002 op het Command and General Staff College in Fort Leavenworth (Kansas), waar hij decaan was. Inmiddels staat hij aan het hoofd van de hulporganisatie Worldwide Impact, die steun geeft aan minderheidsvolken, in het bijzonder aan de Karen. Daarnaast runt hij een aantal projecten die zich richten op het uitzenden van groepjes verslaggevers die het lijden van de mensen in Birma registreren. Ook Heinemann is zo'n nieuw soort speciaal agent. Met zijn sandalen en sympathieke uitstraling personifieert hij de indirecte aanpak die veel aandacht krijgt in het 'Vierjarenplan van de Strijdkrachten' uit 2006, een van de belangrijkste planningsnota's van het Pentagon. Hij heeft 'het scheppen van de juiste omstandigheden geprivatiseerd', zegt Heinemann. 'Wij zijn de netwerkers aan beide kanten van de grens. Wij proberen mogelijkheden te vinden voor het werk van de hulporganisaties die in de behoeften van de minderheidsvolken voorzien. Ik draag een klein steentje bij aan het scheppen van de voorwaarden waaronder Amerika zijn nationale, internationale en humanitaire belangen op een verstandiger wijze kan beschermen. Diverse Amerikaanse overheidsinstanties weten heel goed wat we doen. De oppositie tegen de militaire dictatuur in Birma heeft geen strategische en operationele planning zoals Hezbollah die heeft. Aung San Suu Kyi is niet veel meer dan het symbool van de verkeerde zaak: "Eerst democratie!" De rechten van en het machtsevenwicht tussen de bevolkingsgroepen zijn voorwaarden voor de democratie in Birma. Als we die problemen niet eerst oplossen, hebben we weinig lering getrokken uit Afghanistan en Irak.' Net als Vader van de Witte Aap leeft Heinemann van de hand in de tand. Waar hij maar kan, werft hij subsidies en giften en soms zit er niets anders op dan dat hij zijn reizen zelf bekostigt. Hij vindt Birma 'exotisch, bedwelmend'.

Maar Birma is ook, vervolgt hij, een Noord-Korea in de dop, en een volmaakt doelwit voor psychologische operaties van het Amerikaanse leger en andere instellingen. Heinemann is een van degenen die zegt dat de Russen de Birmese regering helpen met het winnen van uranium in het noorden en westen van het land, waar de Kachin en de Chin wonen. En de Noord-Koreanen staan klaar om hulp te bieden met nucleaire technologie. Om internationaal meer gewicht te krijgen en zo aan de macht te blijven, is de Birmese junta zeer geïnteresseerd in een of ander wapen voor massavernietiging. 'Maar het regime is paranoïde,' zo merkt Heinemann op. 'Het is ook bijgelovig. Ze werpen kippenbotjes over de grond om te kijken wat ze moeten doen.'

'Het Birmese leger telt 400.000 man (het Amerikaanse leger heeft 500.000 man in actieve dienst) die nogal eens geneigd zijn tot muiterij,' gaat Heinemann verder. 'Alleen de leden van de allerhoogste top zijn loyaal. Je zou geruchten kunnen verspreiden, een informatieoorlog voeren. Misschien is er niet veel nodig om het leger te ondermijnen.' Let wel, de Birmese soldaten krijgen naar verluidt maar een deel van hun soldij en in de belangrijkste kazernes worden hun wapens 's nachts achter slot en grendel gezet. Aan de andere kant vormt het leger het betrouwbaarste stelsel van sociale verzekering, compleet met ziekenhuizen en scholen, en voor die prijs willen de troepen wel een beetje loyaal zijn.[4] Toch 'vertrouwen de hoogsten in rang niet op de lagere rangen', zegt een bron in de verzetsbeweging van de Karen. De leider van de junta, Than Shwe, is een voormalig ambtenaar bij de posterijen die nog nooit in het Westen is geweest. Het is al jaren bekend dat hij en zijn vrouw te rade gaan bij een astroloog. 'Hij regeert vanuit angst, dapper is hij niet', zegt Aung Zaw, hoofdredacteur van *The Irrawaddy*, een tijdschrift van Birmese ballingen in Chiang Mai, een stad in het noordwesten van Thailand. 'Bovendien spreekt Shwe zelden in het openbaar; hij heeft nog minder charisma dan Ne Win', de dictator van 1962 tot 1988.

Heinemann en Aung Zaw vertellen beiden dat het regime op een dag in 2005 plotsklaps Rangoon verliet en de hoofdstad naar het noorden verplaatste, naar Naypyidaw ('het verblijf van koningen'), halverwege Rangoon en Mandalay. De stad werd uit het niets opgebouwd, met geld uit de opbrengsten van het aardgas van Birma. De nieuwe hoofdstad ligt diep in het oerwoud en wordt gemarkeerd door ondergrondse bunkers tegen een Amerikaanse inval, waarvoor het regime bang is. De dag van de verhuizing werd astrologisch vastgesteld. Heinemann kijkt toe hoe China, India en andere Aziatische landen elkaar verdringen om een wit voetje te halen bij een van de ergste, krankzinnigste, rijkste en strategisch best gepositioneerde criminele regimes ter wereld. Het loopt voortdurend de kans ten val te worden gebracht door een staatsgreep of gewoon in te storten, als Washington maar zou kiezen voor het soort geduldige, discrete en weinig kostbare aanpak die hij en mijn andere twee kennissen bepleiten.

Voor zijn vertrek uit het leger was Heinemann planner voor de bezettingsfase van de oorlog in Irak. Zo was hij getuige van de fouten die een groot militair apparaat maakt als het geen rekening houdt met de realiteit ter plekke. Hij ziet Birma als het tegendeel van Irak, als een land waar de Amerikanen niet alleen een hoop goeds kunnen doen voor zichzelf, maar ook voor anderen, als zij maar op een verstandige manier te werk gaan.

Nog weer een andere Amerikaan die helemaal bezeten is van Birma ontvangt mij in zijn suite in een van de duurste hotels van Bangkok. In de jaren zeventig was hij sergeant bij de Special Forces. Nu woont hij in Singapore, waar hij in de beveiligingsbranche werkt. Hij wordt bij voorkeur aangeduid met zijn Birmese bijnaam, Ta Doe Tee ('de Stier die zwemt'). Onder zijn dure, zwarte en nauwsluitende kleren tekent zijn gespierde lichaam zich af. Hij zet zijn leesbril op en slaat een glimmend zwart, losbladig notitieblok open bij een kaart van de Indische Oceaan. Over de hele kaart is een lijn getrokken, die van Ethiopië en Somalië dwars over de oceaan langs India loopt en vandaar over de Golf van Bengalen door Birma naar de Chinese provincie Yunnan. 'Deze kaart vormt een van de voorbeelden van hoe de wereld door de CNOOC [de Chinese Nationale Offshore Oliemaatschappij] wordt gezien,' legt de Stier uit.

Op een andere kaart die hij me toont staan Ethiopië en Somalië groot afgebeeld met ruitjespatronen over de belangrijke olie- en aardgasvelden in het Ogaden-bekken aan de Ethiopisch-Somalische grens. Bovendien staat er een cirkel rond Hobyo, de Somalische havenstad die begin 15e eeuw werd aangedaan door de Chinese admiraal Zheng He, wiens op schatten beluste vloot de Indische Oceaan langs dezelfde vaarroutes doorkruiste als de huidige trajecten voor energietransport. 'In dit scenario worden olie en aardgas direct van Hobyo naar West-Birma verscheept,' aldus de Stier. Daar wordt door de Chinezen een haven in Kyauk Phru, op het eiland Ramree in de staat Arakan, aangelegd die geschikt is voor de grootste containerschepen ter wereld. De Stier voert de kaart op als bewijs dat de Chinezen gemakkelijk op de hele Indische Oceaan actief kunnen zijn en zo 'de brandstoffen van Iran en andere landen rond de Perzische Golf kunnen aanboren'. Het grootste probleem daarbij zal de route door Birma zijn. 'De Chinezen moeten Birma in handen krijgen en het land stabiel houden.'

China's expansie naar het zuiden en die van India naar het westen en oosten – om te voorkomen dat het strategisch omsingeld wordt door de Chinese vloot – betekenen dat de landen in Birma op elkaar zullen botsen. Doordat China en India wedijveren om macht en invloed is Birma zachtjesaan een strategisch slagveld geworden.

Tot 2001 bekeek India, 's werelds grootste democratie, Birma door een morele bril. Het veroordeelde de repressie in dat land en stelde zich achter de zaak van oppositieleider Aung San Suu Kyi, die in New Delhi had gestudeerd. Zoals Indiase kopstukken me tijdens mijn bezoek aan New Delhi vertelden, kon hun land echter niet werkloos toezien dat de Chinese invloed daar onbeteugeld toenam. De Birmese oerwouden dienen als achterland voor gewapende opstandelingen van de vele minderheidsvolken in Oost-India. Daar komt nog bij dat China tot 'afschuw' van India onder andere installaties voor elektronische spionage bouwt langs de Birmees-Indiase grens, zoals Greg Sheridan, redacteur buitenland van *The Australian* schrijft.[5] Dus besloot New Delhi in 2001 om over de hele linie met Birma in zee te gaan. Het gaf militaire hulp en training, compleet met de verkoop van tanks, helikopters, luchtdoelraketten die vanaf de schouder kunnen worden afgevuurd en raketlanceerders.

India besloot tevens een eigen netwerk van brandstofleidingen door Birma aan te leggen. Zelfs toen in 2007 het monnikenprotest aldaar keihard de kop werd ingedrukt, sloot de Indiase minister voor Olie nog een overeenkomst over het zoeken naar olie in diep water. Voor de kust van de aan Bangladesh grenzende Birmese staat Arakan liggen de Shwe-gasvelden die tot de grootste ter wereld behoren. Waarschijnlijk zullen vandaaruit twee pijpleidingensystemen gaan lopen. Het Chinese zal lopen vanaf de nabije haven van Kyauk Phru, waar niet alleen olie en gas uit de Perzische Golf en de Hoorn van Afrika zal worden aangevoerd, maar ook uit Shwe zelf. Beijing wil immers niet dat alle tankers vanuit het Midden-Oosten over de hele Indische Oceaan moeten, en dan door de Straat van Malakka en langs Indonesië, die zorgwekkend dicht bij de Straat van Taiwan en de Amerikaanse marine liggen. Het tweede pijpleidingensysteem zal van India zijn. Dat steekt 100 miljoen dollar in de ontwikkeling van de Arakanese haven Sittwe, die een opening zal bieden aan het door land omsloten en opstandige noordoosten van India. Deze pijpleiding zal via de deelstaten Arakan en Chin naar het noorden lopen en zich dan in tweeën splitsen: een via Bangladesh naar Kolkata en de andere die helemaal om Bangladesh heen door India naar Kolkata loopt.

Daar zit niets dreigends bij. Het is allemaal volstrekt legitiem, en het gevolg van de groeiende vraag naar energie van honderden miljoenen Indiërs en Chinezen.

Maar het venijn zit in de details. De kortste route naar het hart van China loopt via Birma en niet via Pakistan of Bangladesh. En goedbeschouwd lijkt Beijing jegens Birma dezelfde houding aan te nemen als tegenover Noord-Korea. De Chinezen zijn niet blij met verwerpelijke heersers als Than Shwe en Kim Jong Il; ze zouden liever anderen als bondgenoot hebben. Maar zoals we met Sri Lanka al zagen, varen zij een andere koers dan de twee Amerikaanse politieke partijen, die verbetering van de wereld als hun fundament van buitenlands beleid beschouwen. China heeft langetermijnbelangen in Birma en Noord-Korea en die belangen zouden in de verre toekomst ook democratie kunnen inhouden. Daarom heeft het, in het geval van Birma, contacten aangeknoopt met de bergvolken en de democratische oppositie. Het wil niet weer verrast worden, zoals dat naar verluidt gebeurde met de opstand van de monniken in september 2007. Onderwijl verdedigt het zijn kortetermijnbelangen door een van de repressiefste regimes ter wereld substantiële steun te verlenen.

Maar niet alleen India en China laten zich met dat regime in. Zo zijn Chevron en zijn Franse partner Total betrokken bij de Yadana-pijpleiding waardoor Birmees aardgas naar Thailand vloeit. De beveiliging is in handen van het Birmese leger, en als we een aantal mensenrechtenorganisaties mogen geloven, heeft dat het land van dorpelingen langs het traject geconfisqueerd en hen als dwangarbeiders rijst laten verbouwen en militaire uitrustingen laten dragen, om nog maar te zwijgen van verkrachting en marteling op grote schaal. Nu in de landen rond de Indische Oceaan de energiepolitiek van de 21e eeuw op gang komt, zouden de bijna vijftig miljoen inwoners van Birma weleens de verliezers kunnen zijn van dat proces: slachtoffers van de combinatie van totalitarisme, realpolitik en bedrijfswinsten. In Oost-Birma worden de bossen verwoest. Vandaar rijdt de ene met hout geladen vrachtwagen na de andere naar China. In West-Birma zullen behalve het hele ecosysteem ook allerlei culturele erfgoederen door de nieuwe pijpleidingen worden bedreigd, aldus Arakanese verzetslieden met wie ik aan de Thaise grens sprak.

Zoals ik in hoofdstuk 8 al schreef, wordt Arakan onder meer bevolkt door de islamitische Rohingya's, van wie er ruim 200.000 naar Bangladesh zijn gevlucht voor de militaire repressie in eigen land. De vele inheemse volken van Birma, die allemaal hun eigen geschiedenis hebben en niet zelden eeuwenlang onafhankelijk zijn geweest, lijden ook allemaal op hun eigen manier onder de junta. En omdat ze ook allemaal iets anders willen, zou het land, zelfs als de junta morgen verdwijnt, waarschijnlijk nog jarenlang een politieke janboel zijn.

Dat brengt me weer op de Stier die Zwemt. Hij denkt veel na over het Birma van na de val van het regime van Than Shwe, vertelt hij me. Hij wijst erop dat de grote lijnen op de kaart en grootscheepse plannen van meesterstrategen dikwijs worden verpest door de gevoeligheden tussen stammen en volken op een bepaalde plek. Denk aan voormalig Joegoslavië en Irak. Vandaar dat hij praat over de strijd van de Karen, Shan, Arakanezen en andere minderheden, een strijd die hem de rest van zijn leven 'zal bezighouden'. In Birma moeten de Amerikanen een strijdmacht 'voor onconventionele oorlogvoering' opbouwen, zegt hij, want China's problemen in dat land beginnen pas.

Hij redeneert net zoals de drie andere Amerikanen die ik sprak. Door middel van de bouw van scholen, klinieken en irrigatiesystemen moeten de VS netwerken opbouwen onder de bergvolken. En deze onofficiële concurrentie met China zou ertoe kunnen leiden dat dat land mettertijd een federaal Birma met sterke banden met het Westen moet aanvaarden.

Het grote probleem is echter dat deze voormalige Groene Baretten en andere Azië-experts alleen staan in hun opvatting dat Birma van groot belang is voor de Amerikaanse strategie. De huidige medewerkers van Special Operations moeten zich op bevel van hogerhand geheel richten op Al-Qaida. En afgezien van de Rohingya's, die trouwens alleen in theorie een visvijver voor terroristen vormen, heeft Birma geen enkele relevantie voor de strijd tegen het moslimterrorisme. Het Amerikaanse Special Operations Command richt zich veel sterker op de Arabisch-Perzische kant van de Indische Oceaan dan op de oostelijke helft. Dat is slechts een voorbeeld, aldus mijn kennis, dat de allesoverheersende aandacht voor Al-Qaida de bredere strategische visie van Washington heeft verstoord. In die visie zou de hele Indische Oceaan, van Afrika tot de Stille Oceaan, centraal moeten staan.

Vervolgens wijdt de Stier uit over de Shan. Dit volk maakt negen procent van Birmese bevolking uit, maar bewoont twintig procent van het grondgebied, en is zo het grootste van de bergvolken. De Amerikanen zouden een hechte band met dit volk kunnen smeden door in samenwerking met het Thaise leger en de koninklijke familie veel humanitaire hulp aan weerskanten van de grens te geven. Bovendien zouden hun Thaise vrienden deze hulp kunnen ondersteunen met eigen investeringen in Noordoost-Birma. Dankzij een alliantie met de Shan, zegt hij, kunnen de VS het drugsvervoer in het gebied aan banden leggen en een tegenmacht vormen tegen China. In alle democratische scenario's voor Rangoon nemen de Shan een behoorlijk deel van de parlementszetels in. Via vreedzame hulp aan een bepaald bergvolk kan Washington dus meer invloed uitoefenen dan met grootschalige militaire programma's. Met behulp van India kan de politiek bovendien tot de Chin in West-Birma worden uitgebreid. Niet alleen in Irak, maar ook in Birma gaat het de komende jaren om informele tribale relaties, zo benadrukt hij.

De Stier spreekt gepassioneerd over Birma en Zuidoost-Azië, en over de rol die mensen als hij daar kunnen spelen. Hij behoort tot de generatie van de Special Forces die gefrustreerd is omdat zij net te jong was voor Vietnam en omdat er onder president Carter overzee weinig te doen was. Het boek dat hem als jongen inspireerde, was het in 1965 verschenen *Outpost of Freedom*, waarin de schrijver, Roger Donlon, vertelt hoe hij de eerste Medal of Honor in Vietnam uitgereikt kreeg. Medio jaren zeventig was de Stier gelegerd in Fort Devens (Massachusetts), waar hij werd getraind en geleid door mannen die zelf hadden deelgenomen aan de aanval op Son Tay. 'Dick Meadows, Greg McGuire, Jack Joplin, Joe Lupyak' – het zijn namen die hij met eerbied uitspreekt: Groene Baretten die in 1970 het krijgsgevangenenkamp Son Tay bij Hanoi bestormden in een mislukte poging om de Amerikaanse gevangenen te bevrijden. 'Het enige waarover ze het hadden waren Vietnam en Zuidoost-Azië,' vertelt hij.

In 1978 echter werden er bijna tweehonderd officieren ontslagen of met vervroegd pensioen gestuurd door admiraal Stansfield Turner, Carters hoofd van de CIA. Zij hadden agenten gerund die informatie leverden over het land waarin ze gevestigd waren, en velen daarvan zaten in Zuidoost-Azië. De clandestiene sectie van de CIA was vernietigend getroffen. Maar als we de Stier mogen geloven, lieten de ontslagen officieren zich niet zomaar 'uitschakelen': ze besloten hun eigen netwerken te gaan runnen. Daarvoor 'selecteerden zij jongens' die, zoals hijzelf, net uit de Special Forces kwamen. Hij werd op cursus gestuurd om te leren varen en vliegen en werd een gediplomeerd vrachtkapitein en piloot. In de jaren tachtig nam hij deel aan operaties in Zuidoost-Azië: hij voorzag onder andere de Rode Khmer in Cambodja van wapentuig. Hij opereerde op het schimmige vlak tussen zulke controversiële operaties en de onwettige activiteiten waarmee die soms werden ondersteund. In 1988 hield de Amerikaanse kustwacht hem aan toen hij als kapitein met een Zuidoost-Aziatische bemanning zeventig ton marihuana naar de Amerikaane westkust probeerde te brengen. Na zijn straf van vijf jaar te hebben uitgezeten, keerde hij terug naar Zuidoost-Azië, waar hij sindsdien vertoeft. Hij heeft zich altijd ingezet voor inheemse volkeren, zegt hij, maar voelt zich nu ouder worden. Op zijn visitekaartje omschrijft hij zichzelf als 'compradore', een manusje van alles dat cultureel met de regio vergroeid is – in feite het soort doener waarop de Britse Oost-Indische Compagnie dreef. Naar zijn mening zal de Amerikaanse concurrentie met China meer worden gekenmerkt door tweeslachtigheid dan door openlijke vijandigheid. Bijgevolg zal er meer behoefte zijn aan mensen als hij dan aan soldaten in uniform. Waren de helden van zijn jeugd gericht op Vietnam, hij acht het van belang om zijn niet onaanzienlijke talenten in te zetten voor in Birma levende volkeren, een inzet die discretie en een humanitaire aanpak vereist.

Zijn persoon en een deel van zijn achtergrond stemmen mij ongemakkelijk. De door hem en anderen voorgestelde aanpak mag nog zo subtiel en verantwoord klinken, we moeten ook oog hebben voor de gevaren ervan. Vermoedelijk zal in deze eeuw geen relatie zo belangrijk worden als die tussen de VS en China, en die mag niet achteloos worden verstoord. De Amerikaanse reactie op de Russische inval in Georgië in 2008 leert dat het niet verstandig is om een grote mond op te zetten zonder de middelen om daadwerkelijk iets te doen. Als Washington de minderheidsgroepen in Birma wil steunen, dan is het dus van het grootste belang dat het Beijing met zachte druk tot beter gedrag in dat land aanzet, en niet in koude woede laat ontsteken. Een destructieve reactie waartegen de VS niets kunnen doen, moet ten koste van alles worden voorkomen.

Terwijl ik dit schrijf, bereidt Birma de verkiezingen voor, die voor januari 2010 staan gepland.* Naar de uitkomst kan ik uiteraard alleen maar raden en, belangrijker nog, ook de manier waarop ze gehouden worden en de opgekropte politieke krachten die ze los zullen maken, zijn ongewis. Maar uit de aankondiging van verkiezingen alleen al kun je concluderen dat constructieve samenwerking tussen het Westen en het Birmese bewind meer oplevert dan welk Amerikaans avonturisme met de minderheden ook. Hun belang wordt in de analyses van Birma door de media beslist onderschat. Daarom ook leg ik er zoveel nadruk op. Maar de democratie is misschien nog belangrijker. En de komende verkiezingen lijken ten minste voor een deel het resultaat van de toenaderingspolitiek van de regering-Obama tegenover de junta.

Als de Verenigde Staten zich op enigerlei wijze met de Birmese politiek moeten gaan bemoeien, zoals deze vier Amerikanen geloven, dan is enige historische achtergrond geboden. Dat is de les die we moeten trekken uit de bemoeienis met Afghanistan in de jaren tachtig, het verdeelde Joegoslavië in de jaren negentig, soennitische en sjiitische groeperingen in Irak in dit decennium en wederom de tribale politiek in Afghanistan. Want 'het opvallendste aspect van de huidige discussie over Birma is [...] de buitengewoon ahistorische aard ervan,' zoals de historicus Thant Myint-U schrijft. En hij vervolgt:

De dictatuur en de vooruitzichten voor democratisering worden geplaatst in het perspectief van de laatste tien, twintig jaar, alsof er daarvoor niets is gebeurd. Maar Birma was het toneel van drie oorlogen met de Britten, een eeuw koloniaal bewind, een uiterst

___

* De verkiezingen in Birma vonden uiteindelijk plaats op 7 november 2010, noot van de redactie.

verwoestende inval en bezetting door de Japanners, vijftig jaar burgeroorlog, buitenlandse inmenging en een communistische opstand.[6]

Beschouw het volgende daarom als een beknopte toelichting op eventuele krantenkoppen in de nabije toekomst.

Twee opmerkelijke factoren in de geschiedenis van Birma zijn de veranderlijkheid van de grenzen en het religieus-culturele isolement. Dankzij handelsroutes had het land weliswaar contact met China en het Indiase subcontinent, maar het theravada-boeddhisme isoleerde het van het hindoeïstische India en het confuciaanse China.[7] Met als gevolg een unieke geschiedenis, die niettemin door buitenstaanders werd beïnvloed.

In de Middeleeuwen bestonden er drie belangrijke koninkrijken tussen India en Siam (Thailand), namelijk de koninkrijken Arakan, Mon en Myanmar. Myanmar is het Birmese woord voor de vallei van de Irrawaddy-rivier en omstreken. Eind 18e eeuw veroverde Myanmar de twee andere koninkrijken. Daarna werd Dagon, de hoofdstad van Mon, Yangon genoemd, het Birmese woord voor 'het einde van de strijd'. Door buitenlanders werd dit verbasterd tot 'Rangoon'. Daarnaast bestonden in de bergen de koninkrijken van de Chin, Kachin, Shan, Karen en Karenni, die hun onafhankelijkheid wisten te verdedigen tegen indringers uit Myanmar. Deze koninkrijken waren ook intern verdeeld. Zo werden de onderling gewelddadige Shan-staten ook bevolkt door vijandige Wa, Lahu, Pao, Kayan en andere volkeren. Groter dan Engeland en Frankrijk samen wordt deze lappendeken met vage interne grenzen doorsneden door een hoefijzervormige, met oerwoud overdekte bergketen en door de rivierdalen van de Irrawaddy, Chindwin, Salween en Mekong. De enorme kloof tussen de etnische groepen in Birma blijkt onder meer uit het feit dat ze hun wortels ergens anders leggen: ze zouden oorspronkelijk uit Tibet, China, India, Bangladesh, Thailand, Cambodja enzovoorts komen. Zo hebben de Chin in West-Birma vrijwel niets gemeen met de Karen in Oost-Birma.[8] Afgezien van het boeddhisme, delen ook de Chan hun taal en cultuur niet met de andere Birmanen. Je zou zelfs kunnen stellen dat de Shan, die in het verleden vaak verkast zijn, veel meer gemeen hebben met de Thai over de grens.* En de Arakanezen, nazaten van de kosmopolitische cultuur van zeelieden met sterke invloeden uit het hindoeïstische Bengalen, voelen zich zo vreemd in Birma dat ze hun situatie met die van de ontheemde volkeren in het Midden-Oosten en Oost-Afrika vergelijken.[9] De Karen echter wonen verspreid, dus niet binnen een bepaald territorium, met grote concentraties in de oostelijke berglanden en de delta van de Irrawaddy.

In 1886 brachten de Britten de Birmese monarchie ten val en voegden het hele gebied bij hun Indiase imperium. Weliswaar vertrokken zij 62 jaar later alweer, zoals Martin Smith in zijn uitvoerige boek *Burma: Insurgency and the Politics of Ethnicity* opmerkt, maar in die jaren beroofden zij het land van het laatste beetje geografische logica door het machtscentrum te verplaatsen van de koningshoven in Ava en Mandalay in centraal Birma naar Rangoon en de delta van de Irrawaddy, honderden kilometers naar het zuiden, aan de Golf van Bengalen. Belangrijker nog, de Britten maakten zich meester van 'duizenden vierkante kilometers van ruige bergruggen en nagenoeg onafhankelijke landjes', die door allerlei verschillende volkeren werden bewoond.[10]

Met de vernietiging van de monarchie verdween een traditie die de samenleving in de Irrawaddy-vallei al vanaf tijden voor de Middeleeuwen had geschraagd. 'Het nieuwe Birma, Brits-Birma, zou op drift draken, plotsklaps in de moderne tijd geworpen, zonder verankering in het verleden' en geneigd zijn tot verbitterd nationalisme en extremisme, schrijft Thant Myint-U.[11] Je zou kunnen zeggen dat de Britten Birma in 1886 van een rots hebben geduwd, waar het nu, 124 jaar later, nog steeds vanaf valt.[12] Zij hanteerden de klassieke verdeel-en-heerspolitiek. Ze gaven de bergvolken autonomie en rekruteerden Karen, Shan, Kachin en anderen voor de plaatselijke krijgsmacht en politie, terwijl ze direct en repressief heersten over de Birmanen in het laagland, die veel talrijker waren.† Als de conservatief Winston

---

* Zo trokken de Ahoms, een Shan-volk, in het begin van de 17e eeuw langs de Brahmaputra, waarbij ze in gevecht raakten met het Mogoel-rijk.

† In zijn herinneringen aan de Tweede Wereldoorlog in Birma, *The Wild Green Earth* (Londen, Collins, 1946), schrijft brigadegeneraal Bernard Fergusson op p. 133: 'Ik kan niet meer voor dat dappere volk (van de Kachin) doen dan het prijzen tegenover mijn landgenoten, die over het algemeen niets

Churchill de Britse verkiezingen van 1945 had gewonnen, waren de bergvolken vermoedelijk zelfstandig geworden in hun vorstendommen, als beloning van hun verdediging van het Britse Rijk tegen de Birmanen die, geknecht door het Britse bewind, met de Japanners waren gaan sympathiseren. Maar Labourleider Clement Attlee won en hij besloot heel Birma onafhankelijk te verklaren, zonder een duidelijk plan voor verzoening tussen de bevolkingsgroepen.

In de Tweede Wereldoorlog was de Birmese leider generaal Aung San samen met dertig kamaraden naar Japan gegaan om een nationalistisch leger op te zetten dat de Japanners welkom zou heten in Birma. Maar toen hij midden in de oorlog naar huis terugkeerde en ontdekte dat de Japanse bezetting nog erger was dan de Britse, liep hij over. Na de oorlog begon hij gesprekken met Attlee, maar de bergvolken stelden dat hij, als etnische Birmaan, hen niet kon vertegenwoordigen. In hun ogen kon hij alleen maar onderhandelen in naam van het eigenlijke Birma, dat wil zeggen voor de historische gebieden Mon, Arakan en Myanmar en niet voor Chin, Shan, Karen en andere bergstreken. Zo keerde Aung San op zijn schreden terug en stemde met een wijs en ruimdenkend gebaar toe in afzonderlijke onderhandelingen met de minderheidsvolken. Hij zag namelijk hoe in buurland India de verschillende bevolkingsgroepen elkaar afslachtten na de onafhankelijkheid, met een miljoen vluchtelingen en tienduizenden doden in Bengalen en de Punjab als resultaat. Hij wilde Birma een dergelijk lot besparen.

Daarom kwam hij in februari 1947 in het Shan-stadje Panglong met de sabwa's (feodale kopstukken) overeen om de Birmese Unie tot stand te brengen. Het akkoord was gebaseerd op drie beginselen: een gedecentraliseerde, federale structuur, erkenning van de machtspositie van de stamleiders in de bergen en hun recht op afscheiding na een bepaald aantal jaren.

Maar Aung San werd in juli van dat jaar vermoord en toen de Britten in januari 1948 vertrokken, werden de pogingen om de bevol-

weten van hun heldhaftige daden en strijd tegen de Jappen, zonder enige steun. Om hun onafhankelijke leefwijze voort te zetten, hebben ze onze steun nodig [...] net als dat andere prachtige volk, de Karen.' Deze loftuiting is kenmerkend voor de positieve houding van de Britten jegens de bergvolken.

kingsgroepen met elkaar te verzoenen gestaakt. In de grondwet die werd afgekondigd, had de centrale regering veel meer macht dan in het akkoord. Bijgevolg kwamen de Karen en andere volken in opstand. Zoals de Indiase schrijver Pankaj Mishra uitlegt:

> Het opleggen van een taalkundig en etnisch homogene staat naar Europees voorbeeld aan een zo verscheiden land als Birma zou onder alle omstandigheden moeilijk zijn geweest. Maar het werd nog moeilijker door de jaren van Japanse bezetting en de felle strijd met de Britten. Daardoor verkruimelde het gezag van de oude koloniale staat en werd het land overspoeld door politieke en etnische groeperingen die allemaal hun eigen ambities voor het land na het kolonialisme hadden.[13]

De chaotische etnische situatie in Birma was zeker nog verergerd door de jungleoorlog tussen de Britten en Japanners. Birma was het toneel van de vermaarde guerrillacampagnes die de Britten in 1943 en 1944 vanuit de Indiase grensstad Imphal lanceerden. In die operaties speelde de legendarische guerrillastrijder generaal-majoor Orde Wingate, zoon van christelijke missionarissen, een rol. Hij voerde het bevel over de eenheden die diep in Birmees grondgebied doordrongen en bekendstonden onder de naam Chindits (een Engelse verbastering van de benaming voor de mythische Birmese leeuw). Ondersteund door zweefvliegtuigen waren zij achter de Japanse linies actief. Voor de missies van Wingate stonden de Japanners aan de poorten van Brits-Indië, klaar om binnen te vallen. Wingate draaide de rollen om. Hij opereerde in hetzelfde gebied dat de Chinezen nu omwille van hun pijpleidingen rustig moeten houden, mocht de junta ten val komen. (Vader van de Witte Aap, zelf een soort Wingate, gaf me een eerste editie uit 1946 van de oorlogsmemoires van een van Wingates officieren in Birma, voorzien van een citaat van de profeet Jesaja.)[14]

De Koude Oorlog zorgde voor weer nieuwe acteurs in het chaotische Birma, ook al probeerde de goedhartige en charismatische premier U Nu, uiteindelijk tevergeefs, het land na de dood van Aung San te verenigen. In 1950 stroomden ruim tienduizend soldaten van de Kwomintang, het nationalistische Chinese leger dat door de communistische guerrillastrijders van Mao Zedong werd verdreven, de Shan-staten binnen. En in de tien jaar daarop bewapende Mao's China een communistische guerrillaopstand tegen de Birmese regering, die vanuit de berggebieden opereerde. De burgerregering in Rangoon bezweek haast onder die druk, terwijl het Birmese leger, dat inmiddels door etnische Birmanen werd geleid (en waarin leden van de minderheden hooguit majoor konden worden) tot een sterkte van 100.000 man uitgroeide. In 1961 lukte het dit leger onder generaal Ne Win de Kwomintang uit Birma te verdrijven naar de buurlanden Laos en Thailand.

In hetzelfde jaar kwamen niet-Birmaanse minderheden bijeen in Taungya, de hoofdstad van de Shan-staten. Zij eisten een grondwetsherziening in de geest van het akkoord van Panglong uit 1947. Er vonden discussies plaats in het parlement en U Nu toonde veel begrip voor de situatie van de Shan. Maar in reactie daarop en op de algemeen verslechterende veiligheidssituatie in het land vond in 1962 de militaire staatsgreep plaats die generaal Ne Win aan de macht bracht. De coup bracht niet alleen de goed bedoelende, steeds minder effectieve burgerregering de genadeklap toe, maar vormde ook het begin van ruim 45 jaar catastrofaal beleid waarvan het einde nog niet in zicht is. De economie werd genationaliseerd en slecht geleid, het hele staatsapparaat werd gemilitariseerd en gebirmaniseerd en de etnische conflicten woedden voort.

De burgeroorlog bereikte na het aftreden van Ne Win in 1988 een hoogtepunt in Rangoon. Toevallig was op dat moment Aung San Suu Kyi, de dochter van wijlen generaal Aung San, net uit Engeland naar Rangoon gekomen om voor haar zieke moeder te zorgen. Na een tijdje kreeg zij de leiding over de spontane opstand van honderdduizenden Birmezen, overwegend etnisch Birmaanse studenten, die meer vrijheid eisten. Maar een andere militaire junta, de SLORC (de Staatsraad voor het Herstel van Wet en Orde) verving die van Ne Win en veranderde in 1989 de naam van het land in Myanmar, de Birmaanse aanduiding van de centrale vallei. Deze naam wordt door de bergvolken nog steeds niet erkend, net zomin als door tal van vrijzinnige Birmanen. Nadat de vrijheidsbeweging de kop was ingedrukt, vluchtten veel studenten naar de gebieden van de minderheden. Hoewel zij zich moeilijk konden aanpassen aan de zware fysieke omstandigheden aldaar, gaven ze wel de voorzet voor samenwerking tussen Birmanen en minderheidsvolken.

In 1990 gaf het leger toestemming voor verkiezingen die uitliepen op een eclatante zege van Aung San Suu Kyi's Nationale Liga voor Democratie, ondanks het feit dat ze onder huisarrest stond. Daarop verklaarde het leger de uitkomst nietig. Nog erger, met het einde van de Koude Oorlog stopte ook de clandestiene steun van het Thaise leger aan de bergvolken die streden tegen de vagelijk socialistische SLORC. Daarmee kwam er ruimte voor Thaise ondernemers die van de junta concessies kregen voor houtkap en het exploiteren van waterkracht in de grensgebieden waar de minderheden wonen. Tegelijkertijd begon China miljarden dollars hulp te geven aan de junta, die ook rijk werd door de opiumhandel in de Gouden Driehoek. Weldra zochten ook Singapore, Indonesië en India toenadering tot het regime, aangelokt door de grondstoffen van het land. Zo bleef de verstikkende dictatuur in Birma overeind in een periode dat de militaire regimes over de hele wereld ten val kwamen. De huidige dictator, Than Shwe, kwam in 1992 in het zadel.

Veelzeggend genoeg kreeg de roodoranje revolutie van 2007, waarbij in Rangoon, Mandalay en het naburige Pakokku duizenden monniken de straat op gingen, geen steun in de bergstreken. Hoezeer de opstand ook tot verbeelding van het Westen sprak, de minderheden in Birma zelf bleven er onbewogen onder. Birma heeft samen met Noord-Korea en Zimbabwe niet alleen het meest te lijden onder tirannie, maar is ook een van de meest verdeelde landen. Iedereen die substantieel bij de revolutie betrokken was, zit nu vast, is in ballingschap of houdt zich schuil.

Hetzelfde Birma dat nu 1,10 dollar per inwoner aan gezondheidszorg en veertig dollarcent aan onderwijs besteedt, houdt een van de grootste legers ter wereld op de been. Dit leger raast door het eigen land zoals het leger van Alexander de Grote door het Nabije Oosten. Daarbij plunderen de soldaten de bevolking, terwijl er kortstondig vredesverdragen met de Wa en splintergroepen van andere minderheden worden gesloten. Een favoriete maatregel is het doorsteken van de kookpotten van de boeren in minderheidsgebieden, zodat die niet kunnen koken en honger moeten lijden.[15] De honderdduizenden Birmese soldaten die over de bergachtige grensstreken zijn verspreid, hebben duizenden dorpen verwoest en bezaaid met landmijnen. En dat leidt weer tot honderdduizenden vluchtelingen in eigen land en nog eens honderdduizenden in vluchtelingenkampen in Thailand. Het risico op besmetting met hiv, malaria of tuberculose 'behoort tot de hoogste in de wereld'.[16] Ondanks de brandstofpijpleidingen en waterkrachtprojecten gaan de steden van Birma gebukt onder de uitval van elektriciteit en een gebrek aan olie. Het land is er nu slechter aan toe dan tijdens de zwaarste gevechten in de Tweede Wereldoorlog. De leiders van het bewind hebben niet de kwaadaardigheid van een Stalin of Saddam Hoessein, waar je koud van wordt, maar worden gekenmerkt door achterlijkheid en onverschilligheid jegens de bevolking. Zij zien de Birmanen niet als burgers, maar als onderdanen.[17]

Ondertussen is de Birma-politiek van Washington onder verscheidene regeringen min of meer ongewijzigd gebleven. Barack Obama, George H.W. Bush, Bill Clinton en George W. Bush – allemaal huldigden of huldigen zij het principe van democratie in Birma, maar geen van allen heeft zich hard gemaakt voor serieuze steun aan de bewegingen van de minderheidsvolken, hoezeer in het verborgene ook. Je kunt dan ook met recht stellen dat deze politiek meer moralistisch dan moreel is. Ondanks de grote belangstelling die Laura Bush voor Birma had, beperkte bijvoorbeeld vooral haar echtgenoot zich tot dezelfde zinloze prekerigheid als waarvan Carter vaak werd beschuldigd bij andere kwesties. Volgens critici moeten de Amerikanen een keuze maken. Ze kunnen met de junta gaan praten (zoals minister Hillary Clinton onlangs ook heeft gedaan), zodat ze niet uit het hele gebied rond de Golf van Bengalen worden verdrongen door India en China, waarmee zij het land zouden prijsgeven aan uitbuiting op grote schaal. Of ze kunnen steun geven aan de minderheidsvolken op de discrete, maar effectieve wijze die mijn Amerikaanse kennissen aanbevelen. 'Op dit moment krijgen we vrijwel niets van de VS,' zegt Lian Sakhong, algemeen secretaris van de Birmese Raad voor Minderheidsvolken.

Amerikaanse functionarissen brengen hiertegen in dat hun politiek wel degelijk tanden heeft. In 1997 kwam er een verbod op het investeren in Birma, zij het dat Chevron, dat zijn concessie van Unocal overnam, nog steeds pijpleidingen mag aanleggen omdat het verbod niet met terugwerkende kracht geldt. In 2003 en 2007 werden de sancties verscherpt, en daarnaast geven bepaalde hulporganisaties vanuit Thailand humanitaire hulp. Bovendien wil Washington om redenen van realpolitik niet te veel bij Birma worden betrokken en is het daarom allang blij dat bondgenoten Singapore en India de Amerikaanse belangen indirect verdedigen tegen China. En alle ideeën van operaties over de grens om de strijders van de Karen en Shan te steunen worden van hogerhand afgewezen met het argument dat, zodra dat bekend zou worden, geen Amerikaanse diplomaat nog welkom zal zijn in Birma.

Jack Dunford van het Grensconsortium voor Thailand en Birma is wel te spreken over de politiek van de VS. Doordat die als enige grootmacht 'stevige veroordelingen' hebben uitgesproken, 'doen het Internationaal Monetair Fonds en de Wereldbank over het algemeen geen zaken met Birma', zegt hij. Bijgevolg kan de junta niet nog meer dammen en andere infrastructuur bouwen die het landschap verder aantasten. Bovendien mobiliseren de VS 'zoveel druk van het Westen en de internationale gemeenschap dat de positie van het Birmese leger erdoor wordt verzwakt'. Volgens deze redenering komt het erop aan dat de VS, als het regime eens en misschien wel binnenkort valt, in een goed blaadje staan bij de Birmese bevolking.

Het regime kan op allerlei manieren veranderen of verdwijnen. Hoewel het spook van de massale opstand de verbeelding in het Westen prikkelt, ligt een nieuwe militaire staatsgreep misschien meer voor de hand. Een andere mogelijkheid is dat Than Shwe, een man van in de zeventig met een zwakke gezondheid, eenvoudig opstapt. Dan zou de nieuwe militaire leiding gesprekken met Aung San Suu Kyi kunnen beginnen en haar huisarrest opheffen. Zelfs als er dan verkiezingen komen, zijn de fundamentele problemen van Birma uiteraard nog niet opgelost. Als Nobelprijswinnaar en lieveling van de internationale media kan Aung San Suu Kyi de bergvolken wellicht achter zich verenigen. Maar het land zou nog steeds een beperkte infrastructuur hebben en democratische instellingen ontberen. En dat terwijl de *civil society* en het aantal ngo's groeien, en de minderheidsvolken die de Birmaanse meerderheid wantrouwen in de coulissen hun kans afwachten. Volgens buitenlandse waarnemers mist de Nationale Liga voor Democratie elke bestuurlijke vaardigheid, en zijn de minderheidsgroepen zelf zwak en verdeeld. In die zin kun je Birma vergelijken met Irak en Roemenië na de ineenstorting van de stalinistische regimes aldaar. Irak verviel tot jarenlange chaos, waar Roemenië een luttele twee weken van chaos heeft gekend, omdat de meer vrijzinnige vleugel van de communistische partij de macht ontworstelde aan de demonstranten en het land door een overgangsperiode van vijf jaar leidde alvorens terug te treden. Volgens een internationaal onderhandelaar moeten de Amerikanen hier de volgende les uit trekken: 'Omdat er buiten het leger niets is in Birma, moet de leidende rol van het leger nog een tijdje worden geaccepteerd.' Hoe slecht de militairen het land ook bestuurd hebben, ze zijn al zo lang aan de macht dat welke oplossing ook, zonder hen niet meer mogelijk is.

'Het ligt allemaal veel ingewikkelder dan het "la belle et la bête"-scenario dat sommigen in het Westen zich voorstellen – Aung San Suu Kyi tegenover de generaals,' zegt Lian Sakhong. 'Tenslotte moeten we een einde maken aan zestig jaar burgeroorlog.'

Kortom, Birma moet de weg terugvinden naar het akkoord van Panglong uit 1947, dat voorzag in een gedecentraliseerde Birmese Unie. Dat het niet is uitgevoerd, is de oorzaak van alle problemen in de jaren daarna.

Ook in de centrale vallei en delta van de Irrawaddy, ver weg van de berggebieden, eisen de grote minderheden van de Karen en Mon de gelijkheid met de Birmanen die Aung San hun heeft beloofd voordat hij werd vermoord. Toen de wereld opriep tot hulp aan de slachtoffers van de cycloon Nargis, die in mei 2008 vooral dood en verderf zaaide in de delta, maakten de generaals, die sowieso weinig om de aldaar woonachtige Karen geven, zich meer zorgen over de ordehandhaving onder de inwoners van het nabijgelegen Rangoon. Voor de internationale gemeenschap was de cycloon een humanitaire crisis, voor de generaals een potentieel veiligheidsrisico.

De junta in Naypyidaw, de hoofdstad in het oerwoud, zou weleens het laatste echt centralistische bewind van het postkoloniale Birma kunnen zijn. Hoe de overgang ook verloopt – vreedzaam en goed geleid, tumultueus of chaotisch – in een democratisch Birma zal de macht van de Karen en Shan in het oosten en de Chin en Arakanezen in het westen vermoedelijk toenemen. Dat betekent ook dat zij moe-

ten worden betrokken bij de aanleg en het onderhoud van de pijpleidingen door hun gebied, dat wil zeggen dat er met hen moet worden
onderhandeld of heronderhandeld. De strijd om de Indische Oceaan, of ten minste het noordoostelijke deel ervan, zou weleens gewonnen kunnen worden door degene die het beste omgaat met de
Birmese bergvolken.

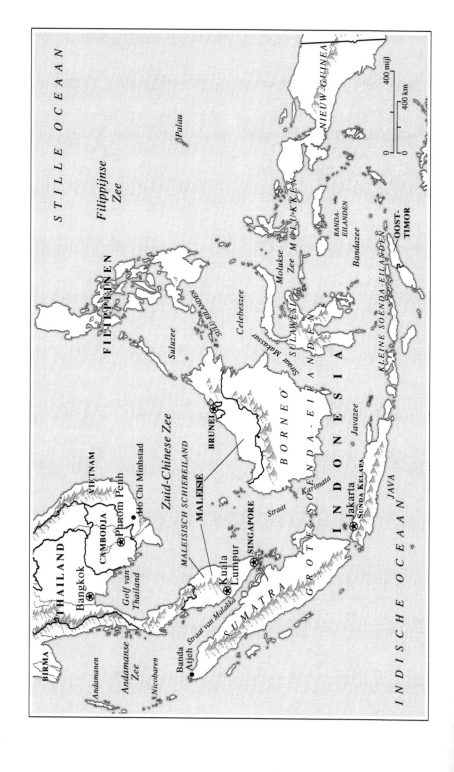

13

De tropische islam van Indonesië

Begin 2005 verblijf ik op een slagschip van de Amerikaanse marine dat hulp biedt na de tsunami van 26 december 2004. De wateren rond Banda Atjeh op het noordelijke puntje van Sumatra, dat uitsteekt in de Golf van Bengalen, lijken in de woorden van een officier wel 'een drijvend kerkhof'. Schoenen, kleren en delen van huizen drijven in zee. 'Het is alsof er hele levens voorbijdrijven.' Deze officieren en matrozen zien voor het eerst van hun leven lijken. Een aantal van hen heeft in het voorjaar van 2003 Tomahawk-raketten afgevuurd op Irak vanaf een ander slagschip. Daarna renden ze naar een tv-toestel om van CNN te horen wat ze hadden geraakt. Irak was een abstractie voor hen. Maar nu gaan ze per helikopter aan wal bij Banda Atjeh en zien hoe bomen, bruggen en huizen als met een hogedrukspuit werden meegesleurd en verderop werden neergekwakt. Deze jonge mensen in uniform worden opeens volwassen door een natuurramp, niet door een oorlog.[1]

De oud-officieren van de Special Forces die ik aan de grens van Thailand met Birma ontmoette, vertegenwoordigen de onconventionele kant van de Amerikaanse machtsontplooiing en hulpverlening in de Golf van Bengalen. Deze officieren en matrozen staan aan de conventionele kant van het spectrum. Toch kan hun land, zoals we zullen zien, maar weinig invloed uitoefenen op het veelomvattende, complexe en in feite raadselachtige samenspel van ecologische, religieuze en sociale problemen in de regio.

De aardbeving had een kracht van 9.3 op de schaal van Richter en veroorzaakte een tsunami die zich met de snelheid van zo'n 300 km per uur verspreidde en ruim twintig meter hoog kon worden. Bij de ramp die zich langs de hele Indische Oceaan voltrok, kwamen een kleine 250.000 mensen om het leven. Dat is ongeveer evenveel als het aantal doden door geweld in Irak sinds de Amerikaanse invasie. Deze tsunami, die alleen al op Noord-Sumatra 126.000 huizen verwoestte, heeft schade aangericht binnen een straal van duizenden kilometers in Indonesië, Maleisië, Thailand, Birma, Bangladesh, Sri Lanka, India, de Malediven, de Seychellen, Madagascar, Somalië, Kenia, Tanzania, Zuid-Afrika en andere landen. De ramp laat zien hoe broos onze planeet is en dat natuurkrachten de geschiedenis van koers kunnen doen veranderen.

Vier jaar later keer ik terug naar het epicentrum van de ravage en tref in Banda Atjeh een onwezenlijk landschap aan van massagraven met tienduizenden lijken onder kale, doodse akkers, gloednieuwe moskeeën, asfaltwegen en kleine groepjes huizen met golfplaten daken. En geheel intacte schepen die nog steeds op het land liggen, ver in het binnenland waar ze door de grote golf zijn neergekwakt. Ruim vijf kilometer van het strand, midden op een stuk grond waar de hanen door het hoge gras rennen, ligt miraculeuzerwijs de Ltd. Bapung, een schip van 2600 ton dat ooit werd gebruikt voor het opwekken van 10,5 megawatt elektriciteit. Met zijn meer dan zestig meter lengte en roestige romp van wel twintig meter hoog, met daarop de nog veel hogere opbouw en smerige schoorsteen, lijkt het op een fabriek uit het industrietijdperk. Vlakbij ligt, bijna terloops, een vissersboot van 20 meter op het dak van twee huizen waarop hij is neergestreken.

Ik zie een moskee met verbogen pilaren, alsof een machtige Samson ze uiteengedrukt heeft. Toch is de moskee blijven staan. En nog een wonder: het water heeft zijn vernietigende tocht voortgezet tot aan de trappen van de Grote Moskee zelf, maar is toen teruggeweken. Het gaat hier om meer dan een dorpsfabel: er zijn foto's die bewijzen dat het echt zo gegaan is. Net als de grote natuurrampen in de Bijbel heeft de tsunami grote godsdienstige – en daarmee ook politieke – gevolgen in de regio. De tsunami heeft ook duidelijkheid geschapen in de historisch unieke en problematische verhouding tussen Noord-Sumatra en de centrale regering van Indonesië die op Java zetelt, het belangrijkste eiland. Belangrijker nog: de ramp beïnvloedt de buitengewoon ingewikkelde strijd om de ziel van de islam in Indonesië, het land met de meeste moslims en qua inwonertal het vierde land van de wereld.

De toekomst van de islam zal sterk afhangen van wat er gebeurt in Indonesië. Daar strijden invloeden uit het Midden-Oosten – van puriteins-wahabitische groeperingen tot het moderne, internationale televisiestation Al Jazeera – met lokale bosgoden en andere restanten van het polytheïsme om de *hearts and minds* van de mensen. Niets heeft zoveel invloed op het geloof als onbegrijpelijke en verwoestende natuurverschijnselen. Ja, de hele godsdienst is een reactie op de wereld van de natuur. Alle 240 miljoen Indonesiërs leven binnen een cirkel van vuur: hun land ligt op continentale breuklijnen, verschuivende aardschollen, is op grote schaal ontbost en heeft actieve vulkanen. De helft van alle mensen die binnen een straal van tien kilometer rond een vulkaan leven, woont in Indonesië. 'Na de tsunami zijn moslims hier meer over hun geloof gaan nadenken, zich meer gaan realiseren dat ze moslim zijn,' zegt Ria Fitri, feministisch activiste en hoogleraar rechten.

Het is niet de eerste keer in de moderne geschiedenis van Indonesië dat een natuurramp religieuze en politieke gevolgen heeft. In 1883 kwamen door de uitbarsting van de Krakatau in de Straat Soenda tussen Java en Sumatra en de tsunami die daarop volgde vele tienduizenden mensen om, zoals de schrijver Simon Winchester documenteert. En de maatschappelijke gevolgen daarvan leidden tot antiwesterse uitbarstingen onder moslims op Java die de toon zetten voor de eeuw erna.[2] Het is niet zozeer het fundamentalisme op zich dat een gevaar vormt: net als in Bangladesh is het de grote vraag hoe het milieu, de bevolkingsdruk en het fundamentalisme op elkaar inwerken.

Eeuwenlang vormde Atjeh op Noord-Sumatra een onafhankelijk sultanaat dat nauwere banden had met Maleisië en – dankzij de betrouwbare moessonwinden – het Midden-Oosten dan met de rest van de Indonesische archipel. De vele moskeeën in Atjeh en de organische relatie – via de handel in peper en de pelgrimage naar Mekka – met het Arabisch schiereiland leverde het de bijnaam 'de veranda van Mekka' op. Atjeh is de enige Indonesische provincie waar de wetten van de sharia gelden. Toch wordt er in hotels bier geschonken, houden lijfstraffen hooguit een paar tikken met een bamboestok in en amputaties, zoals in Saoedi-Arabië, komen hier niet voor. Jongens en meisjes spelen samen op het schoolplein en vrouwen met een betoverende lach dragen hun hoofddoek (hier de *jilbab* genoemd) boven een strakke spijkerbroek en hoge hakken en rijden ook op brommers. Elders in Indonesië zie je niet zelden vrouwen die hun haar helemaal bedekken, maar ook een strak bloesje en hotpants dragen, met het label van de modernste kledingmerken erop. Al heb ik het zelf niet kunnen nagaan, verteld wordt dat je in Jakarta vrouwen ziet die zowel de jilbab als een naveltruitje dragen. In Indonesië houdt de ingetogenheid op bij de nek.

Omdat uit de helmvormige jilbab blijkt dat vrouwen door onderwijs kennis van de godsdienst hebben opgedaan, moet hij als een teken van moderniteit worden opgevat. De vrouw met hoofddoek, als het symbool van ingetogenheid, kan de beroepswereld van de mannen betreden. 'Er zijn niet veel duidelijke kledingvoorschriften voor vrouwen, zolang het lichaam maar bedekt is. Veel wordt overgelaten aan de persoonlijke invulling,' zo legt Ria Fitri, de feministe, uit. 'De strengere kledingvoorschriften uit landen in het Midden-Oosten en Maleisië zijn hier gewoon niet haalbaar.' In algemene zin moet je de kledingcode in Indonesië minder zien als een teken van schijnheiligheid dan als een vorm van godsdienstige diversiteit. Zelfs in het uiterst vrome Atjeh is de islam namelijk verwikkeld in een vreedzame, belangrijke strijd met onderliggende lagen van hindoeïsme en boeddhisme die tot op de dag van vandaag standhouden.

Indonesië, waar ruim 200 miljoen van de 240 miljoen inwoners moslim zijn, is een van de grootste succesverhalen op het gebied van zieltjes winnen.[3] Dat is opmerkelijk omdat de islam niet gewapenderhand naar Indonesië kwam, zoals vrijwel overal elders tussen Spanje en het Indiase subcontinent, maar via de handel over de Indische Oceaan, te beginnen met Atjeh in de Middeleeuwen. De verbreiders van de islam waren veelal kooplieden en dus mensen met een kosmopolitische kijk op de wereld, die niet naar eenheidsworst of de verwoesting van andere culturen en godsdiensten streefden. De eerste islamitische missionarissen op Java staan bekend als de negen heiligen (Wali Sanga). De mythe lijkt op die van de twaalf soefiheiligen (auliya's) die de islam naar Chittagong in Bangladesh brachten. Het is heel wel mogelijk dat deze heiligen in de niet-Arabische, oostelijke delen van de Indische Oceaan handelaren waren.

De islam schoot het eerst en diepst wortel op plaatsen die het dichtst bij internationale handelsroutes lagen, zoals het Maleisische schiereiland en hier op de Sumatraanse oevers van de Straat van Malakka.[4] Hoe dieper je het binnenland ingaat, de donkerpaarse en dicht begroeide bergen in, des te meer krijgt de islam zijn eigen aard. Het geloof werd hier niet door legers met het zwaard opgelegd, maar stroomde geleidelijk Indonesië binnen: in de loop van honderden jaren en via commerciële en culturele uitwisseling, waarbij ook heidense en soefistische invloeden werden overgedragen. Veel moslims die vanuit het Midden-Oosten in brede zin hierheen kwamen – Perzen, Hadramauti's en Gujarati's – waren zelf slachtoffer van onderdrukking en daarom niet dogmatisch in het geloof, zo vertelt Yusni Saby, rector van het Staatsinstituut voor Islamstudies in Banda Atjeh.

'In Indonesië,' aldus de gerenommeerde antropoloog Clifford Geertz, 'heeft de islam geen beschaving opgebouwd, maar zich er een toegeëigend.' Met andere woorden, de islam vormt hier slechts de bovenlaag van een rijke en ingewikkelde cultuur. Toen de islam pijlsnel Arabië en Noord-Afrika veroverde, betrad de godsdienst in wezen 'maagdelijke grond, voorzover het ging om hogere cultuur,' schrijft Geertz. Vanaf de 13e eeuw echter ontmoette de islam in Indonesië 'een van de belangrijkste politieke, kunstzinnige, religieuze en sociale scheppingen van Azië: de hindoe-boeddhistische Javaanse staat.' Ook nadat het geloof zich over heel Indonesië had verspreid, van de noordkust van Sumatra tot de Specerij-eilanden in het oosten bijna vijfduizend kilometer verderop, bleef een deel van deze traditie intact. Hoewel 'ontdaan van de meeste rituelen' hield de Indische, introverte traditie stand. Op enkele uitzonderingen na, zo vervolgt Geertz, bleef de Indiaas-Maleise 'onderstroom' van 'plaatselijke geesten, huisrituelen en familie-amuletten' het leven van de boerenmassa beheersen. Tegen het einde van de 19e eeuw was de islam in het hele land weliswaar aanvaard, maar 'niet als een corpus van vastgelegde leerstellingen'. In Indonesië is de islam daardoor 'plooibaar, onderzoekend, syncretisch en veelstemmig', en 'net zo wars van het doctrinaire als de Engelse Fabian-socialisten'.[5] Vandaag is ruim een derde van de Indonesische moslims orthodox (santri), de rest is syncretisch (abangan).[6] De Indonesische islam is dan ook de som van alle genuanceerde opvattingen van de islamitische identiteit in Zuid- en Zuidoost-Azië, een ideaal dat een groot deel van de Arabische wereld nog niet heeft bereikt.*

Ik zie groepen islamitische schoolkinderen, de meisjes met jilbabs, naar de Borobudur lopen, het boeddhistische tempelcomplex met vele terrassen op Midden-Java dat net zo groot is als de Angkor Wat in Cambodja. De twaalf eeuwen oude blokken zijn door ouderdom zwart en okerkleurig; de symmetrische opbouw ervan heeft een diepe mystiek. Het ingewikkelde reliëf van de Borobudur getuigt van de rijkdom van een cultuur die hier al vele eeuwen voor de islam was en waarmee dat geloof niet gemakkelijk kon concurreren. Zo zie ik ook islamitische schoolkinderen bij de hindoetempels van Prambanan, vlak bij de Borobudur. De godsdienstgeschiedenis van het Javaanse rijk kan niet worden verdrongen; er kan alleen iets aan worden toegevoegd.

Daarom heeft Atjeh, ofschoon dit de meest Arabische provincie van Indonesië is, niets van de verbeten atmosfeer van het Midden-Oosten. Daarbij helpt ook het feit dat de bevolking, ondanks de eeuwenlange en vaak subtiele Nederlandse overheersing, niet massaal antiwesters is. Men voelt zich amper historisch of cultureel overschaduwd door de vroegere indringers. De opperheerschappij op de verschillende eilanden was meestal meer in Javaanse handen dan in die van Nederlanders. Het Javaanse imperialisme zelf was een beschermend harnas tegen de Europese variant.

Maar 'dit zou weleens het einde kunnen zijn van onze vrijheid', zegt Aguswandi zorgelijk. Deze 31-jarige projectleider bij een Indonesische ngo in Banda Atjeh blijkt een gepassioneerde, dynamische intellectueel. Zoals veel Indonesiërs heeft hij maar één naam. 'De shariawetgeving gaat steeds meer overheersen en neemt het Atjeh van na de tsunami in bezit,' licht hij toe. 'Waarom kwam die tsunami er? Die vraag stellen de godsdienstige leiders zichzelf. Ze kwamen tot de conclusie dat die er kwam omdat de Atjeeërs niet vroom genoeg waren. De vrouwen bedekten zich niet genoeg en de buitenlanders

---

* Ook Iran heeft een genuanceerdere religieuze identiteit dan vaak wordt aangenomen. Hoewel de islam daar nu al een tijdlang wordt gebruikt voor een antiwesterse ideologie, bestaat er in Iran een onderstroom van de oudere Perzische en zoroastrische identiteit.

dronken bier. En zo zet de tsunami ons terug in de tijd, zelfs al brengt hij ook de kosmopolitische invloeden van westerse ngo's.'

'Ik dacht eerst dat de invloeden uit de rest van de wereld het wel zouden winnen,' vervolgt hij. 'Tenslotte was Atjeh vlak na de tsunami het tegendeel van Irak. Hoe kan er een botsing van beschavingen zijn als er joods geld geschonken is aan christelijke liefdadigheidsorganisaties om scholen te bouwen in een islamitische stad? Dit is de toekomst, dacht ik, een islam die kan samenleven met andere religies: een tropische islam, waar het te warm en te vochtig is om je helemaal te bedekken.'

In het vervolg van zijn betoog vertelt Aguswandi dat ook de historische strijd tussen Atjeh en de op Java gelegen hoofdstad Jakarta het geloof wat op de achtergrond hield. 'Aan dat conflict is niets islamitisch. Het gaat over het centrum tegen de periferie in een postkoloniale setting, dus op zich werkt dat conflict de radicale islam tegen.' Door zijn ligging is Atjeh een duidelijk te onderscheiden gewest, onderscheiden van Indonesië, dat gericht is op Zuidoost-Azië en de Stille Zuidzee. Atjeh kijkt vanaf de noordkust van Sumatra uit op de Golf van Bengalen, richting India en Sri Lanka, en het ligt ingeklemd tussen de zee en ruige hooglanden. Eeuwenlang was Atjeh een welvarend sultanaat, opgenomen in het handelssysteem van de Indische Oceaan. De guerrillastrijd in deze provincie tegen de centralistische regering in Jakarta, zowel onder Soekarno als later onder Soeharto, leek erg op de strijd die het voordien had gevoerd tegen het Nederlandse Batavia (zoals Jakarta vroeger heette).

Maar de tsunami maakte aan die eeuwenoude strijd een abrupt einde en met de hervonden veiligheid werd de piraterij in de Straat van Malakka drastisch teruggedrongen. Of, zoals Yusni Saby uitlegt, met zoveel doden en de hele dynamiek van Atjeh veranderd door de komst van internationale hulporganisaties is er, op dit moment, niets meer om voor te vechten. Het is als met het bijbelverhaal over de zondvloed en de ark van Noach. Die heeft de wereld die eraan voorafging weggevaagd.

De guerrillastrijders uit Atjeh hebben de regering in Jakarta bijna dertig jaar lang bevochten, maar amper acht maanden na de tsunami werd er een vredesakkoord gesloten in Helsinki. Nu zijn de voormalige guerrillero's, onder de naam Gerakan Aceh Merdeka (GAM, of de

Beweging voor Vrijheid van Atjeh) bij officiële democratische verkiezingen gekozen in vele districten van Atjeh. Dat is des te opmerkelij-
ker als je bedenkt dat in 1998, toen Soeharto verdween onder druk
van de toen heersende Aziatische economische crisis, veel deskundi-
gen het uiteenvallen van Indonesië vreesden, met Atjeh als eerste uit-
stapper. Maar, hoe onwaarschijnlijk ook, de uitgestrekte archipel
bleef een eenheid en daarna bevorderde de tsunami het centralise-
ringsproces door een eind te maken aan de oorlog.

'Indonesië is geen kunstmatige en mislukte staat zoals Irak en Pakistan,' zegt Aguswandi. Het is veeleer 'een nogal rommelig rijk' van
zeventienduizend eilanden. In dat rijk zijn islamitische partijen inge-
bed in een zwak democratisch stelsel, ongeveer zoals ze dat in Turkije
zijn, terwijl dat stelsel zelf nog tastend zijn weg vindt naar een goed
gereguleerde decentralisatie. Op deze manier kunnen provincies als
het islamitische Atjeh in het westen en het christelijke en animistische Papoea duizenden kilometers oostwaarts zichzelf besturen binnen het gezag van Jakarta, dat de zaak in wezen bij elkaar houdt. 'Eeuwenlang ging het alleen maar om Java, waar de helft van de inwoners
van Indonesië woont,' legt Aguswandi uit, 'maar nu gaat het vooral
om Atjeh, Papoea, Kalimantan (het Indonesische deel van Borneo),
enzovoorts.'

Tien jaar geleden dreigde Indonesië een mislukte staat te worden,
maar de tsunami werkte als een katalysator die het vredesakkoord
over Atjeh het laatste zetje gaf. De sfeer in Banda Atjeh is nu amper
meer gespannen te noemen. De mensen hebben geen vuurwapens in
huis. Maar plotseling wordt Aguswandi weer ernstig en pessimistisch
en zegt: 'De economische zeepbel van de hulporganisaties hier kan
ieder moment barsten en dan komen we terecht in een gevaarlijk
luchtledig dat zou kunnen worden opgevuld door de radicale islam
of de totale wanorde.'

In de nasleep van de tsunami kwamen de Verenigde Naties, de Wereldbank en het Amerikaanse Agentschap voor Internationale Ontwikkeling het land binnen, waardoor de prijzen stegen. Het leidde
ook tot een ware hausse in de bouw in Banda Atjeh, een stad van een
kleine 300.000 inwoners, die zich als een grote olievlek van wrakkige
huizen en winkelpuien uitbreidt. In 2008 bedroeg de inflatie 42 procent. 'De hulporganisaties lenigden de nood en bouwden huizen

voor de mensen,' aldus Wiratmadinata, die bij de koepel van de hulporganisaties in Atjeh werkt. 'Maar de infrastructuur werd onvoldoende ontwikkeld. Er werd wel noodhulp gegeven, maar de bouw-
stenen voor de ontwikkeling van de lokale economie zijn er nog
steeds niet.' Toerisme is ook niet het antwoord, vanwege de shariawetgeving. Onderwijl hebben de hulporganisaties hun activiteiten
vanaf 2009 sterk verminderd en zo kan deze streek – waar de meeste
mensen hun brood verdienen als boer of visser – weleens straatarm
achterblijven.

In Pidie, een streek op drie uur rijden ten zuiden van Banda Atjeh,
waar de boeren in de schaduw van vulkanen bananen en chilipepers
verbouwen, ontmoet ik een ex-guerrillastrijder van de GAM: de 30-ja-
rige Suadi Sulaiman, die als twee druppels water op Barack Obama
lijkt. Hij neemt me mee naar zijn nederige stulpje achter een winkel-
pui en vertelt me, zonder dat ik hem ergens naar vraag, dat hij tegen
terrorisme is en de zelfmoordaanslagen in Irak als haram (verboden
door de islam) beschouwt. Ik vraag hem waarom hij van school is gegaan en zich in 1999 bij de GAM heeft aangesloten. Als antwoord steekt
hij een verhaal af over de roemrijke, onafhankelijke sultanaten van
weleer op Atjeh en de oorlogen tegen de Portugezen en Nederlanders.
Dan houdt hij een klaagzang over het gebrek aan investeringen, ondanks de aanwezigheid van olie en ertsen, en over de onrechtvaardig-
heid van de regering in Jakarta. Maar als ik verder vraag, blijkt zijn
woede over het gebrek aan vrijheid en ontwikkeling eigenlijk te gaan
over het feit dat hij, op het moment dat hij zich als vrijheidsstrijder
voor Atjeh meldde, werkloos was. Nu de economie er beter voorstaat,
is hij kandidaat voor een zetel in het lokale bestuur bij de komende
verkiezingen. Hij is voor 'zelfbestuur, maar geen onafhankelijkheid'.
Hij vreest dat het gebied met het vertrek van de hulporganisaties
wordt teruggeworpen naar de situatie waarin het zich bevond toen hij
geen baan kon vinden.

Aguswandi stelt dat de openheid naar de wereld die onmiddellijk
na de tsunami ontstond met de hulporganisaties zal verdwijnen, en
dat de radicale islamisten voordeel zullen trekken uit de politieke
toestand die er dan ontstaat. Ook Fuad Jabali, een hoge bestuurder
aan de islamitische staatsuniversiteit in Jakarta, spreekt een dergelijke vrees uit. 'Armoede geeft vrij baan aan radicalisme,' verklaart hij.

Dat geldt bij uitstek voor een provincie als Atjeh, waar periodes van economische bloei en neergang elkaar hebben afgewisseld. Radicalen maken gebruik van de democratie, maar zien die in wezen als een werktuig van westerse overheersing. 'Zij vinden dat je niet iedereen kunt laten stemmen, omdat je corrupte mensen niet de koers van de staat mag laten bepalen. En omdat de maatschappij wemelt van de moreel verdorven mensen, moet je volgens de radicalen alleen de zuiveren van hart inspraak geven.'

Maar Jabali benadrukt dat dit exclusivisme veel meer bij het Midden-Oosten hoort dan bij Zuidoost-Azië. En dan zijn we weer terug bij het onderscheid dat de antropoloog Geertz maakt: tussen een islam die in de woestijnen van het Midden-Oosten een hele cultuur heeft opgeslokt en eentje die in de weelderig groene tropen een laag legde over de eeuwenoude cultuur van hindoeïsme en boeddhisme. Het Midden-Oosten is weliswaar prominenter aanwezig in de westerse media en is ook van groot belang als de wieg van de profeet en de Arabische taal die hij sprak, maar in demografische zin ligt het hart van het geloof op het Indiase subcontinent en vooral in Indonesië. En in het Midden-Oosten mag de westerse democratie dan weinig populair zijn, mede als gevolg van Irak en de visie van George W. Bush, maar in landen als India en Indonesië, waar een half miljard moslims wonen – tegenover 300 miljoen in de Arabische wereld – staat de westerse democratie gewoon buiten kijf. 'In Indonesië,' zegt Jabali, die aan een Koranschool heeft gestudeerd, 'zal niemand die een islamitische staat propageert veel steun bij de verkiezingen krijgen. Hier staat misschien vijf procent van de kiezers achter radicale groeperingen als de Majelis Mujahidin Indonesia (de Raad van Strijders in de Heilge Oorlog) en de Hizbut Tahrir Indonesia (Partij van de Vrijheid), die pleiten voor een kalifaat. En hoogstens tien procent is ervoor de handen van dieven af te hakken.' De democratie die Bush in Irak met geweld wilde opbouwen, ontwikkelt zich hier op vreedzame wijze zonder zijn hulp.

Wat opvalt aan Indonesië en vooral aan Atjeh, dat het minst vermengde en dus het meest islamitische deel van het land vormt, is dat islamitische geleerden zelf vrijzinnige opvattingen propageren. 'Wij zijn hier tevreden,' zegt Saby. 'Het is hier niet het Midden-Oosten, waar je vecht omwille van het vechten in de naam van God. Een godsdienst moet niet gericht zijn op vijanden. Wij onderhouden goede betrekkingen met hindoes, boeddhisten, christenen en anderen. Onderwijs en het economisch zelfstandig maken van mensen – niet ideologie – zullen ten goede komen aan de godsdienst.' Hij heeft weinig goede woorden over voor *pesantren* (Koranscholen) die zich alleen richten op wat moslims van anderen scheidt.* Dat zijn de scholen waarover V.S. Naipaul, toen hij meer dan een generatie geleden door Indonesië reisde, opmerkte dat zij 'weinig meer doen dan de armen leren om arm te zijn'. In 1981 schreef hij naar aanleiding van dit land dat de islam

een geboortefout heeft – een fout die de hele geschiedenis van de islam doordesemt. Deze godsdienst bood voor de politieke kwesties die hij opwierp geen politieke of praktische oplossingen. Hij bood alleen het geloof. Hij bood alleen de profeet, die alles wel zou regelen – maar die niet meer in leven was. Deze politieke islam was woede, anarchie.[7]

Naipauls waarneming is zeker relevant voor de politieke islam in delen van het Midden-Oosten, maar in Indonesië hebben de zaken zich anders ontwikkeld dan hij vreesde. De door hem bezochte pesantren bestaan, maar in het hele land zijn er veel meer die een bredere opvatting van het geloof verkondigen. 'Hier in Indonesië,' zegt Saby, is godsdienst niet zwart of wit, maar kent hij vele grijstinten.' Ondanks de Koran en de hadith 'heeft Indonesië door zijn geografische ligging een andere geloofsopvatting', stelt ook Alyasa Abubakar, die op dezelfde islamitische universiteit werkt als Saby. 'Moslims in het Midden-Oosten zijn geobsedeerd door hun roemrijke verleden, dat voor ons weinig betekenis heeft. Wij gaan niet gebukt onder een dergelijke last.' Vervolgens somt hij de namen op van de vrouwen die in de 17e en 18e eeuw in het sultanaat Atjeh macht hadden: 'Safiatuddin, Kamalatsya, Inayatsya', enzovoorts.

Dan is er nog de ex-president van Indonesië Abdurrahman Wahid, ook bekend als Gus Dur, de nestor van het islamitisch pluralisme, geboren in 1940. 'Gus' is een islamitische eretitel en 'Dur' de lief-

---

* Het woord *pesantren* is afgeleid van *santri* (orthodox).

kozende afkorting van zijn naam. Ik ontmoet hem op zijn kantoor in Jakarta, een rij duistere kamers, vol mannen die rokend in stoelen hangen. Ze leiden me met handgebaren naar het heilige der heiligen. Gus Dur is bijna blind. Hij zit in het donker met gesloten ogen, gekleed in een traditioneel gebatikt hemd en hard met zijn vingers heen en weer trommelend op een leeg bureau. In dit soort sombere omgevingen in het Midden-Oosten, vol met kettingrokende mannen, heb ik door de jaren heen heel wat tirades gehoord over Israël en het Westen. Maar Indonesië is anders.

'Radicale groepen zijn hier niet sterk,' zegt Gus Dur. 'Dit is de laatste ademtocht van het radicalisme voordat het ten onder gaat.' Hij slaat zijn ogen op om zijn betoog kracht bij te zetten. 'Anders dan in het Midden-Oosten is er hier geen vraag naar de dogmatische islam. Alleen daar is de godsdienst gepolitiseerd. Bij Hamas wordt er alleen maar geschreeuwd. Het initiatief ligt bij de joden, die op een systematische manier bouwen aan de toekomst.' En hij gaat door: 'Wij zijn zoals Turkije, niet zoals de Arabieren of Pakistan. In Pakistan werkt de islam het nationalisme tegen. Hier is de islam een bekrachtiging van het [seculiere] nationalisme' dat, op zijn beurt, ook het boeddhistische en hindoeïstische verleden omvat. 'Het gevaar dat het land uit elkaar valt, is geweken. Ook al wonen we op veel eilanden, in de grond zijn we één natie. In Indonesië is de islam dynamisch.' Ondanks het absolutisme van de Koran 'is de islam nog niet af. Hij is nog steeds in dialoog met zichzelf en met andere godsdiensten...' Zo praat hij nog een tijdje door op zijn eigen, ongestructureerde, progressieve, prekerige en visionaire wijze.[*]

Zijn opmerkingen zijn niet alleen maar platitudes. Tijdens mijn hele bezoek van een maand aan het land beginnen opvallend veel

---

[*] Gus Dur overleed eind 2009. Zoals hij de Amerikaanse ex-ambassadeur in Indonesië, Paul Wolfowitz, ooit vertelde, had hij gehuild toen hij in een Marokkaanse moskee een Arabische vertaling van Aristoteles' *Nicomachische ethiek* zag liggen. 'Als ik als jongeman de *Nicomachische ethiek* niet had gelezen, had ik me misschien wel bij de Moslimbroederschap aangesloten', zei hij. Aristoteles, zo zei hij ook, was zonder de hulp van het geloof tot diepe morele inzichten gekomen. Paul Wolfowitz, 'Wahid and the Voice of Moderate Islam', *Wall Street Journal*, 7 januari 2010.

mensen spontaan over de noodzaak van goede relaties met de joden en andere religieuze groepen. Bovendien heeft Indonesië de daders van de bomaanslag op een discotheek op Bali in 2002, waarbij ruim tweehonderd doden vielen, opgepakt, berecht en terechtgesteld, terwijl de stabilisering van de democratie gewoon werd voortgezet. De executie van de drie terroristen riep ook geen protesten op. Als het in de eerste termijn van Bush ging over de oorlog tegen het terrorisme en in de tweede over de verbreiding van vrijheid en democratie, dan is Indonesië het beste voorbeeld van wat hij voorstond, ook in dezelfde volgorde, hoewel zijn regering het te druk had met andere zaken om dat op te merken.

De ingewikkelde geschiedenis van de islam in Indonesië – even gecompliceerd als de patronen van de Javaanse batik – eindigt evenwel niet bij het humanisme van Gus Dur. Wie wil zien hoe tegenstrijdig de islam hier is, moet naar de Grote Moskee van Banda Atjeh (de Meshid Raya Baiturrahman) gaan. Met zijn zes gitzwarte koepels en even opvallende als schitterende witte gevel straalt het gebouw zowel de sfeer van Zuidoost-Azië als van het Midden-Oosten uit. Met zijn vrolijk stemmende bloemen en motieven die aan allerlei gebieden doen denken, lijkt de moskee ook van binnen op de paleisachtige moskeeën in Noord-India. De strenge mannelijkheid van vooral de Egyptische en Noord-Afrikaanse moskeeën, die op forten lijken, is hier geheel afwezig. De gebedsruimte zit vol kletsende en spelende kinderen en daardoorheen klinken de geluiden van tropische vogels. Vrouwen met jilbabs en golvende witte mukenna's zitten geknield op de vloer te bidden. Er zijn evenveel vrouwen als mannen in de moskee. Dit is echt een plaats waar alle mensen bij elkaar komen. Een foto toont de dobberende wrakstukken die na de tsunami tot aan de trappen van de moskee kwamen. Het terrein, compleet met een vijver waarin de moskee wordt weerspiegeld, is opgeknapt met geld uit Saoedi-Arabië. Ook hier neemt de invloed van conservatieve en zelfs radicaliserende stromingen uit het Midden-Oosten toe, ook al blijft het eigen karakter van het geloof in Zuidoost-Azië gewoon voortbestaan.

Naast geld en macht uit Saoedi-Arabië is er ook de invloed van de wereldwijde televisiestations die hun hoofdkwartier in het Midden-

Oosten hebben. Zo heb je het zeer professionele en onderhoudende Al Jazeera dat de Indonesiërs ook in contact brengt met Europese en Arabische ideeën en gevoelens uit de centrumlinkse hoek. Mede door deze televisiezender hebben de afkeer van Bush en de woede over de Israëlische luchtaanval op Gaza van 2009 hier wortel geschoten. Door de wijze waarop deze zenders over Israël spreken, heeft dat land 'in Indonesië de slag om de publieke opinie verloren', zegt Aguswandi. Omdat de Indonesiërs zich nooit door Israël vernederd hebben gevoeld zoals bijvoorbeeld de Egyptenaren of Syriërs, is dat een nieuwe ontwikkeling.

Vergelijk dat eens met de vrijwel totale onverschilligheid over het lot van de islamitische Rohingya's die keihard worden onderdrukt door het militaire bewind in Birma. Tienduizenden van hen wonen over de grens in Bangladesh in verschrikkelijke vluchtelingenkampen. Nadat ongure elementen in het Thaise leger in februari 2009 schepen vol Rohingya-vluchtelingen de zee hadden op gejaagd met weinig voedsel of water, kwamen deze mensen in Atjeh aan land. Hoewel je gevoeglijk kunt stellen dat de islamitische Rohingya's uit de Birmese provincie Arakan erger worden onderdrukt dan de Palestijnen, leidde hun lot hier tot weinig verontwaardiging. De hoofdoorzaak van deze tegenstrijdigheid is dat de televisiezenders uit de landen rond de Perzische Golf nu zelfs de kleinste dorpen bereiken. De tv zal alleen maar in belang toenemen en dus het verschil in opvattingen met het Midden-Oosten kleiner maken.

Dan is er nog het effect van het vliegverkeer. De tweehonderdduizend Indonesiërs die jaarlijks voor hun hadj naar Saoedi-Arabië vliegen, zijn de grootste groepering onder de 1,7 miljoen pelgrims uit de ganse islamitische wereld. Daarnaast vliegt Yemeni Airways vier maal per week naar Indonesië. Dat versterkt de historische banden tussen het Jemenitische Hadramaut en Java. Maar zoals kooplieden uit Hadramaut en Hejaz in Saoedi-Arabië in het verleden de vrijzinnige en onorthodoxe invloeden van het soefisme naar Indonesië brachten, zo worden nu vooral gevoelens van haat overgebracht. Dat is vooral te wijten aan het geld van de wahabieten: met dat geld werd bijvoorbeeld de vertaling van Hitlers *Mein Kampf* in het Bahasa Indonesia, de officiële landstaal, gefinancierd. Ook dat is mondialisering. Verschillende denkrichtingen worden door de massamedia, waarachter weer bepaalde belangengroepen zitten, samengesmolten tot een uniforme, ideologische denkwijze.

Net zoals de hindoenationalisten in India zijn ook de meeste moslimextremisten in Indonesië geen godsdienstige geleerden, die minder gevoelig zijn voor de massamedia, maar eerste generatie hoger opgeleiden. Net bevrijd uit hun dorp hebben ze een brede toegang tot boeken, kranten, televisie en internet en zijn ze nog steeds een beetje goedgelovig. In Indonesië zal een radicale moslim eerder een jonge scheikundig ingenieur zijn dan een oude geestelijke. Een onderzoek naar de islamitische organisaties van het land versterkt alleen maar het beeld van de enorme complexiteit van de islam in Indonesië.

Indonesië mag dan 's werelds grootste moslimgemeenschap herbergen, er wonen ook behoorlijk wat Chinezen, christenen en hindoestanen. Daarom is de staat officieel seculier en daarom ook telt het land de grootste civiele moslimorganisaties ter wereld: in islamitische staten zoals die in het Midden-Oosten zijn zulke organisaties domweg niet nodig. 'Zo geeft de seculiere staat ruimte aan een bloeiend godsdienstig leven en verlenen machtige moslimorganisaties legitimiteit aan de wereldlijke autoriteiten,' verklaart de rector van de Universitas Paramadina in Jakarta, Anies Baswedan. 'Op deze manier kan persoonlijke vroomheid tot wasdom komen op een manier die je nooit zult vinden in een moslimstaat, waar de godsdienst noodzakelijkerwijs verpolitiekt is.'

De twee belangrijkste organisaties zijn de Nahdlatul Ulema (Geestelijken voor herleving van het geloof) en Muhammadiya (Volgelingen van Mohammed). Omdat ze typische massaorganisaties zijn, met miljoenen leden, is hun politiek niet zelden vaag en moeilijk te definiëren. Toch vallen er wel algemene thema's te onderscheiden.*

De Nahdlatul Ulema (NU), waarvan Gus Dur lange tijd voorzitter was, werd in 1926 opgericht uit bezorgdheid over de strenge en fundamentalistische invloed van het wahabisme, dat na de oprichting van het koninkrijk van de Saoeds in Saoedi-Arabië in datzelfde jaar

---

* De beide organisaties hebben ook geografisch gezien een andere basis: de Nahdlatul Ulema is vooral sterk op Oost-Java, de Muhammadiya op Midden-Java en West-Sumatra.

ook in Indonesië begon door te dringen. De NU is conservatief, trouw aan de tradities en soefiheiligen en daarom – anders dan je misschien zou denken – open, syncretisch en een steun voor de civiele samenleving. Met haar nadruk op de islamitische traditie is de organisatie namelijk ongevoelig voor het islamisme, dat zich afsluit voor godsdiensten als het hindoeïsme en boeddhisme. De NU, waarvan de principes verankerd zijn in vele generaties van islamitische denkers, voelt zich zeker genoeg om zich niet bedreigd te voelen door andere religies en ontleent haar identiteit niet aan vijanden. Zij kan goed omgaan met de tegenstrijdigheden van de huidige wereld. Zo bevordert ze weliswaar het dragen van de jilbab, maar ze heeft ook oog voor de rechten van homoseksuelen. Toch is ook het blazoen van de NU niet vlekkeloos. Zo was de organisatie sterk betrokken bij de chaos in de laatste jaren van president Soekarno, wiens jeugdbeweging in de herfst van 1965 slachtpartijen onder de communisten op Java aanrichtte.[8]

De Muhammadiya is de modernere van de twee organisaties en daarom – alweer anders dan je zou denken – minder ruimdenkend, hoewel we het verschil niet moeten overdrijven. Het gaat meer om moeilijk te omschrijven gevoelens dan om een welomschreven politieke richting. De Muhammadiya legt de nadruk op Koranvastheid, dus op de letterlijke tekst van de koran en de hadith, om alle heidense elementen in dit deel van de wereld uit te bannen. De Muhammadiya leidt al snel tot radicalisme, al weerhoudt zij door haar bestaan en organisatiestructuur vele radicalen-in-de-dop er juist van om de stap naar het terrorisme te zetten.

De populariteit van de Muhammadiya onder hoger opgeleide jongeren bewijst dat de vermenging van de islam met andere culturele en religieuze tradities hier zijn grenzen heeft. Ook godsdienstige stromingen die vroeger rechtstreeks vanuit de Arabische wereld de islam hier beïnvloedden, wilden niet opgaan in de plaatselijke omgeving. De komst van Al Jazeera en het vliegverkeer zijn in feite dan ook een verhevigde vorm van een oud verhaal en niet het begin van iets nieuws. Om dit nader te verklaren moeten we een uitstapje maken in de geschiedenis en de filosofie.

Onder het Nederlandse kolonialisme werd de islamitische identiteit onder de Indonesiërs versterkt en werden zij, om Clifford Geertz te citeren, '*oppositionele* moslims'.[9] De oproep tot de jihad speelde een grote rol in de Atjeh-oorlog tegen de Nederlanders, die vanaf 1850 langzaam langs de kust van Sumatra naar het noorden trokken, totdat zij op weerstand stuitten in Atjeh. De oorlog begon in 1873 en eindigde pas in 1903 met de overgave van de sultan van Atjeh. En aan Indonesische zijde ging het niet alleen om een volledig islamitische opstand tegen de Nederlanders, maar lieten de opstandelingen zich ook inspireren door panislamitische ideeën die uit het Midden-Oosten kwamen.

De Nederlanders hadden dit overigens ook aan zichzelf te wijten. De moslims in Nederlands-Indië mochten namelijk geen regelmatige contacten onderhouden met moslims die onder de rivaliserende koloniale macht, Groot-Brittannië, in Zuid- en Zuidoost-Azië leefden. Met als gevolg dat zij sterker onder invloed van de strikte Arabische islam raakten dan van de meer gemengde islam uit India.

Bovendien leidde het stoomtijdperk tot een vrij massale emigratie van Arabieren, vooral uit Hadramaut in Oost-Jemen, naar Indonesië, waaronder Atjeh. De immigranten brachten niet alleen de onorthodoxe ideeën van de soefi's mee, maar ook de orthodoxie uit de omgeving van Mekka.[10]

De islamitische orthodoxie werd zo pas in de 19e eeuw echt in Indonesië geïntroduceerd. Daarbij moet worden bedacht dat deze 'zuivere' islam – dus zuiverder dan de Zuidoost-Aziatische variant – het product was van nieuwe denkstromingen in het Midden-Oosten. De belangrijkste en interessantste vernieuwer in dit opzicht was de Egyptische geleerde en hervormer Mohammed Abduh (1849-1905).

Abduh, de grondlegger van de moderne islam, is van kapitaal belang voor het verhaal van Indonesië. 'Abduh gooide de deuren open om een stoffige traditie aan nieuwe stromingen bloot te stellen,' schrijft wijlen de Amerikaanse arabist Malcolm H. Kerr.[11] Hij verafschuwde de blinde aanvaarding van godsdienstige dogma's, vol bijgeloof dat door de eeuwen heen was aangekoekt, en zocht het antwoord op de kritieke toestand van het moderne Egypte in de terugkeer naar het onbedorven geloof uit de eerste jaren van de islam. Door het geloof van weleer uit te leggen en te verklaren, was Abduh een van degenen die de islam de discussies van de 20e eeuw binnenloodste. Zijn bijdrage was meer een manier van denken dan een specifiek programma, aldus islamkenner Yusni Saby. Daarmee vormde Abduh onbedoeld een inspiratiebron voor de twee stromingen binnen het modernisme: het gematigde seculiere denken en het radicale fundamentalisme.[12] Meer in het bijzonder leidde de door hem geïnspireerde modernisering van het godsdienstonderwijs tot een gestandaardiseerde wereldreligie. Dat gaf de islam de kracht om de strijd aan te binden met zowel de hindoe-boeddhistische onderlaag in Indonesië als de aanzienlijke invloeden van het christendom en – even belangrijk – het seculiere nationalisme.[13]

Abduh wordt in Indonesië niet alleen in wijde kring gelezen, hij is ook de grondlegger van de filosofie van de Muhammadiya. In organisatorisch opzicht heeft geen land zoveel gedaan om zijn denkbeelden aan de man te brengen – verbonden met zowel radicalisme als vrijzinnigheid – als Indonesië. Mede door de Muhammadiya zijn er bewegingen ontstaan die, net zoals de Moslimbroederschap in Egypte, radicalisme paren aan maatschappelijke hulp.

En zo gaat de strijd of veeleer het proces in Indonesië door. De recentste fase houdt in dat fundamentalisten kwesties op de agenda zetten, onder meer van het parlement, waar weinig mensen zich druk over maken, zoals pornografie, 'ongepast' gedrag op straat en de vraag wie het certificaat halal (voedsel conform de islamitische spijswetten) mag afgeven. In dit uitgestrekte eilandenrijk lijkt zich zowel een botsing als een vermenging van beschavingen af te spelen. Islamitisch Zuidoost-Azië verwelkomt je. Het is veel sensueler en multicultureler dan de islam in het gloeiend hete, woestijnachtige Midden-Oosten, al zijn er zo nu en dan ook pogroms tegen etnisch-Chinese christenen en aanslagen als op Bali in 2002 en het Marriotthotel in Jakarta het jaar daarop. Zoals uit dit geweld al blijkt, is er behalve de insluitende islam nog een andere vijand waartegen het moslimextremisme vecht in Indonesië, en wel de verwestersing, de moderne wereld. De relatief kleine groep fundamentalisten moet daar wel op reageren. En zij hebben, zoals de Israëlische kenner van de Indonesische islam Giora Eliraz het formuleert, 'waardige tegenstanders nodig'.[14]

Volgens Geertz, die Indonesië en Marokko als voorbeelden gebruikt – aan weerskanten van het geografische spectrum van de islam – vloeit de radicale ideologie niet voort uit de twijfel aan God, maar uit twijfel aan zichzelf. En die is weer te herleiden tot de angst voor modernisering.[15] Het kan niet anders of zulke twijfel en het extremisme dat eruit voortkomt zullen ook het lot van Indonesië beïnvloeden.

Niettemin is er alle reden voor optimisme. Hoewel een kleine 85 procent van het land moslim is, verwerpt ook 85 procent van de bevolking het idee dat de staat op de islam gebaseerd moet zijn. Deze mensen zijn voor de pluralistische en democratische principes van de Pancasila, de gematigd nationalistische filosofie waarop de grondwet van 1945 berust. De vijf beginselen ervan zijn het geloof in God, nationalisme, humanisme, democratie en sociale rechtvaardigheid.

Het ruige landschap en de vele eilanden van Indonesië, die met de zee ertussen samen net zo groot zijn als de VS en op een plek liggen waar de Chinese en Indische werelden in elkaar overvloeien, heeft na tientallen jaren dictatuur onder Soekarno en Soeharto uiteindelijk een democratie voortgebracht die door een toenemende spreiding van macht wordt gekenmerkt.[16] Ondanks alle spektakel en theater van Soekarno's linkse regering, die een nuttige mythe ontwikkelde voor de Indonesische natie, en de van Nederland en Japan afgekeken rechtse staat van generaal Soeharto, die deze mythe versterkte met nieuwe instellingen, heeft de geografie de overhand gekregen op deze beide vormen van extreem centralisme. En meer dan de seculiere nationalisten voerden de hervormingsgezinde islamitische groeperingen, met de Muhammadiya in de voorste linies, trouw aan de progressieve bedoelingen van Abduh de strijd aan tegen Soeharto in de late jaren negentig. 'Als ik naar Syrië en Irak ga, denk ik dat ik het verleden van de islam zie, maar als ik naar Indonesië ga, denk ik dat ik de toekomst ervan zie,' zou een Iraakse intellectueel ooit hebben gezegd.[17]

Zo'n levendig religieus leven, dat met zijn intellectuele rijkdom de ideologisering van het geloof heeft weten tegen te gaan, is alleen mogelijk onder een seculiere staat die sterker is gebleken dan menigeen dacht in de tumultueuze dagen van na de val van Soeharto in 1998. Indonesië kan nu bogen op onafhankelijke media: elf nationale televisiestations en een pers die de meest vrije in Zuidoost-Azië is. Omdat in de jaren tachtig en negentig hier meer mensen de armoede achter zich konden laten dan waar ook ter wereld, behalve misschien in China, is Indonesië goed gepositioneerd om een economische reus van de

21e eeuw te worden. De decentralisatie zal, ondanks de vele eilanden, hoogstwaarschijnlijk niet tot uiteenvallen leiden omdat het land verenigd wordt door een gemeenschappelijke Maleise taal. Het Bahasa Indonesia, dat de taal van de handelaren was, wordt niet geassocieerd met een bepaalde groep of een bepaald eiland en door iedereen omhelsd. En dankzij de decentralisatie kunnen de godsdienstige regels en wetten door de provincies naar eigen inzicht worden toegepast, zodat de godsdienst als politiek strijdpunt minder explosief wordt.

Door het ietwat onverwachte succes waarmee progressieve moslims in de nieuwe democratische situatie zijn opgetreden tegen het moslimextremisme, beginnen Indonesische intellectuelen nu met tegenzin te erkennen dat Soeharto de basis heeft gelegd voor een sterke, moderne staat en voor het ontstaan van een ontwikkelde middenklasse, zonder welke het land na zijn val nooit een eenheid was gebleven. Uitgerekend de studenten die Soeharto met hun demonstraties hebben verjaagd, hadden als kind geprofiteerd van het onder hem verbeterde basis- en middelbaar onderwijs. Ik heb Soeharto zelfs horen vergelijken met Atatürk en met Park Chung-hee, die Zuid-Korea in de jaren zestig en zeventig tot een industriemacht maakte. Mede dankzij Soeharto (en ook Soekarno) overheerst in Indonesië een seculier nationalisme dat cruciaal is in de strijd tegen het moslimextremisme. Met Al-Qaida gelieerde groepen, zoals de Jemaah Islamiya – met een sterk Jemenitisch element – loeren nog steeds op kansen om de ruimte te vullen die meer gematigde islamitische organisaties openlaten, maar zij worden als zwak beschouwd en dat is deels te danken aan de erfenis van Soeharto.

De islam is via Atjeh deze eilanden binnengekomen, maar de strijd over de plaats van de godsdienst in het moderne leven zal zich afspelen in steden als Jakarta. Met zijn grote krottenwijken en vele wolkenkrabbers telt groot-Jakarta volgens schattingen 23 miljoen inwoners. Met zijn skylines in alle richtingen straalt het dezelfde onmetelijkheid uit als São Paulo, en de lome kampongs met hun rode daken en groezelige winkelpuien doen denken aan de van ratten vergeven sloppenwijken in Manilla. Auto's en motorfietsen veroorzaken opstoppingen, net zo erg als in Kolkata en erger dan vrijwel overal elders in Azië. Tijdens het regenseizoen staat ongeveer een kwart van de stad onder water.

De interessantste plaatsen om Indonesiërs gade te slaan zijn echter de gloednieuwe winkelcentra, veelal gebouwd met geld van etnische Chinezen. Hoewel zij maar zo'n vier procent van de bevolking uitmaken, nemen zij ruimschoots de helft van alle zakelijke transacties in het land voor hun rekening. In de winkelcentra, volgestouwd met winkels van Louis Vuitton, Versace en andere dure merken, zie je vrouwen lopen met uiterst modieuze zijden jilbabs en de meest onthullende, geraffineerde jurken aan. Nu de extremisten in de hoek gedrongen zijn – op een enkele terroristische aanslag na – gaat de botsing hier niet tussen twee soorten islam, maar om een evident tot het Midden-Oosten behorende islam en het op hol geslagen materialisme van China. Dat dat land in naam nog steeds communistisch is, betekent natuurlijk niets. China en de etnisch Chinese gemeenschap hier in het bijzonder vertegenwoordigen het mondiale kapitalisme, dat de werkelijke bedreiging vormt voor de islam in Indonesië.

De onbekende factor bij deze botsing van beschavingen is het milieu. Vergeet niet dat Indonesië binnen een vurige cirkel van seismische activiteiten ligt. 'Omdat de mensen de tsunami als de wil van God hebben aanvaard, is chaos uitgebleven,' zegt Alyasa Abubakar, de islamgeleerde uit Bandar Atjeh. 'Dankzij hun geloof werden mensen ondanks het verlies van zoveel familie en bekenden niet gek van verdriet. De mensen hier,' vervolgt hij, 'hebben vertrouwen, anders dan de mensen in New Orleans na Katrina. Het verschil in reactie van de bevolking op de twee rampen had niet groter kunnen zijn.'

En zo zullen de verwachte natuurrampen onvermijdelijk de islam versterken. Dat maakt de permanente evolutie van het geloof alleen maar belangrijker. De discussie daarover is in Indonesië levendiger dan waar ook, juist omdat het een niet-Arabisch, seculier land is. Hier is de taal van de profeet niet de spreektaal. Dat iedereen naar Al Jazeera kijkt en dus aan de kant van de Palestijnen in Gaza staat, laat onverlet dat het conflict aldaar een ver-van-mijn-bedshow is. De islamitische wetgeving wordt spaarzaam toegepast en niet altijd gerespecteerd. Maar het belangrijkste is, dat mensen in het democratische Indonesië niet bang zijn om hun gedachten over godsdienst in druk te laten verschijnen, dus zonder angst voor vergelding van de kant van de regering of radicale groeperingen. Zo biedt Indonesië een forum voor een vrije discussie over hoe de islam er in de 21e eeuw uit moet zien. Net als India ontwikkelt dit land zich tot een levendige, krachtige democratie. De moessonzone van Azië zal werkelijk in het centrum van de gebeurtenissen staan.

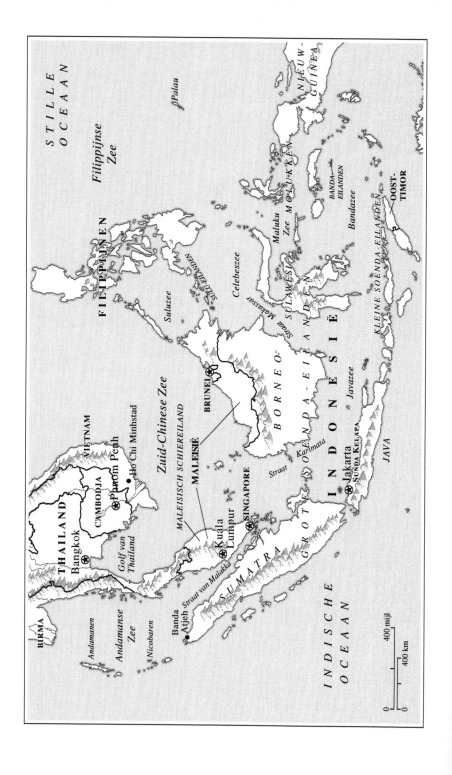

14

Het hart van maritiem Azië

Samen met de landen die aan weerskanten ervan liggen, Indonesië en Maleisië, vormt de Straat van Malakka het hart van maritiem Azië. De zeeëngte is bovendien de 'Fulda Gap' van de multipolaire wereld van de 21e eeuw: bijna alle vaarroutes tussen de Rode Zee en de Japanse Zee komen samen in deze flessenhals van de wereldhandel. Hier ook ontmoeten de maritieme invloedssferen van India en China elkaar en raakt de Indische Oceaan de westelijke Stille Oceaan. En met de groeiende vraag naar meer energie en dus naar meer tankers zal het belang van de straat alleen maar toenemen.

Indonesië zelf is niet alleen een grote olieproducent, maar zal de komende decennia ook de grootste leverancier van aardgas aan Oost-Azië blijven. Met zijn talloze grote en kleine eilanden, rijke energiebronnen, etnische diversiteit, grote moslimbevolking, institutionele zwakheid en zeer strategische ligging zal Indonesië een sleutelrol in de internationale politiek gaan spelen.[1] Er is ook een historische les: doordat het land onder Soeharto in de jaren zestig een ruk naar rechts maakte, werden deze vaarroutes voor de VS veiliggesteld en daardoor was de oorlog in Vietnam, als we dat toen hadden beseft, niet nodig geweest.

Ik sta weer in Banda Atjeh, bij de ingang van de Straat van Malakka, die ruim 800 km lang is en hier in het noorden ruim 300 km breed. Het zuidelijkste deel van de Straat bij Singapore is echter maar zeventien km breed. En net als bij het wegverkeer zorgt die vernauwing voor enorme opstoppingen: de meest uiteenlopende schepen, van supertankers tot de kleinste sleepbootjes en vissersboten, proberen zich een weg te banen door het smalle water, dat nog smaller wordt door verraderlijke zandbanken.[2] Hier heerst de geografie. Alle technologische vooruitgang sinds de klassieke Oudheid heeft de afhankelijkheid van de wereldhandel van deze vaarroute niet weggenomen. Van de veertien landen die samen Oost- en Zuidoost-Azië vormen, zijn er twaalf in hoge mate afhankelijk van de aardolie uit het Midden-Oosten, die weer goeddeels door de Straat van Malakka wordt aangevoerd.[3] De kwetsbaarheid van het vrachtverkeer op de 'halfgesloten' Indische Oceaan, een kwetsbaarheid die deze oceaan juist zo belangrijk maakt, wordt nergens duidelijker dan in deze straat.[4] In feite werden de namen 'Indische Oceaan' en 'Zuid-Chinese Zee' in het verleden helemaal niet gebruikt; in de ogen van de zeelieden uit deze wereld moesten ze juist afzonderlijke zeeën bevaren, een reeks die zich uitstrekte van Oost-Afrika tot aan de Specerij-eilanden van Indonesië vlak bij Nieuw-Guinea.[5]

Op driekwart van de straat, aan de kant van Maleisië en niet ver van Singapore, ligt het oude handelscentrum Malakka. De stad lag halverwege de handelsroute tussen India en China die weer op de wisselende moessonwinden dreef: zeelieden konden in de stad wachten op een voor hen gunstige wind. In de late Middeleeuwen was Malakka een zeevarende islamitische stadstaat en een florerende Maleisische marktplaats, een bloei die te danken was aan de handelaren uit het Indiase Gujarat en aan de bescherming van China, waarmee de stad sterke banden onderhield sinds het bezoek van de eunuch admiraal Zheng He. In 1511 viel Malakka in handen van de Portugezen, die het 130 jaar lang als het hoofdkwartier van hun monopolistische handelsrijk zouden gebruiken. De Portugese belasting op handel was zo buitensporig dat veel kooplieden hun schepen simpelweg naar andere havens lieten uitwijken, waarmee ze voorkwamen dat Portugal echt de controle kreeg.[6] De uit Gujarat afkomstige islamitische handelaren die uit Malakka werden verdreven door de kongsi van Portugese, Chinese en hindoeïstische Tamil-handelaren, vestigden zich en masse aan de andere kant van de Straat in Atjeh, waar ze Indiase stoffen importeerden en peper exporteerden.

Zoals wierook – en nu olie – het voornaamste exportproduct aan de andere kant van de Indische Oceaan was, zo was peper, de 'prikkelende bes van een tropische slingerplant', die het goed doet in het natte-en-droge tropische moessonklimaat, het unieke exportproduct van Atjeh. Het is een arbeidsintensief en moeilijk te verbouwen gewas. En het was, van het oude Rome tot aan China, zeer gewild: net als wierook werd zwarte peper (*piper negrum*, 'de echte peper') als geneeskrachtig, als een stimulans voor hart en nieren beschouwd. Het belang ervan kan niet worden overschat. En Atjeh, aan de noordkust van Sumatra, had het in overvloed.[7] Dat de Portugezen de peperhandel op Sumatra niet in handen konden krijgen, ondanks hun goede positie in Malakka, kwam doordat de Gujarati's in samenwerking met hun medemoslims op Atjeh een alternatieve route ontwikkelden naar de Rode Zee, via de Indiase Coromandelkust en Iran.[8] Eind 16e eeuw verscheepten de Portugezen jaarlijks 1,2 miljoen pond peper via Kaap de Goede Hoop; in dezelfde tijd werd rond de 4 miljoen pond via de Rode Zee vervoerd. Deze periode vormde het hoogtepunt van het zeevarende vorstendom Atjeh. Onder sultan Ala-al-din Riayat Shah al-Kahar (1537-1571) was Atjeh het machtigste land in de Maleisische wereld, met internationale betrekkingen tot in het Ottomaanse Turkije.[9] In 1602 kwam onder Ala-uddin de eerste vloot van de Britse Oost-Indische Compagnie in Atjeh aan. Hij werd de nieuwe sultan.

In ongeveer dezelfde periode, in het begin van de 17e eeuw, werden de Portugezen in wezen uit de Oost-Indische gebiedsdelen verdreven door de Nederlanders. Ze werden ingemaakt door belegeringen en blokkades op zee, en verloren door hun eigen kortzichtige handelspraktijken. De Nederlanders, die aanvankelijk werden begroet als bevrijders, bouwden een handelsstelsel op dat even autoritair en nog veelomvattender was dan dat van de Portugezen. Zij veroverden niet alleen de handelsroutes, maar eisten ook de verbouw van 'handelsgewassen' in een groot deel van het binnenland van Indonesië.[10] Dat de Straat van Malakka in de vroegmoderne tijd centraal stond in de machtsstrijd, blijkt uit het feit dat de Nederlanders en Portugezen er een oorlog om begonnen en dat de Britten zich in 1786 stevig op het Maleisische eilandje Penang vestigden, middels een handelssysteem dat veel liberaler was dan dat van hun Europese concurrenten. Omdat de Britten en Nederlanders beseften dat zij niet eeuwig oorlog konden blijven voeren, werd in 1824 het Verdrag van Londen gesloten: de afspraak dat de Britten zich zouden beperken tot het Maleisische schiereiland en de Nederlanders tot de Indonesische archipel.[11] Zo begon de politieke kaart van onze tijd vorm te krijgen.

Maar laten we terugkeren naar de Nederlanders, want zij hebben het huidige Indonesië gevormd. In feite namen Soekarno en Soeharto het dictatoriale en centralistische bestuur van hun koloniale voorgangers over, al bouwden zij het rommelige rijk waarvoor de Nederlanders de grondslag hadden gelegd verder uit.

De Nederlanders waren de meest utilistische imperialisten, een karaktertrek die te maken had met de strijd tegen de natuur in eigen land, dat in het westen bestaat uit sloten, polders, windmolens en gemalen. Overal 'werd de stem van het water die over eindeloze rampspoed vertelde, gehoord en gevreesd'. In Nederland was er een noodzaak van 'zorgvuldige coördinatie en samenwerking, de mentaliteit van de ingenieur' ofwel 'ordelijkheid'. Daaraan gekoppeld ontstond de plicht om op tijd te zijn: te laat komen duidde op een gebrek aan verantwoordelijkheidsgevoel. Discipline was alles. In deze cultuur was weinig ruimte voor 'katholieke pracht en praal' en 'de frivoliteit van Rome'. Het leven werd geleefd volgens de strenge calvinistische normen.[12]

Het water kon 'beheerd' worden, maar je kon het niet 'dwingen'. Dat besef leidde weer tot tolerantie binnen de eigen samenleving, waarin de orde moest komen van coördinatie en coöperatie. Het was een 'consensus'-cultuur.

Maar als de geografie werkelijk bepalend is voor het karakter van een land, waarom ontstond er in die andere grote rivierendelta, Bengalen, dan niet zo'n goed gereguleerde, technisch ingestelde en coöperatieve samenleving? Aangezien ook in Bengalen het water voortdurend tekeergaat, zou je verwachten dat de bevolking ook daar het water eendrachtig zou temmen. Maar dat land heeft een totaal ander karakter dan Nederland omdat, opnieuw, de keuzes van individuen net zo belangrijk zijn als de geografie. In Bengalen had je 'plaatselijke heersers aan wie de boeren […] eer verschuldigd waren en belasting betaalden'. Als de Ganges zijn loop verlegde of de zee het land overspoelde vertrokken de boeren, die de grond die ze bewerkten niet in eigendom hadden, gewoon naar het dichtstbijzijnde stukje droge grond en begonnen dat te bewerken. Pas na de introductie van het grondbezit door de Britten begonnen de lokale heersers hun nieuwe eigendom te beschermen met dijken en andere constructies voor waterbeheersing.[13]

Zoals de discipline in eigen land voortkwam uit de angst voor het oprukkende water in de lage landen in het noordwesten van Europa, zo kwam de koloniale discipline voort uit de 'zwakke greep' op de overzeese gebiedsdelen. Sterker nog, de Nederlanders 'verloren hun positie op Formosa [...] werden uit Brazilië geschopt' en de Britten namen New York over. De hele oceaanhandel op zich 'was een gok'.[14] Toch groeide en bloeide het koloniale rijk van de Nederlanders, vooral in de Indische Oceaan en 'Oost-Indië'. Op het hoogtepunt in het midden van de 17e eeuw bezaten zij, aldus de Nederlandse schrijver Geert Mak, ruim zevenhonderd zeewaardige schepen, 'een vloot die groter was dan de Engelse, Schotse en Franse vloot bij elkaar'.[15] Van de 9614 schepen die tussen 1600 en 1800 van Europa naar Azië voeren, was bijna de helft Nederlands. 'In 1648 was Nederland ontegenzeglijk de grootste handelsnatie ter wereld,' aldus C.R. Boxer. Het bezat 'handelsposten en versterkte "factorijen" in de hele wereld, van Archangel tot Recife en van New Amsterdam tot Nagasaki', met de Indische Oceaan als het middelpunt.[16] Hoogst uitzonderlijk aan de dominantie van dit kleine landje was dat de schepen en handelsposten niet door soldaten werden beschermd.[17] Voeren de Portugezen naar de Indische Oceaan als kruisvaarders, de Nederlanders gingen in de eerste plaats als handelaren. De handel was hun religie.[18] Zo vormde Holland een voorbode van de internationale ondernemingen en Aziatische stadstaten en kleine landen als Singapore en Zuid-Korea, en van de grote Europese Unie in een post-Amerikaanse wereld met meerdere grootmachten, waarin militaire macht, hoewel zeker bevorderlijk voor het kracht van een land, niet noodzakelijkerwijs de beslissende factor is.

De door de Nederlandse meesters als Rembrandt en Hals geportretteerde burgers kijken je 'behoedzaam, tactvol, zelfingenomen en beheerst' aan. Zij 'laten hun onbewuste drijfveren niet zien, maar stralen nuchterheid en verantwoordelijkheidsbesef uit', zoals de Britse historicus J.H. Plumb opmerkt.[19] Deze mannen uit de gouden eeuw van de handelsnatie hebben werkelijk iets heel moderns, ja resoluut ondernemends. En dat is niet toevallig. De Nederlanders, wier identiteit werd gevormd door privébezit van de grond en de constante strijd tegen het water, stichtten net als de Britten een imperium dat grotendeels door een onderneming werd geleid. In 1602 kreeg de Vereenigde Oost-Indische Compagnie (voc) het monopolie op de handel en de vaarroute ten oosten van Kaap de Goede Hoop over de Indische Oceaan en ten westen van de Straat van Magallanes over de Stille Oceaan.

De onderneming was een staat binnen de staat, bevoegd om verdragen en bondgenootschappen te sluiten, en defensieve oorlogen te voeren uit naam van de Verenigde Provinciën, de voorloper van het moderne Nederland. De veroveringen van de voc in het Oosten kwamen niet in het bezit van een land. Nee, het werden de bezittingen van de particuliere handelaren, die de versterkte gebieden mochten verkopen aan wie ze maar wilden. 'De handelsoligarchie in Holland en Zeeland verdedigde de vrije internationale handel in het algemeen en de vrijheid op zee in het bijzonder vooral [...] uit eigenbelang,' om de historicus Boxer te citeren.[20]

De Nederlandse koloniën ontstonden en breidden zich uit op een manier die vagelijk doet denken aan de Europese Unie. Zeven opstandige provincies, waarvan Holland verreweg de belangrijkste was, kwamen in de Unie van Utrecht van 1579 overeen dat ze zouden gaan samenwerken. In dat kader legden zij de buitenlandse politiek in handen van de Staten-Generaal in Den Haag, een parlement met bestuurlijke bevoegdheden. Vervolgens begonnen de zeven provincies ook op economisch en commercieel gebied meer samen te werken, en de oprichting van de Oost-Indische Compagnie was maar een van de vele hoogtepunten in dit proces. Deze stap zou Amsterdam tot de spil maken in een internationaal maritiem web dat werd opgebouwd dankzij de netwerkdrift van Hollanders, Zeeuwen, Vlamingen, Walen en uit Spanje verdreven joden die de wereldhandel tot hun professie maakten.

De Indische Oceaan bood de Nederlanders een natuurlijke expansiemogelijkheid voor hun handel in het Middellandse Zeegebied en de Levant. Deze verbreding werd vergemakkelijkt doordat Nederlanders met Portugezen waren meegevaren en zo Oost-Indië goed kenden. En het motief was winst: winst met de handel in porselein, thee en specerijen als peper. Ook de stoffen uit het Oosten, vooral de katoen uit Gujarat, maar ook de Perzische, Bengaalse en Chinese zijde, waren zeer populair, om nog maar te zwijgen van de koffie en suiker uit Java. In Azië zelf en daarbuiten waren er markten voor indigo en salpeter uit India, olifanten uit Ceylon en slaven uit Arakan en Bali. Zo gingen de Nederlanders vanaf begin 17e eeuw de concurrentie aan met de Portugezen, tegen wie ze blokkades opwiepen en wier handelsposten, waaronder die in de Molukken, Maleisië, Ceylon en India, ze langzamerhand overnamen.*

Wat deed de voc eigenlijk in 'Indië'? Met andere woorden, hoe gedroegen de Nederlanders zich? Het antwoord is: verschrikkelijk slecht. 'In blinde ijver, streven naar persoonlijk gewin en onverschilligheid voor menselijk lijden,' zoals de historicus Holden Furber schrijft, deed niemand onder voor Jan Pieterszoon Coen, de veroveraar van de kleine Javaanse haven Jakarta. Coen was uit hetzelfde hout gesneden als de imperiumbouwers in Afrika twee eeuwen na zijn tijd. Zijn doelen waren om Jakarta, of Batavia zoals de Nederlanders het noemden, tot het centrum van de overzeese handel tussen de Perzische Golf en de Japanse Zee te maken, en om een groot deel van archipel te onderwerpen. Coen stelde een monopolie in op de drie belangrijkste specerijen, namelijk kruidnagelen, nootmuskaat en foelie, en liet Nederlandse kolonisten overkomen die gebruik konden maken van slavenarbeid.[21] Een van de dingen die hij op zijn naam schreef was de uitroeiing van vrijwel de hele autochtone bevolking van de Molukse Banda-eilanden. En zijn meedogenloosheid was allesbehalve uniek. Er bestond echt een levengroot verschil tussen de beschaafde burgers op de doeken van de Nederlandse meesters en de onbeschaafde criminelen die de Nederlandse schepen bemanden. De Hollanders mochten dan een stuk moderner zijn dan de Portugezen,

---

* In feite was het Nederlandse overwicht over de Portugezen meedogenloos. Terwijl ze door de Engelsen in de Perzische Golf werden gekweld en door de Mogoels in Bengalen, verloren de Portugezen de volgende nederzettingen aan de Nederlanders: de Specerij-eilanden in 1605, Malakka in 1641, Colombo in 1656, de rest van Ceylon in 1658, en Cochin in 1662. A.J.R. Russell-Wood, *The Portugese Empire, 1415-1808: A World on the Move* (Baltimore: John Hopkins University Press, 1992), p. 24.

voor de 'inlanders' die zij in de tropische landen tegenkwamen, maakte dat bar weinig uit. Snouck Hurgronje, de Nederlandse arabist en islamoloog uit de 19e eeuw, zou daarover het volgende schrijven:

> De hoofdrolspelers verdienen onze bewondering vanwege hun to-
> meloze energie. Maar het doel waarvoor ze werkten en de midde-
> len die ze gebruikten, waren van dien aard dat wij, ook als we de
> regel toepassen dat we hun gedrag en daden moeten beoordelen in
> het licht van hun tijd, onze afkeer moeilijk kunnen bedwingen.[22]

De Aziaten kregen te maken met het 'ergste uitschot van het Nederlandse volk, dat een welhaast onverdraaglijke minachting jegens
hen tentoonspreidde en als enige taak had een groep aandeelhou-
ders in het vaderland te verrijken,' zo schrijft hij ook.[23] Omdat de
VOC haar meeste werknemers slecht betaalde, moesten die op een
oneerlijke manier aan hun geld komen. Wat ook een rol speelde was
de ellende van zes tot acht maanden op zee en de gevaren van het
leven in de tropen, waar ziektes op de loer lagen. Omdat de gemiddelde Nederlander geen zin had in dergelijke ontberingen, was het
voetvolk van de VOC veelal van het laagste allooi en ook de meeste
handelaren die meegingen naar het Oosten hadden weinig scrupules. De scheepsbemanning, die hoereerde, dronk, stal en moordde,
moest 'met een stuk ijzer in het gareel worden gehouden, net als
wilde dieren'.[24] Lijfstraffen kwamen veelvuldig voor en homoseksu-
aliteit werd bestraft door de twee daders aan elkaar vastgebonden
in zee te gooien.

De VOC, schrijft Geert Mak, zette voor de werving van de beman-
ningen zogeheten *zielverkopers* in. Die plukten dakloze mannen van
de straat en voorzagen die van voedsel en onderdak, waarna zij 'met
veel tromgeroffel en trompetgeschal' aankondigden dat ze zeelieden
nodig hadden. De mannen werden dan de schepen op gejaagd, waar
ze bij bosjes stierven: ze vielen uit de mast, sloegen overboord, werden vermoord door piraten, kregen scheurbuik, malaria of dysente-
rie, 'of ze gingen met hun schip tenonder'. Een op de tien dekknech-
ten stierf tijdens de heenvaart; van de 671.000 mannen die uit
Amsterdam vertrokken kwamen er 266.000 nooit terug.[25] In de weken dat de schepen, op de heen- of terugweg, voor de West-Afrikaan-

se kust stillagen door de windstilte rond de evenaar werden er tiental-
len lijken per week overboord gegooid.[26] Eenmaal ten oosten van de Kaap verkleinden veel kapiteins, die
aan boord zelf vaak genoten van vlees en wijn, de rantsoenen van hun
bemanning en staken dan in Batavia de winst in eigen zak. De schepen waarop ze naar het oosten voeren, de zogenaamde spiegelsche-
pen, waren van buiten zeer schilderachtig, maar binnen was het donker, koud, vochtig en bedompt. Aangezien ze waren volgestouwd met
hutkoffers, emmers met drinkwater en ander proviand was het er
ook heel krap. Met als gevolg dat er geen aparte ziekenboeg was. Zo
grepen allerlei ziektes snel om zich heen, ook al omdat niet alle mannen de moeite namen om de plee te gebruiken, maar hun behoefte in
een hoekje deden. Op de schepen was het hoe dan ook een enorme
smeerboel. Het voedsel was van slechte kwaliteit, niet meer vers en
zat vol vliegen. Velen werden zo zeeziek op de oceaan dat ze de plee
niet eens haalden als ze hun behoefte moesten doen.

De reis van Amsterdam via Kaap de Goede Hoop en dan naar het
oosten via de 'roaring forties', tussen 36 en 50 graden zuiderbreedte,
naar de Indonesische Soenda Straat duurde een maand of zeven. De
Kaap was vanaf 1652, toen Jan van Riebeeck er de Nederlandse vlag
plantte, tot de opening van het Suezkanaal ruim twee eeuwen later
'de rustplek halverwege tussen Europa en Azië', of de 'taveerne van de
Indische Oceaan', waar de zeelieden hun proviand aanvulden, dronken werden en uitrustten voordat zij weer de hel ingingen van hun
schip op volle zee.[27]

Net als in het geval van de Portugezen leverden dergelijke ontberingen hardvochtige mannen op, die op het land meestal dronken
waren en de inboorlingen mishandelden, terwijl ze zich superieur
waanden. Ieder volk heeft zijn uitschot en zowel de VOC als Portugal
stuurde het schuim der natie naar de koloniën en buitenposten. Zo
kreeg de autochtone bevolking aldaar te maken met de minst ontwikkelde types die deze westerse landen te bieden hadden.* De positie

---

* Degenen die door Portugal en Nederland werden uitgezonden waren
niet allemaal Portugezen en Nederlanders. Bij de Nederlanders sloten zich
ook Duitse en Waalse huurlingen aan. Maar zij behoorden ook tot de laagste sociale klassen.

van de koloniale mogendheid hing mede af van de personen die haar vertegenwoordigden. Groot-Brittannië zond in de regel niet de slechtsten, maar juist de middelmatigen naar India en de andere koloniën. Omdat de VS nooit echte koloniën hebben gehad, maar alleen militaire bases, werden en worden zij in de desbetreffende landen vertegenwoordigd door goedgetrainde en in de meeste gevallen gedisciplineerde militairen uit de arbeidersklasse. (De invasie in Irak heeft beslist tot grote wreedheden geleid, maar dat kwam door het algemene beleid vanuit Washington, niet door het gedrag van de troepen op zich, ondanks uitzonderingen zoals Abu Ghraib.) Met als gevolg dat het Britse en het Amerikaanse imperialisme, voorzover het laatste werkelijk bestaat, doorgaans minder wreed zijn geweest dan de Portugese en Nederlandse varianten. Ook op deze regel zijn uitzonderingen: zo toonden de Nederlanders alle respect voor de bevolking van Japan, Formosa en Perzië, omdat zij de machtige leiders aldaar, de shogun en de sjah, te vriend wilden houden.

Door de bank genomen hadden de Nederlanders een minder sterke invloed op de cultuur van hun koloniën dan de Portugezen. De laatsten pasten zich meer aan de plaatselijke bevolking aan; ze vestigden zich voor de rest van hun leven op plekken waarvandaan de Nederlanders zo snel mogelijk vertrokken als hun dienstjaren erop zaten. Bovendien waren de Portugezen katholiek, een geloof dat indruk maakte op de inwoners van landen aan de Indische Oceaan en dat met al zijn rituelen, rozenkransen, heiligenvering en dergelijke in zekere zin ook lijkt op het hindoeïsme en, in sommige gevallen, boeddhisme. De koude logica en soberheid van het Nederlandse calvinisme konden daar gewoon niet tegenop. Een andere factor was dat de ongehuwde Portugese priesters een sterke band met de lokale bevolking kregen doordat zij jarenlang op hun missiepost bleven. De getrouwde Nederlandse dominees daarentegen moesten voor hun gezin zorgen en werden vaak overgeplaatst. Daar kwam nog bij dat de calvinisten veel minder missionarissen uitzonden dan de rooms-katholieken: zij hadden het te druk met de religieuze twisten binnen Europa. Dit alles helpt verklaren waarom het Portugees eeuwenlang de lingua franca bleef op de kusten van Azië en waarom het Nederlands, of althans een variant ervan, alleen wortel heeft geschoten in Zuid-Afrika.

Maar dat was niet wat de Nederlanders in de koloniën uiteindelijk de das heeft omgedaan. De ondergang kwam, zoals vaak in dit soort gevallen, geleidelijk. En de oorzaak was overbelasting, zoals de historicus aan Yale Paul Kennedy uitvoerig heeft beschreven.[28] Op zich had Nederland niet te veel koloniën en handelsposten in de 'Oost- en West-Indische gebiedsdelen'. Maar het behoud van al die gebieden was wel, in combinatie met de militaire inspanningen in Vlaanderen en waar opnieuw tegen Spanje werd gevochten, te veel. De Nederlandse marine kon gewoon niet aan de vraag naar bijstand in de verschillende werelddelen voldoen. Van alle Verenigde Provinciën kon alleen de admiraliteit van Amsterdam het geld vinden om genoeg oorlogsschepen te bouwen (drieëndertig tussen 1723 en 1741). Rotterdam daarentegen leverde er zeven, Zeeland vier, Friesland één en de niet aan zee gelegen provincies nul.

Hier zie je een oppervlakkige gelijkenis met de huidige situatie in de VS: de militaire missies in de wereld en de geldverslindende operaties in Irak en Afghanistan gaan daar samen met een terugloop van de scheepsbouw voor de marine. Begin jaren negentig had de marine nog zeshonderd oorlogsschepen, nu zijn dat er nog geen driehonderd. Net als de Verenigde Provinciën in de 18e eeuw kunnen de Verenigde Staten zich vandaag buitenposten overal ter wereld veroorloven, maar niet noodzakelijkerwijs gecombineerd met grote inzet van grondtroepen op enkele plaatsen.

Je moet iets van het Nederlandse kolonialisme weten om het stedelijke allegaartje van Jakarta te kunnen doorgronden. De stad heeft zich vanuit de oude haven, Sunda Kelapa, aan de Javazee ontwikkeld. Daar staan de hoge witte pakhuizen van de voc uit de 17e eeuw, met hun teakhouten balken en rode dakpannen die inmiddels zwart zijn geworden. En ter verfraaiing plantten de Nederlanders er kokospalmen bij. Even verderop staan schuurtjes met ijzeren daken te midden van grachten vol afval. Omdat in dit deel van de stad geen wolkenkrabbers staan, kun je een beetje zien hoe het oude Batavia eruitzag. Hier verdienden sommige klanten van Rembrandt hun geld. Aangezien er in de tussenliggende 350 jaar land gewonnen is, ligt de stad nu veel verder van de zee. Maar vanaf de toren die ik beklim, zie ik in de verte een hele rij veerboten en vissersboten varen. Vanhieruit heeft de stad zich naar het zuiden uitgebreid en nu is Jakarta zo groot dat je het eerder een stadstaat dan een stad moet noemen. Na de komst van de Nederlanders vestigden zich hier ook veel Chinezen. Ze namen de tussenhandel in verband met de export van suiker en specerijen op zich en kregen zo tot op zekere hoogte dezelfde sociale positie als de joden in Oost-Europa. En ook zij werden beschimpt: ze waren van levensbelang voor de economie, maar kregen de schuld van alle problemen. Duizenden Chinezen werden vermoord tijdens de rellen in 1740, en vanaf die tijd moesten zij buiten de stadsmuren wonen. Pogroms tegen Chinezen zijn in de Indonesische geschiedenis een terugkerend fenomeen. Ondanks de bruisende Chinatown die rond Sunda Kelapa is ontstaan, dateert de jongste progrom van 1998.

Vlak voor het Chinese Nieuwjaar, het jaar van de Os, ga ik naar de Chinese tempel in het oude Jakarta. De in 1650 gebouwde tempel is een zee van rode en gouden kleuren en van vuur en rook. Mannen verbranden nepgeld om hun voorouders in het hiernamaals symbolisch te steunen. Rond een woud van dikke kaarsen en stenen draken houden mensen bosjes brandende wierookstokjes omhoog.

Tot op de dag van vandaag hebben de Chinezen in feite geen toegang tot het leger, de rechterlijke macht en andere beroepen. Vandaar ook dat ze zo prominent aanwezig zijn in het zakenleven. Desondanks, en ondanks de rellen, staan er langs de wegen die naar de tempel leiden veel Indonesiërs die aan het Chinese Nieuwjaar deelnemen. De houding van de bevolking jegens de Chinezen is tegenwoordig veel genuanceerder dan het vreselijke verleden suggereert, en dat geldt zeker ook voor de wijze waarop er tegen China zelf wordt aangekeken.

Sinds 1998 is er geen geweld tegen de Chinese bevolkingsgroep meer geweest en de Chineestalige media bloeien in Indonesië. De bevolking is de Chinezen in Jakarta net zomin vijandig gezind als die in Beijing. China wordt als een opkomende strategische en economische macht beschouwd waar Indonesië vreedzaam mee om moet gaan, maar die het als het even kan wel op afstand moet houden. In 2005 sloten beide landen een strategisch partnerschap en twee jaar later volgde een afspraak voor militaire samenwerking. Tegelijkertijd maakt Indonesië zich sterker tegenover Beijing door de deelname van Australië en Nieuw-Zeeland aan de Oost-Aziatische topconferenties te bevorderen.[29] Wanneer er wordt gepraat over de rol van de VS en India in Zuidoost-Azië, denkt iedereen aan China. Maar hoe sterker de Amerikaanse en Indiase marinemacht in de Straat van Malakka, des te onafhankelijker Indonesië zich opstelt. Het land met de grootste moslimgemeenschap ter wereld verwelkomt dus heimelijk de Amerikaanse militaire macht en ziet het overwegend hindoeïstische India als een bevriende nationalistische democratie in het hart van Azië. Indonesië, zo vertellen topfunctionarissen me, hoopt dat het Amerikaanse Pacific Command China kan binden in een alliantiesysteem voor de wereld van de Stille Oceaan, zodat het land effectief wordt geneutraliseerd.

Feitelijk is Indonesië weerloos tegenover China. De China National Offshore Oil Corporation is de grootste offshore olieproducent in Indonesië, en de Chinezen importeren kolen en rubber uit Kalimantan op Borneo. Indonesië is afhankelijk van China voor de uitbreiding van het elektriciteitsnetwerk. Chinese oorlogsschepen bezoeken Indonesische havens.

Juist door de komst van de democratie en het terugdringen van de binnenlandse rol van het leger is het land nu kwetsbaarder dan ooit voor groot machtsingrijpen van China, aldus Connie Rahakundini Bakrie, directeur van het Institute of Defense and Security Studies in Jakarta. Ze wijst er ook op dat de strijdkrachten, door hun steun aan Soeharto en de slechte reputatie inzake de mensenrechten, enigszins in diskrediet zijn geraakt en er daardoor bekaaid afkomen in de begrotingen. Indonesië, een enorm land met 240 miljoen inwoners, besteedt minder geld aan defensie dan de stadstaat Singapore en net zoveel als Maleisië, dat 24 miljoen inwoners heeft. Singapore heeft vier onderzeeërs, Indonesië heeft er twee en beide zijn defect.

In de wetenschap dat democratisering uiteindelijk tot decentralisatie leidt en veel van de grondstoffen zich in de verste provincies, Atjeh en Papoea, bevinden, acht Rahakundini een krijgsmacht van wereldklasse en dan vooral een marine noodzakelijk. Anders 'vallen we stukje bij beetje uit elkaar doordat we onder allerlei invloedssferen gaan vallen.' Het is ironisch dat een leger dat zijn naam heeft verspeeld door binnenlandse inmenging nu hard nodig is om eventuele vijanden buiten de deur te houden. Indonesië, zo strategisch gelegen op het kruispunt van de Indische en Stille Oceaan en zo'n succesverhaal op het vlak van de democratie en het tegengaan van terrorisme, zou de wankele zeggenschap over delen van het land weleens kunnen verliezen door de groeiende marine en vissersvloten van China, India en Japan.

Het beleid van het Indonesische leger is 'geduld oefenen', zegt minister van Defensie Juwono Sudarsono. Hou vol totdat de middenklasse zo welvarend en groot is dat de overheid genoeg geld binnenkrijgt voor een grotere krijgsmacht, en dan vooral een grotere marine. Onderwijl neemt het leger deel aan VN-vredesoperaties om zijn aanzien in de wereld te verbeteren en morele steun van de internationale gemeenschap te krijgen.

Wat Zuidoost-Azië als geheel betreft: dat lijkt met al zijn uiteenlopende politieke stelsels en problemen onder toenemende invloed van de economische suprematie van China te komen. In Thailand, ooit de stabiele kracht in de regio, groeit de polarisatie tussen de opkomende arbeidersklasse op het platteland en de vooral in Bangkok woonachtige middenklasse. Bovendien wordt de alom gerespecteerde koning oud en is de kroonprins buitengewoon impopulair. De Thaise democratie staat onder druk van een bevolking die steeds roeriger wordt. Tegelijkertijd kondigen zich in Maleisië en Singapore interessante democratische veranderingen aan nu de deskundige sterke mannen die de natie hebben opgebouwd, Mahathir bin Mohammed en Lee Kuan Yew, het toneel verlaten.[30]

Maleisië is het tegenovergestelde van Indonesië. Hoewel slechts zestig procent van de bevolking moslim is, tegen 85 procent in Indonesië, treedt de overheid er meer op als een 'islamitische staat'. Doordat alle etnische Maleisiërs moslim zijn, is de islam er aan ras gekoppeld waardoor de kloof met de Chinese en Indiase bevolkingsgroepen nog is vergroot. Vanwege de sluipende islamisering hebben de afgelopen twintig jaar al zeventigduizend Chinezen het land verlaten en degenen die zijn gebleven sturen hun kinderen naar Chineestalige scholen. En ook onder de mensen van Indiase afkomst groeit de wrok: eind 2007 protesteerden tienduizend van hen tegen de Maleis-islamitische overheersing. Het is niet verwonderlijk dat Maleisië, net als Indonesië, de aanwezigheid van de Amerikaanse marine in Zuidoost-Azië een handige waarborg tegen China vindt. Anderzijds maakt Kuala Lumpur Beijing het hof met het voorstel voor een pijpleiding door Noord-

Maleisië, zodat Beijing minder afhankelijk van de Straat van Malakka wordt voor zijn olietoevoer. In feite komt Maleisië steeds meer in de schaduw van China te liggen, al vinden de Chinese onderdanen dat de Maleisische islamitische leiders steeds chauvinistischer worden.[31] Met andere woorden: dat de etnische Chinezen in veel Zuidoost-Aziatische landen impopulair zijn, werkt daarniet noodzakelijkerwijs door in de buitenlandse politiek jegens China. Dat land is inmiddels zo sterk dat het alleen nog maar met heel veel respect behandeld kan worden. Al deze landen hopen dat een blijvende aanwezigheid van de Amerikaanse marine en de opkomst van andere oorlogsvloten, zoals die van India, Japan en Zuid-Korea, voldoende tegenwicht kunnen bieden aan de Chinese macht.

De stilzwijgende angst voor China treedt het duidelijkst aan het licht door activiteiten van Singapore, de stadstaat bij het smalste deel van de Straat van Malakka. In Singapore zijn de etnische Chinezen in de meerderheid: 77 procent is Chinees, 14 procent is Maleisisch. Toch is Singapore zo bang om een vazalstaat van China te worden dat het al sinds lang een militaire trainingsrelatie met Taiwan heeft. *Senior Minister* Lee Kuan Yew heeft er openlijk bij Washington op aangedrongen militair en diplomatiek betrokken te blijven bij de regio.[32] Het prestige van Beijing in de regio zal in niet geringe mate afhangen van de vraag in hoeverre Singapore zijn onafhankelijkheid kan behouden.

Dit komt op een moment waarop er vraagtekens worden geplaatst bij het mild autoritaire bestel van Singapore. De legitimiteit van de regerende People's Action Party berust van oudsher op de economische prestaties en nu de internationale crisis ook deze regio treft, zou de druk tot meer politieke openheid weleens kunnen toenemen.[33] Hoewel Maleisië en Singapore op de langere termijn baat hebben bij democratisering, zullen harde verkiezingscampagnes interne zwakheden aan het licht brengen, waardoor ze gevoeliger kunnen worden voor druk van Beijing. In tegenstelling tot Nederland en de andere westerse mogendheden in Zuidoost-Azië, die ver van hun thuishavens opereerden, ligt het geografisch dominante China vlakbij, waardoor het een controle kan gaan uitoefenen die zowel subtieler als veelomvattender is dan we ooit hebben gezien.

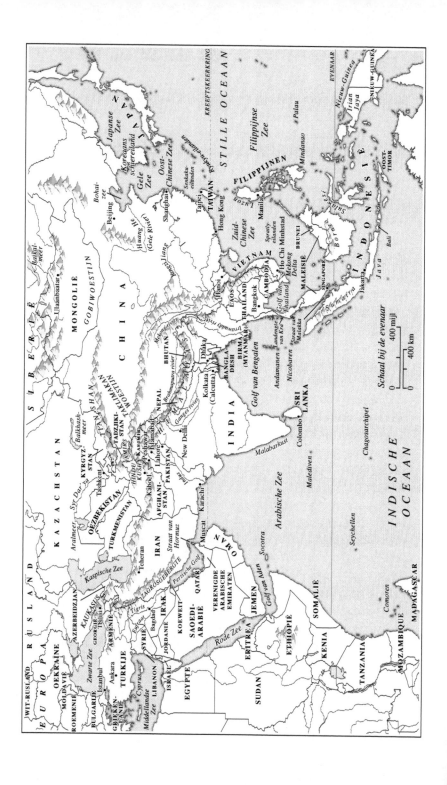

15

De twee-oceanenstrategie van China?

Ruim vijfhonderd jaar lang was de wereld van de Indische Oceaan het toneel van westerse verovering. De Portugese suprematie over de wateren rond Afrika en Eurazië, die met Hendrik de Zeevaarder en Vasco da Gama begon, 'stond aan het begin van de moderne tijd', aldus de Amerikaanse historicus William H. McNeill.[1] Na de Portugezen kwamen de Spanjaarden, Nederlanders, Fransen, Engelsen en Amerikanen. De indringers uit het Westen kwamen bovenal om commerciële redenen. Zo zijn de Amerikanen vooral in dit gebied om de veiligheid van de olietankers uit de Golf in het westen van de oceaan te waarborgen, al hebben zij ook een luchtmachtbasis op het Britse atol Diego Garcia in het midden van de oceaan, vanwaar in 1991 en 2001 luchtaanvallen op respectievelijk Irak en Afghanistan werden gelanceerd.

In de jaren van de Koude Oorlog gold Amerika als de grote internationale zeemacht en de Sovjet-Unie als de dominante Euraziatische landmacht. Die oorlog behoort echter tot het verleden. Nu profiteert China van het feit dat de Amerikanen zich in de nesten hebben gewerkt in Irak en Afghanistan. Door de economische en politieke opmars van China ontstaan er nieuwe, meer complexe verhoudingen in de kustgebieden van Eurazië, niet alleen langs de Indische Oceaan maar ook in het westen van de Stille Oceaan. In dit hoofdstuk analyseer ik de positie van de Amerikaanse marine, die het hoogtepunt van haar suprematie heeft bereikt en nu te maken krijgt met de opkomende marine van China en India. Deze opkomst zou weleens het einde van de westerse suprematie op de Indische Oceaan kunnen inluiden.

Het is heel wel denkbaar dat de hulp van de Amerikaanse marine aan de slachtoffers van de tsunami van eind 2004 op Sumatra later als een van de hoogtepunten van de macht van die marine in Azië zal worden gezien. Het beeld van expeditietroepen op vliegdek- schepen, met de bijbehorende kruisers, torpedojagers en fregatten – het beeld van helikopters die tussen de schepen en de kust op en neer vliegen en worden geholpen door reddingszwemmers en me- dische staf – straalde een wel heel uitzonderlijke combinatie van dominantie en behulpzaamheid uit. *Operation Unified Assistance* had een humanitair doel, maar werd uitgevoerd met een vaardig- heid – het in hoog tempo verplaatsen van vele oorlogsschepen en vliegtuigen over honderden kilometers oceaan – die van vitaal be- lang is voor een oorlog. De werkelijke boodschap van de reddings- operatie: *Aanschouw de macht van de marine van de Verenigde Sta- ten!*

De hulpactie kan echter niet verhullen dat die marine haar zestig jaar oude dominantie op deze oceaan en het westelijke deel van de Stille Oceaan langzamerhand aan het verliezen is. Nog een paar jaar en dan zal zij, volgens de veiligheidsanalisten van de particulie- re beleidsgroep *Strategic Forecasting*, minder prominent aanwe- zig zijn als er hulp in deze regio moet worden geboden. Bij de vol- gende ramp zal ze de wateren (en de roem) moeten delen met de grote, nieuwe vliegdekschepen van Australië, Japan, Zuid-Korea, India en wellicht ook China. En nu al bouwt en koopt het laatste land veel meer onderzeeërs dan de VS. Ja, het vergroot zijn marine- vloot zo pijlsnel dat het Volksbevrijdingsleger ergens in het vol- gende decennium meer schepen zal hebben dan de Amerikaanse marine. Natuurlijk, aantallen zeggen niet alles, maar ze zijn wel be- langrijk.

De cijfers laten zien hoe sterk de Amerikaanse marine de afgelo- pen decennia gekrompen is. Aan het eind van de Tweede Wereldoor- log telde de vloot 6700 schepen. Tijdens de Koude Oorlog waren dat er ongeveer 600. Na de val van de Berlijnse muur liep het aantal in de jaren negentig terug tot ruim 350. Inmiddels is het aantal gedaald tot nog geen 280. En de plannen van de marine voor een verhoging tot ruim 310 worden onder meer vanwege kostenoverschrijdingen van ruim 34 procent door instanties van het Congres te optimistisch genoemd. Maar als de bouw van marineschepen op het huidige aantal van zeven per jaar blijft steken, dan zou – met een vloot waarvan de levensverwachting dertig jaar is – het totale aantal in de komende tien jaar weleens tot 200 kunnen dalen. Gezien de economische recessie zullen waarschijnlijk ook de uitgaven van het Pentagon verder worden teruggedrongen, met alle gevolgen voor de bijzonder kostbare scheepsbouw van dien.

Dit wil niet zeggen dat de dominantie van de Amerikaanse marine op de Indische Oceaan en de westelijke Stille Oceaan van vandaag op morgen voorbij is. Uit de bovengenoemde cijfers blijkt al dat het gaat om een langzaam proces, een proces bovendien dat omkeerbaar is. Maar het betekent wel dat zeventig jaar na de Tweede Wereldoorlog ook zowel marinevloten uit de regio zelf als niet-reguliere gewapende schepen, zoals die van piraten, op het toneel gaan verschijnen.

Het is wellicht niet overbodig om nog eens te zeggen dat er niets onrechtmatigs is aan de machtsontplooiing van het Chinese leger. Je zou deze kunnen vergelijken met die van de Verenigde Staten aan het eind van de 19e eeuw: nadat in de jaren na de Burgeroorlog het land was samengesmeed en het Amerikaanse Westen door de pioniers was bedwongen, lieten de VS het Panamakanaal graven. Onder een aantal inmiddels vergeten presidenten, zoals Hayes, Garfield, Arthur, en Harrison, groeide de economie met sprongen, en met de toename van de buitenlandse handel kregen de VS voor het eerst economische en strategische belangen in verafgelegen plaatsen. Dat leidde onder andere tot landingen van de marine in Latijns-Amerika en rond de Stille Oceaan. Waarom zouden we verwachten dat China een geheel andere koers gaat volgen? De Chinese samenleving is net zo dynamisch als die van de VS een eeuw geleden.

In 1890 publiceerde de Amerikaanse militaire wetenschapper Alfred Mahan het boek *The Influence of Sea Power Upon History, 1660-1783*. Daarin stelt hij dat de wereldgeschiedenis wordt bepaald door landen die hun handelsvloot kunnen beschermen. Zijn boeken, altijd al populair bij denkers over dominantie op zee, worden vandaag de dag gretig gelezen door Chinese en Indiase strategen. Het is echter te simpel om te stellen dat China zijn marine versterkt om regionale of misschien zelfs wereldwijde hegemonie te veroveren. Imperia worden lang niet altijd bewust nagestreefd. Het is meer zo dat landen als ze sterker worden bepaalde behoeftes krijgen, en dat er – tegen de intuïtie in – allerlei onzekerheden gaan ontstaan die resulteren in een organische groei van de macht overzee.

China is geen Iran onder president Ahmadinejad. Het wil geen enkel land vernietigen en het heeft bijzonder sterke diplomatieke en economische betrekkingen met de VS. Door de wereldwijde recessie zijn de belangen van beide landen nog meer met elkaar verbonden geraakt. De VS zijn op China aangewezen voor goedkope goederen en de steun voor de eigen munt met biljoenen dollars op Chinese banken, en China is afhankelijk van de export naar de grootste consumentenmarkt. De versterking van de bilaterale relaties is niet alleen waarschijnlijk, maar wellicht ook het 'best case scenario' voor de hele wereld van de 21e eeuw. Onder deze twee grootmachten kan een ware wereldbeheersing vorm krijgen.

Het regeringsbestel van China mag dan niet democratisch zijn, onder het bestaande systeem kan wel heftig en levendig gediscussieerd worden over het beleid en de richting waarin de samenleving gaat. Er kan zelfs een rebellie uitbreken waardoor de leiders verdeeld raken en China's mars naar een grotere machtsstatus een vertraging van jaren oploopt. Zoals de kremlinologen er in de jaren zeventig ten onrechte van uitgingen dat de Koude Oorlog nog tientallen jaren zou duren, zo kunnen mensen als ik de ontwikkelingen in Beijing, en bovenal de bestendigheid van de economische groei in China verkeerd inschatten. Maar als je de huidige ontwikkelingen bekijkt, dan ligt die blijvende groei voor de hand.

Voor wat de relatie van Washington met China betreft, is het meest waarschijnlijke toekomstscenario volgens mij behoorlijk genuanceerd: de VS zullen tegelijkertijd met het land moeten concurreren en samenwerken. De rivaliteit tussen beide landen zal het woord 'subtiliteit' misschien wel een nieuwe betekenis geven, vooral op economisch en diplomatiek terrein. Maar als er problemen in de relatie optreden, dan verwacht ik dat een daarvan zich zal voordoen in het gebied van de Indische Oceaan en het westen van de Pacific.

De Amerikanen kunnen op dit moment hun huidige oorlogsvloot

amper in stand houden, een situatie die gezien de verminderde groei van het BNP en de ergste crisis sinds de Grote Depressie niet zal verbeteren. Het defensiebudget van China daarentegen groeit al twintig jaar met meer dan tien procent. En hoewel de crisis ook daar schade aanricht, blijft de hele economie met jaarlijks acht tot tien procent groeien. Tot het Chinese marine-arsenaal behoren twaalf Kiloklasse diesel-elektrisch aangedreven, geleide-rakettenaanvalsonderzeeërs, voorzien van doelzoekende torpedo's; dertien Songklasse onderzeeers die op de Kilo's lijken, twee Shangklasse nucleair aangedreven aanvalsonderzeeërs en een Jinklasse nucleair aangedreven ballistische-raketonderzeeër. Van deze laatste zijn er bovendien nog drie in aanbouw.

De Amerikaanse marine beschikt over 74 aanvalsonderzeeërs met nucleaire aandrijving en ballistische raketten; dat de Chinese marine de vergelijking daarmeeniet kan doorstaan is duidelijk. Bovendien zijn van alle 34 vliegdekschepen ter wereld er 24 Amerikaans. China heeft er niet een (hoewel het er wel een of misschien twee aan het ontwikkelen is). Zo kun je nog veel meer cijfers noemen. Maar nogmaals: cijfers vertellen niet het hele verhaal. Waar het in feite om gaat zijn de onderliggende trends, ongelijke capaciteiten en creatieve combinatie van marine, economie en territoriale macht waarmee een invloedssfeer in heel Azië kan worden geschapen.

China haalt de achterstand langzaam in, maar toch snel genoeg om de Amerikanen ervan te doordringen dat hun tijdperk van dominantie niet eeuwig zal duren. Zoals de strijders in Irak de ongelijke strijd voerden met eenvoudige bermbommen, zo zal China met zijn raketten en ruimteprogramma's de ongelijke strijd leveren met subtiele waarschuwingen en het weigeren van toegang, zodat het voor de Amerikaanse vliegdekschepen riskanter wordt om de kust van Azië te naderen. En alleen al de centrale ligging van China in Azië, gekoppeld aan de groei van zijn marine en economie, zal voor een blijvende terugloop van de Amerikaanse invloed zorgen.

Daarom is het zo belangrijk om de mogelijke marinestrategie van China in de nabijgelegen oceanen in ogenschouw te nemen. Maar alvorens daarop in te gaan, wil ik eerst nog iets zeggen over waarom China eigenlijk de zee op wil. Welke belangen heeft het precies die overeenkomen met de Amerikaanse belangen van eind 19e eeuw?*

Sinds de oudheid heeft China zich verweerd tegen invasies over land. In de derde eeuw v.Chr. werd met de bouw van de Grote Muur begonnen om Turkse indringers tegen te houden; halverwege de 20e eeuw vreesden de Chinezen weer voor een invasie uit het noorden, nu door de Sovjet-Unie, na de breuk tussen Peking en Moskou. Daarom ging onder Mao zo ongeveer al het geld naar de landmacht en werden de zeeën duidelijk verwaarloosd. Maar met het verdwijnen van de Sovjet-Unie verdwenen ook deze zorgen. De Chinese diplomatie houdt zich wat de noorderburen betreft vooral nog bezig met het oplossen van grensgeschillen met onder andere de nieuwe republieken in Centraal-Azië, en feitelijk is er nu sprake van een omgekeerde invasie: Chinese migranten nemen demografisch langzamerhand delen van Siberië over. Het Chinese streven naar macht op zee wijst er allereerst op dat de landsgrenzen niet langer worden bedreigd, voor het eerst sinds eeuwen. In tegenstelling tot aan zee gelegen stadstaten en grote of kleine eilandstaten, die als vanzelfsprekend naar zulke macht streven, is het voor een continentaal en historisch geïsoleerd land als China deels een luxe: een teken van ontluikende grootmacht. Alleen al de grootschaligheid waarmee het land zich nu op de zee richt, bewijst hoe dominant het is op het vasteland van Azië.

* Mijn ideeën over deze maritieme wereld zijn voor een belangrijk deel bepaald door een groep wetenschappers van het US Naval War College. Ze hebben uitgebreid, creatief en op gematigde toon geschreven over de maritieme strategie van China. Het zijn Gabriel B. Collins, Andrew S. Erickson, Lyle J. Goldstein, James R. Holmes, William S. Murray en Toshi Yoshihara. Voor de statistieken en veel inzichten heb ik vooral veel gehad aan vier publicaties: James R. Holmes en Toshi Yoshihara, *Chinese Naval Strategy in the 21st Century: The Turn to Mahan* (New York, Routledge, 2008); Toshi Yoshihara and James Holmes, 'Command of the Sea with Chinese Characteristics', *Orbis*, herfst 2005; Gabriel B. Collins et al., red., *China's Energy Strategy; The Impact on Beijing's Maritime Policies* (Annapolis, MD, Naval Institute Press, 2008); en Andrew Erickson en Gabe Collins, 'Beijing's Energy Strategy; The Significance of a Chinese State-Owned Tanker Fleet', *Orbis*, herfst 2007.

Zeker, China is in de eigen regio niet zo veilig als de door niets of niemand bedreigde VS eind 19e eeuw. Maar de integriteit van het land wordt nu minder bedreigd dan in het leeuwendeel van zijn verleden.

Een andere factor die China de weg wijst naar de zee is de economische groei. Die leidde tot een explosie van de internationale handel en die zorgde weer voor een explosie van de commerciële activiteiten langs de kust. Sinds 2007 is de haven van Shanghai groter dan die van Hongkong en er worden meer goederen vervracht dan in welke haven ook. Geschat wordt dat China in 2015 de meeste schepen ter wereld zal bouwen, meer dan Japan en Zuid-Korea. Zeemacht hangt samen met de koopvaardij en op dat vlak zal China leidinggevend worden in de wereld.

En de belangrijkste factor die zowel de buitenlandse politiek als het defensiebeleid van Beijing bepaalt, is dat de economie niet zonder een permanente aanvoer van brandstoffen kan. Dat steenkool, biomassa, kernenergie en andere alternatieven de laatste tijd meer in beeld zijn gekomen, laat onverlet dat China ook steeds meer olie en aardgas nodig heeft: na de VS is het nu al de grootste olieverbruiker. Het beseft echter dat toekomstige vijanden gebruik kunnen gaan maken van zijn behoefte aan geïmporteerde olieproducten. (De noodzaak tot diversificatie van energiebronnen is een van de redenen dat China openlijk deals sluit met het beruchte regime van Soedan.) Het gebruik van brandstoffen is de laatste twintig jaar ruim verdubbeld en zal in de komende tien, twintig jaar nog eens verdubbelen, terwijl de binnenlandse olieproductie niet is toegenomen sinds 1993, toen China een netto-olie-importeur werd. Nu komen verreweg de meeste olie en aardgas, te weten 85 procent, via de Indische Oceaan en de Straat van Malakka naar de Chinese havens aan de Stille Oceaan. De olie-import via pijpleidingen vanuit Centraal-Azië zal nooit geheel aan de vraag kunnen voldoen, net zomin als de binnenlandse steenkool. Op den duur zal China misschien nog wel sterker afhankelijk worden van Saoedische olie en aardgas uit Iran. Daarom moeten de aanvoerlijnen over zee langs de zuidkusten van Eurazië beschermd worden. Waarom zou China, een beschaafd land sinds de oudheid en nog vrij recent een slachtoffer van westers kolonialisme, zoiets belangrijks overlaten aan de marine van de VS, de zelfbenoemde beschermer van de wereldwijde maritieme gemeenschap? Iedereen die

China zou besturen, en dus honderden miljoenen Chinezen moest verheffen tot de energieverslindende levensstijl van de middenklasse, zou een marine willen hebben die de handelsvloot in de cruciale oceanen kan beschermen.

Het zal evenwel nog vele jaren duren voordat China een dergelijke marine heeft. De analist James Mulvenon stelt dus wellicht terecht dat het momenteel nog graag 'gratis meelift' op de 'openbare voorziening' die wordt geleverd door de Amerikaanse marine.[2] Maar naarmate de Chinese marine de eerdergenoemde taken beter kan vervullen – en de Amerikaanse vloot kleiner wordt, zodat de twee landen ook op dit vlak naar elkaar toegroeien – zal het meeliften minder noodzakelijk worden en kan het tijdperk van Amerikaans-Chinese rivaliteit om de positie op zee serieus beginnen.

Vergeet niet dat de zeeën tussen Afrika en Indonesië en tussen Indonesië en Korea en Japan dankzij toekomstige kanalen en landbruggen steeds meer een eenheid zullen vormen. De beide oceanen die nu nog alleen verbonden zijn door de Straten van Malakka, Lombok en Soenda (alle drie in Indonesische wateren; de laatste twee veel minder belangrijk dan de eerste), zullen dan dus een betrekkelijk kleine Euraziatische wereld vormen.

Maar nu zijn de grote beschavingen aan de Indische Oceaan en de westzijde van de Stille Oceaan nog twee werelden die door de Straat van Malakka gescheiden worden. En terwijl China zich ten opzichte van de Indische Oceaan opstelt als een 'landmacht' die toegang zoekt tot de havens van landen als Pakistan, Sri Lanka, Bangladesh en Birma, waardoor conflicten met India dreigen, kan zijn eigen lange kustlijn aan de Stille Oceaan onenigheid met de VS opleveren.

Laten we dus voorbij de Indische Oceaan naar de Stille Oceaan kijken. Daar verwacht de Chinese marine alleen maar problemen en frustraties in wat in deze kringen de 'Eerste Eilanden Keten' wordt genoemd. Die omvat, van noord naar zuid, Japan en de Japanse Ryukyu-eilanden, het Koreaanse schiereiland, Taiwan, de Filippijnen, Indonesië en Australië.[3] Afgezien van het laatste land zijn dit allemaal potentiële conflicthaarden. Mogelijke scenario's zijn de ineenstorting van Noord-Korea, een oorlog tussen dat land en Zuid-Korea, een strijd met de VS over Taiwan of aanslagen van piraten of terroristen op Chinese vrachtschepen in de Straat van Malakka of andere Indonesische straten. Bovendien zijn er de Chinese territoriale geschillen over delen van de Chinese Zee met vermoedelijk rijke energiebronnen. In de Oost-Chinese Zee eisen China en Japan allebei het gezag over de Senkaku/Diaoyu-eilanden op; in de Zuid-Chinese Zee heerst er onenigheid tussen China, de Filippijnen en Vietnam over de Spratly-eilanden. Beijing gebruikt vooral de Senkaku/Diaoyu-eilanden, die alleen interessant zijn voor Chinese strategen, om het nationalisme op te stoken als het dat nodig acht. Gezien vanaf de Chinese kust vormt de 'Eerste Eilanden Keten' een soort 'omgekeerde Chinese Muur', in de woorden van James Holmes en Toshi Yoshihara, hoogleraren aan het Naval War College. Die muur bestaat vrijwel geheel uit goed functionerende Amerikaanse bondgenoten: je zou Japan, de Ryukyu-eilanden, Zuid-Korea, Taiwan, de Filippijnen en Australië als evenzovele wachttorens kunnen zien die de toegang van China tot de Stille Oceaan kunnen blokkeren. Als Chinese strategen de kaart bekijken, reageren ze geprikkeld omdat hun marine zo opgesloten zit.

Neem de twee Korea's. De eenwording daarvan zou, op zijn zachtst gezegd, geopolitiek onhandig zijn voor China. Het Koreaanse schiereiland steekt ver uit in zee en beheerst zo al het scheepsverkeer voor het noordoosten van het land. Wat nog erger is: in de oksel ervan ligt de Bohaizee, waar de grootste offshore oliereserve van China zich bevindt. Bovendien zal een verenigd Korea hoogstwaarschijnlijk een nationalistisch Korea zijn, een land met gemengde gevoelens jegens de grote buren China en Japan, die de onafhankelijkheid van het land in het verleden hebben bedreigd. Een verdeeld Korea is momenteel gunstig voor China omdat Noord-Korea, hoeveel kopzorgen zijn hermetisch gesloten regime Beijing ook bezorgt, een buffer vormt tussen China en het succesvolle en democratische Zuid-Korea.

Wat Taiwan betreft: dat illustreert het essentiële inzicht in de wereldpolitiek dat morele kwesties vlak onder de oppervlakte gewoon om macht gaan. Hoewel alle partijen uitsluitend in morele termen over Taiwan praten, is de kwestie van zijn onafhankelijkheid van groot geopolitiek belang. Beijing wijst erop dat Taiwan historisch gezien bij China hoort en dat herstel van de eenheid ten goede komt aan alle etnische Chinezen. Amerika verdedigt Taiwan als een modeldemocratie. Maar het eiland is iets anders. Het is, zoals generaal Mac-Arthur ooit zei, een 'onzinkbaar vliegdekschip' vlak voor de ronde kust van China, vanwaaraf een buitenlandse mogendheid als de VS macht kan 'uitstralen' over die hele kust.[4] Als zodanig vinden de planners van de Chinese marine niets zo irritant als de de facto onafhankelijkheid van Taiwan. Van alle wachttorens langs de maritieme 'omgekeerde Grote Muur' is Taiwan overdrachtelijk de hoogste en het meest centraal gelegen. Als Taiwan zou terugkeren in de schoot van het moederland, dan zou er plots een bres in de muur ontstaan die een eind zou maken aan de maritieme dwangbuis.

China wil even graag een marinevloot voor de open oceaan als vroeger de Amerikanen. Die konden pas macht op zee krijgen nadat zij door de trek naar het westen het eigen continent hadden bedwongen en bevolkt. Mocht China Taiwan binnen de landsgrenzen weten te halen, dan zal de marine een ideale strategische positie krijgen ten opzichte van de Eerste Eilanden Keten. Maar minstens zo belangrijk is de nationale energie die dan vrijkomt om buitengaats een positie te verwerven die nu nog onmogelijk is. Zodra de kwestie-Taiwan van de baan is, zou China, zo stellen Holmes en Yoshihara, de handen vrij krijgen voor de grote maritieme strategie inzake de Indische en Stille Oceaan. (Deze inspanning zou nog een extra stimulans krijgen als China de islamitische, Turkse Oeigoeren in de westelijke provincie Xinjiang beter in de Han-Chinese samenleving kon integreren.)

Stel je voor dat de oplossing van de kwestie-Taiwan net zo'n effect, in symbolische zin althans, krijgt als de laatste grote slag in de oorlog tegen de Indianen. Nadat met het vreselijke bloedbad van Wounded Knee in 1890 het 'wilde Westen' veiliggesteld was, kon de Amerikaanse krijgsmacht zich echt op de zee gaan richten, en tien jaar later begon de aanleg van het Panamakanaal. Hoewel de toestand in de wereld nu al vaak met het woord 'multi-polair' wordt omschreven, zal het herstel van de eenheid tussen China en Taiwan de komst van de multi-polaire wereld pas echt markeren.

Op allerlei manieren, maar vooral door middel van de economie, probeert China de dynamiek rond de door de Amerikanen gedomineerde Eerste Eilanden Keten te veranderen. Het land zal de belangrijkste handelspartner van de Filippijnen en Australië worden. Met betrekking tot de Filippijnen, een land waar de Amerikanen de hele

20e eeuw veel invloed hadden inclusief hun bezetting, politieke bemoeienis en economische hulp op grote schaal, doet China alles om
de bilaterale betrekkingen te verbeteren. Enkele jaren geleden bood
het de Filippijnen zelfs een defensieverdrag aan, inclusief een overeenkomst om informatie van de geheime diensten uit te wisselen. Dit
alles dwingt ons om na te denken over een toekomst met een herbe-
wapend Japan, een nationalistisch Groot-Korea, Taiwan herenigd
met China en de Filippijnen en Australië die, in naam pro-Amerikaans, geneutraliseerd zijn door onder meer de handelsrelaties met
China. Daarmee zou het westelijke deel van de Stille Oceaan veel
minder stabiel worden, en dit in een tijd van teruglopende Amerikaanse macht en de opmars van China op alle marinefronten.

In dit scenario zal het land zich richten op de zogeheten Tweede
Eilanden Keten, een keten verder naar het oosten die wordt gedomineerd door Guam en de Marianeneilanden die in Amerikaans bezit
zijn. In feite nemen de belangen van China in Oceanië nu al toe: het
smeedt diplomatieke en economische banden met een groot aantal
van deze kleine en schijnbaar onbelangrijke eilandnaties.

Maar de maritieme belangen van het land zijn nergens duidelijker
dan in het zuiden, waar de Indische en Stille Oceaan elkaar ontmoeten, in de complexe maritieme regio van de Zuid-Chinese Zee en de
Javazee. Hier is Singapore dominant en liggen Maleisië en de duizenden eilanden van de zuidelijke Filippijnen en Indonesië. En doordat
het grootste deel van het Chinese vrachtverkeer met het Midden-
Oosten en Afrika door de nauwe zeeëngtes tussen de Indonesische
eilanden moet, is hier ook het gevaar van piraterij en aanslagen door
moslimextremisten het grootst. Bovendien maakt ook de Indiase
marine zich hier sterk en zijn er aanzienlijke oliereserves die China
graag wil exploiteren. De Zuid-Chinese Zee wordt daarom zelfs weleens de 'tweede Perzische Golf' genoemd.[5] Door al deze factoren tezamen, en de kansen, problemen en nachtmerries die ze voor Chinese strategen vormen, zal de oostelijke ingang van de Indische Oceaan
de komende decennia een van de beslissende zeetableaus worden.
Zoals de Amerikaanse marine een eeuw geleden de Caraïbische wateren onderwierp, zo moet de Chinese marine deze zeeën onder de
duim krijgen. Net als het Panamakanaal is de Straat van Malakka een
cruciale uitweg naar de rest van de wereld.[6]

Door de hele geschiedenis heen hebben landen de aangrenzende zeeën willen beheersen, zoals Nicholas Spykman, de Nederlands-Amerikaanse geopolitieke wetenschapper schrijft. Griekenland wilde controle over de Egeïsche Zee, Rome over de Middellandse Zee, de VS over de Caraïbische Zee, en volgens deze logica wil China nu de Zuid-Chinese Zee beheersen.[7]

Verplaats je eens in de positie van de Chinezen, die moeten toezien hoe Amerikaanse vliegdekschepen en *expeditionary strike groups* doen wat ze willen in hun belangrijke achtertuin. De Amerikaanse hulpoperatie na de tsunami in Indonesië demonstreerde voor de Chinezen hun onvermogen in hun eigen maritieme omgeving: zij konden geen vliegdekschepen naar getroffen gebieden sturen. Dit onvermogen vormt de motor achter de discussie onder Chinese machthebbers of zij niet wat vliegdekschepen moeten aanschaffen, in plaats van pure oorlogsschepen zoals duikboten, waar je bij hulpoperaties niets mee kunt. In hun ogen is de overheersing van deze zeeën door hun marine een natuurlijk recht. Het Amerikaanse optreden na de tsunami heeft hen in die opvatting alleen maar gesterkt.

Als je maritiem Zuidoost-Azië bekijkt, valt onmiddellijk het gevaar van het moslimextremisme op in de deels onbestuurbare archipel van de zuidelijke Filippijnen, Maleisië en Indonesië. Het grote nadeel van de radicale islam voor de Chinezen is dat deze de Amerikaanse troepen op jacht naar terroristen dichter bij hun kusten brengt. Ik heb dit met eigen ogen gezien toen ik verslag deed van *Operation Enduring Freedom* op de Filippijnen in 2003 en opnieuw in 2006. Ter bestrijding van de aan Al-Qaida en Jemaah Islamiya gelieerde terroristische organisatie Abu Sayyaf richtten de Amerikaanse *Special Operations Forces* op Mindanao een basis in, vanwaar zij de Filippijnse militairen en mariniers hielpen bij hun antiterreuracties in de belegerde Sulu-archipel. Zo keerde de krijgsmacht van de VS voor het eerst sinds de sluiting van Clark Air Base en Subic Bay Naval Station in 1992 terug naar dit land. En voor het eerst sinds de Tweede Wereldoorlog werden er Amerikaanse soldaten ten zuiden van het Filippijnse hoofdeiland Luzon ingezet. Voor de Chinese strategen was dat ontmoedigend nieuws, en sommige Amerikanen die ik interviewde erkenden openlijk de geopolitieke implicaties van hun aanwezigheid. Het probleem was nu de radicale islam, zeiden ze, maar de inzet van hun troepen verschafte de VS een betere uitgangspositie in de toekomstige concurrentiestrijd met China.

En dan is er nog de piraterij waarover China zich om duidelijke redenen zorgen maakt. De laatste jaren is die in de zeeëngtes die de levenslijn naar het land vormen, al sterk teruggedrongen door de vereende krachten van de marine van Singapore, Maleisië en Indonesië. De piraten vormen daar niet meer zo'n grote plaag als in de Golf van Aden aan de andere kant van de Indische Oceaan. Maar in de wetenschap dat de kaapvaart in Zuidoost-Azië eeuwenlang niet weg te denken was en zo weer kan terugkeren, blijven de Chinese admiraals waakzaam.

Zoals vermeld in een vorig hoofdstuk gaan er verhalen dat de Chinezen in de nabije toekomst geld gaan steken in een kanaal door de landengte van Kra in Thailand om een extra verbinding tussen de Indische en Stille Oceaan tot stand te brengen. Het project, dat ook in technische zin met het Panamakanaal te vergelijken is, zal naar schatting 20 miljard dollar kosten. In de oudheid haalden en brachten Chinezen goederen via de landengte van Kra van en naar de Indische Oceaan.[8] Een Krakanaal zou voor hen net zo belangrijk kunnen worden als het Grote Kanaal dat in de late oudheid Hangzhou in Midden-China verbond met Beijing in het noorden. Zo'n kanaal kan het land nieuwe havenfaciliteiten en olieraffinaderijen opleveren, opslagruimte voor transitgoederen en, in het algemeen, een platform bieden om de invloed in Zuidoost-Azië uit te breiden. Niet ver van Kra ligt het eiland Hainan in de Zuid-Chinese Zee met zijn Chinese militaire basis, waartoe ook ondergrondse ligplaatsen voor onderzeeërs behoren. Vandaar ontplooit China nu al steeds meer lucht- en zeemacht.[9]

Wellicht herinnert de lezer zich dat Dubai Ports World een haalbaarheidsonderzoek uitvoert naar de bouw van een landbrug op hetzelfde Kra, met havens aan beide kanten van de landengte die met spoorlijnen en autosnelwegen met de rest van de wereld zal worden verbonden. En de Maleisische regering denkt aan een pijpleidingennetwerk van west naar oost, dat de havens in de Golf van Bengalen zal verbinden met de Zuid-Chinese Zee. Het strategische hart van de maritieme wereld is al een tijd geleden van het noorden van de Atlantische Oceaan verschoven naar het westen van de Stille Oceaan en het gebied van de Indische Oceaan. Maar deze trend zal versneld worden als zelfs maar een of twee van deze projecten worden uitgevoerd. Dat zal zeker een ingrijpend effect hebben op de inzet van de marine. Ten gevolge van twee belangrijke ontwikkelingen – de economische opmars van Azië en de politieke ineenstorting van het Midden-Oosten – zullen de Indische Oceaan en de randzeeën ervan, die op sleutelpunten steeds kwetsbaarder worden voor terreur en piraterij, het belangrijkst worden voor de oorlogvoering.

China zal oneindig veel winnen bij al deze projecten. Hoe minder belangrijk die ene Straat van Malakka wordt, des te minder bedreigend de piraterij en de opkomst van de Indiase marine worden. En ook de zorgen over scheepsdrukte, vervuiling en gevaarlijke ladingen zullen afnemen. En belangrijker nog: met meerdere toegangsroutes tussen beide oceanen om het 'Malakka-dilemma' te verlichten, zal de Chinese marine zich in plaats van op één oceaan op twee oceanen kunnen manifesteren. China met alleen een marinevloot op de Stille Oceaan is een regionale macht, China met een vloot op zowel de Stille als de Indische Oceaan wordt een grootmacht die kracht kan uitstralen langs de hele Euraziatische kust.

China kan de kwestie-Malakka op twee manieren oplossen. Ten eerste is er de simpele oplossing: zorg voor alternatieve vaarroutes van de ene naar de andere oceaan. De tweede oplossing is dat er meer brandstoffen over land van het Midden-Oosten en Centraal-Azië naar China worden vervoerd. Zoals we hebben gezien betekent dit dat havens aan de Indische Oceaan op een gegeven moment gebruikt gaan worden voor de overslag van brandstoffen die dan via wegen en pijpleidingen noordwaarts naar Midden-China worden gebracht. Het was in feite opvallend hoe gretig China twee torpedojagers en een bevoorradingsschip naar de Golf van Aden stuurde om Chinese schepen tegen piraten te beschermen. Niet alleen konden hun zeelieden zo ervaring opdoen met een lange reis buiten de eigen wateren, maar ook de claim van China dat het operaties mag uitvoeren op de Indische Oceaan werd erdoor versterkt.

Op dit punt is het zinvol om nog even terug te keren naar de periode van eind tiende eeuw tot begin vijftiende eeuw, toen China onder de Songdynastie en het begin van de Mingdynastie een zeemacht was, een macht die culmineerde in de reizen van de beroemde admiraal Zheng He. Met deze expedities breidde de commerciële en economische invloed van China zich uit tot aan Oost-Afrika en werden plaatsen bezocht als Bengalen, Ceylon, Hormuz en Mogadishu. Vooral de zeereizen tussen 1405 en 1433 van Zheng He, wiens vloot honderden schepen en tienduizenden opvarenden telde, waren niet alleen bedoeld als Chinees vlagvertoon in de havens van Zuid-Azië en het Midden-Oosten. Nee, de vloot werd ook eropuit gestuurd om het Chinese vrachtverkeer tegen piraten te beschermen en, op een andere manier, goedgezinde macht te tonen. Interessant genoeg probeerde de Chinese marine toegang tot landen te krijgen door allianties te sluiten in de vorm van een tribuutsysteem, in plaats van bases of handelsposten aan de Indische Oceaan te stichten, zoals de Europese mogendheden dat later wel deden.[10] Dit subtielere machtsvertoon lijkt sprekend op wat de Chinezen nu voor ogen hebben. Neem bijvoorbeeld Pakistan: de Chinezen drijven handel met en leveren wapens aan dat land, ze bouwen de snelweg door het Karakoroemgebergte die Pakistan met China verbindt, en ze leggen een diepzeehaven aan in Gwadar aan de Arabische Zee. Dat alles helpt de Chinezen om de gewenste toegang te krijgen, ook al wordt de haven van Gwadar door het havenbedrijf van Singapore beheerd. Een volledig Chinese marinehaven in steden als Gwadar of Hambantota zou zo provocerend zijn tegenover India dat zoiets nauwelijks voorstelbaar is. 'Toegang' is het sleutelwoord, niet 'basis'.

Dat de Mingkeizers hun tochten over de Indische Oceaan uiteindelijk staakten, kwam door problemen met de Mongolen aan de noordgrens. Zulke problemen heeft China nu niet. Integendeel, de landsgrenzen zijn inmiddels in hoge mate gestabiliseerd en Chinese migranten bevolken delen van Russisch Siberië. Daardoor is de weg vrij om de aandacht op de zee te richten.

Toch wil ik er nog eens op wijzen dat het hier alleen om een mogelijke toekomst gaat. De Chinese overheid richt zich nu op Taiwan en de Eerste Eilanden Keten, waarbij de Indische Oceaan op de tweede plaats komt. Daarom zal in de komende decennia uit de Chinese activiteiten op die oceaan moeten blijken in hoeverre het land een militaire grootmacht wordt, die in de voetstappen treedt van Portugal, Nederland enzovoorts. Wat is de grote strategie van China? De Indische Oceaan zal ons dat helpen laten zien.

Stel je daarom een Chinese handelsvloot en marine voor, die in enigerlei vorm aanwezig zijn vanaf de Afrikaanse kust tot aan het Koreaanse
schiereiland. Ze zouden dan alle Aziatische wateren in de gematigde
en tropische zones bestrijken, waarbij de Chinese economische belangen in deze regio door de marine worden beschermd. Stel je ook voor
dat India, Zuid-Korea en Japan onderzeeërs en andere oorlogsschepen aan deze marinevloot toevoegen om in de zeeën tussen Afrika en
Korea te patrouilleren. Stel je ten slotte voor dat de Amerikanen nog
steeds de hegemonie, dus nog steeds de grootste marine en kustbewaking hebben, maar dat het verschil tussen hun marinevloot en die van
andere grootmachten kleiner is geworden. Dat is de wereld waarheen
we vermoedelijk op weg zijn.

Hoewel de VS de huidige crisis zeker te boven zullen komen, groei-
en zij en de Aziatische reuzen China en India allengs naar elkaar toe,
en dat zal ook de omvang van de marinevloten beïnvloeden. De economische en militaire teruggang van de VS is uiteraard niet voor
honderd procent zeker. Niemand weet wat de toekomst gaat brengen
en de neergang als concept wordt overschat. Zo kreeg de Britse Royal
Navy vanaf het eind van de 19e eeuw meer concurrentie, maar de
vijftig jaar daarop werden er mede dankzij Groot-Brittannië twee
wereldoorlogen gewonnen.[11]

Toch kun je een bepaald patroon onderscheiden. De VS domineerden de wereldeconomie in de jaren van de Koude Oorlog. Dat
was geen wonder: de andere grootmachten waren zwaar beschadigd
uit de Tweede Wereldoorlog gekomen, maar de VS waren ongeschon-
den gebleven en konden zich dus meer op nieuwe ontwikkelingen
richten. (China, Japan en Europa werden in de jaren dertig en veertig
gedecimeerd en India viel nog onder koloniaal bestuur.) Maar die
wereld bestaat al lang niet meer. De andere landen hebben hun achterstand weggewerkt en de enige vraag is nog hoe de Amerikanen
verantwoord moeten antwoorden op de multipolariteit die waarschijnlijk kenmerkend gaat worden voor het wereldsysteem.

Dat de kracht van de marinevloot een indicator wordt van de
steeds complexere krachtsverhoudingen in de wereld is zo zeker als
wat. De opkomst van de Chinese marine kan de VS zelfs fantastische
mogelijkheden bieden. Nogmaals: het is een geluk dat zij net zulke
legitieme doeleinden nastreeft als de Amerikaanse marine, en dus

niet denkt aan gewelddadige acties op zee zoals de marine van de Iraanse Islamitische Revolutionaire Garde lijkt te doen.[12] Zo kunnen de Chinezen en Amerikanen op meerdere punten samenwerken: op het gebied van piraterij, terrorisme en natuurrampen komen hun belangen overeen. Bovendien is het niet ondenkbaar dat China heimelijk bereid is tot een gezamenlijke bescherming van de olietankers op zee. Beide landen blijven afhankelijk van de brandstoffen uit het Midden-Oosten in de brede zin van het woord, en dat geldt vooral voor China. Dus ook wat dit betreft komen hun belangen overeen. Daarom hoeven deze twee grootmachten, die geen territoriale geschillen hebben, beide afhankelijk zijn van grootschalige energietoevoer, ver van elkaar liggen en een politiek stelsel hebben dat wel van elkaar verschilt, maar lang niet zo sterk als dat tussen de VS en de Sovjet-Unie, niet per se elkaars tegenstanders te worden.

Er is dan ook maar één goede reden waarom de VS bondgenoten als India en Japan tegen China zouden inzetten, namelijk als die inzet deel uitmaakt van een mechanisme om geleidelijk aan en op elegante wijze machtsverantwoordelijkheden over te dragen aan geestverwanten wier capaciteiten groeien, met het vooropgezette doel zich uit de unipolaire wereld terug te trekken. Maar als ze dat in isolement doen, bestaat toch het risico dat ze China onnodig van zich vervreemden. Daarom moet de inzet van bondgenoten onderdeel zijn van een bredere strategie die beoogt ook China te interesseren voor een Aziatisch alliantiesysteem waarin landen in allerlei kwesties militair samenwerken.

In 2006 maakte admiraal Michael Mullen, voorzitter van de verenigde chefs van staven en toenmalig chef marine-operaties, een belangrijke opmerking: 'De oude "maritieme strategie" was gericht op beheersing van de zee. De nieuwe [strategie] moet er echter rekening mee houden dat de economie niet groeit wanneer de zeeën worden beheerst door één [land], maar als zij veilig en toegankelijk worden voor iedereen.'

Waarop hij vervolgde: 'Ik ben voor de spreekwoordelijke marinevloot van duizend schepen – een vloot in opbouw, zo u wilt, van alle vrijheidslievende naties die de zeeën bewaken en elkaar bewaken.'

Deze woorden mogen dan wat hoogdravend en nietszeggend klinken, in feite getuigen zij van een realistische reactie op de geslonken middelen van de VS. Want hoe minder die in staat zullen zijn de zaken in hun eentje op te knappen, des te meer ze op coalities moeten vertrouwen. Mariniers van verschillende landen kunnen doorgaans namelijk beter met elkaar overweg dan andere militairen, deels omdat zeelieden door hun ervaring met heftige natuurkrachten een soort broederschap van de zee voelen. Zoals er een subtiele Koude Oorlog op zee tussen de Amerikaanse en Chinese marinevloten mogelijk is, zo kunnen zij juist door deze neiging tot samenwerking ook de voorlopers worden van een samenwerking tussen twee grootmachten die een stabiele en welvarende multipolaire wereld nastreven. Gegeven Amerika's botsing met de radicale islam en de bij tijden moeizame relaties met zowel Europa als Rusland moeten de VS zo hard mogelijk proberen om nader tot China te komen. Zij kunnen de hele wereld niet in hun eentje aan.

De Amerikanen moeten hun strijdkrachten niet meer vooral zien als een landmacht die optreedt bij conflicten en nu verstrikt is in een interne islamitische strijd. Nee, ze moeten een stabiliserende kracht worden, met een sterke marine en luchtmacht, die klaarstaat voor humanitaire hulp ingeval van natuurrampen in landen als Bangladesh en die in een Euraziatisch maritiem systeem samenwerkt met de Chinese en Indiase marine. Zo zal het imago van de VS in voormalige derdewereldlanden verbeteren. Hoewel zij altijd voorbereid moeten zijn op een oorlog, moeten ze dagelijks werken aan het behoud van de vrede. Onmisbaarheid en niet dominantie moet het doel zijn. Zo'n strategie zal de mogelijke gevaren van de opmars van China matigen. Ook in deze tijd van elegante terugval zijn er ongekende mogelijkheden voor de Amerikanen, die nu in het Azië van de moesson als een welwillende mogendheid van buiten moeten worden gezien.

De westerse penetratie van het gebied van de Indische Oceaan en de westelijke Stille Oceaan begon rond 1500 op bloedige wijze met de Portugezen. Die op hun beurt werden met behoorlijk wat geweld verdreven door de Nederlanders en die weer door de Britten.[*] Daarna

---

[*] De Fransen moeten niet worden vergeten. Hun rol, vooral op de eilanden in het zuidwesten van de Indische Oceaan, is deskundig beschreven door Richard Hall in *Empires of the Monsoon: A History of the Indian Ocean and Its Invaders* (Londen, HarperCollins, 1996).

moesten de laatsten als gevolg van het bloedbad van de Tweede Wereldoorlog de open zeeën van Azië overlaten aan de Amerikanen. Een
vredige overgang van hun unipolariteit op zee naar enig Amerikaans-
Chinees-Indiaas samenwerkingsverband zou de eerste in zijn soort
zijn. De VS zouden hun verantwoordelijkheid daarmee niet afschui-
ven, maar ervoor zorgen dat de wereld van de Indische Oceaan voor
het eerst in vijfhonderd jaar in handen komt van vrije Aziatische naties. De kusten van de belangrijkste oceaan van de 21e eeuw herbergen geen supermacht, wat in laatste instantie het centrale feit in deze
gebieden is. De Chinese 'twee-oceanenstrategie' zal, als zij ooit wordt
gerealiseerd, niet in een vacuüm plaatsvinden, maar beteugeld worden door de marinevloten van andere landen, en dat maakt heel veel
uit.

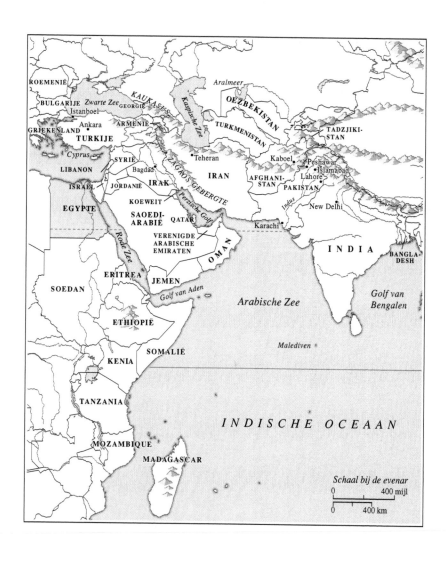

Eenheid en anarchie

Nu China de contacten met de Arabische en Perzische beschavingen herstelt en India de nooit echt doorgesneden banden aanhaalt, neemt de eenheid in de wereld van de Indische Oceaan – de belangrijkste verkeersader op het oostelijke halfrond – in rap tempo toe. 'De Chinese economie werkt als een accelerator voor de Arabische wereld,' aldus Ben Simpfendorfer, hoofd Chinese economie bij de Royal Bank of Scotland. 'Met de vraag naar olie jaagt China de investeringen in de Arabische landen op. En het vult met zijn massa's consumptiegoederen de winkelcentra van Riyad en Dubai.'[1] Voor de Arabieren is het Westen niet langer de enig mogelijke strategische partner. Voordat het tij in de Tweede Wereloorlog keerde, voorzagen geostrategen als Nicholas Spykman dat heel Afrika en Eurazië onder nazi-Duitsland en zijn bondgenoten verenigd zouden worden.[2] Die eenheid zou nu weleens kunnen ontstaan, niet door militaire overheersing maar door de herrijzenis van een handelsstelsel zoals dat in de Middeleeuwen door de moslims opgebouwd en door de Portugezen voortgezet werd.

Van dit web van economische activiteiten wordt Afrika, op de westkust van de Indische Oceaan, niet buitengesloten. Dat dit continent zich nu langzaam en met horten en stoten ontwikkelt, komt vooral door de investeringen uit het Midden-Oosten en Azië. De zogeheten derde wereld wordt kleiner en de inmiddels ontwikkelde landen bouwen de landen die nog niet ontwikkeld zijn op.

De mondialisering voltrekt zich niet alleen tussen het Westen en de rest, maar ook tussen de andere landen onderling: Afrika profiteert van de opkomst van China en India, en het laatste land stijgt dankzij alle dynamiek uit boven de destructieve spiraal van hindoe-nationalisme en moslimextremisme.

China's belangstelling voor Afrika heeft alles met brandstoffen te maken. Omdat het voor de aanvoer daarvan niet te afhankelijk wil worden van de kwetsbare Straat van Hormuz, is het land in Afrika op jacht naar olie. Ruim een derde van China's olie-import komt nu uit Afrika, en president Hu Jintao reisde in drie jaar tijd drie keer naar dat continent. In ruil voor aandelen in olievelden ontvingen Afrikaanse regeringen 19 miljard dollar van China voor hulp en concessies.[3] En het stuurt technici die hulp bieden bij de aanleg van theeplantages, bodemonderzoek, irrigatie en het verbouwen van rijst. In ruil voor de kapitalisatie van de natuurlijke rijkdommen – chocolade uit Ivoorkust, koper uit Zambia, ijzer en staal uit Zimbabwe – wordt de infrastructuur in die landen ontwikkeld: de Chinezen moderniseren spoorwegen en bouwen snelwegen, energiecentrales en dammen.[4]

In wedijver met China raakt ook India sterker bij het Afrikaanse continent betrokken. Om olieprojecten binnen te kunnen slepen, neemt het regeringen voor zich in met zachte leningen, ontwikkelingshulp en politieke steun. De eerste Indiaas-Afrikaanse top, waar veertien Afrikaanse landen aan deelnamen, werd in april 2008 in New Delhi gehouden. India heeft voor 2 miljard dollar leningen aan Afrikaanse landen gegeven. Van alle olie die het importeert, komt tien procent uit Nigeria; twintig procent van de brandstoffenimport komt uit Afrika. De onderlinge handel is gegroeid van 3,39 miljard dollar in 2000 tot 30 miljard in 2007. De handel met Zuid-Afrika neemt jaarlijks met 30 procent toe. Zuid-Afrika exporteert goud naar India en dat land polijst Zuid-Afrikaanse diamanten. India is ook de grootste offshore investeerder in Mauritius.[5] De cijfers zijn misschien niet zo indrukwekkend in het grote geheel, maar geven wel een trend aan.

Daarnaast gaat er een groeiende stroom oliedollars vanuit de Golf naar Oost-Afrika: van 11 miljard in 2000 tot ruim 50 miljard dollar in de afgelopen jaren. Arabische sjeikdommen hebben daar geïnvesteerd in telecommunicatie, toerisme, mijnbouw, onroerend goed en het bankwezen. Van hun ontwikkelingsgeld gaat de helft naar Afrika ten zuiden van de Sahara.

Dat gebeurt niet uit altruïstische motieven. Deze Euraziatische doordouwers zijn in Afrika op jacht naar natuurlijke rijkdommen. Niet of nauwelijks geïnteresseerd in democratie sluiten ze soms transacties die meer weg hebben van ouderwets kolonialisme dan van ontwikkelingshulp in westerse stijl. Nu de landbouwgronden door de bevolkingsgroei in de wereld almaar schaarser worden, vormt Afrika, dat nog steeds op een groene revolutie wacht, het laatste slagveld voor voedselbronnen. Zuid-Korea verbouwt nu graan en palmolie op Madagascar, Saoedi-Arabië rijst en haver in Ethiopië, China kweekt palmen voor biobrandstof in Congo, en Zuid-Korea, Egypte en de Verenigde Arabische Emiraten verbouwen tarwe in Soedan. Waren dit soort agrarische investeringsprogramma's voorheen op marktgewassen gericht, nu draaien ze om voedselgewassen waaraan de investerende landen zelf gebrek hebben en die dus in hun geheel naar die landen worden geëxporteerd.[6] Voorzover Afrika wordt meegezogen met de groei elders in de wereld van de Indische Oceaan, zal de lijn tussen productieve investering en uitbuiting flinterdun zijn.

Alle rond de Indische Oceaan gecentreerde activiteiten vinden plaats in een Afrika dat recentelijk zelf een indrukwekkende economische groei heeft laten zien: 6,5 procent per jaar sinds 2003. Dat is een ware sprong voorwaarts vergeleken met begin jaren negentig, toen Afrika ten zuiden van de Sahara er met een groei van niet eens 1 procent en een toenemende bevolking in reële zin economisch op achteruitging. De groeiende economie is ook de politiek ten goede gekomen. Volgens het Amerikaanse Freedom House is het aantal Afrikaanse landen met een meerpartijstelsel, burgerrechten en een vrije pers gestegen van drie in 1977 naar elf nu. En het aantal landen waar iedere vrijheid ontbreekt, is gedaald van vijfentwintig naar veertien. Ook de technologie zorgt ervoor dat deze samenlevingen opener worden. Zo is Afrika dankzij de mobiele telefonie in één keer verlost van het probleem dat er weinig vaste telefoonlijnen zijn.[7]

Dankzij de combinatie van technologie en geld uit vroegere derdewereldlanden in het Midden-Oosten en Azië kan Afrika eindelijk ontsnappen aan het geografische isolement dat altijd de hoofdoorzaak is geweest van de armoede. Hoewel Afrika het op een na grootste continent is en vijf keer zoveel grondoppervlak heeft als Europa, is de kustlijn ten zuiden van de Sahara maar een kwart van die van de noorder-buur. Bovendien liggen er op deze kusten weinig goede natuurlijke havens, met als uitzondering de Oost-Afrikaanse havens vanwaaruit levendig met Arabië en India werd gehandeld. Evenmin is het conti-nent gezegend met veel rivieren die vanaf de zee bevaarbaar zijn: de meeste stromen door middel van watervallen en stroomversnellingen van de hooglanden in het binnenland naar de kustvlaktes. En de Sa-hara hield het menselijk contact vanuit het noorden zo lang tegen, dat Afrika geen contact had met de grote klassieke en mediterrane be-schavingen.[8]

Toen ik in 1993 voor het eerst door West-Afrika reisde, zag ik al-leen maar problemen in het verschiet, vooral in landen als Sierra Le-one, Liberia, Nigeria en Ivoorkust.[9] En eind jaren negentig kwam die voorspelling uit: terwijl de ontwikkeling op het hele continent er somber uitzag, werden de bovengenoemde landen geteisterd door bloedige oorlogen en separatistische opstanden. Maar nu manifes-teert zich hier en daar een nieuwe fase in de economische en politieke cyclus. Zoals de antropologe Germaine Tillion schreef, 'moeten ge-beurtenissen hun beloop krijgen voordat ze tot het verleden kunnen gaan behoren: de hele geschiedenis bestaat in feite uit zulke voltooide processen.'[10] Na tientallen jaren van geweld en onrust zal het postko-loniale verleden van Afrika ten zuiden van de Sahara wellicht worden afgesloten met de integratie in een internationaal, rond de Indische Oceaan gecentreerd systeem.

Maar de algemene trend mag dan positief zijn, er zijn ook nog heel wat ernstige problemen. Neem bijvoorbeeld Kenia, het rijkste land in Oost-Afrika. Vrouwen krijgen er gemiddeld bijna vijf kinderen; in rijke landen ligt het gemiddelde op 1,6. In buurland Ethiopië is ze-ventig procent van de jongvolwassenen werkloos.[11] En dan is er nog de mislukte staat Somalië, die in de Hoorn van Afrika grenst aan zo-wel Kenia als Ethiopië. Met de langste kustlijn van het vasteland van Afrika strekt het zich uit in de Indische Oceaan en zorgt het voor een van de ergste problemen in die oceaan, te weten de piraterij.

'De piraterij is zo oud is als de zeevaart zelf,' schrijft Alan Villiers over de Indische Oceaan. 'De eerste mens die schrijlings op een drijvend stuk hout ging zitten, raakte vermoedelijk in gevecht met degene die hem dat nadeed. Zo begon de piraterij en die is nooit meer opgehouden.' De Straat van Malakka, de Golf van Aden, de Perzische Golf, de Makrankust, de Golf van Kutch, ja de hele Arabische Zee, wemelen al sinds mensenheugenis van de piraten.[12] Uit de verhalen van de 14e-eeuwse Ibn Batoeta, die voor de westkust van India slachtoffer van piraten werd, blijkt dat schepen eertijds in bewapende konvooien de Indische Oceaan bevoeren.[13] Nadat het China van de Mingkeizers in de tweede helft van die eeuw de zeevaart had opgegeven, na de laatste reis van Zheng He, stroomden de wateren vol met duizenden piraten uit allerlei landen.[14] Marco Polo, die vlak daarvoor naar het oosten reisde, vertelt over tientallen piratenschepen voor de kust van Gujarat, waarop de piraten de hele zomer met hun vrouw en kinderen bleven en ondertussen vrachtschepen plunderden. Zij vormden kordons van twintig tot dertig schepen, die op acht of tien kilometer afstand van elkaar voeren en elkaar vuur- of rookseinen gaven. 'Bij al deze ellende riepen zeeman en koopman graag de hulp in van God,' aldus de historicus George Hourani. 'De verhalen over de zee zijn vol van Zijn naam.' Want 'op zee is de mens niet meer dan een insect op een splinter', zoals een Arabier in de Middeleeuwen jeremieerde.[15]

Fernand Braudel noemt piraterij de 'secundaire vorm van oorlog', een strijd die placht uit te breken als een conflict tussen grote landen even tot rust kwam. De kaapvaart 'ging doorgaans uit van een stad die op eigen gezag handelde of slechts een marginale band met een groot land had'.[16] 'Verwilderde steden', zo omschrijft Richard J. Norton dergelijke piratennesten, en dat klopt zeker voor het huidige Somalië.[17]

Zoals de geschiedenis leert heeft de piraterij altijd bij de Indische Oceaan gehoord, van Aden tot Malakka, vooral na de komst van de Portugezen en andere westerlingen in deze wateren. Je kunt de piraterij als een teken van welvaart zien: hoe meer de handel bloeit, des te groter en brutaler worden de piratenbendes, ook wel de zigeuners van de zee genoemd.[18] 'Omdat er dan meer gastheren beschikbaar zijn, doen piraten het net als parasieten het best als de handel floreert,' aldus de Australische geleerde Michael Pearson.[19] Op het hoogtepunt van de Romeinse commerciële expansie stuurde keizer Trajanus een strafexpeditie naar de piraten die de Perzische Golf teisterden.[20] In Europese ogen berustte het 18e-eeuwse sultanaat van Sulu (in de huidige

Filippijnen) geheel en al op piraterij, zo schrijft Sugata Bose. Maar dat werd door de kaapvaart zelf beschouwd als een legitieme reactie op de monopolistische handelspraktijken van Europese landen. Het gebied rond Bahrein en de Verenigde Arabische Emiraten was ooit zo onveilig dat het de Piratenkust werd genoemd.[21] Ook de kust van Oost-Afrika, van Somalië tot aan Mozambique, stond voor de komst van de Britten bekend als 'Piratenland'. Arabieren kwamen met hun dhows om te plunderen, mensen te ontvoeren of slaven te halen.[22] De piraten hielden zich niet aan de formele regels van soevereiniteit die de Europeanen ook voor de open zee verkondigden: wie voor de één een piraat was, was voor de ander een patriot. De Nederlanders, Britten en Fransen wensten dat niet te accepteren en voerden in de koloniale tijd patrouilles uit precies daar waar de Somalische piraten nu de schepen bedreigen.[23] Dit bevestigt maar weer dat de Indische Oceaan een vroegere wereld weerspiegelt, en een van de kenmerken daarvan was dat bendes zich vestigden bij natuurlijke havens: daar waar de staat zwak of afwezig was, of vond dat schepen aangevallen mochten worden die onder de vlag van een gevestigd land voeren.

'Door het drukke scheepsverkeer is de Straat van Malakka', waar de vrachtschepen door de zandbanken langzaam moeten varen, eeuwenlang een piratennest geweest, schrijft de Britse geograaf Donald B. Freeman. Begin 19e eeuw bestonden de Maleisische piratenvloten uit honderden prauwen en lichte zeilboten die door slaven werden geroeid. Daarop bevonden zich de piratenstrijders in 'opzichtige wapenrusting' en bewapend met speren en krissen voor man-tot-man-gevechten. Vanaf Mindanao en de Sulu-archipel in het zuiden van de Filippijnen maakten zulke vloten jaarlijks vaste tochten door de Straat van Malakka. Vooral opiumklippers waren een geliefd doel.[24] Zelfs de grote marinevloot van de Britten kon het probleem niet altijd aan. Pas na de komst van het stoomschip in de jaren dertig van de negentiende eeuw kregen zij en de Nederlanders de overhand op de toenmalige piraten.[25]

De huidige opleving van de piraterij spreekt boekdelen over de bloei van de handel en de onmacht van landen om die handel volledig te beschermen. De piraterij is inmiddels een plaag die het goederenvervoer langs bepaalde routes bemoeilijkt en die tot nieuwe coalities heeft geleid, coalities waarvan India en Pakistan, en China en de

VS deel uitmaken. Het indirecte gevolg van deze plaag zou dus weleens positief kunnen zijn: om de gemeenschappelijke vijand – het absolute symbool van anarchie – te bestrijden, slaan rivaliserende landen de handen ineen. Zo wordt de internationale gemeenschap versterkt en het machtsevenwicht in de Indische Oceaan gestabiliseerd. Het Brits-Nederlandse verdrag van 1824 werd mede gesloten om samen de piraterij in de Straat van Malakka eronder te krijgen.

Het romantische beeld van de piraterij stamt grotendeels uit het Caraïbisch gebied. In de 17e eeuw voeren daar de roemruchte schepen met in top de piratenvlag, met schedel en gekruiste botten, en bemand door mannen met ooglapjes en sjerpen rond het hoofd die op Spaanse schepen en steden aasden. De piraten die nu de Indische Oceaan onveilig maken, lijken in een aantal opzichten op deze voorgangers. Alleen omdat het zo lang geleden is, kunnen we de piraten uit de Caraïbische wateren, die net als hun moderne tegenhangers in de Indische Oceaan moorddadige schurken waren, een zekere charme of romantiek toedichten. Maar Rory Berke, luitenant ter zee 1ste klasse van de Amerikaanse marine, die in januari 2006 voor de kust van Somalië met piraten te maken kreeg, weet wel beter.

Berke was inlichtingenofficier bij de Expeditionary Strike Group op de *USS Nassau*, een eenheid die zes maanden werd ingezet in de Indische Oceaan. Zijn reisverslag klinkt als een spannende aardrijkskundeles. Het amfibische transportschip *Nassau* van de Tarawaklasse vertrok met een escorte van twee torpedojagers en andere schepen, met in totaal 2300 mariniers aan boord, in november 2005 vanuit Norfolk, Virginia naar Irak. Nadat de eenheid de Atlantische Oceaan en Middellandse Zee was overgestoken, voer zij de 'geul' ofwel het Suezkanaal in. 'Daar begint de opwinding, het moment dat je echt voelt dat je met een missie bezig bent,' vertelt Berke. 'Wekenlang vaar je op het open water van de Atlantische en de Middellandse Zee, waar je onkwetsbaar bent. Dan zit je opeens tussen de Arabieren en lijkt het alsof er maar drie meter water aan weerskanten van het schip zit, en een Egyptisch konvooi met bewapende bemanning volgt je op het land langs het kanaal om aanslagen op de oorlogsschepen te voorkomen.'

'De spanning stijgt wanneer je over de Rode Zee vaart, door de Straat van Bab el Mandeb en langs de zuidkust van het Arabische schiereiland. En als je de Straat van Hormuz bent gepasseerd, weet je dat het allemaal echt begint, met Iran aan stuurboord.' De eenheid op de *Nassau* voer via de Perzische Golf naar Koeweit, waar de mariniers van boord gingen. Onderweg was de eenheid Iraanse korvetten tegengekomen, waarvan de bemanning vriendelijk naar hen had gewuifd. De schepen behoorden tot de reguliere marine van de Islamitische Republiek Iran, waarmee de Amerikaanse marine geen problemen heeft gehad. Dat kan evenwel niet gezegd worden van de marine van de Iraanse Republikeinse Garde, die ideologisch dichter bij het regime in Teheran staat.

Vanuit Koeweit voer de *Nassau* terug naar het zuiden, tot halverwege de Perzische Golf, naar het hoofdkwartier van de Amerikaanse vijfde vloot in Bahrein. Daar kreeg men de opdracht om zich aan te sluiten bij een internationale speciale eenheid die voor de kusten van het Arabische schiereiland en de Hoorn van Afrika was gestationeerd. De Amerikanen moesten patrouilleren voor de wetteloze kust van Somalië en buiten de territoriale wateren, namelijk vanaf 20 km tot wel 800 km uit de kust. Daar azen piraten op allerlei soorten schepen, van kleine dhows tot cruiseschepen en gastankers. Een paar weken voor de komst van de *Nassau* hadden piraten in dit gebied een mislukte aanval op het cruiseschip *Seaburn Spirit* gedaan. Het slachtoffer zijn in de meeste gevallen Aziatische vissersschepen.

Dat Somalië een mislukt Afrikaans land is en dit vaarwater het gevaarlijkste ter wereld, is niet toevallig. De piraterij is eigenlijk de maritieme tak van de anarchie die heerst in het hele land. Behalve uit de Amerikaanse vaartuigen bestond de internationale speciale eenheid op dat moment ook uit schepen uit Nederland, Groot-Brittannië, Frankrijk, Pakistan en Australië. Hun opdracht was om de piraten eenvoudigweg 'af te schrikken door aanwezigheid'.

Op 21 januari voer het schip van Berke, de *USS Nassau*, 240 km uit de Somalische kust toen het een noodoproep ontving van het vrachtschip *Delta Ranger*, dat onder de vlag van de Bahama's voer. Het schip was sneller gaan varen om een aanval van piraten te voorkomen. Met een vrijboord van 7,5 m zouden de piraten dat hele stuk moeten klimmen om op het dek van het schip te komen, terwijl ze onder vuur zouden liggen van de bemanning. Dat de Somaliërs een vrachtschip met zo'n hoog vrijboord durfden aan te vallen, wees erop dat ze weinig angst kenden.

Om de piraten op te sporen stuurde de Amerikaanse marine een P-3 verkenningsvliegtuig naar het gebied rond de *Delta Ranger*. Algauw vond dat precies wat het zocht: een drietal kleine bootjes dat door een vissersboot werd voortgetrokken. De Somalische piraten werken vaak in een cel van tien man, die samen drie kleine boten bemannen. Deze bootjes, van rottend hout of kunststof, zijn oud, zitten vol met kakkerlakken, worden nooit geverfd en bieden geen schaduw. De piraten navigeren op de sterren. In het westen ligt de thuisbasis, Somalië; in het oosten ligt de oceaan. Een typische piratencel gaat telkens voor zo'n drie weken de open oceaan op. De groep neemt drinkwater, benzine voor de buitenboordmotoren, messen, enterhaken, korte ladders, AK-47-geweren en granaatwerpers mee. Verder hebben de mannen gierst, verdovende quat en vislijnen en -netten bij zich. De door hen gevangen vis eten ze rauw op: in een in beslag genomen piratenboot werd een stuk haaienvlees aangetroffen dat vol zat met tandafdrukken.

Hun tactiek is om een grotere dhow buit te maken, meestal een vissersboot met een Indische, Taiwanese of Zuid-Koreaanse bemanning, waarmee ze verder varen met hun bootjes eraan vastgemaakt. Pas als ze een dhow hebben, kunnen ze een nog groter schip aanvallen. Terwijl ze naar steeds grotere schepen overspringen, laten ze de kleinere schepen die ze hebben geplunderd weer gaan.

De oceaan is immens. Zonder dat een schip een noodoproep stuurde, had de *Nassau* geen idee waar het de piraten moest zoeken. Als de laatsten alleen kleine boten zouden buitmaken, dan konden de oorlogsschepen van de internationale coalitie, met al hun elektronische apparatuur, ze nooit vinden.

Nadat de P-3 de dhow en de drie kleine boten had gezien, werd het oorlogsschip gewaarschuwd dat er het dichtst in de buurt was: de torpedojager *USS Winston S. Churchill*. Deze jager ging zo snel mogelijk tussen de piraten en de 20 km-grens varen waar de territoriale wateren van Somalië beginnen. Als de piraten deze wateren zouden bereiken, dan konden ze namelijk wettelijk niet opgebracht worden, behalve door de Somalische regering, die amper bestaat. Zodra de torpedojager langszij de piraten lag, werden er waarschuwingsscho-

ten afgevuurd met het dreunende 5 inch-kanon en vlogen helikopters laag over de dhow en de Somalische bootjes. De tien piraten gaven zich over en de zestien Indiase bemanningsleden van de dhow,
Bahkti Sagar, werden gered, op 85 km voor de kust van Somalië. Ze
werden allemaal naar de *Nassau* overgebracht, waar luitenant Berke
hen ondervroeg met behulp van zijn vertalers.

De piraten hadden de Indiase vissers geslagen, bedreigd en zes dagen lang zowat uitgehongerd. Ze hadden ook een levend aapje overboord gegooid dat de vissers naar Dubai hadden willen brengen.*

Op mijn vraag wat de piraten droegen en hoe ze eruitzagen, antwoordde Berke: 'Ze hadden een cargoshort, een hemd met daarover
een jasje en slippers aan. Ze waren tegelijkertijd arrogant en verlamd
van angst. Ze gingen ervan uit dat ze snel doodgeschoten zouden
worden omdat we hen gevangen hadden genomen en dat we, omdat
we Amerikanen waren, hen ook op zouden eten.' De jongste bleef
maar smeken 'Schiet me alsjeblieft niet dood.' Ze waren zwaar ondervoed, uitgedroogd en ze hadden kiespijn, waarvoor ze iets kregen.

Toen Berke het had over 'rechtsgang' en 'de politie', keken de piraten hem niet begrijpend aan. 'Hun idee van de politie waren halfge-
uniformeerde kerels in Somalische steden die je beroven,' zegt Berke.
De piraten leken tussen de vijftien en dertig jaar oud. Slechts een van
hen had familieleden met wie hij contact kon opnemen. Twee van de
tien konden hun geboortedatum noemen. De anderen wisten alleen
maar dat ze geboren waren tijdens 'de gevechten' en dat ze geen familie meer hadden. In de Somalische cultuur waren ze onaanraakbaren,
zonder clanbanden. De burgeroorlog in Somalië begon weliswaar in
de jaren negentig van de vorige eeuw, maar het land was tien jaar eerder al uit elkaar gevallen. Vijf van de tien piraten hadden littekens van
oude schot- en snijwonden.

In hun eigen ogen, zo legt Berke uit, hadden ze niets verkeerds gedaan. 'Het waren knapen die in een haven rondhingen en van een lo-

---

* Bij de ondervraging van de piraten en hun gevangenen werd Berke geholpen door een Somalische taalkundige, in dienst van een particulier bedrijf, die op de *Nassau* was meegekomen voor deze opdracht; en door een
Amerikaanse zeeman van Indiase afkomst die Hindi sprak. De bemanning
van de *Bahkti Sagar* bestond uit Gujarati's die ook Hindi spraken.

kale krijgsheer opdracht kregen om wat geld voor hem te verdienen en de plaatselijke wateren te verdedigen. Ze zagen zichzelf als een soort elementaire kustwachters, die probeerden hun kostje te verdienen en op hun eigen ruige manier een soort van belasting vorderden van buitenlandse schepen.'

De advocaat van de staf van de eenheid, luitenant Michael Bahar, vroeg waar zij hun wapens vandaan hadden. Een van de piraten antwoordde: 'Ik ben een Somaliër. In Somalië is het geweer onze regering.'

Bahar vroeg ook waarom zij piraat waren geworden. De kans om in Somalië gedood te worden was nog groter en daarom trotseerden ze de open zee, luidde het antwoord. Piraterij is georganiseerde misdaad. Net als roversbendes op het land richt iedere cel zich op een bepaald deel van de zee. 'Vergeet de charmante Johnny Depp,' zegt Bahar. 'Hun gewelddadigheid komt niet voort uit boosaardigheid of slechtheid, zij is als een leeuw die een antiloop doodt. Ze straalden een bijna natuurlijke onschuld uit.'

De kwestie van de Somalische piraterij bevestigt nog eens een belangrijke ontwikkeling van na de Koude Oorlog: de opkomst van actoren buiten elk staatsverband om. Zo bezorgt de piratenstaat Puntland in het noordoosten van Somalië, net als Hezbollah en Al-Qaida, de internationale gemeenschap de meeste last.

Deze gemeenschap heeft de kwestie-Somalië niet in de laatste plaats verkeerd ingeschat doordat zij het als één, zij het mislukte staat wenste te zien. In feite bestaat Somalië uit drie delen, die ook op verschillende wijze worden bestuurd: onafhankelijk Somaliland in het noordwesten, de autonome regio Puntland in het noordoosten, en het chaotische gebied in het zuiden waar een zeer zwakke Somalische regering blijft strijden tegen de opkomende macht van de moslimextremisten van al-Shabab (de jeugd). De piraterij komt oorspronkelijk grotendeels uit Puntland en moet ook daar worden opgelost.

De naam komt van het oude Land van Punt, dat al in Egyptische hiëroglïefenteksten wordt genoemd. Puntland riep in 1998 een beperkte autonomie uit; het koos niet voor de volledige onafhankelijkheid vanwege verplichtingen aan dat deel van de Majerteyn-clan dat aan de andere kant van de grens in de Zuid-Somalische stad Kismayo woont. Van oorsprong wordt alles in Somalië geregeld door de clans, en nog steeds hebben in de regering van Puntland de clanoudsten behoorlijk veel invloed en steunt de overheid meer op de milities van de clans dan op een officieel leger zoals dat in Somaliland bestaat. De regering van Puntland mag dan minder goed functioneren dan die van Somaliland, zij heeft toch veel meer gezag dan die in het zuiden. Puntland heeft een doelmatig parlement en in januari 2009 koos men een nieuwe president, Abdirahman Mohamed Faroole. Omdat de piraten hier hun thuisbasis hebben, is de buit van deze piraterij hier veel zichtbaarder dan in de rest van het land.

De stad Eyl geldt als het centrum van piraterij in de regio van de Golf van Aden. Het is daar een echte bedrijfstak: de grote bedragen die met afkoopsommen zijn verdiend, hebben tot een groeispurt van de stad geleid. Hoewel de clanpolitiek in Puntland zodanig functioneert dat de regering er wel stilzwijgend bij betrokken moet zijn, beweert zij de piraterij hard aan te willen pakken. Maar ze staat vrijwel machteloos, zegt ze ook. Niettemin zijn sommige daders door de rechter schuldig verklaard, en nadat in april 2009 de *Maersk Alabama*, een schip onder Amerikaanse vlag, het slachtoffer was geworden van piraten – die later werden gedood door speciale commando's van de Amerikaanse SEAL – vroeg de regering van Puntland internationale hulp voor de opbouw van een strijdgroep tegen deze vorm van geweld.

Het publiek ondertussen ziet de piraterij als lucratieve en legitieme bezigheid. Het door de piraten ontvangen losgeld komt overeen met de jaarbegroting van de regering van Puntland. En de piraterij maakt deels goed wat door de wijdverbreide illegale bevissing en het dumpen van giftige afvalstoffen in de territoriale wateren van Somalië verloren is gegaan. Zo hebben bijzonder zwakke, maar toch levensvatbare actoren een criminele organisatie kunnen opzetten die nu dreigt door te dringen in het hele overheidsapparaat.

Waar de opkomst van een feitelijke piratenstaat de internationale gemeenschap voor grote problemen stelt, biedt de zittende regering ook de kans dit bij de wortel aan te pakken. Met andere woorden: om de aandacht van de op clans gebaseerde regering te trekken, moet zij door de internationale gemeenschap worden gepaaid met hulp en gedreigd met vergelding. De Somalische piraterij is tenslotte geen kwestie die alleen op zee kan worden aangepakt. En omdat de Amerikanen hoogstwaarschijnlijk geen vredesmacht naar Puntland zullen sturen voor de opbouw van het land, moeten zij met de regering samenwerken om de piraterij in de Golf van Aden en de Indische Oceaan te bestrijden, ook al heeft die regering geen internationale legitimiteit. Gezien haar onenigheid met de al-Shabab-extremisten zou zo'n samenwerking niet alleen de strijd tegen de piraterij, maar ook die tegen de radicale islam in de Hoorn van Afrika ten goede kunnen komen. Puntland is interessant omdat het laat zien dat de zogenaamde anarchie in Somalië vaak verschilt van die elders. De door Europeanen getekende staten vallen langzaam uiteen en worden vervangen door robuustere eenheden die gebaseerd zijn op clan, stam of regio.

Zoals we hebben gezien heeft het drukke vrachtverkeer op de Indische Oceaan vanaf de oudheid tot piratenstaten als Puntland en piratenorganisaties geleid. Gedurende de Koude Oorlog, die een bepaalde orde in de derde wereld schiep, werd deze historische waarheid even vergeten. Maar nu zijn de piraten terug omdat ze in zekere zin nooit weg zijn geweest. De Romeinen, de Chinezen onder de Song- en Mingkeizers en de Portugese, Nederlandse, Franse en Engelse imperialisten – allemaal kregen ze te maken met piraten in deze wateren, en nu is het de beurt aan de Verenigde Staten en zijn bondgenoten. India en China kunnen met hun hernieuwde kracht in deze regio gaan samenwerken. Maar voorlopig blijft de Amerikaanse macht van essentieel belang. In dat opzicht is de ervaring van luitenant Berke symbolisch.

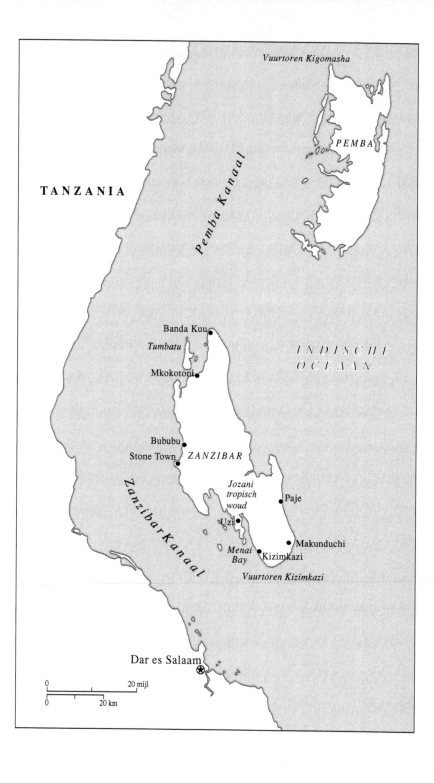

17

Zanzibar: de laatste grens

Aan westkust van de Indische Oceaan, die van Somalië tot aan Zuid-Afrika 6400 km lang is, zijn de mensen overwegend islamitisch en spreken ze Swahili. Zoals Puntland en omstreken illustratief zijn voor de chaos op het continent, zo kun je aan de hand van het zuidelijker gelegen Zanzibar laten zien dat er in Afrika ook gebieden zijn met veel potentie. Doordat het eiland Zanzibar, 'land van de zwarten' in het Arabisch, voor de kust van Tanzania, eeuwenlang tot de grote handelscentra aan de Indische Oceaan behoorde, vormt het een smeltkroes van de islamitische en hindoeïstische cultuur. Aan het eind van de Middeleeuwen zou een moslimgeleerde uit de Jemenitische oase Hadramaut zich op het eiland beslist even prettig hebben gevoeld als in Indonesië. Aan het begin van de 19e eeuw werden deze Afrikaanse havens druk bezocht door honderden dhows die van alles en nog wat verscheepten, van pelgrims naar Mekka tot geneeskrachtige kruiden, koffie, vis, ivoor, huiden, rode peper, grijze amber, bijenwas, kruidnagels, mais, sorghum en specerijen. Voor de Omaanse sultans die erover heersten was Zanzibar niet zomaar een haven aan de Indische Oceaan, maar 'het middelpunt van een uitgestrekt handelsimperium met tentakels diep in Afrika', zoals de historicus Richard Hall schrijft. Die tentakels reikten tot aan de hooglanden van Kenia, de Grote Meren en het oosten van Congo.[1] Deze positie behield het eiland tot ver in de 20e eeuw. Op een dag in maart 1937 telde Alan Villiers meer dan vijftig dhows die voor anker lagen. Vierendertig ervan kwamen uit Arabische landen, de andere van de Comoren, uit India of het nabijgelegen Somalië.[2]

Mijn eerste nacht op Zanzibar word ik voor zonsopgang wakker door de regen die op de verroeste golfplaten daken van Stone Town klettert, de oude stad en het culturele centrum van Zanzibar. Van een vriend heb ik twee kamers boven de cassavesoek gehuurd. Als ik tegen het gietijzeren hekje van het balkon sta, kan ik de bepleisterde muur aan overkant van de kronkelige steeg bijna aanraken. Mijn appartementje is op de hier gangbare wijze ingericht: met oosterse tapijten, een hemelbed met muskietennet, ramen van gekleurd glas en meubels van hout en koper: de ongedwongen mix van Arabische, Perzische, Indiase en Afrikaanse elementen. 's Ochtends loop ik naar het 'theehuis' op het dak, een door bougainville en de harde zeewind omringd verhoogd plat vanwaar je een duizelingwekkend uitzicht hebt over de stad. Onder de schuine daken van de huizen liggen de bouwmaterialen die het uitgestrekte Stone Town zijn naam hebben gegeven: stenen, een specie van modder en zand en kalkpleister. Opvallend zijn de minaretten die conform de Mogoel-stijl uit drie delen bestaan en de verweerde torenspitsen van een Franse, laat-19e-eeuwse kathedraal. Ook zie ik de dunne gietijzeren pilaren van het 'House of Wonders', het koloniale paleis dat in victoriaans-industriële stijl in 1883 voor de Omaanse sultan Barghash bin Said werd gebouwd. Met al het verroeste ijzer is het uitzicht niet alleen schilderachtig, maar ook aanstekelijk robuust. Aan de horizon zie ik vrachtschepen, kano's en houten dhows, allemaal in het diep turkooizen water van de Indische Oceaan, een tint die zo onwerkelijk is dat je alleen aan de kleur en niet aan de zee zelf denkt.

Terwijl hij een voor een de daken in de cassavesoek aanwijst, vertelt mijn gastheer Emerson Skeens, een Amerikaan die al 22 jaar in Stone Town woont, wie zijn buren zijn: hindoes uit India, Pembanen (van het buureiland Pemba), moslims uit India, Jemenieten, Perzische sjiieten, Ithna ashri's (twaalver sjiieten, in dit geval uit Pakistan), bohra-moslims (een andere sjiitische stroming, uit Gujarat), Omani's, Goanen, nog meer bohra-moslims, Afrikanen, Shirazi's, andere Afrikanen en mensen van de Comoren. 'Zanzibar is Afrikaans, maar het is toch anders dan Afrika. Het is Arabisch en Perzisch, maar toch anders dan Arabië en Perzië; en het is Indiaas, maar het verschilt toch van India,' zoals Ismail Jussa had gezegd, een vriend uit Zanzibar die aan de Golf van Kutch in Gujarat woont. Skeens' buren zijn uit vele gebieden rond de oceaan afkomstig en hebben de islam en inmiddels ook het Swahili gemeen. Deze taal, die vele Arabische leenwoorden kent en grammaticaal tot de familie van de Bantoetalen behoort, is een zelfstandige taal die door de Arabische keelklanken tamelijk verhit klinkt.*

Behalve door de oorspronkelijke Afrikaanse bevolking wordt het eiland bevolkt door de Shirazi's. Zo'n duizend jaar geleden voeren die met hun dhows van de Iraanse kust naar Zanzibar, dat toen al vooral dankzij de noordoostmoesson door handelaren uit verre landen, waaronder China, werd bezocht. Aangenomen wordt dat deze Arabieren uit de Perzische stad Shiraz vluchtten omdat zij als etnische minderheid werden onderdrukt. De Portugezen waren de eerste westerlingen op Zanzibar. Na de 'ontdekking' van India in 1499 voeren zij heen en weer langs de kust van Oost-Afrika, alwaar ze cassave en maïs introduceerden. Op het eiland bouwden zij een kapel, die in het begin van de 18e eeuw door de Omani's, die hier Chinese zijde importeerden, werd verwoest. Van de stenen werd een fort gebouwd en de architectuur van het huidige Stone Town is overwegend Omaans met sterke Indiase invloeden.

Tot ver in de 19e eeuw echter was Zanzibar, en Stone Town in het bijzonder, bovenal het 'trieste, duistere centrum, het lugubere adres van de slavenhandel', om wijlen de Poolse journalist Ryszard Kapuscinski te citeren.[3] Samen met slaven die net van het vasteland waren aangevoerd, zwierven honderden, ja duizenden slaven – mannen, vrouwen en kinderen – door de straten, lamgeslagen door jaren van gevangenschap en half gek en half dood door mishandeling. Het was een beeld dat uit een andere tijd en wereld leek te komen, schreef de journalist en historicus Alan Moorehead over het Zanzibar van halverwege de 19e eeuw. Op dit eiland ook begonnen Richard Burton en John Speke hun expeditie om de bron van de Nijl te ontdekken.[4] Dus hoe betoverend ik Zanzibar ook vind, ik ben de laatste om te ontkennen dat het eiland zijn spoken uit het verleden heeft. Allereerst was er de slavernij, de erfzonde en het levenssap van het Omaanse imperium in de Indische Oceaan.

* Het Swahili bestaat voor vijfentwintig procent uit Arabische woorden en kent tevens Perzische (Farsi), Kushitische en Hindoestaanse leenwoorden.

Stone Town is geen leuk dorpje zoals je dat op Griekse eilanden tegenkomt, maar een gehavend, rauw, verwaarloosd en met zout bevlekt aandenken aan het verleden, ietwat angstaanjagend en gemakkelijk om in te verdwalen, vooral 's nachts. Als ik er op mijn eerste ochtend ronddwaal, tussen de vrouwen die snel het water van de nachtelijke regenbui wegbezemen, vallen me het eerst de deuren op. Ze zijn veel rijker versierd dan de huizen zelf en vertellen ook veel meer. De uit het Indiase Goa afkomstige kunstenaar John Baptist Da Silva, die zijn leven lang in Stone Town heeft gewoond, leest de deuren alsof ze een open boek voor hem zijn. Zo ook de rechthoekige deur van Omaans mangohout met grote gietijzeren spijkers. De op de deurposten uitgesneden visschubben staan voor vruchtbaarheid en de lotusbloemen voor macht en rijkdom. De geometrische figuren symboliseren de wiskunde en daarmee de navigatie, en de touwpatronen de dhowhandel. Kortom, dit was het huis van een rijke Omaanse handelaar met veel kinderen.

De teakhouten deuren van de Gujarati's hebben zeer grote spijkers en zijn verdeeld in rechthoekige vakjes waarin planten en zonnebloemen zijn uitgesneden, en elke geloofsgroep verft zijn deur in een andere kleur. De deuren van deze Indiërs zijn veelal rechthoekig en met bloempatronen versierd; de deuren van Arabieren, die gemaakt zijn van mahoniehout, hout van de broodvruchtboom of andere houtsoorten, zijn voorzien van inscripties uit de Koran. De deurposten van Perzen en Beloetsjen hebben de vorm van pilaren: het bewijs van hun voorliefde voor het neoclassicisme. De deuren van Afrikanen zijn relatief laag en in felle kleuren geschilderd.

De ochtendbries draagt de geur van basilicum, citroengras en jasmijn met zich mee, van kruidnagels, nootmuskaat, kaneel en kardemom. De yams en cassaves die op de *barazas* (stenen banken) uitgestald liggen, zien eruit als versteend hout. Op die banken zit je vooral om er te kletsen en te roddelen, onder het genot van Omaanse koffie, en ondanks de vroegte begint het al behoorlijk druk te worden. Iedereen heeft zijn favoriete baraza en die hoeft niet dicht bij huis te liggen. Mannen gaan gehuld in de traditionele witte Omaanse gewaden, die op Zanzibar *kanzus* worden genoemd, en bedekken het hoofd met een gebreid mutsje (*kofia*). Vrouwen dragen *khangas* (bedrukte katoenen jurken in Afrikaanse stijl). De ochtend heeft hier iets helders en intiems. Het is alsof er om alles en iedereen een speciaal aura hangt waardoor je dit nooit meer zult vergeten.

Hier en daar ruisen de palm- en tamarindebladeren in de wind. Tussen de 53 moskeeën kom ik een Jaïn-tempel tegen en een naar klassiek Romeins ontwerp gebouwd Perzisch bad. Een Swahilivrouw in een felgekleurde *khanga* is Indiase *chapatti* en falafel uit het Midden-Oosten aan het maken terwijl ze cassave bakt. Zanzibar is de 'global village' in het klein. De mondialisering lijkt hier een heel natuurlijke zaak: zodra de techniek het mogelijk maakt, nemen mensen dingen van elkaar over.

Maar doordat bevolkingsgroepen met verschillende culturen dicht op elkaar leven, brengt de mondialisering ook spanningen met zich mee. Zanzibar vormt daarop geen uitzondering. De schitterende vermenging van rassen en gewoontes die ik zie, blijkt een restant van het verleden te zijn. Waarschijnlijk zou iedereen die Zanzibar voor de onafhankelijkheid van Groot-Brittannië in 1963 kende, teleurgesteld zijn over de monochrome saaiheid van de stad. Dat ik zo getroffen word door de levenslustigheid ervan komt alleen doordat dit mijn eerste bezoek is.

In het centrum van Stone Town loop ik een Arabisch huis in dat voor veel geld is gerenoveerd, maar ook een beetje smakeloos, alsof het zo uit een showroom is gekomen. Binnen zitten mannen met hun onberispelijke *kanzus* en *kofias* te nippen van hun koffie met een vleugje kardemom en te knabbelen aan uit Oman geïmporteerde dadels. Ze vragen of ik bij hen wil komen zitten. De eigenaar van het huis is een gezette, hartelijke man met een perfect getrimde korte, grijze baard. Dit huis was ooit van zijn vader en grootvader, vertelt hij me. In de zitkamer hangt een zwart-witportret van de grootvader met tulband en baard; het herinnert aan de tijd dat Oman zijn eigen imperium had. Wijzend naar de foto zegt mijn gastheer: 'En dit huis was ook het huis van zíjn grootvader.' Hoewel hij nu heen en weer pendelt tussen Zanzibar en Oman, beschouwt hij het eiland als zijn echte thuis, wat niet verhindert dat hij zich ook een echte Omani voelt. En hij heeft dit huis mede gerenoveerd om iets duidelijk te maken. In hoogbeschaafd Engels legt hij uit dat Zanzibar vroeger veel kosmopolitischer was: wat ik nu zie zijn de restanten van de wereld van de Omaanse sultans die bestuurden onder Britse voogdij voordat het stoomschip de moessonwind minder belangrijk maakte en voordat Zanzibar door de bouw van het Suezkanaal zijn functie als tussenstation voor het verkeer tussen Europa en India verloor. In die tijd was het eiland werkelijk een internationale doorvoerhaven.

Maar nu maakt het deel uit van de postkoloniale geschiedenis, zegt hij. Na 1963 werd Zanzibar geteisterd door zeer ernstig raciaal geweld. 'Het [Afrikaanse] vasteland heeft het eiland besmet,' stelt de Omani onomwonden. 'Ze moeten hun excuses aanbieden voor de revolutie.' In zijn ogen is sinds 'de revolutie' de mondialisering door de botsing der beschavingen vervangen.

Aan de ene kant van de culturele scheidslijn stonden de Britten en hun Omaanse marionetten, die zowel door de Arabische gemeenschap als de minderheden afkomstig van het Indiase subcontinent werden gesteund. Aan de andere kant stonden de veel armere, autochtone Afrikanen, die zich nog slachtoffer voelden van de slavernij en de inname door Omani's van hun grond. De Shirazi's, die in de vroege Middeleeuwen en dus al veel eerder dan de andere immigranten als vluchtelingen naar Zanzibar waren gekomen en door huwelijken met Afrikanen vrijwel volledig in hun cultuur waren opgegaan, stonden aan de kant van de laatsten. Bij de verkiezingen vlak voor het vertrek van de Britten kregen beide kanten evenveel stemmen, en door die patstelling liepen de etnische en raciale spanningen alleen maar op.

'Voor de komst van de politiek speelden ras en etniciteit helemaal geen rol,' zegt Ismail Jussa, woordvoerder buitenlandse zaken van het Civic United Front, de partij van vooral etnische Arabieren en Indiers die tijdens mijn bezoek in de oppositie zit. Met andere woorden: onder het kolonialisme is er geen enkele ruimte voor de belangenstrijd tussen de autochtone gemeenschappen. Maar zodra dat bestel verdwijnt en de erfenis van de verdeel-en-heerspolitiek naar boven komt, wordt die strijd juist allesoverheersend. Dat zag je op Cyprus, in Palestina, op het Indiase subcontinent en elders in Azië en Afrika, en zo ook op Zanzibar. Dat is de werkelijke erfenis van vele, maar niet alle vormen van kolonialisme.

Na het vertrek van de Britten in december 1963 moest de Omaanse sultan letterlijk in zijn eentje het fort verdedigen. Al na een maand werd hij verdreven: in januari van het jaar daarop vertrok hij op zijn jacht nadat er een pogrom tegen de Arabieren in Stone Town was uit-gebroken. Veel Afrikanen geloofden oprecht dat de Omani's de sla-vernij zouden herinvoeren of in ieder geval de boventoon zouden gaan voeren nu de Britten hun hielen hadden gelicht. 'De rassenpoli-tiek die door de Afrikaanse nationalisten op Zanzibar werd omhelsd, berustte op de stelling dat het kosmopolitisme geen welvaart en har-monie had gebracht, maar een even exotische als misleidende façade was voor cultureel chauvinisme en rassendiscriminatie,' zo schrijft de Amerikaanse wetenschapper G. Thomas Burgess.[5] Die opvatting leidde tot niets minder dan een 'mini-Rwanda', aldus een westerse di-plomaat en Afrikadeskundige die ik ontmoet, waarbij gelijkelijk mannen en vrouwen en kinderen werden vermoord. Een Afro-Shira-zische massa ging onder het aanroepen van revolutie en eenheid met het Afrikaanse vasteland over tot geweld tegen andere bevolkings-groepen. Die moordpartij was 'genocidaal van omvang', zo schrijft de historicus Abdul Sheriff, hoofd van het Zanzibar Indian Ocean Re-search Institute.[6] Volgens Burgess werd dertig procent van de Arabie-ren op het eiland vermoord of gedwongen het eiland meteen te verla-ten.

De Zanzibarese schrijver Abdulrazak Gurnah herinnert zich:

We zien onszelf graag als gematigde en milde mensen. Arabieren, Afrikanen, Indiërs, Comoranen: we woonden naast elkaar, maak-ten ruzie en soms trouwden we onderling. [...] In werkelijkheid vormden we helemaal geen *wij*. We leefden op onszelf, in aparte woongebieden, opgesloten in onze historische getto's, we zagen onze eigen fouten niet en kookten van onverdraagzaamheid, ra-cisme en wraakgevoelens.[7]

De revolutie bracht geen stabiliteit, maar anarchie. De Afro-Shirazi's die de macht grepen, waren onderling verdeeld: overtuigde commu-nisten stonden tegenover regelrechte moordenaars. Ondanks het feit dat hij zelf socialist was, vreesde de president van Tanganyika, Julius Nyerere, dat Fidel Castro de chaos zou benutten om een marionet-tenstaat vlak voor zijn kust te vestigen. Een van de belangrijkste toen-malige revolutionairen, Ali Sultan Issa, nu een aan kanker lijdende oude man, vertelt me in alle openheid dat hij van Castro en Che Guevara houdt. Niet alleen sieren hun foto's nog steeds zijn slaapkamer, maar hij heeft ze destijds alle twee ook vaak ontmoet. En toch is Issa geen Afro-Shirazi: zijn voorouders komen uit Jemen en Oman. Bovendien bewijzen foto's die hij me laat zien, dat hij lang niet de enige revolutionair met Arabische of Indiase wortels was. Issa houdt dan ook vol dat de revolutie klassenstrijd en geen rassenstrijd was. 'Het was een marxistische revolutie en de ideologie overbrugt de grenzen van de huidskleur,' zegt hij met grote stelligheid terwijl er een sigaret aan zijn lip bungelt. 'Zo waren Afrikanen uit Pemba bijvoorbeeld tegen de revolutie en waren sommige Arabieren ervoor. Indiërs waren veilig in Pemba. Als je de revolutie als rassenstrijd definieert begrijp je niet waar het om ging. Maar een revolutie is natuurlijk geen theekransje.'

Nee, dat was het bepaald niet. Teneinde het ontstaan van een tweede Cuba te voorkomen en de politieke chaos terug te dringen, sloot Nyerere in april 1964 een akkoord: Tanganyika en Zanzibar vormden een unie onder de naam Tanzania. Nyerere liet de nieuwe president van Zanzibar, Abeid Karume, door politie en soldaten van het vasteland beschermen tegen de radicalere leden van zijn eigen aanhang. Toch volgde Karumes socialistische regime een harde lijn: de bezittingen van Omani's en andere minderheden in Stone Town werden in beslag genomen en aan Afrikanen overgedragen. En omdat de laatsten te arm waren om hun huizen te onderhouden begon daarmee de verloedering van Stone Town. Als je even verder kijkt dan alle snuisterijenwinkels en winkels met ambachtelijke producten voor de toeristen, is de stad nu een bouwval. Dat geldt helaas ook voor Zanzibar als geheel. De overgrote meerderheid van de bevolking is nu Afrikaans en de Arabieren, Indiërs en inwoners van andere komaf die in de cassavesoek leven, vormen kleine minderheden. Er zijn veel verschillende gemeenschappen, maar hun omvang is klein (hoewel Stone Town vergeleken met de rest van het eiland nog zo multicultureel is dat het een bolwerk van de politieke oppositie vormt).

De historicus Abdul Sheriff plaatst de revolutie van 1964 in perspectief: 'Het ging over klasse en ras, maar het raciale aspect was prominenter,' zegt hij. 'Zeker, niet alle Omani's waren rijk en niet alle Afrikanen waren arm. Maar zelfs de arme Arabieren voelden zich prettig bij het regime van de sultan, terwijl de Afrikanen die doorgaans nooit slaven waren geweest, zich in veel gevallen toch meer thuis voelden bij de nieuwe revolutionaire regering.' En de terugkeer van veel Arabieren naar Oman kwam ook, zo voegt hij eraan toe, door de nationalisaties en andere maatregelen die de linkse regering eind jaren zestig doorvoerde.

In 1972 werd Karume vermoord door radicalen uit zijn eigen achterban. Doordat dit tot een algemeen wantrouwen leidde, werden ideologische voormannen van de revolutie als Ali Sultan Issa gevangengenomen en gemarteld. Het revolutionaire regime bleef in het zadel, onder andere dankzij zijn racistische politiek. De afgelopen decennia was het economisch beleid van het bewind een puinhoop. 'We kwamen aan de macht door de machete, we zullen de macht niet opgeven vanwege een stembiljet,' zouden leden van het regime hebben gezegd.

Volgens Nassor Mohammed, een advocaat die nauw met de oppositie is verbonden, kon Zanzibar aan het eind van het Britse-Omaanse bestuur met meer recht een meerpartijenstelsel worden genoemd dan nu. Onder druk van donoren uit het Westen en in het kielzog van de democratisering in Oost-Europa werden de eerste oppositiepartijen hier in 1992 opgericht. Maar de 'revolutionaire regering', zoals ze zichzelf nog steeds noemt, bewaakt haar macht door intimidatie en het uitdelen van regeringsbaantjes en subsidies. De verkiezingen die elke vijf jaar worden gehouden, leiden tot zoveel extra spanningen – doordat de partijen nog steeds met raciale groepen worden vereenzelvigd – dat troepen van het vasteland het eiland al eens tijdelijk moesten bezetten. De investeringen plegen hier voor de verkiezingen op te drogen en pas weer los te komen wanneer iedereen een zucht van verlichting slaakt omdat de chaos weer is afgewend. De enige reden dat Zanzibar ondanks alle ellende na 1964 vreedzaam is gebleven, is hetzelfde kosmopolitisme dat zoveel moeite heeft om te overleven, stelt Mohammed.

'Het vasteland schaamt zich voor Zanzibar,' zegt een buitenlandse diplomaat. Terwijl Tanzania en buurland Mozambique een bescheiden economische en politieke vooruitgang boeken, Kenia nog steeds kwetsbaar is na het tribale geweld en Somalië amper bestaat, zit Zanzibar in feite nog vast in het postkoloniale verleden van de jaren zestig en zeventig, ondanks het kosmopolitisme. De kopstukken van het eenpartijstelsel dat het in wezen is, doen veel te weinig om de buitenlandse investeringen aan te trekken die nodig zijn om banen te creëren voor de massa's werkloze jongemannen, de werkelijke oplossing voor instabiliteit in de ontwikkelingslanden en vooral in Afrika. Zanzibar illustreert bij uitstek dat de grens van het beschavingsgebied van de Indische Oceaan ligt op de kust van Oost-Afrika. En die grens staat of valt niet bij verkiezingen, maar bij sterke, neutrale overheidsinstellingen die niet discrimineren op grond van ras, etnische groep, stam of persoonlijke connecties.

'Als we van het vasteland bevrijd waren, zouden we in een paar dagen volwassen worden, en de zonen van Zanzibar zouden terugkeren uit alle landen aan de Indische Oceaan, want onze werkelijke geschiedenis staat geschreven in de moessonwind,' zegt sjeik Salah Idriss Mohammed. Als historicus heeft sjeik Idriss van zijn kleine appartement een museum gemaakt, dat tot het plafond volhangt met foto's van vroegere Omaanse sultans en stambomen van de koninklijke families van Oman. Alle boeken, kaarten en manuscripten die overal liggen, hebben betrekking op de tijd van voor 1964 en alles vergeelt en rot weg. Terwijl hij me naar kruidnagels en gember ruikende koffie inschenkt, klaagt hij: 'Wij hebben helemaal geen democratie. In Amerika hebben jullie Obama gekozen, een zwarte man, dat is pas democratie!'

Ik probeer hoopvol te zijn. In vergelijking met de jaren zestig en zeventig lijken de ideeën over ras en revolutie op de terugtocht. Zowel de hele huidige dynamiek als de contacten met de buitenwereld door handel en toerisme zijn bevorderlijk voor de krachtiger wordende oppositie. Ik weiger te geloven dat de enorme ontwikkeling die de Golfstaten, India, China en Indonesië doormaken op den duur niet ook een positieve invloed zal hebben op Oost- en zuidelijk Afrika. De eerste Arabieren komen alweer terug en een nieuwe golf van mondialisering zou Zanzibar kunnen teruggeven wat het is kwijtgeraakt, maar zonder de onderdrukking die tot de revolutie leidde.

Omdat Oost-Afrika zoals gezegd nog steeds een kolonisatiegrens is, is de situatie in elk geval van groot belang. Want pas als ook deze kuststreken in het handelssysteem van de wereld van de Indische Oceaan zijn opgenomen, een systeem dat ook Oost-Azië moet omvatten, kan die wereld echt het kloppende hart van de 21e eeuw worden. Geen grootmacht, zelfs China niet, kan de kust van het oostelijke halfrond veroveren, maar een handelssysteem kan dat wel. Dat systeem zou een macht op zichzelf zijn, een macht die met de Europese Unie en de Verenigde Staten kan concurreren. En dankzij zijn aloude kosmopolitisme is Zanzibar een uitgelezen plek om te kijken hoe dat zou kunnen gebeuren.

Nergens wordt het idee van Afrika en de Indische Oceaan volgens mij zo goed verwoord als in de romans van Abdulrazak Gurnah. In 1948 in Zanzibar geboren, doceert hij nu literatuur in Groot-Brittannië. Het Zanzibar van Gurnah is een 'gammel vlot dat aan de rand van de Indische Oceaan drijft', bouwvallig en bescheiden, internationaal maar bekrompen.[8] Het wordt bevolkt door autochtone Afrikanen, Somaliërs, Omani's, Beloetsjen, Gujarati's, Arabieren en Perzen, en al die mensen zien dezelfde zeestraten en kustlijnen vanuit een ander persoonlijk, familiaal en collectief historisch perpectief, waarbij de islam de gemeenschappelijke factor is, net als de lucht die iedereen inademt. Op een of andere manier zijn ze allemaal door de handel en moessonwind naar deze kust gebracht. 'Dit is waarvoor we op aarde zijn, om te handelen,' zegt een van Gurnahs personages. Om het binnenland in te gaan op zoek naar exportproducten, om te reizen naar de kaalste woestijnen of de dichtste wouden, om te handelen met 'een koning of een wilde. [...] Dat maakt ons niets uit.'[9] Handel leidt tot vrede en welvaart. Handel is de grote gelijkmaker tussen mensen en volkeren; handel is wellicht het beste middel om oorlog te voorkomen.

In de weemoedige ogen van de romanschrijver echter heeft het kosmopolitisme op Zanzibar vooral geleid tot scheiding en verlating, en tot het ergste persoonlijke verlies. Handel brengt de kansen en bewegingen met zich mee waardoor familiebanden voor altijd doorgesneden kunnen worden. Zoals een romanfiguur zegt: 'Deze pijn gaat nooit over [...] iets wat zoveel betekent kan niet overgaan.'[10] Een ander personage, een jongen die bij zijn ouders wordt weggehaald omdat hij in dienst van een handelaar de schuld van zijn vader moet afbetalen, vraagt zich jaren later af 'of zijn ouders nog aan hem denken, of zij nog in leven zijn, en hij beseft dat hij dat liever niet wil weten'. Tegelijkertijd heeft hij een 'verlammend schuldgevoel omdat hij de herinnering aan zijn ouders niet levend heeft kunnen houden.'[11]

Zo'n groot persoonlijk verlies wordt deels verzacht door de geheel nieuwe landschappen en ervaringen waarmee de personages worden geconfronteerd op hun enkele reis naar een plek ver van hun dierbaren. Deze mooie en nostalgische wereld, met afscheid voor altijd en reizen per dhow – die door Camões en Gurnah op een volstrekt verschillende manier zijn vastgelegd – wordt nog tragischer door het kolonialisme. Een voor Gurnah kenmerkende romanfiguur is een jeugdige Oost-Afrikaan die voor zijn studie naar Engeland wordt gestuurd en daar een marginaal bestaan leidt: hij zal zijn familie nooit meer zien en is daardoor nergens meer thuis. Over de Britten die hij tegenkomt zegt een van de bijfiguren: 'Blauwe ogen kunnen zo angstaanjagend en kleinerend zijn.'[12] Ook als de officiële politiek gerechtigheid en vrijheid predikt, kan de relatie tussen de kolonisator en zijn onderdanen tot akelige misverstanden en gevoelens van minderwaardigheid en onderworpenheid bij de autochtone bevolking leiden.

Nog harder echter oordeelt Gurnah over het falen van zijn eigen land na de onafhankelijkheid, een falen dat de vernederingen waaraan zijn personages blootgesteld zijn nog veel erger maakt. Bloedig geweld, in de vorm van de revolutie van 1964, volgt snel na de onafhankelijkheid. 'We waren nog maar amper aan de [nieuwe] vlag gewend' of er was sprake van 'moord, verbanning, detentie, verkrachting, noem maar op'. Bendes zwierven door de straten. Een plaatselijke dictator, die 'geen enkele gemene streek te min vond', werd met machinegeweren neergemaaid door 'echte schoften', een onmiskenbare verwijzing naar Karume.[13] En dan zijn er de kleine 'ontberingen en misères' van het zelfbestuur: verstopte wc's en slechts een paar uur per dag stromend water en elektriciteit. Historische gebouwen die door de Britten werden onderhouden 'raken in verval'. De ene ramp volgt op de andere.

Zoals Gurnah schrijft: 'We weten niet hoe we de dingen die we willen gebruiken, zelf moeten fabriceren. We kunnen niet eens een stuk zeep of een pakje scheermesjes maken.'[14]

Na de onafhankelijkheid werd er op Zanzibar geen betere wereld geschapen. Nee, de zogenaamd kosmopolitische en harmonieuze samenleving van Arabieren, Perzen, Indiërs en Afrikanen valt uit elkaar door 'kokende gevoelens' van intolerantie jegens andere rassen, die aan de oppervlakte komen door de postkoloniale politiek. De traditionele en door het kolonialisme aangetaste samenleving op het eiland blijft onbeschermd achter, zonder verweer tegen de al dan niet eigen wandaden. Zij is als een complex organisme dat geen weerstand meer heeft. De auteur zelf omschrijft de 'postkoloniale toestand' als een wandeling 'zonder een welomschreven doel'.[15]

En toch moet op enig moment een richting opdoemen voor de wandelaar. De postkoloniale periode moet immers overgaan in een nieuw tijdperk: het tijdperk dat ik tijdens mijn reizen heb ervaren. Als ik naar alle gezichten en gelaatskleuren om me heen kijk, weet ik dat al deze mensen hun eigen ervaringen van vertrek en afscheid met zich meedragen. En waarom zijn ze vertrokken? 'Om handel te drijven.'

Gurnah kan ons veel leren. 'Voorstellingsvermogen is een soort waarheid,' schrijft hij. Als je je dingen kunt voorstellen, kun je je in een ander verplaatsen. En hoe meer je je voorstelt, des te meer je beseft dat je weinig weet, want 'een al te grote zekerheid over wat ook, is het begin van fanatisme'.[16]

Een trip van anderhalf uur brengt me van Stone Town naar de zuidoostkust van Zanzibar, naar de stad Makunduchi. Het is eind juli en ik wil het Mwaka Kogwa Festival bijwonen, dat wil zeggen het zoroastrische nieuwjaarsfeest dat de Shirazi's op het eiland introduceerden en dat al eeuwen is opgenomen in de cultuur van de Afrikaanse Swahilibevolking. De deelnemers zouden door de catharsis van de rituele strijd worden verlost van alle onderlinge grieven en andere negatieve gevoelens die in het voorafgaande jaar zijn opgebouwd.

Op allerlei stukken open grond van rode klei komen uit diverse richtingen lange rijen vechters aangerend die luidkeels strijdliederen zingen. Deze Afrikanen zijn gekleed in de meest buitenissige oude troep, waaronder nepbontmantels, afgedankte motor- en bouwhelmen en gescheurde wollen skimutsen. Sommige mannen zijn als vrouw verkleed, waarbij kleine kokosnoten borsten suggereren. Alle mannen hebben een bananenstengel als wapen. Kleine jongetjes lopen achter de mannen aan. De sfeer is dreigend, alsof het echt gewelddadig zal worden. Dan barsten de gevechten los. Het wordt een groot strijdgewoel en de toeschouwers moeten telkens weer maken dat ze wegkomen, willen ze niet onder de voet worden gelopen door de overal vechtende mannen. Het stof stuift hoog op. Na een uur vechten komen de vrouwen in felgekleurde *khangas* zingend het veld op lopen. Dan wordt de strijd gestaakt, er wordt een vuur gemaakt en het Perzische feest dat door Afrikanen wordt gevierd, komt tot een einde.

Later gaan de mensen naar het strand voor een picknick. Dhows, die als flitsende inktstrepen de wind lijken te verbeelden, gaan de zee op. Het is alsof het hele universum wordt weerspiegeld in de golfjes die breken op het strand. Achter een koraalrif, een paar kilometer uit de kust, ligt de hele uitgestrektheid van de Indische Oceaan die helemaal tot aan Indonesië doorloopt. Ik denk aan Oman en India en aan alle tussenliggende plaatsen waar ik ben geweest. En doordat het Shirazi-festival nog maar net is afgelopen, moet ik vooral denken aan de oude Perzische handelaar die ik maanden eerder in Kolkata heb ontmoet.

Vrienden noemen hem Habib Khalili. Indiërs in Kolkata noemen hem Habib Khalili al-Shirazi, dat wil zeggen Habib Khalili uit Shiraz in Perzië. In Perzië heet hij Habib Khalili al-Shirazi al-Hindi, ofwel Habib Khalili uit Shiraz en recentelijk uit India. Habib Khalili is theehandelaar. Hij beweert dat hij veertig familieleden heeft in Singapore en nog meer in Maleisië en Aboe Dhabi. 'Mijn echte land is de Indische Oceaan,' zegt hij, terwijl hij met zijn hand door de nachtlucht zwaait alsof hij op zoek is naar zijn gebedskralen.

We zitten in zijn huis in Kolkata waar hij in 1928 geboren is. Het staat vol planten en stapels oude kranten, en via de neoclassicistische pilaren en deuren die openstaan om de moessonbries binnen te laten, hoor ik het geraas van het verkeer. Aan het eind van ons gesprek is het zo donker geworden dat ik zijn gezicht niet meer kan zien. Hij is alleen nog maar een opgewonden stem die stijgt en daalt, net als zijn handen, een levend monument van het magnetisme van de Iraanse cultuur en taal, waarvan de invloeden nog altijd reiken tot in Bengalen, op de grens met Zuidoost-Azië, en zuidwestwaarts tot in Sofala in het noorden van Mozambique.

'Er zijn meer Perzische graven in Deccan dan er bomen zijn,' zegt hij, verwijzend naar de hoogvlakte in het zuiden van India. 'Het Ben-

gaals bestond voor vijftig procent uit Perzische leenwoorden. Doordat het islamitische Oost-Bengalen zich in 1947 heeft afgescheiden, is
dat nu nog dertig procent'. Hij vervolgt: 'Iran is een land dat nooit
veroverd is, en toch is het ook nooit vrij geweest.' Dat is zijn manier
van praten: hij springt van de hak op de tak. Het lukt me niet hem tot
bedaren te brengen.

Ik neem niet de moeite zijn cijfers te controleren: de invloed van
Perzië op het Indiase subcontinent is altijd groot geweest. Het Farsi
was de lingua franca in India tot 1835, toen het door het Engels werd
vervangen. Tot aan het begin van de moderne tijd werd het Farsi
overal in Bengalen begrepen. Zoals je kunt lezen in *Those Days* van
Sunil Gangopadhyay, een roman over het Calcutta van de 19e eeuw,
was het Perzisch toen de tweede taal.[17] In de 17e eeuw woonden er in
Dacca veel sjiitische kunstenaars, dichters, generaals en ambtenaren
die uit Iran waren geëmigreerd.[18] Het Mogoel-rijk van de 16e tot en
met de 18e eeuw droeg een sterk Perzisch stempel. Niet minder dan
in Mesopotamië zie je overal op het subcontinent het belang van
Iran. En zoals de theehandelaar al zei, werd dat land weliswaar nooit
gekoloniseerd, maar de Europese mogendheden bemoeiden zich wel
continu met Iraanse zaken. Het werd niet echt onderdrukt, maar
toch had de bevolking wel dat gevoel, en die gevoelens werden steeds
sterker.

'Uiteindelijk komt mijn familie uit Hebron, in het heilige land. De
Arabische naam is Khalil, "goede vriend van God." Mijn betover-
grootvader was een handelaar in kasjmier shawls. Driehonderd jaar
geleden reisde hij van Kasjmir naar Shiraz, de stad van Hafiz, *ah,*' zegt
de handelaar, verwijzend naar de 14e-eeuwse dichter en soefimysti-
cus. Diens sensuele verzen over heidens vuur en rode wijn liepen
vooruit op de riddergedichten die aan het eind van de Middeleeuwen
in Europa werden geschreven. 'De familie van de vrouw van mijn bet-
overgrootvader kwam uit Madras. Haar broer, die in de handel for-
tuin had gemaakt, had een schoonzoon nodig voor zijn dochter.
Daarom reisde mijn overgrootvader van Shiraz naar Madras om met
die niet van de koude kant te trouwen. Hij verdiende ook een for-
tuin. Perzen gingen om dezelfde reden naar India als dat Europeanen
naar Amerika gingen: voor de mogelijkheden. Een deel van de familie ging uiteindelijk vanuit Madras naar Calcutta vanwege de indigo-

en opiumhandel. Na de opium werden we theehandelaren.'

'Mijn vader exporteerde thee. De thee werd verpakt in houten kisten die met koeienhuiden werden bekleed. De theekisten werden door heel India vervoerd van Bengalen naar Rajastan, daarna per kameel naar Beloetsjistan of Zahedan in Iran. Of naar het noorden, naar Mesjhed of Asjkhbad [in het huidige Toerkmenistan], waar we pakhuizen hadden. De Qajars verloren Asjkhabad aan de Russen. De koeienhuiden krompen in de droge hitte zodat de kisten nog beter werden afgesloten. Daardoor werd de thee nog beter en duurder.'

Hij begint te praten over de kersenrode thee die van Nijlwater wordt gemaakt en in Soedan wordt gedronken, en over Darjeelingthee die volgens hem beter van kwaliteit is dan sommige theesoorten uit Sri Lanka.

'Ik zou het liefst willen dat het hele Indiase subcontinent wordt verenigd. Kijk naar ons en naar Bangladesh: hetzelfde schrift, dezelfde taal, hetzelfde accent, hetzelfde voedsel,' zegt hij, waarna hij toegeeft dat er niet zoiets als zuiver Indiaas bestaat. Zichzelf weer onderbrekend begint hij over de *shalwar kameez*, die in tegenstelling tot de sari oorspronkelijk niet Indiaas maar Perzisch zou zijn. 'We zijn allemaal rondtrekkende zigeuners,' stelt hij. 'Waar trek je de landsgrenzen?' Hij is als een demente man wiens losse gedachten en herinneringen rond een bepaald thema draaien dat hij met grote moeite probeert vast te houden.

'Ben u in de Omayyad-moskee in Damascus geweest?' vraagt hij.

'Ja,' zeg ik.

'Dan weet u dat het een heidense vuurtempel is, een hellenistisch juweel, een synagoge, een kerk, een moskee. Als je het maar één ding noemt los van alle andere, dan ontgaat je de essentie.'

Afrika en de landen aan de zuidkust van Eurazië vormen een compacte, vloeiende en nauw verworven wereld, een wereld die, zoals de Perzische handelaar aangeeft, moeilijk geografisch en cultureel op te delen is – een situatie die deels te danken is aan de moesson. De landen rond de Indische Oceaan kennen veel verschillende culturen, maar vormen in zekere zin toch ook een geheel. De politiek commentator en politicoloog Vali Nasr voegt daar nog een component aan toe. In zijn in 2009 verschenen boek *Forces of Fortune: The Rise of*

the New Muslim Middle Class and What It Will Mean for our World
bekritiseert hij de grote aandacht voor Al-Qaida en het radicalisme.
Daardoor hebben de Amerikanen de belangrijkste ontwikkeling van
het tijdperk gemist: de opkomst van de middenklasse in het Midden-
Oosten en daarbuiten. Een andere ontwikkeling waarvoor zij te weinig oog hebben, zo wil ik eraan toevoegen, zijn de destabiliserende
effecten van extreme armoede, milieurampen en falende regeringen
in te veel landen. De problemen van de grote massa in deze landen
hebben niets of hooguit indirect iets te maken met het moslimterrorisme en de militaire opkomst van China. En omdat de nieuwe middenklasse vooral haar eigen materiële positie wil verbeteren, zal de
roep om goed functionerende regeringen en ook om democratie
steeds sterker klinken. Volgens deze visie zal het Iraanse regime iets
uit het verleden worden, en moeten er zelfs in Oman hervormingen
worden doorgevoerd omdat de heerschappij van één man, hoe indrukwekkend en relatief liberaal ook, uiteindelijk onhoudbaar is. De
moslimwereld zou een voorbeeld kunnen nemen aan de gematigde
democratie van Indonesië.

Degenen die de stem van de nieuwe middenklasse in de wereld
van de Indische Oceaan het beste vertegenwoordigen, zijn de journalisten van Al Jazeera. De Engelstalige uitzendingen van deze in
Qatar gevestigde Arabische tv-zender barsten van de levendige,
baanbrekende reportages over de problemen van de armen en on-
derdrukten in deze regio en de rest van de voormalige derde wereld.
Tijdens mijn reizen van Oman tot Zanzibar keek ik 's avonds vaak
naar Al Jazeera en de informatie die ik zo kreeg, vulde de gesprekken
die ik voerde, waarvan dat met de Perzische theehandelaar het ken-
merkendste was, uitstekend aan. Omdat Qatar allesbehalve een
grootmacht is – maar centraal ligt in de door ons behandelde regio –
kan de televisiezender de aandacht gelijkelijk over de hele wereld
verdelen, in plaats van zich alleen te richten op de gebieden waar imperialistische of postimperialistische belangen opspelen. De kritiek
dat hij partijdig is, zoals je soms in de VS hoort, zegt alleen iets over
de vooroordelen van de critici. Verslaggevers van de zender huldigen
oprecht het gematigde standpunt van de opkomende middenklasse,
ook als zij om gerechtigheid roepen. Met andere woorden, er staat
een burgerij op die, hoe onzeker ook nog, met nieuwe ogen om zich

heen kijkt en overal onrecht ziet. Ondanks het extremisme is er een replica in de maak van het islamitisch-hindoeïstische handelsimperium dat voorafging aan het Portugese en steunt op Chinese investeringen. In deze nieuwe wereld van de Indische Oceaan wordt bijvoorbeeld gehoopt dat Sri Lanka de etnische verschillen achter zich laat en de regering zich langzamerhand zal moeten aanpassen aan de ongemakken van de vrede. En onderwijl moet men werken aan nieuwe handelsroutes tussen India, Bangladesh, Birma en China, waardoor het verkeer tussen grote en kleine landen net zo dynamisch wordt als de spanningen.

De uitdaging voor Amerika is niet zozeer de opkomst van China, als wel de communicatie met de Afrikanen en Aziaten die deel uitmaken van deze mondialisering. Wat China betreft: zoals ik eerder heb aangegeven, gaat dat op een verantwoorde manier met zijn groeiende militaire macht om. Het zal zijn problemen krijgen met de uitbreiding van zijn maritieme invloed in de Indische Oceaan, maar het hoeft niet per se een tegenstander van de VS te worden. Zolang echter de Amerikanen geen vrede sluiten met de miljarden mensen in de wereld van de Indische Oceaan, van wie velen moslim zijn, zal hun macht niet als geheel legitiem worden beschouwd. En zoals bekend berust macht bovenal op legitimiteit. In een eerder hoofdstuk schreef ik dat de VS en China vermoedelijk niet alleen sterke bilaterale relaties zullen houden, maar dat die ook nodig zijn, wil het wereldwijde stelsel in de 21e eeuw kunnen leiden tot een werkelijk wereldwijd bestuur. Deze opmerking betreft echter alleen de relaties tussen staten. Nu er dankzij massamedia als Al Jazeera en de onderliggende culturele synthese een nieuw soort eenheid in de voormalige derde wereld tot stand komt, zal het prestige van de VS, China en andere grote landen sterk gaan afhangen van de vraag hoe de Afrikaanse en Aziatische massa's hun optreden in afzonderlijke crises beoordelen. Behalve dat zij deelnemers zijn, vormen ze ook het cruciale publiek voor de machtspolitiek in de 21e eeuw.

De grote landen zullen zoals altijd hun machtspolitiek blijven bedrijven, waarbij de Amerikaanse en de Chinese marine stilletjes de beste posities proberen in te nemen ten opzichte van de Eerste Eilanden Keten, en India en China rivaliseren om vaarroutes en invloed. Maar dit alles zal zich meer en meer afspelen binnen een wereldwijde beschaving, het product van de nieuwe burgerij die een morele kracht op zich vormt om rekening mee te houden.

Honderden miljoenen moslims en anderen, die zichzelf tot de middenklasse hebben opgewerkt, willen in vrede een productief leven leiden. Vanuit dat verlangen zullen zij legitimiteit verlenen aan het land of de landen die daadwerkelijk helpen om datgene te doen waartoe de mens volgens mijn Perzische vriend en de schrijver Gurnah eigenlijk op aarde is, namelijk handel te drijven. Dat is wat Zheng He deed, de admiraal wiens prestaties in de Indische Oceaan door de Chinese marine worden herdacht. Ook de Amerikanen zouden echter veel kunnen leren van deze ontdekkingsreiziger uit de Mingdynastie. Hij beschouwde zich als militair niet zozeer als een veroveraar, maar als een beschermheer van de vrijheid van de zeeën en de handel die ten goede komt aan iedereen. Uiteindelijk kunnen de Verenigde Staten hun macht alleen behouden als zij bij elke gelegenheid duidelijk maken dat het streven van de wereld van de Indische Oceaan ook hun streven is.

Dankbetuiging

Voor dit project heb ik een aantal academische studies gelezen die niet alleen onverwacht veel bijdroegen aan het plezier dat ik aan deze onderneming heb beleefd, maar die ook een inspiratiebron vormden bij al mijn journalistieke onderzoek. Ik koester niet de hoop dat mijn werk zich kan meten met deze even uitstekende als gedetailleerde studies. Ik zal enkele ervan noemen; de andere zijn te vinden in de noten bij de verschillende hoofdstukken. Janet L. Abu-Lughod, *Before European Hegemony: The World System A.D. 1250-1350* (1989); C.R. Boxer, *The Portugese Seaborne Empire 1415-1825* (1969); Richard M. Eaton, *The Rise of Islam and the Bengal Frontier, 1204-1760* (1993); K.M. Panikkar, *Asia and Western Dominance* (1959); John F. Richards, *The Mughal Empire* (1995); en André Wink, *Al-Hind: The Making of the Indo-Islamic World*, dl. 1 (1990).

Mijn assistente Elizabeth Lockyer, die haar gelijke niet kent, heeft de kaarten in dit boek verzorgd. Dat ik deze verkenning kon ondernemen was allereerst te danken aan mijn redacteuren bij Random House, Kate Medina en Millicent Bennett, en zij hebben ook het manuscript geredigeerd. Tevens wil ik dank zeggen aan Frankie Jones en Lindsey Schwoeri. Bij *The Atlantic Monthly*, dat een ingekorte versie van een aantal hoofdstukken van dit boek publiceerde, hebben James Bennet, Justine Isola, Scott Stossel en in het bijzonder James Gibney mij redactionele hulp geboden en de feiten gecheckt. Daarnaast heb ik een essay over de Indische Oceaan in *Foreign Affairs* gepubliceerd en ook de redacteuren van dat blad – James F. Hoge jr., Gideon Rose en Stephanie Giry – ben ik erkentelijk voor hun deskundige hulp en de prominente plaats die zij mijn stuk gaven. Voorts wil ik nogmaals mijn agenten, Carl D. Brandt en Marianne Merola, bedanken voor de wijze waarop ze zich hebben ingezet voor mijn carrière en belangen als journalist.

Het Center for a New American Security (CNAS) in Washington D.C. bood mij een kantoor om aan dit boek te werken. Ik kan de instelling niet genoeg bedanken voor deze ruimte en de vele andere vormen van hulp en aanmoediging die ik van haar mocht ontvangen. Omdat ik niet alle mij behulpzame medewerkers van het CNAS kan noemen, wil ik me beperken tot het managementteam van Kurt Campbell, Michèle Flournoy en James N. Miller jr., die nu alle drie voor de regering-Obama werken. Ook ben ik dank verschuldigd aan het huidige team van Nathaniel Fick en John Nagl, evenals aan Seth Myers, die mij zeer geholpen heeft bij de research. Financieel werd dit project mede mogelijk gemaakt door de Smith Richardson Foundation; van deze stichting ben ik vooral Nadia Schadlow erkentelijk voor haar hulp bij dat belangrijke proces. Tevens wil ik de Aspen Strategy Group bedanken dat zij me liet deelnemen aan de Amerikaans-Indiase strategische dialoog.

In Kolkata organiseerde Gautam Chakraborti een heugenswaardige trip voor mij over de Hooghly-rivier. In Islamabad en Jakarta kreeg ik een gastvrij onderkomen en vriendschappelijk onthaal in het huis van respectievelijk Kathy Gannon en Henk en Emmeline Mulder. In Zanzibar kon ik het mooie appartementje huren van Emerson Skeens, die mij ook verder op allerlei manieren heeft geholpen. Luitenant-kolonel Larry Smith heeft mij op Sri Lanka letterlijk uit de gevangenis gehaald. En Oman kon ik bezoeken dankzij de lezingentour die mijn collega van de Amerikaanse marine-academie, Brannon Wheeler, in samenwerking met Abdulrahman Al-Salimi van het Omaanse ministerie van Religieuze Schatten regelde.

Verder kreeg ik vitale hulp van Jeffrey Anderson, Michael H. Anderson, Robert Arbuckle, Claude Berube, Gary Thomas Burgess, Robin Bush, Jon Cebra, Kingshuk Chatterjee, Eugene Galbraith, Kiki Skagen Harris, Timothy Heinemann, Fauzan Ijazah, Dilshika Jayamaha, Tissa Jayatilaka, Shahzad Shah Jillani, Douglas Kelly, Johanna Lokhande, Edward Luce, Mohan Malik, Harsh Mander, Scott Merrillees, C. Raja Mohan, Kiran Pasricha, Ralph Peters, Indi Samarajiva, Nick Schmidle, professor Stuart Schwartz, Mubashar Shah, Arun Shourie, SinhaRaja Tammita-Delgoda, Shashi Tharoor en Paul Wolfowitz.

En ten slotte wil ik nogmaals mijn dank uitspreken aan Maria Cabral, de vrouw met wie ik 27 jaar getrouwd ben en zonder wie veel van dit alles niet mogelijk was geweest.

Noten

Voorwoord: het kustgebied van Eurazië

1. C.R. Boxer, *The Portuguese Seaborne Empire, 1415–1825*, Londen, Hutchinson, 1969, p. 65.
2. Luiz Vaz de Camões, *The Lusíads*, vert. Landeg White (1572; herdruk New York: Oxford University Press, 1997), Zesde Canto: 93.
3. Charles Verlinden, 'The Indian Ocean: The Ancient Period and the Middle Ages,' in Satish Chandra, *The Indian Ocean: Explorations in History, Commerce and Politics*, New Delhi, Safe, 1987, p. 27.

Hoofdstuk 1: China expandeert verticaal, India horizontaal

1. Sugata Bose, *A Hundred Horizons: The Indian Ocean in the Age of Global Empire*, Cambridge, MA, Harvard University Press, 2006, p. 10 en 34.
2. Ibid., p. 12-13.
3. Michael Pearson, *The Indian Ocean*, New York, Routledge, 2003, p. 12.
4. Fareed Zakaria, *The Post-American World*, New York, Norton, 2008.
5. Felipe Fernández-Armesto, *Hoe de wereld werd ontdekt: Geschiedenis van de ontdekkingstochten*, Utrecht, Spectrum, 2007, p. 47.
6. Janet L. Abu-Lughod, *Before European Hegemony: The World System A.D. 1250–1350*, New York, Oxford University Press, 1989, p. 291, citaat van Tomé Pires.
7. John Keay, *The Honourable Company: A History of the English East India Company*, Londen, HarperCollins, 1991, p. 104.
8. Heather Timmons en Somini Sengupta, 'Building a Modern Arsenal in India', *New York Times*, 31 augustus 2007. Citaat van Sitanshu Kar, woordvoerder van het Indiase ministerie van Defensie.
9. International Energy Agency, 'World Energy Outlook 2007', Parijs, 2007.
10. Bethany Danyluk, Juli A. MacDonald en Ryan Tuggle, 'Energy Futures in Asia: Perspectives on India's Energy Security Strategy and Policies', Booz Allen Hamilton, 2007.

11. Andrew Erickson en Gabe Collins, 'Beijing's Energy Security Strategy: The Significance of a Chinese State-Owned Tanker Fleet', *Orbis,* najaar 2007.
12. Martin Walker, 'CHIMEA: The Emerging Hub of the Global Economy', A.T. Kearney report, Washington, D.C., 2008. Dag en nacht en zeven dagen per week passeren tien schepen per uur de Straat van Malakka.
13. Thomas P.M. Barnett, 'India's 12 Steps to a World-Class Navy', *Proceedings,* Annapolis, MD, juli 2001.
14. James R. Holmes en Toshi Yoshihara, 'China and the United States in the Indian Ocean: An Emerging Strategic Triangle?' *Naval War College Review,* zomer 2008.
15. Juli A. MacDonald, Amy Donahue en Bethany Danyluk, 'Energy Futures in Asia: Final Report', Booz Allen Hamilton, november 2004. De uitspraak werd oorspronkelijk geciteerd door Chinadeskundige Ross Munro.
16. Holmes en Yoshihara, 'China and the United States in the Indian Ocean'.
17. China bouwt eendere faciliteiten in Cambodja aan de Golf van Thailand en aan de Zuid-Chinese Zee. MacDonald, Donahue en Danyluk, 'Energy Futures in Asia'; Malik, 'Energy Flows and Maritime Rivalries in the Indian Ocean Region'.
18. Andrew Erickson en Lyle Goldstein, 'Gunboats for China's New "Grand Canals"?' *Naval War College Review,* voorjaar 2009.
19. Louise Levathes, *When China Ruled the Seas: The Treasury Fleet of the Dragon Throne,* New York, Oxford University Press, 1994; Thant Myint-U, *The River of Lost Footsteps: A Personal History of Burma,* New York, Farrar, Straus en Giroux, 2006, p. 66; Richard Hall, *Empires of the Monsoon: A History of the Indian Ocean and Its Invaders,* Londen, HarperCollins, 1996, p. 79.
20. M. Shamsur Rabb Khan, 'Time to Revive India-Iran Relations', IndiaPost.com, 27 januari 2008.
21. Kemp, 'East Moves West'.
22. Ramtanu Maitra, 'India-US Security: All at Sea in the Indian Ocean', *Asia Times,* 6 december 2007.
23. MacDonald, Donahue en Danyluk, 'Energy Futures in Asia'.
24. Greg Sheridan, 'East Meets West,' *National Interest,* november/december 2006.
25. Ibid.
26. Walker, "CHIMEA".

Hoofdstuk 2: Oman is overal

1. Felipe Fernández-Armesto, *Hoe de wereld werd ontdekt: Geschiedenis van de ontdekkingstochten,* Utrecht, Spectrum, 2007, p. 52.
2. Alan Villiers, *Monsoon Seas: The Story of the Indian Ocean,* New York, McGraw-Hill, 1952, p. 55.

3. Juliet Highet, *Frankincense: Oman's Gift to the World*, New York, Prestel, 2006.
4. Ministerie van Nationaal Erfgoed en Cultuur, *Oman: A Seafaring Nation*, Muscat, sultanaat Oman, 2005.
5. *The Travels of Marco Polo*, hfst. 37.
6. Janet L. Abu-Lughod, *Before European Hegemony: The World System A.D. 1250–1350*, New York, Oxford University Press, 1989, p. 203; Richard Hall, *Empires of the Monsoon: A History of the Indian Ocean and Its Invaders*, Londen, HarperCollins, 1996, p. 8.
7. Keay, *Honourable Company*, p. 16-17.
8. André Wink, *Al-Hind: The Making of the Indo-Islamic World*, dl. 1, *Early Medieval India and the Expansion of Islam, 7th–11th Centuries*, Boston en Leiden: Brill, 1990 en 2002, p. 4.
9. Halford Mackinder, 'The Geographical Pivot of History', *Geographical Journal*, Londen, april 1904.
10. Fernández-Armesto, *Hoe de wereld werd ontdekt*, p. 49.
11. Abu-Lughod, *Before European Hegemony*, p. 198-199. Zie ook: Hourani, p. 47, 62; Wink, *Al-Hind*, p. 50.
12. Abu-Lughod, *Before European Hegemony*, p. 200, 208, 261.
13. Fernández-Armesto, *Hoe de wereld werd ontdekt*, p. 82.
14. Patricia Risso, *Merchants & Faith: Muslim Commerce and Culture in the Indian Ocean*, Boulder, CO, Westview, 1995, p. 46; Philip D. Curtin, *Cross-Cultural Trade in World History*, New York, Cambridge University Press, 1984, p. 121.
15. George F. Hourani, *Arab Seafaring in the Indian Ocean in Ancient and Early Medieval Times*, Princeton, NJ, Princeton University Press, 1951, p. 4, 23.
16. Abu-Lughod, *Before European Hegemony*, p. 242.
17. Marshall G.S. Hodgson, *The Venture of Islam*, dl. 2, *The Expansion of Islam in the Middle Periods*, Chicago, University of Chicago Press, 1961, p. 542-543.
18. Risso, *Merchants & Faith*, p. 53.
19. Ibid., p. 5-6, 54, 71-72.
20. Ibid., p. 23-24.
21. Peter Boxhall, 'Portuguese Seafarers in the Indian Ocean', *Asian Affairs*, dl. 23, nr. 3, 1992.
22. Nayan Chandra, 'When Asia Was One', *Global Asia: A Journal of the East Asia Foundation*, september 2006.
23. Hall, *Empires of the Monsoon*, p. 24-25, 63.
24. Chanda, 'When Asia Was One'.
25. Abu-Lughod, *Before European Hegemony*, p. 253.

Hoofdstuk 3: Curzons grenzen

1. George N. Curzon, *Frontiers: The Romanes Lecture 1907*, 1907; herdruk, Boston, Elibron Classics, 2006.

2. Ibid., p. 13-16.
3. Peter Mansfield, *The Arabs*, Harmondsworth, Eng., Penguin, 1976, p. 371 van Penguin; Curzon, *Frontiers*, p. 42.
4. Bernard Lewis, *The Middle East: A Brief History of the Last 2000 Years*, New York, Simon & Schuster, 1995, p. 66. Zie ook: Ayesha Jalal, *Partisans of Allah*, Cambridge, MA, Harvard University Press, 2008.
5. Calvin H. Allen jr., 'Oman: A Separate Place', *Wilson Quarterly*, nieuwjaar 1987.
6. Ibid.
7. Richard Hall, *Empires of the Monsoon: A History of the Indian Ocean and Its Invaders*, Londen, HarperCollins, 1996, p. 355.
8. Ibid.
9. Samuel P. Huntington, *Political Order in Changing Societies*, New Haven, CT, Yale University Press, 1968, p. 5-6.
10. Engseng Ho, hoogleraar antropologie aan Harvard University, presentatie voor een conferentie over 'Port City States of the Indian Ocean', Harvard University and the Dubai Initiative, 9 en 10 februari 2008.

Hoofdstuk 4: 'De Indische landen'

1. C.R. Boxer, *The Portuguese Seaborne Empire, 1415–1825*, ingeleid door J.H. Plumb, Londen, Hutchinson, 1969, p. 354.
2. Landeg White, inleiding bij Luiz Vaz de Camões, *The Lusíads*, New York, Oxford University Press, 1997.
3. George F. Hourani, *Arab Seafaring in the Indian Ocean in Ancient and Early Medieval Times*, Princeton, NJ, Princeton University Press, 1951, p. 35.
4. Edward Gibbon, *The Decline and Fall of the Roman Empire* (1776; herdruk New York, Knopf, 1993), hfst. 2. Zie ook: Janet L. Abu-Lughod, *Before European Hegemony: The World System A.D. 1250–1350*, New York, Oxford University Press, 1989, p. 265.
5. Abu-Lughod, *Before European Hegemony*, p. 265.
6. Burton Stein, *A History of India*, Oxford, Eng., Blackwell, 1998, p. 100-104, 127-128.
7. Richard Hall, *Empires of the Monsoon: A History of the Indian Ocean and Its Invaders*, Londen, HarperCollins, 1996, p. 323.
8. Voor meer details, zie: Fernand Braudel, *The Mediterranean and the Mediterranean World in the Age of Philip II*, dl. 2, 1949; New York, Harper & Row, 1973, p. 1174-1176.
9. A.J.R. Russell-Wood, *The Portuguese Empire, 1415–1808: A World on the Move*, Baltimore, Johns Hopkins University Press, 1992, p. 22.
10. K.M. Pannikar, *Asia and Western Dominance*, Londen, Allen & Unwin, 1959, p. 17.
11. Ibid., p. 24.
12. Hall, *Empires of the Monsoon*, p. 190.
13. Panikkar, *Asia and Western Dominance*, p. 17, 24, 313.

14. Ibid., p. 25.
15. Peter Russell, *Prince Henry 'the Navigator': A Life*, New Haven, CT, Yale University Press, 2000.
16. *Saudi Aramco World*, juni/juli 1962.
17. Patricia Risso, *Merchants & Faith: Muslim Commerce and Culture in the Indian Ocean*, Boulder, CO, Westview, 1995, p. 36; Jakub J. Grygiel, *Great Powers and Geopolitical Change*, Baltimore, Johns Hopkins University Press, 2006, p. 41-42.
18. Veel hiervan is ontleend aan Boxers *Portuguese Seaborne Empire*.
19. Grygiel, *Great Powers and Geopolitical Change*, p. 43.
20. William Dalrymple, *The Age of Kali: Indian Travels and Encounters*, Londen, HarperCollins, 1998, p. 238.
21. Alan Villiers, *Monsoon Seas: The Story of the Indian Ocean*, New York, McGraw-Hill, 1952, p. 161-165.
22. Fernández-Armesto, *Hoe de wereld werd ontdekt*, p. 207.
23. R.B. Sergeant, *The Portuguese Off the South Arabian Coast*, Oxford, Eng., Clarendon, 1963, p. 15.
24. Michael Pearson, *The Indian Ocean*, New York, Routledge, 2003, p. 125.
25. Plumb in Boxer, *Portuguese Seaborne Empire*, p. xxiii.
26. Hall, *Empires of the Monsoon*, p. 172, 198. Zie ook: Gaspar Correa, *The Three Voyages of Vasco da Gama* 1964; en Nick Robins, *The Corporation That Changed the World: How the East India Company Shaped the Modern Multinational*, Hyderabad, India, Orient Longman, 2006, p. 41-42.
27. T.E. Lawrence, *Seven Pillars of Wisdom: A Triumph*, Londen, Jonathan Cape, 1926, 1935, hfst. 3.
28. Boxer, *Portuguese Seaborne Empire*, p. 377-378.
29. Ibid., p. 296.
30. Ibid., p. 39-43.
31. Risso, *Merchants & Faith*, p. 52.
32. Russell-Wood, *Portuguese Empire*, p. 15, 18-20.
33. Ibid., p. 21.
34. Fernándo Pessoa, *The Book of Disquiet*, vert. Margaret Jull Costa, 1982; herdruk, New York: Serpent's Tail, 1991, p. 52.
35. Russell-Wood, *The Portuguese Empire*, p. 23, 198.
36. C.M. Bowra, 'Camões and the Epic of Portugal', in zijn *From Virgil to Milton*, 1945; herdruk, Londen, Macmillan, 1967, p. 99-100; Luiz Vaz de Camões, *The Lusíads*, vert. Landeg White, New York, Oxford University Press, 1997, Vijfde Canto: 81.
37. Camões, *Lusíads*, Achtste Canto: 86.
38. Ibid., Vierde Canto: 87; Zesde: 80-84.
39. White, Inleiding bij *The Lusíads*. Zie ook: Sanjay Subrahmanyam, *The Career and Legend of Vasco da Gama*, New York, Cambridge University Press, 1997, p. 154-159.
40. Camões, *Lusíads*, Vijfde Canto: 86.
41. Bowra, *From Virgil to Milton*, p. 86.
42. Camões, Eerste Canto: 27.

43. Camões, Vijfde Canto: 16.
44. Bowra, *From Virgil to Milton*, p. 97; Camões, Eerste Canto: 64, en Tiende: 102, 122.
45. *Encyclopaedia Britannica*, 11e ed., New York, 1910.
46. Camões, Eerste Canto: 3.
47. Ibid., Eerste Canto: 99.
48. Ibid., Negende Canto: 1.
49. Bowra, *From Virgil to Milton*, p. 133, 136.
50. Camões, Vierde Canto: 99.

Hoofdstuk 5: Beloetsjistan en Sindh

1. André Wink, *Al-Hind: The Making of the Indo-Islamic World*, dl. 1, *Early Medieval India and the Expansion of Islam, 7th–11th Centuries*, Boston en Leiden, Brill, 1990, 2002, p. 129.
2. John Keay, *The Honourable Company: A History of the English East India Company*, Londen, HarperCollins, 1991, p. 103.
3. B. Raman, 'Hambantota and Gwadar – an Update', Institute for Topical Studies, Chennai, India, 2009.
4. Robert G. Wirsing, 'Baloch Nationalism and the Geopolitics of Energy Resources: The Changing Context of Separatism in Pakistan', Strategic Studies Institute, U.S. Army War College, Carlisle, PA, 17 april 2008.
5. Wilfred Thesiger, *Arabian Sands*, New York, Dutton, 1959, p. 276.
6. 'The Great Land Robbery: Gwadar', *The Herald*, Karachi, Pakistan, juni 2008.
7. Selig S. Harrison, 'Ethnic Tensions and the Future of Pakistan', discussienota voor het Center for International Policy, 2008.
8. Harrison, 'Pakistan's Baluch Insurgency', *Le Monde Diplomatique*, oktober 2006.
9. International Crisis Group, 'Pakistan: The Forgotten Conflict in Balochistan', Islamabad/Brussel, 22 oktober 2007).
10. Ibid.
11. Ibid.
12. Ibid.
13. Wirsing, 'Baloch Nationalism and the Geopolitics of Energy Resources'.
14. Ibid.
15. Wink, *Al-Hind*, p. 173, 175.
16. Aryn Baker, 'Karachi Dreams Big', *Time* (Asia), 8 februari 2008.
17. Robert D. Kaplan, *Imperial Grunts: The American Military on the Ground*, New York, Random House, 2005, p. 37.
18. Ibid.
19. Freya Stark, *East Is West*, Londen, John Murray, 1945, p. 198.
20. John F. Richards, *Mughal Empire*, New York, Cambridge University Press, 1995, p. 51.
21. William Dalrymple, 'Pakistan in Peril', *New York Review of Books*, 12 februari 2009.

22. Wink, *Al-Hind,* p. 213.
23. Joseph A. Tainter, *The Collapse of Complex Societies,* New York, Cambridge University Press, 1988, p. 6.
24. Burton Stein, *A History of India,* Oxford, Eng., Blackwell, 1998, p. 22.
25. W. Gordon East, *The Geography Behind History,* New York, Norton, 1965, p. 142.
26. Asif Raza Morio, *Moen Jo Daro, Mysterious City of [the] Indus Valley Civilization,* Larkana, Pakistan, Editions, 2007.
27. Mary Anne Weaver, *Pakistan: In the Shadow of Jihad and Afghanistan,* New York, Farrar, Straus en Giroux, 2002, p. 181.
28. Tainter, *Collapse of Complex Societies,* p. 1.
29. Richard F. Burton, *Sindh: and the Races That Inhabit the Valley of the Indus; with Notices of the Topography and History of the Province,* Londen, Allen, 1851, p. 3, 362.

Hoofdstuk 6: De problematische opkomst van Gujarat

1. Edward Luce, *In Spite of the Gods: The Strange Rise of Modern India,* New York, Doubleday, 2007, p. 158-162.
2. Citizens for Justice and Peace, 'Summary of the CJP's Activities Between April 2002 and October 2003', Mumbai.
3. André Wink, *Al-Hind: The Making of the Indo-Islamic World,* dl. 2, *The Slave Kings and the Islamic Conquest, 11th–13th Centuries,* New Delhi, Oxford University Press, 1997, p. 269.
4. Luiz Vaz de Camões, *The Lusíads,* vert. Landeg White, 1572; herdruk New York, Oxford University Press, 1997, Tiende Canto: 106.
5. Marshall G.S. Hodgson, *The Venture of Islam,* dl. 2, *The Expansion of Islam in the Middle Periods,* Chicago, University of Chicago Press, 1961, p. 546; Alan Villiers, *Monsoon Seas: The Story of the Indian Ocean,* New York, McGraw-Hill, 1952, p. 109.
6. R.A.L.H. Gunawardana, 'Changing Patterns of Navigation in the Indian Ocean and Their Impact on Pre-Colonial Sri Lanka', in Satish Chandra, *The Indian Ocean: Explorations in History, Commerce and Politics,* New Delhi, Sage, 1987, p. 81.
7. S. Arasaratnam, 'India and the Indian Ocean in the Seventeenth Century' in Ashin Das Gupta en M.N. Pearson, red., *India and the Indian Ocean, 1500–1800,* Kolkata, Oxford University Press, 1987.
8. Engseng Ho, 'Port City States of the Indian Ocean', Harvard University and the Dubai Initiative, 9 en 10 februari 2008.
9. Sugata Bose, *A Hundred Horizons: The Indian Ocean in the Age of Global Empire,* Cambridge, MA, Harvard University Press, 2006, p. 75. Charles Verlinden, 'The Indian Ocean: The Ancient Period and the Middle Ages', in Chandra, *Indian Ocean,* p. 49.
10. Dwijendra Tripathi, 'Crisis of Indian Polity and the Historian', Indian History Congress, Amritsar, 2002.
11. Zie in dit verband Susanne Hoeber Rudolph en Lloyd I. Rudolph, 'Mo-

dern Hate: How Ancient Animosities Get Invented', *New Republic*, 22 maart 1993.

12. Walter Laqueur, red., *Fascism: A Reader's Guide; Analyses, Interpretations, Bibliography*, Londen, Wildwood, 1976.

13. Juan J. Linz, 'Some Notes Toward a Comparative Study of Fascism in Sociological Historical Perspective'. Zie ook: Zeev Sternhells 'Fascist Ideology'. Beide in Laqueurs *Fascism*.

14. Thomas Pynchon, Voorwoord bij George Orwell, *Nineteen Eighty-Four*, New York, Penguin, 2003.

15. Zie Achyut Yagnik en Suchitra Sheth, *The Shaping of Modern Gujarat: Plurality, Hindutva and Beyond*, New Delhi, Penguin India, 2005.

16. Camões, *The Lusíads*, Tiende Canto: 60, 64.

17. Amartya Sen, 'Why Democratization Is Not the Same as Westernization: Democracy and Its Global Roots', *New Republic*, 6 oktober 2003.

18. Elias Canetti, *Crowds and Power*, New York, Viking, 1960.

Hoofdstuk 7: Vanuit Delhi gezien

1. John F. Richards, *The Mughal Empire*, New York, Cambridge University Press, 1995, p. 122.

2. Ibid., p. 35.

3. Richard M. Eaton, *The Rise of Islam and the Bengal Frontier, 1204–1760*, Berkeley, University of California Press, 1993, p. 159-160.

4. Richards, *Mughal Empire*, p. 239, 242.

5. Sugata Bose, *A Hundred Horizons: The Indian Ocean in the Age of Global Empire*, Cambridge, MA, Harvard University Press, 2006, p. 56.

6. William Dalrymple, *City of Djinns: A Year in Delhi*, Londen, HarperCollins, 1993, p. 82-83.

7. George N. Curzon, *Frontiers: The Romanes Lecture 1907* (1907; herdruk Boston, Elibron Classics, 2006), p. 57-58.

8. Lord Curzon of Kedleston, *The Place of India in the Empire*, Londen, John Murray, 1909, p. 12.

9. Parag Khanna en C. Raja Mohan, 'Getting India Right' *Policy Review*, februari/maart 2006.

10. Stephen P. Cohen, *India: Emerging Power*, Washington, DC, Brookings, 2001, p. 55.

11. James R. Holmes, Andrew C. Winner en Toshi Yoshihara, *Indian Naval Strategy in the 21st Century*, Londen, Routledge, 2009, p. 131.

12. Holmes en Yoshihara, 'China and the United States in the Indian Ocean: An Emerging Strategic Triangle?' *Naval War College Review*, zomer 2008. Uit Mings artikelen 'The Indian Navy Energetically Steps Toward the High Seas' en 'The Malacca Dilemma and the Chinese Navy's Strategic Choices'.

13. Holmes en Yoshihara, 'China and the United States in the Indian Ocean'.

14. Geoffrey Kemp, 'The East Moves West', *National Interest*, zomer 2006.

15. Heather Timmons en Somini Sengupta, 'Building a Modern Arsenal in

India', *New York Times,* 31 augustus 2007.

16. Daniel Twining, 'The New Great Game', *Weekly Standard,* 25 december 2006.

17. Greg Sheridan, 'East Meets West', *National Interest,* november/december 2006.

18. Holmes, Winner en Toshihara, *Indian Naval Strategy in the 21st Century,* p. 142.

19. *Defense Industry Daily,* 6 juni 2005.

20. Mohan Malik, 'Energy Flows and Maritime Rivalries in the Indian Ocean Region', Honolulu, Asia-Pacific Center for Security Studies, 2008.

21. Adam Wolfe, Yevgeny Bendersky en Federico Bordonaro, *Power and Interest News Report,* 20 juli 2005.

22. Khanna en Mohan, 'Getting India Right'.

23. Edward Luce, *In Spite of the Gods: The Strange Rise of Modern India,* New York, Doubleday, 2007, p. 287.

24. Ibid., p. 275.

25. Twining, 'New Great Game'.

26. Stanley Weiss, 'India: The Incredible and the Vulnerable', *International Herald Tribune,* 23 april 2008.

27. Khanna en Mohan, 'Getting India Right'.

28. Sunil Khilnani, 'India as a Bridging Power', The Foreign Policy Centre, 2005.

29. Harsh V. Pant, 'A Rising India's Search for a Foreign Policy', *Orbis,* voorjaar 2009.

Hoofdstuk 8: Bangladesh: een levensgrote uitdaging

1. Alan Villiers, *Monsoon Seas: The Story of the Indian Ocean,* New York, McGraw-Hill, 1952, p. 5.

2. Interview met Jay Gulledge, senior scientist, Pew Center on Global Climate Change, 2009.

3. Richard M. Eaton, *The Rise of Islam and the Bengal Frontier, 1204–1760,* Berkeley, University of California Press, 1993, p. 306.

4. Samuel P. Huntington, *Political Order in Changing Societies,* New Haven, CT, Yale University Press, 1968, p. 1, 9, 47.

5. Eaton, *Rise of Islam and the Bengal Frontier,* p. 235.

6. Luiz Vaz de Camões, *The Lusíads,* vert. Landeg White, New York, Oxford University Press, 1997, Tiende Canto: 121.

7. Suniti Bhushan Qanungo, *A History of Chittagong,* Chittagong, Bangladesh, Signet, 1988, p. 468. Het materiaal over de historische achtergrond komt grotendeels uit dit boek.

8. Thant Myint-U, *The River of Lost Footsteps: A Personal History of Burma,* New York, Farrar, Straus en Giroux, 2006, p. 72.

9. Ibid., p. 110.

Hoofdstuk 9: Kolkata: de volgende mondialisering

1. John Keay, *The Honourable Company: A History of the English East India Company*, Londen, HarperCollins, 1991, p. 220, 272.
2. Luiz Vaz de Camões, *The Lusíads*, vert. Landeg White, New York, Oxford University Press, 1997, Zevende Canto: 20.
3. Richard M. Eaton, *The Rise of Islam and the Bengal Frontier, 1204–1760*, Berkeley, University of California Press, 1993, p. 12-13, 19-20, 61-62, 313.
4. Geoffrey Moorhouse, *Calcutta: The City Revealed*, Londen, Weidenfeld and Nicolson, 1971, p. 93.
5. Ibid., p. 18.
6. David Gilmour, *Curzon: Imperial Statesman*, New York, Farrar, Straus en Giroux, 1994, p. 145.
7. Dominique Lapierre, *De stad der vreugde*, Amsterdam, Elsevier, 1985.
8. William T. Vollmann, *Poor People*, New York, Ecco, 2007, p. xiv, 111, 123-124, 239.
9. Madeleine Biardeau, *India*, vert. F. Carter, Londen, Vista, 1960, p. 65, 73.
10. Moorhouse, *Calcutta*, p. 128.
11. Sunil Gangopadhyay, *Those Days*, vert. Aruna Chakravarti, New York, Penguin, 1981, 1997, p. 581.
12. Basil Lubbock, *The Opium Clippers*, Boston, Lauriat, 1933, p. 13-14, 16-17, 28. Om een voorbeeld van de winsten te geven: een portie opium van 70 rupees in Bengalen leverde 225 rupees op in het Nederlandse Batavia. Zie C.R. Boxer, *The Dutch Seaborne Empire, 1600–1800*, Londen, Hutchinson, 1965, p. 228.
13. Simon en Rupert Winchester, *Calcutta*, Oakland, CA, Lonely Planet, 2004, p. 32.
14. Keay, *Honourable Company*, p. 193.
15. Zie het essay van Isaiah Berlin, 'Historical Inevitability', als lezing gehouden in 1953 en gepubliceerd in *Four Essays on Liberty*, Londen, Oxford University Press, 1969.
16. Thomas Babington Macaulay, *Essay on Lord Clive*, gered., geannoteerd en ingeleid door Preston C. Farrar, 1840; herdruk, New York, Longmans, Green, 1910, p. xxx, 3, 16-17.
17. Keay, *Honourable Company*, p. 289.
18. Ibid., p. 281.
19. Macaulay, *Essay on Lord Clive*, p. 22.
20. Ibid., p. 24-25.
21. Keay, *Honourable Company*, p. 290.
22. Ibid., p. 36-37.
23. Moorhouse, *Calcutta*, p. 25-26.
24. Macaulay, *Essay on Lord Clive*, p. 39.
25. Ibid., p. 40.
26. Ibid., p. 41.
27. Macaulay, *Essay on Lord Clive*, p. 43.

28. Ibid., p. 44.
29. Ibid., p. 45.
30. Ibid., p. 45-46.
31. Keay, *Honourable Company*, p. 315.
32. Ibid., p. 51.
33. Macaulay, *Essay on Lord Clive*, p. 59-60.
34. Ibid., p. 61.
35. Macaulay, *Essay on Lord Clive*, p. 97.
36. Harvey, *Clive*, p. 375-376.
37. Nick Robins, *The Corporation That Changed the World: How the East India Company Shaped the Modern Multinational*, Hyderabad, India, Orient Longman, 2006, p. 168.
38. Ibid., p. 103.

Hoofdstuk 10: Over strategie en schoonheid

1. David Gilmour, *Curzon: Imperial Statesman*, New York, Farrar, Straus en Giroux, 1994, p. 181.
2. C. Raja Mohan, *Crossing the Rubicon: The Shaping of India's New Foreign Policy*, New York, Penguin, 2003, p. 204.
3. Ibid.
4. George Friedman, 'The Geopolitics of India: A Shifting, Self-Contained World', Stratford, december 2008.
5. Shashi Tharoor, *Nehru: The Invention of India*, New York, Arcade, 2003, p. 185.
6. Simon en Rupert Winchester, *Calcutta*, Oakland, CA, Lonely Planet, 2004, p. 78.
7. Amartya Sen, 'Tagore and His India', *New York Review of Books*, 26 juni 1997.
8. Rabindranath Tagore, 'Passing Time in the Rain', in zijn *Selected Short Stories*, vert. William Radice, New Delhi, Penguin, 1991, appendix.
9. Zie het verhaal 'Little Master's Return' en de inleiding van de vertaler in ibid.
10. Samuel Huntington, 'The Clash of Civilizations?', *Foreign Affairs*, zomer 1993.
11. Geciteerd in Sen, 'Tagore and His India'.
12. Zie de brieven, appendix B, in Tagores *Selected Stories*.
13. Sugata Bose, *A Hundred Horizons: The Indian Ocean in the Age of Global Empire*, Cambridge, MA, Harvard University Press, 2006, p. 235.
14. Ibid., p. 261.

Hoofdstuk 11: Sri Lanka: de nieuwe geopolitiek

1. B. Raman, 'Hambantota and Gwadar – an Update', Institute for Topical Studies, Chennai, India, 2009.
2. Voor een verslag over de zachte machtsuitoefening van China, zie Jos-

hua Kurlantzicks *Charm Offensive: How China's Soft Power Is Transforming the World*, New Haven, CT, Yale University Press, 2007.

3. George F. Hourani, *Arab Seafaring in the Indian Ocean in Ancient and Early Medieval Times*, Princeton, NJ, Princeton University Press, 1951, p. 40.

4. Richard Hall, *Empires of the Monsoon: A History of the Indian Ocean and Its Invaders*, Londen, HarperCollins, 1996, p. 80 en 92.

5. Sudha Ramachandran, 'China Moves into India's Backyard', *Asia Times*, 13 maart 2007; Bethany Danyluk, Juli A. MacDonald en Ryan Tuggle, 'Energy Futures in Asia: Perspectives on India's Energy Security Strategy and Policies', Booz Allen Hamilton, 2007.

6. Harsh V. Pant, 'End Game in Sri Lanka', *Jakarta Post*, 25 februari 2009.

7. Jeremy Page, 'Chinese Billions in Sri Lanka Fund Battle Against Tamil Tigers', *The Times*, Londen, 2 mei 2009.

8. Televisiezenders als de BBC en Al Jazeera doen uitgebreider verslag over Sri Lanka dan de Amerikaanse tv-stations.

9. K.M. de Silva, *Reaping the Whirlwind: Ethnic Conflict, Ethnic Politics in Sri Lanka*, New Delhi, Penguin, 1998, p. 8.

10. Ibid., p. 19, 82.

11. John Richardson, *Paradise Poisoned: Learning About Conflict, Terrorism and Development from Sri Lanka's Civil Wars*, Kandy, Sri Lanka, International Centre for Ethnic Studies, 2005, p. 24-27; Kingsley M. de Silva, *Managing Ethnic Tensions in Multi-Ethnic Societies*, Lanham, MD, University Press of America, 1986, p. 361-368; Tom Lowenstein, *Treasures of the Buddha: The Glories of Sacred Asia*, Londen, Duncan Baird, 2006, p. 62-66.

12. De achtergrond van het conflict tussen Singalezen en Tamils komt grotendeels uit het neutrale en uitvoerige boek van Richards en uit De Silva's even uitvoerige *Reaping the Whirlwind*.

13. Narayan Swamy, *Tigers of Lanka: From Boys to Guerrillas*, New Delhi, Konark, 1994, p. 40-92; Mary Anne Weaver, 'The Gods and the Stars', *New Yorker*, 21 maart 1988; Richardson, *Paradise Poisoned*, p. 351-352, 479-480.

14. Michael Radu, 'How to Kill Civilians in the Name of "Human Rights": Lessons from Sri Lanka', E-Note, Foreign Policy Research Institute, fpri.org, februari 2009.

15. Michael Radu, 'How to Kill Civilians in the Name of "Human Rights": Lessons from Sri Lanka', Foreign Policy Research Institute, februari 2009.

16. Jakub J. Grygiel, 'The Power of Statelessness', *Policy Review*, april/mei 2009.

17. Al Jazeera, 20 mei 2009.

18. Emily Wax, 'Editor's Killing Underscores Perils of Reporting in Sri Lanka', *Washington Post*, 15 januari 2009.

19. Samuel P. Huntington, *Political Order in Changing Societies*, New Haven, CT, Yale University Press, 1968, p. 7.

20. Interview met Pat Garrett, senior associate, Booz Allen Hamilton.

Hoofdstuk 12: Birma: waar India en China op elkaar botsen

1. *Washington Post,* redactioneel commentaar, 30 augustus 2007.
2. Norman Lewis, *Golden Earth: Travels in Burma,* 1952; herdruk Londen, Eland, 2003, p. 137-138, 151, 205.
3. Dana Dillon en John J. Tkacik jr., 'China's Quest for Asia,' *Policy Review,* december 2005/januari 2006.
4. Joshua Kurlantzik, 'The Survivalists: How Burma's Junta Hangs On', *New Republic,* 11 juni 2008.
5. Greg Sheridan, 'East Meets West', *National Interest,* november/december 2006.
6. Thant Myint-U, *The River of Lost Footsteps: A Personal History of Burma,* New York, Farrar, Straus en Giroux, 2006, p. 41.
7. Ibid., p. 47, 59.
8. Pankaj Mishra, 'The Revolt of the Monks', *New York Review of Books,* 14 februari 2008.
9. Martin Smith, *Burma: Insurgency and the Politics of Ethnicity,* Londen, Zed, 1991, hfst. 2.
10. Ibid.
11. Thant Myint-U, *River of Lost Footsteps,* p. 162.
12. In *The Glass Palace,* New York, Random House, 2000, schrijft Amitav Ghosh een rijke, verhalende studie over deze historische breuk.
13. Mishra, 'Revolt of the Monks'.
14. Brigadier Bernard Fergusson, *The Wild Green Earth,* Londen, Collins, 1946.
15. *Washington Post,* 30 augustus 2007.
16. Mishra, 'Revolt of the Monks'.
17. James Fallows, 'Evil in Burma', TheAtlantic.com, 11 mei 2008.

Hoofdstuk 13: De tropische islam van Indonesië

1. Robert D. Kaplan, *Hog Pilots, Blue Water Grunts: The American Military in the Air, at Sea, and on the Ground,* New York, Random House, 2007, hfst. 3.
2. Simon Winchester, *Krakatoa: The Day the World Exploded; August 27, 1883,* New York, HarperCollins, 2003, p. 40-41, 320-321.
3. Ibid., p. 326.
4. M.C. Ricklefs, *A History of Modern Indonesia Since C. 1200,* Stanford, CA, Stanford University Press, 1981, p. 10.
5. Clifford Geertz, *Islam Observed: Religious Development in Morocco and Indonesia,* Chicago, University of Chicago Press, 1968, p. 11-12, 16, 66.
6. Giora Eliraz, *Islam in Indonesia: Modernism, Radicalism, and the Middle East Dimension,* Brighton, Sussex, 2004, p. 74.
7. V.S. Naipaul, *Among the Believers: An Islamic Journey,* New York, Penguin, 1981, p. 304, 331.
8. John Hughes, *The End of Sukarno: A Coup That Misfired; a Purge That Ran Wild,* Singapore, Archipelago, 1967, 2002, p. 166-169.

9. Geertz, *Islam Observed*, p. 65.
10. Eliraz, *Islam in Indonesia*, p. 42-43; Winchester, *Krakatoa*, p. 333-334.
11. Malcolm H. Kerr, *Islamic Reform: The Political and Legal Theories of Muhammad Abduh and Rashid Rida*, Berkeley, University of California Press, 1966, p. 15.
12. Geertz, *Islam Observed*, p. 17.
13. Eliraz, *Islam in Indonesia*, p. 6-8, 14, 20.
14. Ibid., p. 31.
15. Geertz, *Islam Observed*, p. 61-62.
16. Andrew MacIntyre en Douglas E. Ramage, 'Seeing Indonesia as a Normal Country', Australian Strategic Policy Institute, Barton, 2008.
17. Verteld aan de geleerde Robert W. Hefner, in Eliraz, *Islam in Indonesia*, p. 67.

Hoofdstuk 14: Het hart van maritiem Azië

1. Juli A. MacDonald, Amy Donahue en Bethany Danyluk, 'Energy Futures in Asia: Final Report', Booz Allen Hamilton, november 2004.
2. Voor een profiel van Singapore, zie mijn eerdere boek, *Hog Pilots, Blue Water Grunts: The American Military in the Air, at Sea, and on the Ground*, New York, Random House, 2007, hfst. 3.
3. Mohan Malik, 'Energy Flows and Maritime Rivalries in the Indian Ocean Region', Honolulu, Asia-Pacific Center for Security Studies, 2008.
4. Ian W. Porter, 'The Indian Ocean Rim', *African Security Review*, dl. 6, nr. 6 (1997). Genoemd door Malik.
5. G.B. Souza, 'Maritime Trade and Politics in China and the South China Sea,' in Ashin Das Gupta en M.N. Pearson, red., *India and the Indian Ocean, 1500–1800*, Kolkata, Oxford University Press, 1987.
6. Dorothy Van Duyne, 'The Straits of Malacca: Strategic Considerations', United States Naval Academy, 2007.
7. Donald B. Freeman, *The Straits of Malacca: Gateway or Gauntlet?* Montreal, McGill-Queen's University Press, 2003, p. 55.
8. Patricia Risso, *Merchants & Faith: Muslim Commerce and Culture in the Indian Ocean*, Boulder, CO, Westview, 1995, p. 90.
9. Arun Das Gupta, 'The Maritime Trade of Indonesia: 1500–1800', in Ashin Das Gupta en Pearson, *India and the Indian Ocean*, New Delhi, Sage, 1987; Satish Chandra, *The Indian Ocean: Explorations in History, Commerce and Politics*, New Delhi, Sage, 1987, p. 181-182.
10. Michael Leifer, *Malacca, Singapore, and Indonesia*, Alphen aan den Rijn, Sijthoff & Noordhoff, 1978, p. 9. Zie ook: Van Duyne, 'Straits of Malacca'.
11. Van Duyne, 'Straits of Malacca'.
12. Han van der Horst, *The Low Sky: Understanding the Dutch*, vert. Andy Brown, Den Haag, Scriptum, 1996, p. 29, 85, 127; Geert Mak, *Amsterdam: A Brief Life of the City*, vert. Philipp Blom, Londen, Harvill, 1995, 2001, p. 1.

13. Van der Horst, *Low Sky*, p. 90-91.
14. J.H. Plumb, inleiding bij C.R. Boxer, *The Dutch Seaborne Empire, 1600–1800*, Londen, Hutchinson, 1965.
15. Mak, *Amsterdam*, p. 120.
16. Boxer, *Dutch Seaborne Empire*, p. 29. Dit deel over de Nederlandse koloniën komt grotendeels uit deze klassieke studie.
17. Mak, *Amsterdam*, p. 120-121.
18. Alan Villiers, *Monsoon Seas: The Story of the Indian Ocean*, New York, McGraw-Hill, 1952, p. 166-67.
19. Plumb, inleiding bij Boxer, *Dutch Seaborne Empire*.
20. Boxer, *Dutch Seaborne Empire*, p. 50, 102.
21. Holden Furber, *Rival Empires of Trade in the Orient, 1600–1800*, New Delhi, Oxford University Press, 2004, p. 36.
22. E. du Perron, red., *De Muze van Jan Compagnie*, Bandung, Indonesië, 1948, p. 13; zie ook Boxer, *Dutch Seaborne Empire*, p. 56.
23. Ibid.
24. Boxer, *Dutch Seaborne Empire*, p. 78.
25. Mak, *Amsterdam*, p. 160-161.
26. Villiers, *Monsoon Seas*, p. 177.
27. Boxer, *Dutch Seaborne Empire*, p. 273.
28. Paul Kennedy, *The Rise and Fall of the Great Powers: Economic Change and Military Conflict from 1500 to 2000*, New York, Random House, 1987.
29. Andrew MacIntyre en Douglas E. Ramage, 'Seeing Indonesia as a Normal Country', Australian Strategic Policy Institute, Barton, 2008.
30. Voor een protret van Lee Kuan Yew, zie mijn *Hog Pilots, Blue Water Grunts*, hfst. 3.
31. Ioannis Gatsiounis, 'Year of the Rat: A Letter from Kuala Lumpur', *American Interest*, mei/juni 2008.
32. Dana Dillon en John J. Tkacik jr., 'China's Quest for Asia,' *Policy Review*, december 2005/januari 2006.
33. Hugo Restall, 'Pressure Builds on Singapore's System', *Far Eastern Economic Review*, 5 september 2008.

Hoofdstuk 15: De twee-oceanenstrategie van China?

1. William H. McNeill, *The Rise of the West: A History of the Human Community*, Chicago, University of Chicago Press, 1963, p. 565.
2. Gabriel B. Collins e.a., red., *China's Energy Strategy: The Impact on Beijing's Maritime Policies*, Annapolis, MD, Naval Institute Press, 2008.
3. Toshi Yoshihara en James Holmes, 'Command of the Sea with Chinese Characteristics', *Orbis*, najaar 2005.
4. Ibid.
5. Andrew Erickson en Lyle Goldstein, 'Gunboats for China's New "Grand Canals"?' *Naval War College Review*, voorjaar 2009.
6. James R. Holmes en Toshi Yoshihara, *Chinese Naval Strategy in the 21st*

Century: The Turn to Mahan, NewYork, Routledge, 2008, p. 52-53.

7. Nicholas J. Spykman, *America's Strategy in World Politics: The United States and the Balance of Power*, met een inleiding van Francis P. Sempa, 1942, New Brunswick, NJ, Transaction, 2007, p. xvi.

8. Donald B. Freeman, *The Straits of Malacca: Gateway or Gauntlet?*, Montreal, McGill-Queen's University Press, 2003, p. 77.

9. Juli A. MacDonald, Amy Donahue en Bethany Danyluk, 'Energy Futures in Asia: Final Report', Booz Allen Hamilton, 2004.

10. Jakub J. Grygiel, *Great Powers and Geopolitical Change*, Baltimore, Johns Hopkins University Press, 2006, p. 142-148.

11. Aaron L. Friedberg, *The Weary Titan: Britain and the Experience of Relative Decline, 1895–1905*, Princeton, NJ, Princeton University Press, 1988.

12. Fariborz Haghshenass, 'Iran's Asymmetric Naval Warfare', Washington Institute for Near East Policy, september 2008.

Hoofdstuk 16: Eenheid en anarchie

1. Ben Simpfendorfer, *The New Silk Road: How a Rising Arab World Is Turning Away from the West and Rediscovering China*, Londen, Palgrave Macmillan, 2009, p. 1.

2. Nicholas J. Spykman, *America's Strategy in World Politics: The United States and the Balance of Power*, 1942; herdruk, New Brunswick, NJ, Transaction, 2008.

3. Simpfendorfer, *New Silk Road*, p. 40; Ulrich Jacoby, 'Getting Together', *Finance and Development*, Internationaal Monetair Fonds, juni 2007.

4. Andrew Droddy, 'The Silent Scramble for Africa', United States Naval Academy, 2006.

5. Alex Vines en Elizabeth Sidiropolous, 'India and Africa', TheWorldToday.org, 2008; Vibhuti Hate, *South Asia Monitor*, Center for Strategic and International Studies, 10 juni 2008.

6. Sharon Burke, 'Natural Security', discussienota, Center for a New American Security, juni 2009.

7. Mohan Malik, 'Energy Flows and Maritime Rivalries in the Indian Ocean Region', Honolulu, Asia-Pacific Center for Security Studies, 2008; 'Opportunity Knocks: Africa's Prospects' en 'Everything to Play For: Middle East and Africa', *Economist*, 9 oktober en 19 november 2008; Sarah Childress, 'In Africa, Democracy Gains Amid Turmoil', *Wall Street Journal*, 18 juni 2008; Tony Elumelu, 'Africa Stands Out', TheWorldToday.org, mei 2009.

8. Robert D. Kaplan, *The Ends of the Earth*, New York, Random House, 1996, p. 7; Spykman, *America's Strategy in World Politics*, p. 92.

9. Robert D. Kaplan, 'The Coming Anarchy', *Atlantic Monthly*, februari 1994.

10. Janet L. Abu-Lughod, *Before European Hegemony: The World System A.D. 1250–1350*, NewYork, Oxford University Press, 1989, p. 12.

11. 'Opportunity Knocks', *Economist*.
12. Alan Villiers, *Monsoon Seas: The Story of the Indian Ocean*, New York, McGraw-Hill, 1952, p. 208, 210.
13. Ross E. Dunn, *The Adventures of Ibn Battuta: A Muslim Traveler of the 14th Century*, Londen, Croom Helm, 1986, p. 219; Simon Digby, 'The Maritime Trade of India', in Tapan Ray Chaudhuri en Irfan Habib, red., *The Cambridge Economic History of India*, dl. I, Cambridge, Eng., Cambridge University Press, 1982, p. 152. Zie ook Patricia Risso, *Merchants & Faith: Muslim Commerce and Culture in the Indian Ocean*, Boulder, CO, Westview, 1995, p. 53.
14. Jakub J. Grygiel, *Great Powers and Geopolitical Change*, Baltimore, Johns Hopkins University Press, 2006, p. 153.
15. George F. Hourani, *Arab Seafaring in the Indian Ocean in Ancient and Early Medieval Times*, Princeton, NJ, Princeton University Press, 1951, p. 55, 113-114.
16. Fernand Braudel, *The Mediterranean and the Mediterranean World in the Age of Philip II*, dl. 2, Berkeley, University of California Press, 1996, p. 865, 869.
17. Richard J. Norton, 'Feral Cities', *Naval War College Review*, najaar 2003. Zie ook Matthew M. Frick, 'Feral Cities, Pirate Havens', *Proceedings*, Annapolis, MD, december 2008.
18. Donald B. Freeman, *The Straits of Malacca: Gateway or Gauntlet?*, Montreal, McGill-Queen's University Press, 2003, p. 175.
19. Michael Pearson, *The Indian Ocean*, New York, Routledge, 2003, p. 127.
20. Freeman, *Straits of Malacca*, p. 175.
21. Sugata Bose, *A Hundred Horizons: The Indian Ocean in the Age of Golden Empire*, Cambridge, MA, Harvard University Press, 2006, p. 45-47.
22. Abdulrazak Gurnah, *Desertion*, New York, Anchor, 2005, p. 83.
23. John Keay, *The Honourable Company: A History of the English East India Company*, Londen, HarperCollins, 1991, p. 255-256.
24. Basil Lubbock, *The Opium Clippers*, Boston, Lauriat, 1933, p. 8, 181.
25. Freeman, *Straits of Malacca*, p. 174-179, 181-183.

Hoofdstuk 17: Zanzibar: de laatste grens

1. Richard Hall, *Empires of the Monsoon: A History of the Indian Ocean and Its Invaders*, Londen, HarperCollins, 1996, p. 397, 415, 446.
2. Alan Villiers, *Monsoon Seas: The Story of the Indian Ocean*, New York, McGraw-Hill, 1952, p. 87.
3. Ryszard Kapuscinski, *The Shadow of the Sun*, vert. Klara Glowczewska, New York, Vintage, 2001, p. 83.
4. Alan Moorehead, *The White Nile*, Londen, Hamish Hamilton, 1960, hfst. 1.
5. G. Thomas Burgess, 'Cosmopolitanism and Its Discontents', in *Race, Revolution, and the Struggle for Human Rights in Zanzibar*, Athens, Ohio University Press, 2009.

6. Abdul Sheriff, 'Race and Class in the Politics of Zanzibar', *Afrika Spectrum*, jrg. 36, no. 3 (2001).
7. Abdulrazak Gurnah, *Admiring Silence*, New York, The New Press, 1996, p. 66-67.
8. Ibid., p. 151.
9. Abdulrazak Gurnah, *Paradise*, New York, The New Press, 1994, p. 119.
10. Gurnah, *Admiring Silence*, p. 131.
11. Gurnah, *Paradise*, p. 174.
12. Abdulrazak Gurnah, *Desertion*, New York, Anchor, 2005, p. 212.
13. Gurnah, *Admiring Silence*, p. 69, 144, 121, 150.
14. Gurnah, *Desertion*, p. 256.
15. Gurnah, *Admiring Silence*, p. 67, 134.
16. Gurnah, *Desertion*, p. 110, 225.
17. Sunil Gangopadhyay, *Those Days*, vert. Aruna Chakravarti, New York, Penguin, 1981, 1997, p. 7.
18. Richard M. Eaton, *The Rise of Islam and the Bengal Frontier, 1204–1760*, Berkeley, University of California Press, 1993, p. 60, 167-168.

Register